ରେଭିନ୍ୟୁ ଟିକଟ

ରେଭିନ୍ୟୁ ଟିକଟ

ଅମୃତା ପ୍ରୀତମ୍

ଅନୁବାଦ:

ନନ୍ଦିନୀ ଶତପଥୀ

ବ୍ଲାକ୍ ଇଗଲ୍ ବୁକ୍ସ
ଭୁବନେଶ୍ୱର, ଓଡ଼ିଶା

BLACK EAGLE BOOKS
Dublin, USA

ରେଭିନ୍ୟୁ ଟିକଟ / ଅମୃତା ପ୍ରୀତମ୍

ଅନୁବାଦ: **ନନ୍ଦିନୀ ଶତପଥୀ**

ବ୍ଲାକ୍ ଇଗଲ୍ ବୁକ୍ସ : ଭୁବନେଶ୍ୱର, ଓଡ଼ିଶା • ଡବ୍‌ଲିନ୍, ଯୁକ୍ତରାଷ୍ଟ୍ର ଆମେରିକା

BLACK EAGLE BOOKS

USA address:
7464 Wisdom Lane
Dublin, OH 43016

India address:
E/312, Trident Galaxy, Kalinga Nagar,
Bhubaneswar-751003, Odisha, India

E-mail: info@blackeaglebooks.org
Website: www.blackeaglebooks.org

First International Edition Published by
BLACK EAGLE BOOKS, 2024

REVENUE TICKET
by **Amruta Pritam**
Translated by **Nandini Satpathy**

Translation Copyright © **Nandini Satpathy's Family**

All rights reserved. No part of this publication may be reproduced, stored in a retrieval system, or transmitted, in any form or by any means, electronic, mechanical, photocopying, recording or otherwise without the prior permission of the publisher.

Cover & Interior Design: Ezy's Publication

ISBN- 978-1-64560-516-4 (Paperback)

Printed in the United States of America

ଅମୃତା ପ୍ରୀତମ୍ ଖାଲି ଭାରତ କାହିଁକି, ପୃଥିବୀର ଅନ୍ୟ ଅନେକ ଦେଶର ସାହିତ୍ୟ ଜଗତରେ ଏକ ଜଣାଶୁଣା ନାମ। ତାଙ୍କର ବହୁ ଗଳ୍ପ, କବିତା, ଉପନ୍ୟାସ ବିଭିନ୍ନ ଭାଷାରେ ଅନୂଦିତ ହୋଇ ପାଠକ ପାଠିକା ମାନଙ୍କ ନିକଟରେ ବିଶେଷ ଆଦର ଓ ସମ୍ମାନ ଲାଭ କରିଛି। ଜ୍ଞାନପୀଠ ଠାରୁ ଭାରତୀୟ ସାହିତ୍ୟ ଏକାଡ଼େମୀ ପର୍ଯ୍ୟନ୍ତ ବହୁ ସଂସ୍ଥା ତାଙ୍କର ସାହିତ୍ୟକୃତିକୁ ସ୍ୱୀକାର କରି ତାଙ୍କୁ ସମ୍ମାନିତ କରିଛନ୍ତି।

"ରସିଦି ଟିକଟ" ଅମୃତା ପ୍ରୀତମଙ୍କର ଆତ୍ମଜୀବନୀ। ନିଜର ଭିତର ବାହାରକୁ ଟିକିନିଖି ଭାବରେ ବିଶ୍ଳେଷଣ କରି ପାଠକଙ୍କ ଆଗରେ ଏତେ ସାହସର ସହିତ ରଖିଦେବା କୌଣସି ପ୍ରତିଷ୍ଠିତା ନାରୀପକ୍ଷରେ ସଚରାଚର ସମ୍ଭବ ହୁଏନାହିଁ। କିନ୍ତୁ ଅମୃତା ପ୍ରୀତମ୍ ଅନନ୍ୟା।

"ରସିଦି ଟିକଟ"ର କେତେକ ଅଂଶ ଭିନ୍ନ ଭିନ୍ନ ସମୟରେ ପତ୍ରପତ୍ରିକାରୁ ପଢ଼ିଥିଲି। ଶ୍ରଦ୍ଧେୟ ଅଭୟ ସିଂହ ଥରେ ବହି ଖଣ୍ଡିକ ଆଣି ମୋତେ ଦେଲେ। ପଢ଼ିସାରିଲା ପରେ ଓଡ଼ିଶାର ପାଠକ ପାଠିକା ମାନଙ୍କ ପାଇଁ ଏହାକୁ ଅନୁବାଦ କରିବାକୁ ଇଚ୍ଛା ହେଲା। ଅମୃତାଜୀଙ୍କୁ ଟେଲିଫୋନ୍‌ରେ ଏକଥା ଜଣାଇଲି। ସେ ଆଶ୍ଚର୍ଯ୍ୟ ହୋଇଗଲେ।

କହିଲେ, "ଆପଣ ଅନୁବାଦ କରିବେ? ଏ ତ ମୋର ପରମ ସୌଭାଗ୍ୟ।" ଅନୁମତି ମିଳିଗଲା।

ଅନୁବାଦ ଚାଲିଥିବା ଭିତରେ 'ସୁଚରିତାର' ସୁଯୋଗ୍ୟ ସଂପାଦିକା ଶ୍ରୀମତୀ ଶକୁନ୍ତଳା ପଣ୍ଡା ଏହାକୁ ତାଙ୍କ ପତ୍ରିକାରେ ପ୍ରକାଶ କରିବା ପାଇଁ ଇଚ୍ଛାକଲେ ଏବଂ କଲେମଧ୍ୟ। ବନ୍ଧୁ ରମାନାଥ ବାବୁ, ଶ୍ରୀମାନ୍ ଯାମିନୀ ଏବଂ ମହାପାତ୍ର ନୀଳମଣି ସାହୁଙ୍କ ନିରବଚ୍ଛିନ୍ନ ସାହାଯ୍ୟ, ସହଯୋଗ ଓ ଉତ୍ସାହ ଏହାକୁ ଅନୁବାଦ କରିବାରେ ମୋତେ ଯଥେଷ୍ଟ ପ୍ରେରଣା ଦେଇଛି। ଏ ସମସ୍ତଙ୍କ ନିକଟରେ ମୁଁ କୃତଜ୍ଞ।

ରାଜନୈତିକ ଓ ସାମାଜିକ ବିଭିନ୍ନ କାମରେ ବ୍ୟସ୍ତରହି ଅନୁବାଦଟି ଶେଷ କରିବାରେ ବିଳମ୍ବ ହେଲା। ସେଥିପାଇଁ ଅନୁବାଦର ସ୍ରୋତ ମଧ୍ୟ ଅବ୍ୟାହତ ରହିପାରିଲାନାହିଁ। ପାଠକ-ପାଠିକା ଯଦି କୌଣସି ସ୍ଥାନରେ ଅନୁବାଦର ସୂକ୍ଷ୍ମତାକୁ ଧରି ନ'ପାରନ୍ତି ତା'ହେଲେ ମୁଁ ସେଥିପାଇଁ ସଂପୂର୍ଣ୍ଣ ଭାବରେ ଦାୟୀ, କାରଣ ମୌଳିକ ଲେଖାଟି ଗୋଟିଏ 'ମାଷ୍ଟର ପିସ୍।'

- ନନ୍ଦିନୀ ଶତପଥୀ

ଏହିଭଳି କଥା ଖୁସ୍‌ବନ୍ତ ସିଂହଙ୍କଠାରୁ ହିଁ ଆଶା କରାଯାଇ ପାରେ। ଟିକିଏ ପରିବର୍ତ୍ତନ ପାଇଁ ମୋ ନିଜ ବିଷୟରେ ଲେଖିବା କଥା ମୁଁ ତାଙ୍କ ସହିତ ଆଲୋଚନା କରୁଥିଲି। ଖୁସ୍‌ବନ୍ତ ସିଂ କହିଲେ, 'ତୁମ ଜୀବନରେ କଣଟାଏ ଅଛି ?' ......ଗୋଟାଏ କି ଦି'ଟା ଘଟଣା ଖାଲି ....ସେତିକି କଥା ଗୋଟାଏ ରେଭିନ୍ୟୁ ଟିକଟ ପଛରେ ତ ତମେ ଲେଖି ଦେଇ ପାରିବ......'

ରେଭିନ୍ୟୁ ଟିକଟ, ବୁଝିଲେ ତ ! ଅନ୍ୟ ଟିକଟଗୁଡ଼ିକ ବିଭିନ୍ନ ଆକାର ପ୍ରକାରର ହୁଏ। କିନ୍ତୁ ରେଭିନ୍ୟୁ ଟିକଟର ଆକାର ସବୁବେଳେ ସମାନ, ସବୁଠାରୁ ସାନ।

ଖୁସ୍‌ବନ୍ତଙ୍କ କଥାରେ କିଛି ଅର୍ଥ ଅଛି ବୋଧହୁଏ। ମୋ ଜୀବନରେ ଯାହା କିଛି ଘଟିଛି ସବୁ ଭାବନାର ସ୍ତର ମଧ୍ୟରେ ଏବଂ ସେଗୁଡ଼ିକ ଆତ୍ମପ୍ରକାଶ କରିଛି ଉପନ୍ୟାସ ଓ କବିତା ମାଧ୍ୟମରେ। ଆଉ ବାକି ଅଛି କ'ଣ ? ତଥାପି ଭାବିଲି, କେତେ ଧାଡ଼ି ଲେଖି ଦିଏଁ - ମୋ ଜୀବନର ହିସାବ ଖାତାକୁ ସଂପୂର୍ଣ୍ଣ କରିବାକୁ ଏବଂ ଶେଷରେ ଗୋଟିଏ ରେଭିନ୍ୟୁ ଟିକଟ ମାରି ତାକୁ ସିଲ୍ କରିଦେବାକୁ। ମୁଁ କ'ଣ ଆଉ ଏଇ ରେଭିନ୍ୟୁ ଟିକଟ ମାଧ୍ୟମରେ, ମୋର ସବୁ ଉପନ୍ୟାସ, କବିତା ଏବଂ ଯେତେ ସାହିତ୍ୟ ରଚନା ସବୁରି ଉପରେ ଗୋଟାଏ ଜଉମୁଦ ମାରିଦେଉଛି କି ? କେଜାଣି !

-ଅମୃତା ପ୍ରୀତମ୍

ଆଜି କଣ ପୃଥିବୀର ଚରମ ବିଚାରର ଦିନ ?

ସମୟର ଗର୍ତ୍ତ ଭିତରେ ମୋ ଜୀବନର ଯେଉଁ ମୁହୂର୍ତ୍ତମାନ କିଛି କ୍ଷଣ ବଞ୍ଚି ରହି ଆପାତତଃ କବରସ୍ଥ ହୋଇଯାଇଥିଲେ, ଆଜି ପୁଣି ସେମାନେ ଜୀଇଁ ଉଠିଛନ୍ତି-ଛପି ଛପି ମୋତେ ଅତିକ୍ରମ କରିଯାଉଛନ୍ତି ।

ସବୁ କବର ଗୁଡ଼ିକ କିମିତି ସେଇ ମୁହୂର୍ତ୍ତମାନଙ୍କୁ ପୁନରୁଜ୍ଜୀବିତ କରିବାକୁ ଖୋଲିଗଲା ? ନିଶ୍ଚୟ ଆଜି ଶେଷ ବିଚାରର ଦିନ ହୋଇଥିବ !

୧୯୧୮ ମସିହାର କବର ଭିତରୁ ବାହାରିଥିବା ଇଏ ଏକ ମୁହୂର୍ତ୍ତ । ମୋ ଜନ୍ମର ଏକ ବର୍ଷ ପୂର୍ବରୁ । ଆଜି ପ୍ରଥମ ଥର ପାଇଁ ତାକୁ ଦେଖୁଛି-ଆଗରୁ କେବଳ ଶୁଣିଥିଲି ।

ମୋର ବାପା ମା ଉଭୟେ ପାଞ୍ଚଖଣ୍ଡ ଭସୋଡ଼ର ସ୍କୁଲରେ ଶିକ୍ଷକତା କରୁଥିଲେ । ସେମାନଙ୍କ ଛାତ୍ର ଛାତ୍ରୀଙ୍କ ମଧ୍ୟରେ ସେଠାର ମୁଖିଆ ବାବୁ ତେଜା ସିଂଜୀଙ୍କ ଦୁଇ ଝିଅ ବି ଥିଲେ । ସେ ଦୁହେଁ ଦିନେ ମନରେ କ'ଣ ଭାବିଲେ କେଜାଣି, ଦି'ଜଣ ଯାକ ମିଶି ଗୁରୁଦ୍ୱାରାରେ କୀର୍ତ୍ତନ କଲେ, ପ୍ରାର୍ଥନା କଲେ, ଏବଂ ପ୍ରାର୍ଥନା ସମାପ୍ତ କଲାବେଳେ କହିଲେ, 'ହେ ପ୍ରଭୁ, ଆମ ମାଷ୍ଟରଙ୍କୁ ଗୋଟିଏ ଝିଅ ଦିଅ ।'

ସେହି ପ୍ରାର୍ଥନା ସଭା ଭିତରେ ମୋ ବାପା ଏହା ଶୁଣି ମା'ଙ୍କ ଉପରେ ଖୁବ୍ ବିରକ୍ତ ହେଲେ । ସେ ଭାବିଲେ ଯେ ସେଇ ଝିଅମାନେ ମୋ ମା'ଙ୍କ ଜ୍ଞାତସାରରେ ଏଭଳି ପ୍ରାର୍ଥନା କରିଛନ୍ତି । କିନ୍ତୁ ମା'ଙ୍କୁ କିଛି ଜଣାନଥିଲା । ଝିଅ ଦୁହେଁ ପରେ କହିଲେ ଯେ, ଯଦି ଆମେ ରାଜ ବିବିଙ୍କୁ ଆଗରୁ କହିଥାଆନ୍ତୁ ତେବେ ସେ ପୁଅ କାମନା କରି ଥାଆନ୍ତେ-କିନ୍ତୁ ଆମେ ମାଷ୍ଟରଜୀଙ୍କ ଘରେ ଝିଅଟିଏ ଚାହୁଁ – ଆମରି ଭଳି ଝିଅଟିଏ ।

ଏଇ ମୁହୂର୍ତ୍ତଟି ଏ ପର୍ଯ୍ୟନ୍ତ ସେହିଭଳି ନୀରବ ରହିଛି-ଏ ରହସ୍ୟକୁ ଦୁଇ ଓଠ ଭିତରେ ଚାପି ରଖି ମୁରୁକି ହସୁଛି, କିନ୍ତୁ କହୁନାହିଁ କିଛି ! ସେ ପିଲାମାନେ ଏମିତି ପ୍ରାର୍ଥନା କାଇଁକି କଲେ ? ସେମାନଙ୍କ ପ୍ରାର୍ଥନା କିଏ ଶୁଣିଲା ? ମତେ କିଛି ଜଣାନାହିଁ । କିନ୍ତୁ ଏ କଥା ସତ ଯେ ବର୍ଷକ ଭିତରେ ରାଜ ବିବି ରାଜ ମା' ହୋଇଗଲେ ।

ଏହାର ଦଶ ବର୍ଷ ପୂର୍ବରୁ...

ସମୟର କବର ଭିତରେ ଶୋଇଥିବା ଆଉ ଏକ ମୁହୂର୍ତ୍ତ ଜାଗି ଉଠିଲା- ଯେତେବେଳେ କୋଡ଼ିଏ ବର୍ଷ ବୟସ୍କା ରାଜ ବିବି ଗୁଜରାନୱାଲରେ ଜଣେ ସାଧୁଙ୍କ ଆଶ୍ରମକୁ ଯାଇ ତାଙ୍କୁ ଦଣ୍ଡବତ ହେଲେ ଏବଂ ମୁଣ୍ଡ ଉଠାଇଲା ବେଳକୁ ତାଙ୍କ ଦୃଷ୍ଟି ଯାଇ ପଡ଼ିଲା 'ନନ୍ଦ' ନାମକ ଜଣେ ସାଧୁଙ୍କ ଉପରେ।

ସାଧୁ ନନ୍ଦ ଜଣେ ସାହୁକାରର ପୁଅ ଥିଲେ। ଛ' ମାସ ବୟସରେ ତାଙ୍କର ମା' ଲକ୍ଷ୍ମୀ ମରିଗଲେ। ତାଙ୍କ ଆଈ ସେତେବେଳେ ତାଙ୍କୁ କୋଳକୁ ଟେକି ନେଲେ ଏବଂ ଜଣେ ପରିବାବାଲିର ଖିରରେ ସେ ପ୍ରତିପାଳିତ ହେଲେ। ନନ୍ଦଙ୍କର ଚାରିଜଣ ବଡ଼ ଭାଇ ଓ ଜଣେ ଭଉଣୀ ଥିଲେ-କିନ୍ତୁ ଦୁଇ ଭାଇ ମରିଗଲେ। ଗୋଟିଏ ଭାଇ ଘର ଦ୍ୱାର ଛାଡ଼ି ମଦ୍ୟପ ହୋଇଗଲା। ଆଉ ଜଣେ ହାକିମ ସିଂ ସାଧୁଙ୍କ ଡେରାରେ ଯାଇ ରହିଗଲା। ନନ୍ଦଙ୍କର ସବୁ ସ୍ନେହ ସେଥିପାଇଁ ଭଉଣୀ ହାକୋ ଉପରେ ହିଁ ଠୁଳହେଲା।

ଭଉଣୀ ବୟସରେ ବଡ଼, ଅତି ସୁନ୍ଦରୀ। ଯେତେବେଳେ ତା'ର ବିବାହ ହେଲା, ସେ ନିଜ ପତି ବେଲା ସିଂକୁ ଦେଖି ଜିଦ୍ କରି କହିଲା ଯେ- ସେଇ ଲୋକ ସହିତ ତା'ର କିଛି ସଂପର୍କ ହୋଇନପାରେ। ଶ୍ୱଶୁର ଘରୁ ପ୍ରଥମ ଥର ବାପଘରକୁ ଫେରି ଆସିବା ପରେ ସେ ଗୋଟିଏ ମାଟିଘର ତିଆରି କରିବାକୁ କହିଲା। ଘରଟି ତିଆରି ହେଲା ପରେ ସେ ସେଠାକୁ ଚାଲିଗଲା ଏବଂ ଚାଳିଶ ଦିନ ପର୍ଯ୍ୟନ୍ତ ଉପବାସ କଲା। ତା'ପରେ ସେ ଗେରୁଆ ଲୁଗା ପିନ୍ଧିଲା ଓ ବୁଟକୁ ରାତିରେ ପାଣିରେ ବତୁରାଇ ଦିନବେଳେ ତାହାହିଁ ଖାଇଲା। ନନ୍ଦ ମଧ୍ୟ ଭଉଣୀର ପଥ ଅନୁସରଣ କରି ଗେରୁଆ ଲୁଗା ପିନ୍ଧିଲେ। କିନ୍ତୁ ଭଉଣୀ ବେଶୀ ଦିନ ଜୀବିତ ରହିଲା ନାହିଁ। ତାର ମୃତ୍ୟୁ ପରେ ନନ୍ଦଙ୍କର ମନେହେଲା ଯେ ସଂସାର ପ୍ରତି ପ୍ରକୃତ ବୈରାଗ୍ୟ ବର୍ତ୍ତମାନ ତାଙ୍କର ଜାତ ହୋଇଛି। ସେ ତାଙ୍କ ସାହୁକାର ଅଜା ସରଦାର ଅମର ସିଂ ସଚଦେବଙ୍କଠାରୁ ପାଇଥିବା ସମସ୍ତ ଧନ ସଂପତ୍ତି ତ୍ୟାଗ କରି ସନ୍ଥ ଦୟାଲ ସିଂଙ୍କ ଆଶ୍ରମରେ ଯାଇ ପହଞ୍ଚିଲେ। ସେଠାରେ ସଂସ୍କୃତ ଓ ବ୍ରଜ ଭାଷା ଶିଖିଲେ, ହାକିମଙ୍କ କାହାଣୀ ଶିଖିଲେ। ତାଙ୍କୁ ଲୋକମାନେ 'ବାଳକ ସାଧୁ' ବୋଲି ଡାକୁଥିଲେ। ଭଉଣୀ ବଞ୍ଚିଥିଲା ବେଳେ ନନ୍ଦଙ୍କ ମାମୁ ମାଈଁ ଅମୃତସରରେ ତାଙ୍କର ବିବାହ ସ୍ଥିର କରିଥିଲେ। ନନ୍ଦ ସେହି ପ୍ରସ୍ତାବକୁ ଭାଙ୍ଗିଦେଲେ ଏବଂ ବୈରାଗୀ ହୋଇ କବିତା ଲେଖିବାକୁ ଲାଗିଲେ।

ରାଜ ବିବି ଥିଲେ ଗୁଜରାତ ଜିଲା ମୋଙ୍ଗା ଗାଁର ବାସିନ୍ଦା ଏବଂ ତାଙ୍କର ବିବାହ ହୋଇଥିଲା ସେତେବେଳର ଅଦଳ ବଦଳ ପ୍ରଥା ଅନୁସାରେ। ଯାହାଙ୍କ ସହିତ ବିବାହ ହୋଇଥିଲା ସେ ସୈନ୍ୟବାହିନୀରେ ଯୋଗ ଦେଇଦେଲେ,

ତା'ପରେ ତାଙ୍କର ଆଉ କିଛି ଖବର ଅନ୍ତର ମିଳିଲ ନାହିଁ। ଉଦାସ ଓ ନିରାଶ ହୋଇ ସେ ଗୁଜରାନଓ୍ୱାଲାର ଗୋଟିଏ ଛୋଟ ସ୍କୁଲରେ ଶିକ୍ଷୟିତ୍ରୀ ହେଲେ। ସ୍କୁଲକୁ ଯିବା ପୂର୍ବରୁ ନିଜ ଭାଉଜଙ୍କ ସଙ୍ଗେ ଆସି ଦୟାଲଜୀଙ୍କ ଆଶ୍ରମରେ ପ୍ରତିଦିନ ମୁଣ୍ଡିଆ ମାରୁଥିଲେ। ଭାଇ ପୂର୍ବରୁ ମରିଯାଇଥିଲେ, ଭାଉଜ ବିଧବା। ତେଣୁ ଦୁହେଁଯାକ ଏକାକିନୀ ଓ ଉଦାସୀ। ଦୁହେଁ ଗୋଟିଏ ସ୍କୁଲ୍‌ରେ ପଢ଼ାଉଥିଲେ, ଏକାଠି ରହୁଥିଲେ। ଦିନେ ଯେତେବେଳେ ଦୁହେଁ ଦୟାଲଜୀଙ୍କ ଆଶ୍ରମକୁ ଯାଇଥିଲେ, ସେତେବେଳେ ଜୋର୍‌ରେ ମେଘ ବରଷିବାକୁ ଲାଗିଲା। ବର୍ଷା ସମୟଟା ବିତାଇବା ପାଇଁ ଦୟାଲଜୀ ତାଙ୍କର ବାଳକ ସାଧୁଙ୍କୁ କବିତା ଶୁଣାଇବାକୁ କହିଲେ। ସବୁବେଳେ ସେ ଆଖି ବନ୍ଦ କରି କବିତା ଶୁଣୁଥିଲେ। ସେଦିନ ଯେତେବେଳେ ଆଖି ଖୋଲିଲେ, ଦେଖିଲେ ତାଙ୍କ ନନ୍ଦଙ୍କ ଆଖି ରାଜ ବିବିଙ୍କ ମୁହଁ ଉପରେ ଘୂରି ବୁଲୁଛି। କିଛି ଦିନ ପରେ ସେ ରାଜ ବିବିଙ୍କ ଦୁଃଖ କାହାଣୀ ଶୁଣିଲେ ଏବଂ ନନ୍ଦଙ୍କୁ କହିଲେ, "ବାବା ନନ୍ଦ, ଯୋଗ ତୁମ ପାଇଁ ନୁହେଁ। ଏହି କଷାୟ ବସ୍ତ୍ର ତ୍ୟାଗ କରି ଗୃହସ୍ଥାଶ୍ରମରେ ପଦ ଦିଅ।"

ସେହି ରାଜବିବି ମୋର ମା ଏବଂ ନନ୍ଦ ସାଧୁ ମୋର ବାପା। ନନ୍ଦ ଯେତେବେଳେ ଗୃହସ୍ଥାଶ୍ରମରେ ପ୍ରବେଶ କଲେ ନିଜ ନାମ କରତାର୍ ସିଂ ରଖିଲେ। କବିତା ତ ଲେଖୁଥିଲେ-ସେଥିପାଇଁ ଗୋଟିଏ ଉପନାମ ବି ରଖିଥିଲେ-ପୀୟୂଷ ! ଦଶବର୍ଷ ପରେ ଯେତେବେଳେ ମୋର ଜନ୍ମ ହେଲା ସେତେବେଳେ ପୀୟୂଷ ଶବ୍ଦର ପ୍ରତିଶବ୍ଦ ଭାବରେ ମୋ ନାମ ଅମୃତା ରଖିଲେ ଏବଂ ନିଜର ଉପନାମକୁ 'ହିତକାରୀ' କରିଦେଲେ।

ବୈରାଗ୍ୟ ଓ ଭୋଗ ଦୁଇଟି ଯାକ ମୋ ପିତାଙ୍କ ସ୍ୱଭାବରେ ଥିଲା। ମା କହୁଥିଲେ-ଥରେ ତାଙ୍କର ଜଣେ ଗୁରୁଭାଇ (ସନ୍ତୁ ଦୟାଲଜୀଙ୍କର ଆଉ ଜଣେ ଚେଲା) ସନ୍ତୁ ହରନାମ ସିଂକୁ ତାଙ୍କର ବଡ଼ ଭାଇ ବିବାହ କରାଇ ଦେବାକୁ ଚାହୁଁଥିଲେ। ଅନେକ ଭଲ ଭଲ ପ୍ରସ୍ତାବ ଆସି ଭାଙ୍ଗିଗଲା, କାରଣ ତାଙ୍କର ରହିବା ପାଇଁ ନିଜର ଘର ନଥିଲା। ମୋ ବାପାଙ୍କ ପାଖରେ ତାଙ୍କର ଅଜା ଦେଇଥିବା ସଂପତ୍ତିରୁ ଗୋଟିଏ ଘର ବାକି ରହି ଯାଇଥିଲା। ସେ କହିଲେ- 'ଏତିକି କଥା ପାଇଁ ତାର ଯଦି ବାହାଘର ହୋଇପାରୁନାହିଁ ତେବେ ମୋ ଘରଟା ତା' ନାଁରେ ଲେଖି ଦେଉଛି।' ସେ ତାଙ୍କର ଏକମାତ୍ର ଘର ତାଙ୍କ ନାଁରେ ଲେଖିଦେଲେ। ପୁଣି ଜୀବନ ଯାକ ଭଡ଼ାଘରେ ରହିଲେ, ନିଜର ଘର କରି ପାରିଲେ ନାହିଁ। କିନ୍ତୁ ମୁଁ କେବେ ବି ତାଙ୍କ ମୁହଁରେ କୌଣସି ଅନୁତାପର ଛାୟା ଦେଖିନାହିଁ।

କିନ୍ତୁ ମୁଁ ତାଙ୍କ ଚେହେରାରେ ଏକ ବିରାଟ ବ୍ୟଥାର ରେଖା ଦେଖିଛି। ମୁଁ ପ୍ରାୟ ଦଶ ଏଗାର ବର୍ଷର ହୋଇଥିଲି, ମା ମରିଗଲେ। ବାପା ପୁଣି ଜୀବନ ଉପରେ ବିରକ୍ତ ହୋଇଗଲେ। କିନ୍ତୁ ମୁଁ ତାଙ୍କ ପାଇଁ ଏକ ବଡ଼ ବନ୍ଧନ ଥିଲି। ମୋହ ଏବଂ ବୈରାଗ୍ୟ ତାଙ୍କୁ ଦୁଇ ବିପରୀତ ଦିଗକୁ ଟାଣୁଥିଲେ। କୌଣସି କୌଣସି ସମୟରେ ମୁଁ ଅସ୍ଥିର ହୋଇଉଠୁଥିଲି-ବୁଝି ପାରୁ ନଥିଲି, ମୋତେ ସେ ଚାହୁଁଛନ୍ତି କି ଚାହୁଁ ନାହାନ୍ତି।

ଏକ ସମୟରେ ହିଁ ନିଜର ଅସ୍ତିତ୍ୱ ଦରକାରୀ ଓ ଅଦରକାରୀ ମନେ ହେଉଥିଲା।

ଛନ୍ଦ ଓ ଶୈଳୀ ବିଷୟରେ ବାପା ଯାହା ଜାଣିଥିଲେ ମୋତେ ସେତକ ଶିଖାଇ ଦେଲା ପରେ ସେ ଚାହୁଁଥିଲେ ଯେ ମୁଁ କବିତା ଲେଖେଁ। ମୁଁ କବିତା ଲେଖିବାକୁ ଲାଗିଲି-ମୋର ମନେହୁଏ ପିତାଙ୍କ ଦୃଷ୍ଟିରେ ମୋର ଆବଶ୍ୟକତାବୋଧ ବଢ଼ାଇବାଟା ହିଁ ଲେଖିବାର ମୁଖ୍ୟ ଉଦ୍ଦେଶ୍ୟ ଥିଲା।

ଆଜି ଅର୍ଦ୍ଧଶତାବ୍ଦୀ ପରେ ଭାବୁଛି- ବୈରାଗ୍ୟ ଓ ଭୋଗ ଦୁଇଟି ଯାକ ଏକ ସମୟରେ ମୋର ସ୍ୱଭାବରେ ରହିଛି। ଏଇ ସ୍ୱଭାବକୁ ମୁଁ ମୋ ଚେହେରା ଭଳି ବାପାଙ୍କଠାରୁ ପାଇଛି। ବୋଧହୁଏ ତାଙ୍କରି ଦୃଷ୍ଟିରେ ମୁଁ ମଧ୍ୟ ସବୁ କିଛିକୁ ଦେଖେ। କେବେ କେବେ ସନ୍ଦେହ ହୁଏ ମୁଁ ନିଜ ଦୃଷ୍ଟିରେ ନିଜକୁ ସ୍ୱୀକାର କରିଛି କି ନାହିଁ-ବୋଧହୁଏ ସେଥିପାଇଁ ସାରା ଜୀବନ ଲେଖିଚାଲିଲି, ଯାହା ଫଳରେ ମୋ ଦୃଷ୍ଟିରେ ମୋ ସ୍ଥିତିର ଅନାବଶ୍ୟକତାଟା ଆବଶ୍ୟକତାରେ ପରିଣତ ହୋଇଯିବ।

ସେତେବେଳେ ଯେମିତି ଦୁନିଆ ବିଷୟରେ ଭାବୁନଥିଲି-ଭାବୁଥିଲି ବାପା ମୋ ଉପରେ ଖୁସି ହୁଅନ୍ତୁ, ଆଜି ବି ସେମିତି ଦୁନିଆ ବିଷୟରେ ଭାବୁ ନାହିଁ-କେବଳ ଭାବୁଛି ନିଜେ ନିଜ ଉପରେ ଖୁସି ହୁଏ।

ବାପାଙ୍କୁ କେବେ ମିଛ କହିନାହିଁ, ନିଜେ ନିଜକୁ ବି ମିଛ କହିପାରିବି ନାହିଁ।

ଇଏ ଆଉ ଏକ ମୁହୂର୍ତ୍ତ-

ସେତେବେଳେ ଘର ଭିତରେ ନହେଲେ ବି, ରୋଷେଇ ଘରେ ଆଈଙ୍କର ରାଜତ୍ୱ ଚାଲିଥିଲା। ତାଙ୍କ ରାଜତ୍ୱ ଭିତରେ ସବୁଠାରୁ ପ୍ରଥମେ ମୁଁ ବିଦ୍ରୋହ କଲି। ମୁଁ ଲକ୍ଷ୍ୟ କରୁଥିଲି, ରୋଷେଇଘରେ ଗୋଟିଏ କୋଣର ଥାକରେ ଅନ୍ୟ ଗ୍ଲାସଠାରୁ ଅଲଗା କରି ତିନୋଟି ଗ୍ଲାସ ରଖାଯାଇଛି। ଯେତେବେଳେ ବାପାଙ୍କର କେହି ମୁସଲମାନ ବନ୍ଧୁ ଆସୁଥିଲେ ସେତିକିବେଳେ ସେଇ ଗିଲାସ ଗୁଡ଼ିକ କେବଳ ଥାକରୁ କଢ଼ା ଯାଉଥିଲା ଏବଂ ସେଥିରେ ସେମାନଙ୍କୁ ଚା' ବା ଲସି ଦିଆହେଉଥିଲା-ତା'ପରେ ସେଗୁଡ଼ିକ ଧୋଇ ମାଜି ପୁଣି ସେହିଠାରେ ରଖିଦିଆଯାଉଥିଲା।

ତେଣୁ ସେଇ ତିନୋଟି ଗିଲାସ ସହ ମୁଁ ଚତୁର୍ଥ ଗିଲାସଟିଏ ହୋଇ ମିଶିଗଲି ଓ ଆମେ ଚାରିଜଣ ଆଈଙ୍କ ସହିତ ଲଢ଼େଇ ଆରମ୍ଭ କରିଦେଲୁ। ସେ ଗିଲାସ ଗୁଡ଼ିକ ବି ଅନ୍ୟ ବାସନମାନଙ୍କୁ ଛୁଇଁପାରୁନଥିଲେ। ମୁଁ ବି ଜିଦି ଧରିଲି ଯେ ମୁଁ ଆଉ ଅନ୍ୟ କୌଣସି ଗିଲାସରେ ପାଣି, ଦୁଧ କି ଚା' ପିଇବି ନାହିଁ। ଆଈ ସେ ଗିଲାସ ଗୁଡ଼ିକ ଖାଲି ରଖି ପାରିବେ ସିନା କିନ୍ତୁ ମୋତେ ଭୋକ ଶୋଷରେ ରଖିବେ କିମିତି? ତେଣୁ ବାପାଙ୍କ ଯାଏଁ କଥାଟା ଗଲା। ବାପାଙ୍କୁ ଏହା ଆଗରୁ ଜଣାନଥିଲା ଯେ କେତେଟା ଗିଲାସ ଏମିତି ଅଲଗା କରି ରଖାଯାଇଛି। ସେ ଯେତେବେଳେ ଜାଣିପାରିଲେ, ସେତେବେଳେ ମୋ ବିଦ୍ରୋହ ସଫଳ ହୋଇଗଲା। ଆଉ କୌଣସି ବାସନ ହିନ୍ଦୁ କି ମୁସଲମାନ ହୋଇ ରହିଲା ନାହିଁ।

ସେଇ ସମୟରେ ଆଈ କି ମୁଁ କେହି ବି ଜାଣି ନଥିଲୁ ଯେ ବଡ଼ ହୋଇ ମୁଁ ଜୀବନରେ କେତେ ବର୍ଷ ଯାହାଙ୍କ ପ୍ରେମରେ ପଡ଼ିବି ସେ ସେଇ ଧର୍ମର ଲୋକ ହେବେ, ଯେଉଁ ଧର୍ମର ଲୋକଙ୍କ ପାଇଁ ଘରେ ବାସନ ବି ଅଲଗା କରି ରଖା ହେଉଥିଲା। ସେଇ ପୁରୁଷଙ୍କ ମୁହଁ ସେତେବେଳେ ଦେଖିନଥିଲି, କିନ୍ତୁ ଏବେ ଭାବୁଛି, କେଜାଣି ପିଲାଦିନେ ତାଙ୍କରି ଛାୟାହିଁ ଦେଖିଥିବି ଅବା।

ଛାୟା ବି ବେଳେ ବେଳେ ଅତି ବାସ୍ତବ ହୁଏ। ମୁହଁମାନେ ତ ବାସ୍ତବ ହୋଇ ଥାଆନ୍ତି-କିନ୍ତୁ କେତେବେଳ ଯାଏଁ? ଅଥଚ ଛାୟା ବାସ୍ତବ ରହିଥିବ ଯେତେବେଳ ଯାଏଁ ଆପଣ ଚାହିଁବେ...ଚାହିଁଲେ ବି ଜୀବନସାରା। ବର୍ଷ ଆସେ, ଚାଲିଯାଏ- ଅଟକି ରହେ ନାହିଁ। କେତେ କେତେ ଗୁଡ଼ିଏ ଛାୟା ଯଦି କେଉଁଠି କେବେ ଅଟକି ଯାଆନ୍ତି, ସେଇଠି ହିଁ ରହିଯାଆନ୍ତି ସବୁବେଳେ।

ଏମିତି ତ ସବୁ ଛାୟା କୌଣସି ଗୋଟିଏ କାୟାର ଛାୟା ହୋଇଥାଏ। କିନ୍ତୁ କେତୋଟି ଛାୟା ଏଇ ନିୟମର ବାହାରେ, କାୟାଠାରୁ ବି ସେମାନେ ସ୍ୱତନ୍ତ୍ର।

ପୁଣି ବେଳେ ବେଳେ ଏମିତି ବି ହୁଏ, ଗୋଟିଏ ଗୋଟିଏ ଛାୟା କୌଣସି କାୟାରୁ ବାହାରିଆସି ତୁମ ପାଖରେ ପହଂଚିଯାଆନ୍ତି। ଆଉ ତୁମେ ସେଇ ଛାୟାକୁ ନେଇ ଦୁନିଆଁ ଯାକ ବୁଲି ବୁଲି ଖୋଜୁଥାଅ। ଯେଉଁ କାୟାରୁ ଇଏ ବାହରିଆସିଛି ସେ କିଏ...କେଉଁଠି ଅଛି? ଭୁଲ ବି ହୁଏ...ହୋଇଯାଏ। ଏଇ ଛାୟାକୁ ନେଇ ତୁମେ କେଉଁ ଅଜଣା ଲୋକ ଦେହରେ ଲଗାଅ-କାଳେ ତା'ରି ମାପର ହେଇଥିବ। ନହେଲା ତ ନାହିଁ - ପୁଣି ତୁମେ ତାକୁ ଧରି ଚାଲିଥାଅ।

ମୋ ପାଖରେ ବି ଗୋଟିଏ ଛାୟା ଥିଲା।

ନାଁରୁ ବା କଣ ମିଳିବ? ତେବେ ବି ତାର ଗୋଟିଏ ନାମ ରଖିଥିଲି-ରାଜନ୍। ଘରେ ଗୋଟିଏ ନିୟମ ଥିଲା-ଶୋଇବା ପୂର୍ବରୁ 'କୀର୍ତ୍ତନ ସୋହିଲେ' ପାଠ କରିବାକୁ ହେବ। ମୋ ବାପାଙ୍କର ବିଶ୍ୱାସ ଥିଲ ଯେ ଏହା ତୁମେ ପଢ଼ି ଚାଲୁଥିଲା ବେଳେ ତୁମ ଚାରିପଟେ ଗୋଟିଏ ପ୍ରାଚୀର ତିଆରି ହୋଇ ଯାଉଥିବ ଏବଂ ପାଠ ସମାପ୍ତ ହେଲାକ୍ଷଣି ତୁମେ ରାତିଯାକ ସେଇ ପ୍ରାଚୀରର ସୁରକ୍ଷା ଭିତରେ ରହିବ। ଆଉ ରାତିସାରା ତାହା ଭିତରେ ପଶିବାକୁ କାହାରି ସାହସ ହେବ ନାହିଁ। ସବୁ ଚିନ୍ତା ଓ ଭାବନାରୁ ମୁକ୍ତହୋଇ ରାତିରେ ନିଶ୍ଚିନ୍ତରେ ଶୋଇପଡ଼ିବ।

ଶୋଇଲା ବେଳେ ଏହାକୁ ପାଠ କରିବାକୁ ହୋଇଥାଏ। ସେତେବେଳକୁ ଆଖିରେ ଆଖିଏ ନିଦ। ନିଦ ଘୋରରେ ପାଠ ବି ଅଧା ରହି ଯିବାର ସମ୍ଭାବନା ଥାଏ। ତେଣୁ ବାପା କହୁଥିଲେ-ଶେଷ ପଦ ଯାଏଁ ଏହାକୁ ପଢ଼ି ପୂରା କରିବାକୁ ହେବ। ଯଦି ଶେଷ ପଦ ଯାଏଁ ପଢ଼ା ହେବ ନାହିଁ ତେବେ ପାଚେରୀ ଦୁଆର ବନ୍ଦ ହେବାରେ ଅସୁବିଧା ହେବ-ତେଣୁ ସଂପୂର୍ଣ୍ଣ ସୁରକ୍ଷା ମିଳିବ ନାହିଁ - ସେଥିପାଇଁ ଅନ୍ତିମ ପଂକ୍ତି ପର୍ଯ୍ୟନ୍ତ ଏହାକୁ ପାଠ କରିବାକୁ ହେଉଥିଲା।

ଖୁବ୍ ଛୋଟ ଥିଲି। ଭାବୁଥିଲି, ଏହାକୁ ପଢ଼ିଲା ପରେ ମୋ ଚାରିପଟେ ଯଦି ପ୍ରାଚୀରଟିଏ ତିଆରି ହୋଇଯିବ, ତେବେ ରାଜନ ମୋ ସ୍ୱପ୍ନ ଭିତରକୁ କିମିତି ଆସିବ? ମୁଁ ପାଚେରୀର ଭିତର ପଟେ ଥିବି, ସେ ବାହାରେ ରହିଯିବ...ତେଣୁ ଭାବିଲି ପାଠତ ମୁଖସ୍ଥ ଅଛି, ନିଜ ବିଛଣାରେ ବସି ଧୀରେ ଧୀରେ ବୋଲିବାକୁ ହେବ, ମୋର ମନେ ଥିବା କେତୋଟି ପଦ ଛାଡ଼ିଦେବି, ପାଚେରୀ ସଂପୂର୍ଣ୍ଣ ବନ୍ଦ ହେବ ନାହିଁ, ଯେତିକି ଖୋଲି ରହିବ ସେ ସେଇ ବାଟ ଦେଇ ଚାଲି ଆସିବ।

କିନ୍ତୁ ବାପା ଏ ନିୟମର ରୂପ ବଦଳାଇ ଦେଲେ। ସମସ୍ତେ ନିଜ ନିଜର ବିଛଣାରେ ବସି ବୋଲିବା ବଦଳରେ ମୁଁ ନିଜ ଖଟ ଉପରେ ବସି ଉଚ୍ଚ ସ୍ୱରରେ ପାଠ କରିବି, ଆଉ ସମସ୍ତେ ନିଜ ନିଜ ଖଟରେ ବସି ତାହା ଶୁଣିବେ। ଦୂର ସମ୍ପର୍କୀୟ ଗୋଟିଏ ପୁଅ ଓ ଝିଅ ବାପାଙ୍କ ପାଖରେ ରହି ପଢୁଥିଲେ। ସେହି ଛୋଟ ଝିଅଟିର ପାଠ ମନେ ରହିବ ନାହିଁ ବୋଲି ବାପା ଏପରି ବ୍ୟବସ୍ଥା କଲେ।

ତେଣୁ ପାଠ ଭିତରୁ ଆଉ କୌଣସି ପଂକ୍ତିକୁ ଛାଡ଼ି ହେଉ ନଥିଲା। ଥରେ ଅଧେ ଛାଡ଼ି ଦେବା ପାଇଁ ଚେଷ୍ଟା କଲି, କିନ୍ତୁ ବାପା ଭୁଲ୍ ସଂଶୋଧନ କରିଦେଇ ସେ ପଂକ୍ତିଗୁଡ଼ିକୁ ବି ପଢ଼ାଇ ଦେଲେ। ତା'ପରେ ବହୁତ ଭାବିଚିନ୍ତି ଗୋଟିଏ ଉପାୟ ବାହାରକଲି। 'କୀର୍ତ୍ତନ ସୋହିଁଲେ' ପାଠ କରିବା ପୂର୍ବରୁ ରାଜନକୁ ଧ୍ୟାନ କରି

ତାକୁ ମୋ ପାଖକୁ ଡାକି ଆଣିବି, ଯାହା ଫଳରେ ପାଚେରୀ ତିଆରି ହୋଇଯିବା ଆଗରୁ ସେ ତା' ଭିତରକୁ ପଶିଆସିଥିବ।

ସେତେବେଳେ ଦଶ ବର୍ଷର ଥିଲି। ଆଜି ଚାଳିଶ ବର୍ଷ ପରେ ସେ କଥା ଯେତେବେଳେ ଭାବୁଛି, ସେତେବେଳେ ମନେ ହେଉଛି ଯେଉଁଥିପାଇଁ ଏତେ ଚାଲାଖି କରୁଥିଲି ତାହା ବ୍ୟର୍ଥ ହୋଇ ଯାଇନାହିଁ। ମୋ ଚାରିପଟେ ସୁରକ୍ଷା ପାଇଁ ଦୁର୍ଗ ତିଆରି ହୋଇଥିଲା-ଆଉ ଭାଙ୍ଗି ବି ଯାଇଥିଲା। କିନ୍ତୁ ତାର ଅସ୍ତିତ୍ୱ କୌଣସି ନା କୌଣସି ଭାବରେ ସବୁବେଳେ ମୋ ସହିତ ରହିଛି-କେତେବେଳେ ମନୁଷ୍ୟ ରୂପରେ, କେବେ ବା କଲମ ଭାବରେ, ଆଉ କେବେ ଈଶ୍ୱରଙ୍କ ବଂଶଧର ଭଳି ଏକରୁ ଅନେକ ହୋଇ-କୌଣସି ବହିର ପୃଷ୍ଠାରୁ ଓହ୍ଲାଇ ଅଥବା କୌଣସି କାନଭାସ୍ ଭିତରୁ ବାହାରକୁ ବାହାରି ଆସୁଛି। ଧୂଆଁର କୁଣ୍ଡଳୀ ଭିତରୁ ଦୈତ୍ୟ ପ୍ରକଟ ହେଲା ଭଳି ମଧ୍ୟ ଏହା କୌଣସି ଗୀତର ସ୍ୱରରୁ କେତେବେଳେ ବାହାରି ଆସୁଛି। କେବେ ଅବା ଫୁଟନ୍ତା ଫୁଲର ପାଖୁଡ଼ା ଭିତରୁ କି ସମୁଦ୍ର ପାଣିରେ ଦୋହଲୁଥିବା ଚନ୍ଦ୍ରମାର ଛାୟା ଭିତରୁ ବି। ମୋର ଘୋର ଏକାକୀତ୍ୱ ସମୟରେ ବଢ଼ିଲା ନଦୀ ଭଳି ମୋ ଶିରାପ୍ରଶିରାର ରକ୍ତ ଭିତରେ ଗର୍ଜନ କରି ତାହା ମାଡ଼ିଯାଉଛି। ଫଳରେ ଏକାକୀତ୍ୱର କ୍ଳାନ୍ତିରେ ଲଗେଇଦେଉଛି ତାହା ଏକ ନୂଆ ରଙ୍ଗ।

ଏବେ ଏହା ରଙ୍ଗ ଓ ସୁଗନ୍ଧରେ ଲେପି ହୋଇ ହାଡ଼ ମାଂସର ଏଇ ଦେହଠାରୁ ଆରମ୍ଭ କରି, ବିଚାର ଓ ସ୍ୱପ୍ନର ସେଇ ସୀମା ଯାଏଁ ବ୍ୟାପିଗଲାଣି, ଯେଉଁଠାରେ ଚଲା ବାଟର ଅତି ଛୋଟ ଭଲ କାମଟିରେ ବି ତା'ର ଅସ୍ତିତ୍ୱ ଜଣାପଡୁଛି, ଆଖିରେ ପାଣି ଭରିଯାଉଛି। ମୋ ପାଇଁ କିଛି ବି ନିରାକାର ନୁହେଁ। ସବୁ ବସ୍ତୁର ଅସ୍ତିତ୍ୱ ହାଡ଼ ମାଂସ ଭଳି, ଯାହାକୁ ହାତରେ ଛୁଇଁ ହୁଏ, ଯାହାର ସ୍ପର୍ଶ ମୋ ଭିତରେ ଉଲ୍ଲାସର ତରଙ୍ଗ ସୃଷ୍ଟି କରେ।

ପିଲାଦିନେ ହରଗୋବିନ୍ଦଜୀ କିମ୍ବା ଗୁରୁଗୋବିନ୍ଦ ସିଂଙ୍କୁ ମୁଁ ଯେତେବେଳେ ସ୍ୱପ୍ନରେ ଦେଖୁଥିଲି, ସେତେବେଳେ ତାଙ୍କ ଘୋଡ଼ା, ବାଜପକ୍ଷୀ କି ଗଳାରେ ଝୁଲିଥିବା ଖଣ୍ଡାକୁ ସବୁବେଳେ ହାତରେ ଛୁଇଁ ଦେଖୁଥିଲି-ଦୂରରୁ ପ୍ରଣାମ କରି ନୁହେଁ। ଏବେ ବି ସେଇଆ କରେ-ଯେମିତି କାହାକୁ ଆଲିଙ୍ଗନ କରୁଛି। ସାରା ଦେହ ଶିହରି ଉଠେ, ସେଇ ଶିହରଣରେ ନିଃଶ୍ୱାସ ଭରି ହୋଇଆସେ।

ଅନେକ ବର୍ଷ ତଳର କଥା-ଦିନେ ଜଣେ ମୋ ପାଖରେ ବସିଥିଲେ। ତାଙ୍କ ପକେଟରେ ଥିବା ରୁମାଲଟି ମଇଳା ଥିଲା। ତାଙ୍କର ଯେତେବେଳେ ରୁମାଲଟା ଦରକାର ହେଲା, ସେତେବେଳେ ନୂଆ ରୁମାଲଟିଏ ଦେଇ ମଇଳା ରୁମାଲଟା ତାଙ୍କଠାରୁ

ନେଇଗଲି। ସେଇଟି ପାଖରେ ରଖିଲି। ଅନେକ ବର୍ଷ ଯାଏଁ ତାହା ମୋ ପାଖରେ ଥିଲା। କେବେ ଯଦି ସେ ରୁମାଲ ଉପରେ ହାତ ପଡ଼ିଯାଏ, ମନରେ ନିଶା ଧରିଯାଏ।

କେଜାଣି କିମିତି କେତେ ଗୁଡ଼ିଏ ମଂଜି ଏଭଳି ଥାଏ ଯେ, ଥରେ ସେ ରକ୍ତ ମାଂସ ଭିତରେ ପଶିଗଲେ, ଯେତେ ଝଡ଼ ବତାସ ଖରା ଝାଞ୍ଜି ହେଉ କି ତା'ର ଡାଳ ପତ୍ର ଶୁଖିଯାଉ ପଛେ, ସେ ଆଉ ତା' ମୂଳରୁ ଉପୁଡ଼ି ଆସେ ନାହିଁ।

ଗୋଟିଏ କୌଣସି ଏକ ରୂପ ପାଇଁ ଆକାଂକ୍ଷା ଏବଂ ଅନ୍ୟଟି ଶବ୍ଦ ପାଇଁ ସମ୍ମାନ- ଏହିଭଳି ଦୁଇଟି ବୀଜ ପିଲାଦିନରୁ ମୋ ଭିତରେ ରୋପିତ ହୋଇ ଯାଇଥିଲା। କିନ୍ତୁ ବିଶ୍ୱାସ ଭାଙ୍ଗିଗଲା, ଆଉ ଏଭଳି ଭାଙ୍ଗିଲା ଯେ, ଭାବୁଛି ଏଇ ଦୁଇଟି ଗଛ ମୂଳରୁ ଉପୁଡ଼ି ଯାଇଥିଲେ ଭଲ ହୋଇଥାନ୍ତା। କେବେ କେବେ ମନେହୁଏ ଏମାନଙ୍କ ନାଁ ଗନ୍ଧ ବି ଆଉ ନାହିଁ। କିନ୍ତୁ ମନର ଶୁଖିଲା ମାଟି ଭିତରୁ ପୁଣି ସେଗୁଡ଼ିକ କେନା ମେଲାଏଁ। କଅଁଳିଉଠେ ଶାଖା ପ୍ରଶାଖା ଏବଂ ମୋ ନିଶ୍ୱାସରେ ବାଜେ ତାର ସୁଗନ୍ଧ।

ଏଇ ଯାଦୁ ଗଛର ଗୋଟିଏ ବୀଜ ରୋପିଥିଲି ମୁଁ ଏବଂ ଆଉ ଗୋଟିଏ ମୋ ବାପା। କୌଣସି ବହିର ପୃଷ୍ଠା ଖଣ୍ଡିଏ ଯଦି ତଳେ ପଡ଼ିଥାଏ, ସେ ତାକୁ ଅତି ଶ୍ରଦ୍ଧାରେ ଉଠାଇ ନିଅନ୍ତି। ଯଦି ଭୁଲରେ ମୋ ପାଦ ପୃଷ୍ଠା ଉପରେ ପଡ଼ିଯାଉଥିଲା ସେ ଭାରି ବିରକ୍ତ ହେଉଥିଲେ। ସେଥିପାଇଁ ଅକ୍ଷର ପ୍ରତି ମୋ ମନରେ ଗଭୀର ସମ୍ମାନ ଜାତ ହୋଇଯାଇଥିଲା ଏବଂ ତାହା ସହିତ ଯାହାଙ୍କ ହାତରେ କଲମ ଥିଲା ତାଙ୍କ ପ୍ରତି ବି। ଦେଖିଛି ଗୁରୁବାଣୀର ବିରାଟ ବିଦ୍ୱାନ ଭାଇ କାହାନସିଂଜୀ ବାପାଙ୍କର ବନ୍ଧୁ ଥିଲେ। ସେ ଯେତେବେଳେ ଆସୁଥିଲେ ଘରର କାନ୍ଥ ସବୁ ବି ସମ୍ମାନରେ ପୂର୍ଣ୍ଣ ହୋଇ ଯାଉଥିଲା। ସଂସ୍କୃତରେ ମହାନ୍ ବିଦ୍ୱାନ୍ ପିତାଙ୍କ ଗୁରୁ ଦୟାଲଜୀଙ୍କ ଫଟୋଟି ବାପାଙ୍କ ଖଟର ମୁଣ୍ଡ ପଟେ ଟଙ୍ଗା ହୋଇ ରହିଥିଲା। ସେ ପଟକୁ ଗୋଡ଼ ରଖି ଶୋଇବାକୁ ମନା ଥିଲା। ତେଣୁ ବଡ଼ହେବାପରେ ମୋର ସମସାମୟିକ ଲେଖକମାନଙ୍କ ପ୍ରତି ମୋର ସମ୍ମାନ ହିଁ ଥିଲା। କିନ୍ତୁ ସେଇ ସମସାମୟିକ ଲେଖକମାନଙ୍କ ଠାରୁ ଯେତେ ବେଦନା ମୁଁ ପାଇଛି, ବେଳେ ବେଳେ ମୋର ମନେ ହୋଇଛି, ଅକ୍ଷର ଏବଂ ଶବ୍ଦ ପାଇଁ ମୋ ଭିତରେ ଥିବା ସମ୍ମାନର ବୃକ୍ଷ ମୂଳରୁ କାହିଁକି ଶୁଖି ନଗଲା ?

କିନ୍ତୁ ବେଳେ ବେଳେ ଭାବେ, ଖାଲି କଣ ମୋର ସମକାଳୀନ ଲେଖକଙ୍କ ସହ ମୋର ସଂପର୍କ ରହିଛି ? ସମୟ ଓ ଦୂରତ୍ୱକୁ ଅତିକ୍ରମ କରି କାଜାନ ଜାକିସଙ୍କ ଭଳି ପୁଣି କେତେତ ଏହି ଗଛ ମୂଳରେ ଜଳ ସିଂଚନ କରିଛନ୍ତି ! ତାହାହେଲେ ଏବେ ବି ଏ ଗଛ ସବୁଜ ରହିଛି ବୋଲି ମୁଁ ଆଶ୍ଚର୍ଯ୍ୟ କାହିଁକି ହେବି ?

୩୧ ଜୁଲାଇ ୧୯୩୦

ପ୍ରାୟ ଏଗାର ବର୍ଷର ହୋଇଥିଲି-ଦିନେ ହଠାତ୍ ମା ବେମାର ପଡ଼ିଗଲେ। ବେମାର ହେବାର ସପ୍ତାହେ ହେଇଚି କି ନାହିଁ ମାଙ୍କ ବିଛଣା ଚାରିପଟେ ଖୁବ୍ ବିବ୍ରତ ହୋଇ ଲୋକମାନେ ଘେରି ବସିଥିବାର ମୁଁ ଦେଖିଲି।

'ମୋ ବିନ୍ନା କାହିଁ ?' ଥରେ ମା ପଚାରିଲେ। ତାଙ୍କ ବନ୍ଧୁ ପ୍ରୀତମ କାଉର ମୋ ହାତ ଧରି ମାଙ୍କ ପାଖକୁ ନେଇଗଲା ବେଳକୁ ସେ ବେହୋସ ହୋଇ ଯାଇଥିଲେ।

"ତୁ ଈଶ୍ୱରଙ୍କୁ ପ୍ରାର୍ଥନା କର। କିଏ ଜାଣେ, ତାଙ୍କ ମନରେ ଦୟା ଆସିପାରେ ! ପିଲାଙ୍କର ଡାକ ସେ ଶୁଣନ୍ତି" - ମା'ଙ୍କ ବନ୍ଧୁ ମୋ ମାଉସୀ କହିଲେ।

ମା'ଙ୍କ ଖଟ ପାଖରେ ଠିଆହୋଇ ମୋ ପାଦ ଦୁଇଟା ଯେମିତି ପଥର ପାଲଟି ଗଲା। ବହୁତ ବର୍ଷ ହେଲା ଈଶ୍ୱରଙ୍କୁ ଧ୍ୟାନ କରିବାର ଅଭ୍ୟାସ ମୋର ଥିଲା। ଆଜି ପୁଣି ସାମନାରେ ଗୋଟିଏ ସମସ୍ୟା ଥିଲା, ତେଣୁ ଧ୍ୟାନ କରିବା କିଛି କଷ୍ଟକର ହୋଇନଥିଲା। ଜାଣେନି, କେତେବେଳ ଯାଏଁ ଈଶ୍ୱରଙ୍କୁ ପ୍ରାର୍ଥନା କରୁଥିଲି- 'ମୋ ମା'ଙ୍କୁ ମାରିଦିଅନା...'

ମା'ଙ୍କ ଶଯ୍ୟାରୁ ଯନ୍ତ୍ରଣାର କିଛି ଆବାଜ ଶୁଣାଯାଉନଥିଲା। କିନ୍ତୁ ଆଖପାଖରେ ବସିଥିବା ଲୋକମାନଙ୍କ ଭିତରେ ଅସ୍ଥିରତା ଖେଳିଯାଇଥିଲା। ମୁଁ ଭାବୁଥିଲି, ଅକାରଣରେ ସମସ୍ତେ ବ୍ୟସ୍ତ ହେଉଛନ୍ତି। ଏବେ ତ ମା'ଙ୍କର ଆଉ କିଛି କଷ୍ଟ ନାହିଁ ! ମୁଁ ଈଶ୍ୱରଙ୍କୁ ମୋ' କଥା କହିଦେଇଛି-ସେ ପିଲାମାନଙ୍କ ପ୍ରାର୍ଥନା ଶୁଣନ୍ତି।

ମା'ଙ୍କ ଶଯ୍ୟାରୁ ଆଉ କିଛି ଶବ୍ଦ ଶୁଭୁନଥିଲା। କିନ୍ତୁ ଘରଯାକର ଲୋକ ବାହୁନି ଉଠିଲେ। ମୋ' ମା ମରିଯାଇଥିଲେ। ସେଦିନ ମୋ ମନ ଭିତରେ ରାଗ ଉଛୁଳି ପଡ଼ିଲା - ଭଗବାନ କାହାରି ପ୍ରାର୍ଥନା ଶୁଣନ୍ତି ନାହିଁ - ପିଲାଙ୍କର ବି ନୁହଁ।

ସେଇ ଦିନଠାରୁ ମୁଁ ମୋର ବହୁ ବର୍ଷର ଅଭ୍ୟାସ ଛାଡ଼ିଦେଲି। ବାପାଙ୍କର ଆଦେଶ ଖୁବ୍ କଠୋର ଥିଲା। କିନ୍ତୁ ମୋର ଜିଦ୍ ଦ୍ୱାରା ସେଇ କଠୋରତାର ମୁକାବିଲା କଲି...

"ଈଶ୍ୱର ବୋଲି କେହି ନାହାନ୍ତି।"

"ଇମିତି କହିବା ଉଚିତ ନୁହେଁ।"

"କାହିଁକି ?"

"ସେ ବିରକ୍ତ ହେବେ।"

"ହୁଅନ୍ତୁ.."

"ମୁଁ ଜାଣିଚି, ଈଶ୍ୱର ବୋଲି କେହି ନାହିଁ।"

"ତୁ କେମିତି ଜାଣିଲୁ ?"

"ଯଦି ପ୍ରକୃତରେ ସେ' ଥାଆନ୍ତେ, ତେବେ କଣ ମୋ କଥା ଶୁଣିନଥାନ୍ତେ ?"

"ତୁ ତାଙ୍କୁ କ'ଣ କହିଥିଲୁ ?"

"ମୁଁ ତାଙ୍କୁ କହିଥିଲି-ମୋ ମା'କୁ ମାରିଦିଅନାହିଁ।"

"ତୁ କେବେ ତାଙ୍କୁ ଦେଖିଚୁ ?"

"ସେ କଣ କାହାକୁ ଦେଖାଦିଅନ୍ତି ?"

"ତାଙ୍କୁ କଣ ଶୁଣା ବି ଯାଏନି ?"

ପୂଜାପାଠ ପାଇଁ ବାପା ତାଙ୍କ ନିୟମ ଜାରି ରଖିଥିଲେ-ଆଉ ମୁଁ ବି ମୋ ଜିଦ୍‌ରେ ଅଟକ ରହିଥିଲି। ବାପାଙ୍କର ଯେତେବେଳେ ବେଶୀ ରାଗ ହେଉଥିଲା, ସେ ମୋତେ ଆଣ୍ଠୁ ମାଡ଼ି ବସେଇଦେଇ କହୁଥିଲେ-ଦଶ ମିନିଟ୍ ଆଖି ବନ୍ଦକରି ଈଶ୍ୱରଙ୍କୁ ଧ୍ୟାନକର।

ମୋର ବାହ୍ୟ ଶରୀର ସେଇ ପିଲା ବୟସରେ ପିତୃ ଅଧିକାରର ମୁକାବିଲା କରି ନପାରି ଆଣ୍ଠେଇ ପଡୁଥିଲା, ଆଖି ବନ୍ଦ ହୋଇଯାଉଥିଲା, କିନ୍ତୁ ମୋର ପରାଜୟକୁ ମୁଁ କ୍ରୋଧରେ ପରିଣତ କରିଦେଉଥିଲି- 'ଏବେ ଆଖି ବନ୍ଦ କରି ଯଦି ମୁଁ ଈଶ୍ୱରଙ୍କୁ ନ ଡାକେ, ତେବେ ବାପା ମୋର କଣ କରିପକାଇବେ ? ଯେଉଁ ଈଶ୍ୱର ମୋର କୌଣସି କଥା ଶୁଣିଲେ ନାହିଁ, ମୁଁ ତାଙ୍କ ସାଙ୍ଗରେ ଆଉ କଥାବାର୍ତ୍ତା କରିବି ନାହିଁ। ତାଙ୍କ ରୂପକୁ ବି ଧ୍ୟାନ କରିବି ନାହିଁ। ଏବେ ମୁଁ ଆଖି ବନ୍ଦକରି ମୋ ରାଜନକୁ ଧ୍ୟାନ କରିବି। ସେ ମୋ ସହିତ ସ୍ୱପ୍ନରେ ଖେଳୁଛି, ମୋ ଗୀତ ଶୁଣୁଛି, ସେ କାଗଜ ଧରି ମୋ ଚିତ୍ର ଆଙ୍କୁଛି...ଠିକ୍ ଅଛି, ଖାଲି ତାକୁଇ ଧ୍ୟାନ କରିବି...କେବଳ ତାକୁହିଁ।'

ସେତିକିବେଳେ ଅନେକ ଦିନ, ମାସ ଆଉ ବର୍ଷ ସେଇ ଦୁଇଟି ସ୍ୱପ୍ନରେ ବିତିଗଲା। ପ୍ରତି ରାତିରେ ସେଇ ସ୍ୱପ୍ନ ଦେଖିବା ମୋର ଗୋଟିଏ ନିତ୍ୟନୈମିତ୍ତିକ ବ୍ୟାପାର ହୋଇଗଲା। ଖରା ବର୍ଷା କି ଶୀତରେ ବି ଏହାର କିଛି ପରିବର୍ତ୍ତନ ହେଉନଥିଲା।

ଥରେ ସ୍ୱପ୍ନ ଦେଖିଲି, ଗୋଟାଏ ବଡ଼ ଦୁର୍ଗ ଭିତରେ ମତେ ଲୋକମାନେ ବନ୍ଦୀ କରିଦେଉଛନ୍ତି। ବାହାରେ ଜଗୁଆଳି ଥିଲେ। ଭିତରକୁ ଯିବା ପାଇଁ କୌଣସି

ବାଟ ନଥିଲା । ମୁଁ ସେଇ ଦୁର୍ଗର ପାଚେରୀକୁ ହାତରେ ଅଣ୍ଡାଳି ଅଣ୍ଡାଳି ବାଟ ଖୋଜୁଥିଲି, କିନ୍ତୁ ସେଇ ପଥର ପାଚେରୀର କେଉଁଠି ବି ଟିକିଏ ଫାଙ୍କ ହେଉନଥିଲା ।

ଦୁର୍ଗ ସାରା ଖୋଜି ଖୋଜି କୌଣସି ବାଟ ଯେତେବେଳେ ପାଏ ନାହିଁ, ସେତେବେଳେ ବାହାରକୁ ଯିବାପାଇଁ ସବୁ ଜୋର୍ ଲଗେଇ ମୁଁ ଉଡ଼ିବାକୁ ଚେଷ୍ଟା କରୁଥିଲି । ମୋର ବାହୁରେ ଏତେ ଜୋର୍ ପଡୁଥିଲା, ଏତେ ଜୋର୍ ପଡୁଥିଲା ଯେ ମୋର ନିଃଶ୍ୱାସ ରୁନ୍ଧି ହୋଇଯାଉଥିଲା ।

ପୁଣି ମୁଁ ଦେଖୁଥିଲି ଯେ ମୋର ପାଦ ମାଟି ଉପରୁ ଉଠିବାକୁ ଲାଗିଛି । ମୁଁ ଉପରକୁ ଉଠୁଥିଲି, ଆହୁରି ଉପରକୁ ଏବଂ ଶେଷକୁ ଦୁର୍ଗର ପାଚେରୀ ଉପରକୁ ଉଠି ଯାଉଥିଲି ।

ସାମନାରେ ଆକାଶ ଠିଆହୋଇଯାଉଥିଲା । ମୁଁ ଉପରୁ ତଳକୁ ଚାହିଁ ଦେଖୁଥିଲି, ଦୁର୍ଗର ପହରାବାଲା ଘାବରେଇ ଯାଉଥିଲା । ରାଗିଯାଇ ହାତ ହଲାଉଥିଲା । କିନ୍ତୁ ମୋ' ଯାଏଁ କାହାରି ହାତ ପହଞ୍ଚି ପାରୁନଥିଲା ।

ଆଉ ଗୋଟିଏ ସ୍ୱପ୍ନ ଦେଖୁଥିଲି-ମୋ ପଛରେ ଅନେକ ଲୋକ ଭିଡ଼ ଜମେଇ ଥିଲେ । ମୁଁ ପାଦରେ ସବୁ ଜୋର୍ ଲଗେଇ ଦୌଡୁଛି । ଲୋକମାନେ ମୋ ପଛରେ ଧାଇଁଛନ୍ତି-ବ୍ୟବଧାନ କମି କମି ଯାଉଛି-ଆଉ ମୋର ବ୍ୟସ୍ତତା ବଢ଼ିଯାଉଛି । ମୁଁ ଆହୁରି ଜୋର୍‌ରେ ଦୌଡୁଛି, ଆହୁରି ଜୋର୍‌ରେ-ଏବଂ ସାମନାରେ ସମୁଦ୍ର ଆସିଯାଉଛି ।

ମୋ ପଛରେ ଆସୁଥିବା ଲୋକଙ୍କ ଭିତରେ ଆନନ୍ଦ ଖେଳିଯାଉଛି- "ଏଇଲେ ଆଉ ଆଗକୁ କୁଆଡ଼େ ଯିବ ? ଆଗରେ ଆଉ ରାସ୍ତା ନାହିଁ, ଖାଲି ତ ସମୁଦ୍ର ରହିଛି......"

ଆଉ ମୁଁ ସମୁଦ୍ର ଉପରେ ଚାଲିବାକୁ ଲାଗୁଛି । ପାଣି ବୋହିଯାଉଛି । ଅଥଚ ମୋତେ ମାଟି ଉପରେ ଚାଲୁଥିଲା ପରି ଲାଗୁଛି ।

ସବୁ ଲୋକ ସମୁଦ୍ର କୂଳରେ ଅଟକି ଯାଉଛନ୍ତି । ପାଣିରେ କେହି ଆଉ ପାଦ ଦେଇପାରୁନାହାନ୍ତି । ଯଦି କେହି ପାଦ ପକେଇବ, ତେବେ ବୁଡ଼ିଯିବ । କୂଳରେ ଠିଆହୋଇଥିବା ଲୋକେ ମୋତେ ବୁଲି ବୁଲି ଦେଖୁଛନ୍ତି । ହାଉ ହାଉ ହୋଇ ହାତ ଗୋଡ଼ ଛାଟୁଛନ୍ତି, କିନ୍ତୁ କାହାରି ହାତ ମୋତେ ଛୁଇଁପାରୁନାହିଁ ।

ମୋର ଷୋଡ଼ଶ ବର୍ଷ

ଷୋଡ଼ଶ ବର୍ଷ ଆସିଲା ଅଜଣା ଲୋକ ଭଳି । ପାଖକୁ ଆସି ମଧ୍ୟ କିଛି ଦୂରତ୍ୱ ରଖି

ଠିଆହେଲା। ମୁଁ କେବେ କେବେ ଚୁପ୍‌ଚାପ୍ ହୋଇ ତା ଆଡ଼କୁ ଚାହେଁ। ସେ କେବେ କେବେ ମୋତେ ଚାହିଁ ମୁରୁକି ହସିଦିଏ।

ଘରେ ବାପାଙ୍କ ଛଡ଼ା ଆଉ କେହି ନଥିଲେ। ସେ ବି ଲେଖକ! ରାତିସାରା ଚାହିଁଥାନ୍ତି - ଲେଖୁଥାନ୍ତି, ଆଉ ଦିନଯାକ ଶୋଇ ରହନ୍ତି। ମା' ଜୀବିତ ଥିଲେ ହୁଏତ ଷୋଳବର୍ଷଟି ଅନ୍ୟ ଭାବରେ ଆସିଥାନ୍ତା, ପରିଚିତ ଲୋକ ଭଳି, ସହୀ ସଙ୍ଗାତଙ୍କ ପରି, ବନ୍ଧୁବାନ୍ଧବଙ୍କ ଭଳି। କିନ୍ତୁ ମା'ଙ୍କ ଅନୁପସ୍ଥିତି ଯୋଗୁଁ ଜୀବନରେ ତ ଅନେକ କିଛି ମଧ୍ୟ ଅନନୁଭୂତ ରହିଗଲା। ଚାରିପାଖର ଭଲମନ୍ଦ ପ୍ରଭାବରୁ ମତେ ରକ୍ଷା କରିବା ପାଇଁ ବାପା ଗୋଟିଏ ଉପାୟ ବାହାର କରିଥିଲେ, ଯେ ମୋର ପରିଚିତ କେହି ନ ରହନ୍ତୁ, ସ୍କୁଲର କେହି ଝିଅ ନୁହଁ କି ସାଇପଡ଼ିଶାର କୌଣସି ପୁଅ ବି ନୁହଁ। ଷୋଡ଼ଶ ବର୍ଷ ବି ଏହି ହିସାବ ଭିତରେ ସାମିଲ ହୋଇଥିଲା। ଆଉ ମୋର ମନେହୁଏ, ସେଇଥିପାଇଁ ସେ ସିଧାସଳଖ ଘର ଦୁଆରରେ କରାଘାତ ନକରି ଚୋରଙ୍କ ଭଳି ଆସିଥିଲା।

କୌଣସି ରାତିରେ ମୋ ମୁଣ୍ଡପାଖ ଖୋଲା ଝରକା ବାଟେ ସେ ଚୁପ୍‌ଚାପ୍ ମୋ ସ୍ୱପ୍ନ ଭିତରକୁ ଆସିଯାଏ। ପୁଣି କେତେବେଳେ ଦିନରେ ମୋ ବାପା ଶୋଇଥିବାର ଦେଖି ସେ ଅଗଣା ପାଚେରୀ ଡେଇଁ ଆସେ। ଆଉ ମୋ କୋଠରୀର କୋଣରେ ଲାଗିଥିବା ଛୋଟ ଦର୍ପଣ ଭିତରେ ବସିଯାଏ।

ଘର ସାରା ବହିରେ ଭର୍ତ୍ତି ହୋଇଥିଲା। ତା ଭିତରେ ଧର୍ମ ବିଷୟରେ ଅନେକ ବହି ଥିଲା। ଋଷିମାନଙ୍କ ସଂପର୍କରେ ଓ ଧ୍ୟାନ ବିଷୟର ବହି ବି ଥିଲା। କିନ୍ତୁ ଏପରି କେତେକ ଐତିହାସିକ ଗ୍ରନ୍ଥ ଥିଲା, ଯେଉଁଗୁଡ଼ିକର ବାତାବରଣ ମେନକା କି ଉର୍ବଶୀଙ୍କର ଆଗମନରେ ଋଷିଙ୍କ ତପ ଭଙ୍ଗହେଲା ଭଳି ହୋଇଥିଲା। ସେହି ଦ୍ୱିତୀୟ ଶ୍ରେଣୀୟ ବହି ପଢ଼ିଲା ବେଳେ, ସେଗୁଡ଼ିକର କେତେକ ପଂକ୍ତି ଭିତରୁ ହଠାତ୍ ମୋର ଷୋଡ଼ଶ ବର୍ଷ ବାହାରିଆସି ସାମ୍ନାରେ ଠିଆହୋଇଯାଉଥିଲା। ମନେ ହେଉଥିଲା, ପିଲାବେଳର ସହରୀ ତପସ୍ୟାକୁ ଭାଙ୍ଗିବା ପାଇଁ ଏହି ଷୋଡ଼ଶ ବର୍ଷ ଗୋଟିଏ ଅପ୍‌ସରା ରୂପରେ ମୋ ଆଗରେ ଠିଆହୋଇଯାଉଛି।

ଋଷିମାନଙ୍କ ତପସ୍ୟା ଭଙ୍ଗ କରିବା ପାଇଁ ଇନ୍ଦ୍ରଙ୍କର ଦୂତ ଭାବରେ ଅପ୍‌ସରାମାନେ ଆସୁଥିଲେ ବୋଲି କୁହାଯାଏ। ମୋର ଷୋଡ଼ଶ ବର୍ଷ ବି ସେହିଭଳି ନିଶ୍ଚୟ ଈଶ୍ୱରଙ୍କ ଦ୍ୱାରା ପ୍ରେରିତ ହୋଇଥିଲା-କାରଣ ସେ ମୋ ପିଲାବେଳର ତପସ୍ୟା ଭାଙ୍ଗି ଦେଇଥିଲା।

ମୁଁ କବିତା ଲେଖିବାକୁ ଲାଗିଲି ଏବଂ ପ୍ରତି କବିତା ମୋତେ ମୋର ବର୍ଜିତ

ଇଚ୍ଛା ଭଳି ମନେହେଉଥିଲା। କୌଣସି ଋଷିଙ୍କର ସମାଧି ଭଙ୍ଗ ହେଲା ପରେ ଏକ ବିଚଳିତ ଭାବ ଯେପରି ତାଙ୍କୁ ଘାରିଯାଏ, ସେହିଭଳି ମୋର ଅବଦମିତ ଇଚ୍ଛା ମୋତେ ବିଚଳିତ କରୁଥିଲା।

କିନ୍ତୁ ଷୋଡ଼ଶ ବର୍ଷ ସହିତ ମୋର ସ୍ୱାଭାବିକ ସମ୍ପର୍କ ନଥିଲା-ଥିଲା ଏକ ଲୁଚାଛପା ସମ୍ପର୍କ। ସେଥିପାଇଁ ସେ' ବି ମୋ ଭଳି ମୋ ବାପାଙ୍କ ଆଗରେ ଦବିଯାଉଥିଲା। ମୋ ପାଖରୁ ଦୂରେଇ ଯାଇ କବାଟ କୋଣରେ ଲୁଚି ଯାଉଥିଲା। ତାକୁ ଲୁଚାଇ ରଖିବା ପାଇଁ ମୁଁ ଯେଉଁ କବିତା ଲେଖୁଥିଲି, ତାହା ପର ମୁହୂର୍ତ୍ତରେ ଚିରି ଫୋପାଡ଼ି ଦେଉଥିଲି। ପୁଣି ବାପାଙ୍କ ପାଖରେ ସିଧାସାଧା ଆଜ୍ଞାକାରୀ ଝିଅଟିଏ ହୋଇ ଯାଉଥିଲି।

ମୁଁ କବିତା ଲେଖିବାରେ ମୋ ବାପାଙ୍କର ଆପତ୍ତି ନଥିଲା-ବରଂ ସେ ମୋତେ ଛନ୍ଦ ଲୟ ସବୁ ଶିଖାଇଥିଲେ। କିନ୍ତୁ ତାଙ୍କର ଇଚ୍ଛା ଥିଲା ଯେ ମୁଁ କେବଳ ଧର୍ମ କବିତା ଲେଖେ। ମୁଁ ବି ଆଜ୍ଞାବହ ଝିଅ ଭଳି ସେମିତି ରକ୍ଷଣଶୀଳ ଢଙ୍ଗରେ କବିତା ଲେଖିଦେଉଥିଲି। (ଷୋଳବର୍ଷ ବୟସରେ ସବୁ ବିଶ୍ୱାସ ପାରମ୍ପରିକ ହୋଇଥାଏ, ସେଥିପାଇଁ ତାହା ରକ୍ଷଣଶୀଳ।)

ଏମିତି ଷୋଳବର୍ଷ ବୟସ ଆସିଲା ଏବଂ ଚାଲିଗଲା। ପ୍ରତ୍ୟକ୍ଷଭାବରେ କୌଣସି ଘଟଣା ଘଟିନଥିଲା। ବାସ୍ତବରେ ଏଇ ବର୍ଷଟି ଜୀବନର ସଡ଼କରେ ଲଗା ହୋଇଥିବା ଏକ 'ବିପଦ ସଂକେତ'। (ବିଗତ ବର୍ଷମାନଙ୍କର ସିଧା ସମତଳ ସଡ଼କ ଶେଷ ହୋଇଗଲା। ଆଗକୁ ଉଚ୍ଚା ନୀଚା ଭୟଙ୍କର ବାଙ୍କ ସବୁ ରହିଥିବା ରାସ୍ତା ଆରମ୍ଭ ହେବ। ଏବେ ବାପା ମା'ଙ୍କ କଥାଠାରୁ ଆରମ୍ଭକରି ସ୍କୁଲ ବହି ପଢ଼ିଲା ବେଳେ, ଉପଦେଶ ଶୁଣିବା ମାନିବା ବେଳେ ଏବଂ ସାମାଜିକ ବ୍ୟବସ୍ଥାକୁ ଆଦର ସହ ସ୍ୱୀକାର କରିବାର ସହଜ ବିଶ୍ୱାସ ସାମନାରେ ସବୁବେଳେ ଏକ ପ୍ରଶ୍ନ ଆସି ଠିଆହୋଇଯିବ।)

ଏଇ ବର୍ଷଟିରେ ଜଣାଶୁଣା ସବୁକିଛି ପରିତ୍ୟକ୍ତ ବସ୍ତ୍ର ଭଳି ଲାଗେ ! ଜୀବନର ତୃଷାରେ ଓଠ ଶୁଖିଯାଏ। ଆକାଶର ଯେଉଁ ସପ୍ତର୍ଷି ତାରା ମଣ୍ଡଳକୁ ଦେଖି ଦୂରରୁ ପ୍ରଣାମ କରାଯାଉଥିଲା, ପାଖକୁ ଯାଇ ସେମାନଙ୍କୁ ଛୁଇଁବାକୁ ମନହୁଏ। ଚାରିପଟର ବାତାବରଣରେ ଏତେ ବାରଣ ଏବଂ ଏତେ ବିରୋଧ ଥିଲା ଯେ ମୋ ଭିତରେ ବିଦ୍ରୋହର ନିଆଁ ଜଳିଉଠୁଥିଲା।

ଏସବୁ ଅନ୍ୟମାନଙ୍କ ପାଇଁ ଯେତିକି ଘଟେ, ମୋ ପାଇଁ ତାର ତିନିଗୁଣା ହୋଇଥିଲା। (ପ୍ରଥମତଃ ଆଖପାଖର ମଧ୍ୟବିତ୍ତ ଶ୍ରେଣୀ ଲୋକଙ୍କ ରଙ୍ଗରସହୀନ ଚାଲିଚଳନ, ଦ୍ୱିତୀୟତଃ ମା' ନଥିବା ଯୋଗୁ ସବୁବେଳେ ବାରଣର ଏକ ବୋଝ

ଏବଂ ତୃତୀୟରେ ବାପା ଏକ ଧାର୍ମିକ ଲୋକ ହୋଇଥିବାରୁ ଅତି ସଂଯମୀ ହୋଇ ରହିବା ପାଇଁ ମୋ ଉପରେ ଚାପ।) ସେଥିପାଇଁ ଷୋହଳ ବର୍ଷ ବୟସ ସହିତ ମୋର ପରିଚୟ ସେହି ଅସଫଳ ପ୍ରେମ ଭଳି ଥିଲା, ଯାହାର ଚିହ୍ନ ସବୁବେଳେ କେଉଁଠି ନା କେଉଁଠି ରହିଯାଇଥାଏ। ତେଣୁ ହୁଏତ ସେହି ଷୋଡ଼ଶ ବର୍ଷ ଏବେ ବି ମୋ ଜୀବନରେ ପ୍ରତିବର୍ଷ ସହିତ କେଉଁଠି ନା କେଉଁଠି ସାମିଲ ହୋଇଯାଉଛି।

ଏହାର କ୍ରୋଧର ସମ୍ପୂର୍ଣ୍ଣ ରୂପ ମୁଁ କେତେଥର ଦେଖିଛି। ୧୯୪୭ରେ ଦେଶ ବିଭାଜନ ସମୟରେ ବି ଦେଖିଛି। ସାମାଜିକ, ରାଜନୈତିକ ଏବଂ ଧାର୍ମିକ ମୂଲ୍ୟ ସବୁ କାଚ ବାସନ ଭଳି ଭାଙ୍ଗିଗଲା। ଆଉ ସେହି ଭଙ୍ଗା କାଚ ଲୋକଙ୍କ ପାଦରେ ଗଳିଗଲା। ସେହି କାଚର ଟୁକୁଡ଼ା ମୋ ପାଦରେ ବି ଗଳିଯାଇଥିଲା ଏବଂ ଗଳିଯାଇଥିଲା ମୋର ଆତ୍ମା ଭିତରେ। ଜୀବନର ମୁହଁ ଦେଖିବା ପାଇଁ ମୁଁ ସେହି ଆବେଗ ସହିତ କବିତା ଲେଖିଲି ଯେଉଁ ଆବେଗରେ ଷୋହଳ ବର୍ଷ ବୟସରେ ନିଜ ପ୍ରିୟର ମୁଖ ଦେଖିବା ପାଇଁ ଲେଖିଥିଲି। ପୁଣି ସେହିଭଳି ଲେଖିଲି। ପଡ଼ୋଶୀ ଦେଶର ଆକ୍ରମଣ ସମୟରେ ଭିଏତ୍‌ନାମ୍‌ର ଦୀର୍ଘ ଯାତନା ବେଳେ, ଚେକୋସ୍ଲୋଭାକିଆର ଅସହାୟ ଅବସ୍ଥା ସମୟରେ।

ମୋର ମନେହୁଏ ଯେତେବେଳ ଯାଏ କୌଣସି ସୁନ୍ଦର ଛବି ଆଖିରେ ଲାଖି ରହିଥାଏ, ଆଉ ସେଇ ଛବିର ପ୍ରଭାବରେ ଯାହା ଅସୁନ୍ଦର ତାହା ବି ଭଲଲାଗେ, ସେତେବେଳ ଯାଏ ମଣିଷର ଷୋଡ଼ଶ ବର୍ଷ ବି ତା ଭିତରେ ବଂଚି ରହିଥାଏ (ଭଗବାନଙ୍କ ଜାତି ଭଳି ସବୁ ରୂପ ଭିତରେ)।

ଗୋଟିଏ ସୁନ୍ଦର ଛବି, ତାହା ପ୍ରିୟଜନର ମୁଖ ହେଉ ଅବା ଧରିତ୍ରୀର, ସେଥିରେ କିଛି ଯାଏ ଆସେ ନାହିଁ। ଏହା ମନର ଷୋଡ଼ଶ ବର୍ଷ ସହିତ ମନ ଭିତର ଛବିର ସଂପର୍କ। ଆଉ ମୋର ଏଇ ସମ୍ପର୍କ ଏବେ ବି ବଜାୟ ରହିଛି।

ଈଶ୍ୱରଙ୍କର ଯେଉଁ ଷଡ଼ଯନ୍ତ୍ର ଯୋଗୁ ଏହି ଷୋଡ଼ଶ ବର୍ଷଟି ଅପ୍‌ସରା ଭଳି ଆସି ମୋ ବାଲ୍ୟାବସ୍ଥାର ସମାଧି ଭଙ୍ଗ କରିଥିଲା, ସେହି ଷଡ଼ଯନ୍ତ୍ର ପ୍ରତି ମୁଁ ଋଣୀ। କାରଣ ସେହି ଷଡ଼ଯନ୍ତ୍ରର ସମ୍ପର୍କ କେବଳ ଗୋଟିଏ ବର୍ଷ ସହ ନୁହେଁ, ମୋର ସମଗ୍ର ଜୀବନ ସହିତ ସ୍ଥାପିତ ହୋଇଯାଇଛି।

ମୋର ପ୍ରତ୍ୟେକ ଭାବନା ଏବେ ବି କିଛି କିଛି ସମୟ ବ୍ୟବଧାନରେ ମୋର ସରଳ ଦିନଗୁଡ଼ିକର ସମାଧି ଭଙ୍ଗକରି ଚାଲିଛି। ଭୁଲ ମୂଲ୍ୟବୋଧ ସହିତ ସାଲିସ କରି ଆତ୍ମସନ୍ତୋଷ ଲାଭ କରୁଥିବା ଲୋକଙ୍କର ଅବସ୍ଥା ସେହି ସମାଧି ଭଳି ହୁଏ ଯେଉଁଥିରେ ଅକାରଣରେ ଆୟୁ କ୍ଷୟ ହୋଇଯାଏ। ମୁଁ ଖୁସି ଯେ, ମୋତେ ସମାଧିର ସେଇ ଶାନ୍ତି

ମିଳିନାହିଁ ବରଂ ବିଦ୍ରୋହର ଅସ୍ଥିରତା ମିଳିଛି .....ଆଉ ମୋର ଷୋଡ଼ଶ ବର୍ଷ ଆଜି ବି ପ୍ରତି ବର୍ଷ ସହିତ ସାମିଲ ହେଉଛି, କେବଳ ତା ମୁହଁ ଆଉ ଅଚିହ୍ନା ନରହି ସବୁଠାରୁ ବେଶି ପରିଚିତ ହୋଇଯାଇଛି। ତାର ଆଉ ଲୁଚିଛପି କାନ୍ଥ ଡେଇଁ ଆସିବା ଦରକାର ପଡୁନାହିଁ, ସବୁ ବିରୋଧର ମୁକାବିଲା କରି ସେ ଖୋଲା ଦରଜା ବାଟେ ଆସୁଛି। କେବଳ ବାହାରର ବିରୋଧ ନୁହେଁ-ମୋ ଜୀବନର ପଚାଶ ବର୍ଷ ବୟସ ସହିତ ବି ସେ ମୁକାବିଲା କରୁଛି। ତା'ର ଲକ୍ଷଣ ସବୁ ପୂର୍ବ ଭଳି ରହିଛି ! ଏବେ ବି ଚାରିପଟର ସବୁ କିଛି ପୁରୁଣା ଲୁଗା ଭଳି ଲାଗେ, ଜୀବନର ତୃଷାରେ ଓଠ ଶୁଖିଆସେ, ଆକାଶର ତାରାକୁ ହାତରେ ଛୁଇଁବାକୁ ଇଚ୍ଛା ହୁଏ। ଆଉ ଦୁନିଆର ଯେଉଁଠି ବା ଯାହା ପ୍ରତି ଅନ୍ୟାୟ ହେଉଥିବାର ଜାଣିଲାକ୍ଷଣି ମୋ ଭିତରେ ନିଆଁ ଜଳି ଉଠେ।

ଏକ ଛାୟା

ଏକ ଶ୍ୟାମଳ ଛାୟା ପିଲାଦିନରୁ ମୋ ସହିତ ସବୁବେଳେ ଚାଲିଥିଲା। ଧୀରେ ଧୀରେ ଜାଣିଲି ତାହା ସହିତ ଅନେକ କିଛି ମିଶି ରହିଛି-ମୋ ପ୍ରେମିକର ଚେହେରା, ମୋ ନିଜର ବି ସେଇ ଆକାଂକ୍ଷିତ ରୂପ, ଯାହା ମୋ'ଠାରୁ ଅଧିକ ସିଆଣା, ଗମ୍ଭୀର ଓ ଶକ୍ତିଶାଳୀ-ଏହାଛଡ଼ା ନିଜ ଦେଶ ଓ ପ୍ରତି ଦେଶର ମନୁଷ୍ୟଙ୍କ ସ୍ୱତନ୍ତ୍ର ଚେହେରା ମଧ୍ୟ।

ଯାହା ଲେଖୁଛି-କଙ୍କାଳ ଉପରେ ରକ୍ତ ଓ ମାଂସ ଲେପି ଦେବାର ଇଚ୍ଛାରୁ ଲେଖୁଛି-ତାହାର ଶ୍ୟାମଳ ବର୍ଣ୍ଣରେ ଉଜ୍ଜ୍ୱଳତା ଭରି ଦେବାର ଇଚ୍ଛାରେ।

ଏହା ଏକ ପ୍ରକାର ଈଶ୍ୱରଙ୍କୁ ଧରଣୀ ଉପରକୁ ଓହ୍ଲାଇ ଆଣିବାର ଇଚ୍ଛା। ସେଥିପାଇଁ ହୁଏତ ଏହି ଛାୟା ଗୋଟିଏ ଚେହେରା ଭିତରେ ସୀମିତ ରହିଲା ନାହିଁ, ଯେଉଁଠି ଟିକିଏ ବି ସୁନ୍ଦରତାର ଛାପା ଲାଗୁଥିଲା ସେ ପର୍ଯ୍ୟନ୍ତ ତାହା ବ୍ୟାପିଯାଉଥିଲା।

ସେ "ମୁଁ" ପାଇଁ ମୁଁ ସେବେବେଳେ ଲେଖୁଥିଲି-ତାହାଥିଲା ବହୁତ ସମକାଳୀନ, କେବଳ ସେହି 'ମୁଁ' ମୋର ସମକାଳୀନ ନଥିଲା।

ପକ୍ଷୀର ଗୀତ ଭଳି ଏହା ଥିଲା ଦରଦଭରା। ଏହିକ୍ଷଣି ହୁଏତ ପବନରେ ଅଛି, ପୁଣି ସଙ୍ଗେ ସଙ୍ଗେ ଆଉ କେଉଁଠି ବି ନାହିଁ। ଯଦି କେବେ କାନରେ ଶୁଣିପାରିଲି ଭଲ, ନଶୁଣି ପାରିଲେ ବି ଭଲ। ଶୁଣିବା ନ ଶୁଣିବା ଉପରେ ମୋର କିଛି ଅକ୍ତିଆର ନଥିଲା। ଖୁବ୍ ସାନ ଥିଲାବେଳେ ମୋ' ଚାରିପଟେ କେତେ ଶବ୍ଦ ଶୁଣୁଥିଲି, ଯାହା ପୁଣି ପରେ ଗାଳିଗୁଲଜ ପାଲଟି ଯାଇଥିଲା। କେତେ ପ୍ରକାର ନାମର ଝଣ୍ଡା କେତେ

ଜାଗାରେ ପୋତା ହୋଇଥିଲା। ସେମାନେ ଭାବୁଥିଲେ ମୋତେ ବି ମୋ ନାମର ଝଣ୍ଡା ପୋତିବାକୁ ହେବ। ମୁଁ ସେମାନଙ୍କୁ କହିବାକୁ ଚାହୁଁଥିଲି-ହେ ବନ୍ଧୁ, ତୁମ ନାଁ'ର ପତାକା ପାଇଁ ତୁମକୁ ବଧାଇ ଜଣାଉଛି। ମୋର କିଛି ଦରକାର ନାହିଁ। ଅକାରଣରେ ଭୁଲ୍ ବୁଝନାହିଁ।

ଦେଖ- କିଛି କହିବା ଶୁଣିବା ସମ୍ଭବ ନୁହେଁ। ଭାବିଲି, ହୁଏତ ସମୟ ଆସିବ, ଯେତେବେଳେ ଏହା ସମ୍ଭବ ହେବ। କିନ୍ତୁ ମୋ ଭାଷାର ସାହିତ୍ୟିକମାନଙ୍କ ଦ୍ୱାରା ଏହା ସେତେବେଳେ ବି ସମ୍ଭବ ହେଲା ନାହିଁ କି ଆଜି ୩୦ ବର୍ଷ ପରେ ବି ନୁହେଁ।

ମୋ ଜୀବନର ଏହା ପ୍ରଥମ ଦୁଃଖଦ ଅନୁଭୂତି ଥିଲା। ମୁଁ ଜାଣି ନଥିଲି ଯେ ଜୀବନ ସାରା ତାହା ପ୍ରଲମ୍ବିତ ହୋଇଯିବ।

ଗୁରୁ ବକ୍ସ ସିଂହଜୀ, ଧନୀରାମ ଚାତ୍ରିକ, ପ୍ରିନ୍ସପାଲ ତେଜା ସିଂଙ୍କ ଭଳି କେତେକ ପ୍ରବୀଣ ବ୍ୟକ୍ତି ଥିଲେ, ଯେଉଁମାନେ ସ୍ନେହ ଓ ଆଦରରେ ସ୍ମିତହାସ୍ୟ କରୁଥିଲେ। ଏମାନଙ୍କ ଭିତରୁ ଦୁଇଜଣ ଖୁବ୍ ଶୀଘ୍ର ଅପସରି ଗଲେ। ସାହିତ୍ୟ ଜଗତରେ ଯାହା ସବୁ ଘଟୁଥିଲା, ସେଥିରେ ଗୁରୁ ବକ୍ସ ସିଂହଜୀ ଖୁବ୍ ଶୀଘ୍ର ବିରକ୍ତ ଓ ନିର୍ଲିପ୍ତ ହୋଇଗଲେ।

ଘରର ବାସନ ଯେଉଁ ଧର୍ମର ଲୋକଙ୍କ ପାଇଁ ଅଲଗା କରି ରଖାଯାଉଥିଲା, ସେହି ଧର୍ମର ଜଣକର ଦରଦି ଚେହେରାରେ ପ୍ରଥମେ ମୁଁ ଆଲୋକ ଦେଖିଲି। ସେହି ବ୍ୟକ୍ତି ମୋ ଭିତରର ମଣିଷକୁ ଅତି ବିଶାଳ କରିଦେଲା। ଫଳରେ ଦେଶ ବିଭାଜନ ବେଳେ ବିଭାଜନର ଶିକାର ହୋଇ ବି କୌଣସି ଦ୍ୱେଷ କି ପାର୍ଥକ୍ୟ ନରଖି ଦୁଇଟି ଯାକ ଧର୍ମର ଅତ୍ୟାଚାର ବିଷୟରେ ମୁଁ ଲେଖିପାରିଲି। ସେହି ଲୋକଙ୍କୁ ନଦେଖିଥିଲେ 'ପିଞ୍ଜର' ଉପନ୍ୟାସର ରୂପ କ'ଣ ହୋଇଥାନ୍ତା ଜାଣେନାହିଁ।

କୋଡ଼ିଏ-ଏକୋଇଶ ବର୍ଷ ବୟସରେ ମୋର କଳ୍ପିତ ରୂପକୁ ଏହି ଧରଣୀ ଉପରେ ଦେଖିଲି। (ବହୁତ ବର୍ଷ ପରେ ବିସ୍ତାରିତ ଭାବରେ "ଆଖିରି ଖତ୍"ରେ ଏହି ମିଳନ ବିଷୟରେ ଲେଖିଛି) ପ୍ରତିଦିନ ଅଗ୍ନିର ଲେଲିହାନ ଶିଖା ଭିତରକୁ ଲମ୍ଫ ପ୍ରଦାନ କଲାଭଳି ଅବସ୍ଥା ମୋର ହେଉଥିଲା। ଏପରିକି ୧୯୫୭ରେ ଏକାଡ଼େମୀ ପୁରସ୍କାର ପାଇବାର ଖବର କେହି ମୋତେ ଟେଲିଫୋନ୍‌ରେ ଜଣାଇଲା ବେଳେ ମୋର ଗୋଡ଼ରୁ ମୁଣ୍ଡଯାଏ ଜଳିଗଲା ଭଳି ମନେହେଲା। "ହେ ଭଗବାନ, ମୁଁ ଏହି 'ସୁନହରେ' କୌଣସି ପୁରସ୍କାର ପାଇବା ପାଇଁ ଲେଖି ନଥିଲି! ଯାହାପାଇଁ ଲେଖିଥିଲି, ସେ ଯଦି ନପଢ଼ିଲା ତେବେ ଦୁନିଆଯାକ ସମସ୍ତେ ପଢ଼ିଲେ ବି ମୋର କ'ଣ ଲାଭ ହେବ?

ସେଦିନ ସନ୍ଧ୍ୟାବେଳେ ଜଣେ ପ୍ରେସ୍ ରିପୋର୍ଟର ଆସିଲେ। ତାଙ୍କ ସହିତ ଫଟୋଗ୍ରାଫର ବି ଥିଲେ। ଲେଖିବା ଅବସ୍ଥାର ଫଟୋ ସେ ଉଠାଇବାକୁ ଚାହୁଁଥିଲେ।

ମୁଁ ଟେବୁଲ ଉପରେ କାଗଜ ରଖିଲି ! କଲମ ଧରି କବିତା ଲେଖିବା ବଦଳରେ ଗୋଟିଏ ମୋହଗ୍ରସ୍ତ ଅବସ୍ଥାରେ ଯାହାପାଇଁ 'ସୁନହରେ' ଲେଖିଥିଲି, ତାରି ନାମ ଲେଖିଚାଲିଲି- ସାହିର୍... ସାହିର୍... ସାହିର୍..., ସାହିର୍ .....କାଗଜ ଭର୍ତ୍ତିହୋଇଗଲା ।

ପ୍ରେସ୍‌ର ଲୋକମାନେ ଚାଲିଗଲା ପରେ ମୋର ହଠାତ୍ ଖିଆଲ ହେଲା- ହେ ଭଗବାନ, ସକାଳ ଖବରକାଗଜରେ ଯେଉଁ ଚିତ୍ର ବାହାରିବ ସେଥିରେ ତ ଟେବୁଲ ଉପରେ ଥୁଆହୋଇଥିବା କାଗଜରେ ସାହିର୍, ସାହିର୍ ବୋଲି ଛପାହୋଇଯିବ !

ମୋ ଭିତରେ ଯେପରି ସେଦିନ ମଜ୍‌ନୁର 'ଲୈଲା - ଲୈଲା' ଡାକ ପ୍ରଭାବ ବିସ୍ତାର କରିଦେଇଥିଲା ।

କିନ୍ତୁ ସୌଭାଗ୍ୟକୁ କ୍ୟାମେରାର ଫୋକସ୍ ମୋ ହାତ ଉପରେ ଥିଲା, କାଗଜ ଉପରେ ନୁହେଁ । ସେଥିପାଇଁ ପରଦିନ ଖବରକାଗଜ ଚିତ୍ରରେ କାଗଜର ଲେଖା କିଛି ପଢ଼ି ହେଇନଥିଲା । କିଛି ପଢ଼ି ହେଉନଥିବା ଦେଖି ଏକ ବେଦନା ବି ମୋ ଭିତରେ ଜାତ ହୋଇଥିଲା । କାଗଜ ଖାଲି ଦିଶୁଥିଲା, କିନ୍ତୁ ଭଗବାନ ଜାଣନ୍ତି ତାହା ପ୍ରକୃତରେ ଶୂନ୍ୟ ନଥିଲା ।

ମୋର 'ଅଶ୍ରୁ' ଉପନ୍ୟାସରେ ସାହିର୍‌ଙ୍କ ଚରିତ୍ର ମୁଁ କିଛି ପରିମାଣରେ ଚିତ୍ରିତ କରିଛି । ପୁଣି 'ଏକ ଥୀ ଅନୀତା' ଏବଂ 'ଦିଲ୍ଲୀ କୀ ଗଲିୟାଁ' ଉପନ୍ୟାସରେ ସାଗର ରୂପରେ ବି ତାଙ୍କୁ ଚିତ୍ରଣ କରିଛି ।

କେତେଗୁଡ଼ିଏ କବିତା ଲେଖିଥିଲି । 'ସୁନହରେ' ସେଥି ଭିତରୁ ସବୁଠୁ ଲମ୍ବା କବିତା । 'ଚୈତ୍ର' ଶୀର୍ଷକ ସବୁ କବିତା ଏବଂ ଏକ ଅନ୍ତିମ କବିତା 'ଆଗ କି ବାତ୍' ଲେଖିଲା ପରେ ମନେହେଲା ଏବେ ଚୌଦ ବର୍ଷ ବନବାସ ଭୋଗିଲା ପରେ ମୁଁ ସ୍ୱାଧୀନ ହୋଇଯାଇଛି ।

କିନ୍ତୁ ବିତିଯାଇଥିବା ବର୍ଷଗୁଡ଼ିକ ପିନ୍ଧିଥିବା ଲୁଗାପରି ନୁହେଁ, ଏହା ଶରୀରରେ ଚିହ୍ନ ହୋଇଯାଏ । ମୁହଁ ଖୋଲି ସିନା କିଛି କହିପାରେନାହିଁ; କିନ୍ତୁ ଦେହ ଉପରେ ଚୁପ୍‌ଚାପ୍ ଲେପ୍‌ଟି ରହିଥାଏ । ଅନେକ ବର୍ଷ ବୁଲ୍‌ଗେରିଆରେ ଦକ୍ଷିଣରେ ବାର୍ନା ସହରର ଗୋଟିଏ ହୋଟେଲରେ ଥିଲି । ତାହାର ଏକ ପଟେ ସମୁଦ୍ର ଅନ୍ୟ ପଟେ ଜଙ୍ଗଲ ଏବଂ ତୃତୀୟ ପଟେ ପାହାଡ଼ । ସେଠାରେ ଦିନେ ରାତିରେ ମନେହେଲା ସମୁଦ୍ରରେ ସେଇ ନୌକାରୁ କେହି ଜଣେ ଓହ୍ଲାଇ ଆସି ଝରକା ବାଟେ ମୋର ହୋଟେଲ କୋଠରି ଭିତରକୁ ପଶିଗଲା ।

ମୁଁ ସ୍ୱପ୍ନ ଓ ଜାଗୃତିର ସନ୍ଧିକ୍ଷଣରେ ଥିଲି । ସେଇ ରାତିରେ କବିତା ଲେଖିଥିଲି-
'ବହୁ ଦିନୁଁ ସ୍ମୃତି ତୁମ ନିର୍ବାସିତ ଥିଲା-'

ମୋର ଏକାକୀତ୍ୱର ଅଭିଶାପ ଇମ୍‌ରୋଜ ଦୂର କଲେ। କିନ୍ତୁ ତାଙ୍କ ସହିତ ଭେଟ ହେବା ପୂର୍ବରୁ ଗୋଟିଏ ସୁନ୍ଦର ଘଟଣା ଘଟିଥିଲା। ଜଣେ ଅତି ଦରଦୀ ବ୍ୟକ୍ତିଙ୍କର ବନ୍ଧୁତ୍ୱ ମୋତେ ମିଳିଥିଲା।

ଦେଶ ବିଭାଜନ ପୂର୍ବରୁ ସଜ୍ଜାଦ ହୈଦରଙ୍କ ସହ ମୋର ପରିଚୟ ହୋଇଥିଲା। ତାଙ୍କ ବ୍ୟତୀତ ଜଟିଳତା ଏବଂ ଭୁଲ୍ ବୁଝାମଣା ସୃଷ୍ଟି ନ କରିଥିବା ଆଉ କୌଣସି ସମସାମୟିକ ବ୍ୟକ୍ତିଙ୍କୁ ମୁଁ ଜାଣିନଥିଲି। ତିକ୍ତତାପୂର୍ଣ୍ଣ ସାହିତ୍ୟ ଜଗତରେ ସଜ୍ଜାଦ ହିଁ କେବଳ ବନ୍ଧୁତା ଓ ସୌହାର୍ଦ୍ଦ୍ୟ ବିତରଣ କରୁଥିଲେ।

ଲାହୋରରେ ଥିଲାବେଳେ ତାଙ୍କ ସହିତ ମୋର ବାରମ୍ବାର ଦେଖାସାକ୍ଷାତ ହେଉଥିଲା। ସେ ଅତି ସମ୍ମାନାସ୍ପଦ ବ୍ୟକ୍ତି ଥିଲେ ଏବଂ ଥରେ ତାଙ୍କ ସହ ସାକ୍ଷାତ ବା କଥାବାର୍ତ୍ତା ହେଲେ ସିଢ଼ିରେ ଧାପେ ଉପରକୁ ଉଠିଗଲା ଭଳି ମନେହେଉଥିଲା। ଏତିକିବେଳେ ଦଙ୍ଗାହଙ୍ଗାମା ଆରମ୍ଭ ହୋଇଗଲା। ସକାଳରୁ ସନ୍ଧ୍ୟାଯାଏ କର୍ଫ୍ୟୁ ଜାରି ରହୁଥିଲା। କିନ୍ତୁ କର୍ଫ୍ୟୁ ଉଠିଲା କ୍ଷଣି ଅଳ୍ପ ସମୟ ପାଇଁ ହେଲେ ସୁଦ୍ଧା ସେ ନିଶ୍ଚୟ ଚାଲିଆସୁଥିଲେ। ସେହି ସମୟରେ ଆସିଲା ୨୩ ଏପ୍ରିଲ-ମୋ ଛୋଟ ଝିଅଟିର ସେଦିନ ପ୍ରଥମ ଜନ୍ମବାର୍ଷିକୀ।

ସନ୍ଧ୍ୟାବେଳେ ଦାଣ୍ଡଦୁଆରେ ଶବ୍ଦ ହେଲା। ସଜ୍ଜାଦ ମୋ ଝିଅର ପ୍ରଥମ ଜନ୍ମଦିନ ପାଇଁ କେକ୍ ଧରି ଆସିଥିଲେ।

ସହରରେ ଚାଲିଥିବା ପୋଡ଼ାଜଳା ଏବଂ ହତ୍ୟାକାଣ୍ଡ ଯୋଗୁ ଜନ୍ମଦିନ ପାଳିବା କଥା ଖିଆଲ ନଥିଲା।

ଦେଶ ବିଭାଜନ ହୋଇଗଲା। ମୁଁ ଡେରାଡୁନରେ ଥିଲି। ସଜ୍ଜାଦଙ୍କ ଚିଠି ସବୁବେଳେ ଆସୁଥିଲା। ସେତିକି ବେଳେ ମୋର ପୁଅ ଜନ୍ମ ହୋଇଥାଏ ଏବଂ ଲାହୋରରେ ସଜ୍ଜାଦଙ୍କ ଘରେ ବି ପୁଅ ହୋଇଥାଏ। ମୋ ପୁଅ ନାଁ ମୁଁ ନବରାଜ ରଖିଲି, ସଜ୍ଜାଦ ସେହିଭଳି ତାଙ୍କ ପୁଅ ନାଁ ରଖିଲେ ନବୀ। ଆମେ ଫଟୋ ଜରିଆରେ ପରସ୍ପରର ପୁଅମାନଙ୍କୁ ଦେଖିଲୁ।

ଥରେ ନବରାଜର ଜର ହେଲା। ଅନେକ ଦିନ ପର୍ଯ୍ୟନ୍ତ ଜର ନଛାଡ଼ିବାରୁ ମୁଁ ବିବ୍ରତ ହୋଇପଡ଼ିଲି। ସଜ୍ଜାଦଙ୍କ ଚିଠିର ଉତ୍ତର ଦେଲାବେଳେ ପୁଅର ଜର ବିଷୟରେ ଲେଖିଥିଲି। ଫେରନ୍ତା ଡାକରେ ତାଙ୍କଠାରୁ ଯେଉଁ ଉତ୍ତର ମିଳିଥିଲା ତାହା ଆଜିଯାଏ ମୋ ହୃଦୟ ଭିତରେ ଖୋଦିତ ହୋଇ ରହିଛି। ସେ ଲେଖିଥିଲେ-ମୁଁ ସାରା ରାତି ଖୋଦାଙ୍କୁ ତୁମ ପୁଅର ଆରୋଗ୍ୟ ପାଇଁ ପ୍ରାର୍ଥନା କରୁଥିଲି। ଆରବରେ କଥା ଅଛି ଯେ ଶତ୍ରୁ ଯଦି ତୁମ ପାଇଁ ପ୍ରାର୍ଥନା କରେ ତେବେ ସେ ପ୍ରାର୍ଥନା ନିଶ୍ଚୟ ପୂରଣ ହୁଏ।

ବର୍ତ୍ତମାନ ଦୁନିଆ ଆଖିରେ ମୁଁ ତୁମ ଦେଶର ଶତ୍ରୁ-କିନ୍ତୁ ଭଗବାନ ନକରନ୍ତୁ, ମୁଁ କେବେ ବି ତୁମର ବା ତୁମ ପୁଅର ଶତ୍ରୁ ହୁଏ।

'ଓ୍ୱାରିସ ଶାହଙ୍କ ପ୍ରତି' କବିତା ଲେଖିବା ପୂର୍ବରୁ ଦେଶ ବିଭାଜନ ବିଷୟରେ ମୁଁ 'ପଡ଼ୋଶୀ ସୌନ୍ଦର୍ଯ୍ୟ' ନାମକ ଆଉ ଗୋଟିଏ କବିତା ଲେଖିଥିଲି। ସଙ୍ଗେ ସଙ୍ଗେ ସେଇଟି ମୁଁ ସଜ୍ଜାଦଙ୍କ ପାଖକୁ ପଠାଇଦେଲି। ପଂଜାବୀରେ ଲେଖାହୋଇଥିବା ସେଇ କବିତାଟି ମୋ ପାଖରୁ ହଜିଗଲା, ତେଣୁ ମୋ ଭାଷାରେ ଆଉ ଛପା ହୋଇ ପାରିଲା ନାହିଁ। କିନ୍ତୁ ସଜ୍ଜାଦକୁ ମୁଁ ଚିଠିରେ ଲେଖିଥିବା କବିତାକୁ ସେ ଇଂରାଜୀରେ ଅନୁବାଦ କରିଥିଲେ ଏବଂ ଏହା 'ପାକିସ୍ତାନ ଟାଇମ୍‌ସ'ରେ ଛପାହୋଇଥିଲା।

ପୁଣି କେତେ ବର୍ଷ ପରେ ସାହିର୍‌ଙ୍କ ସହ ଦେଖାହେଲା। ତା'ପରେ ଗୋଟିଏ କବିତା ଲେଖିଥିଲି- 'ସାତବରଷ'। ଦେଶ ବିଭାଜନ ପରେ ସେ ପାକିସ୍ଥାନ ଗଲେ ନାହିଁ। (ଯାଇଥିଲେ, କିନ୍ତୁ ସେଠାରେ ରହିଲେ ନାହିଁ, ସେ ଭାରତରେ ଥିଲେ) ଅଥଚ ସାତବର୍ଷ ଯାଏଁ ତାଙ୍କ ସହ ଦେଖା ହୋଇନଥିଲା। ସାତବର୍ଷ ପରେ ଦେଖା ହେବାରୁ ଗୋଟିଏ କବିତା ଲେଖିଲି। ତାହା ଛପା ହେବାପରେ କେମିତି କେଜାଣି ପାକିସ୍ଥାନରେ ପହଂଚିଗଲା। ସଜ୍ଜାଦ ତାକୁ ପଢ଼ି ମୋ ପାଖକୁ ଲେଖିଲେ- "ମୁଁ ତମ ସହିତ ଦେଖା କରିବା ପାଇଁ ପନ୍ଦର, କୋଡ଼ିଏ ଦିନ ଛୁଟି ନେଇ ଭାରତକୁ ଯିବା ପାଇଁ ଚାହେଁ। ତୁମେ ଅତି ଉଦାସ ମନେହେଉଛ। 'ଯାହାଙ୍କ' ପାଇଁ ତୁମେ 'ସାତ ବର୍ଷ' କବିତା ଲେଖିଛ 'ତାଙ୍କରି' ବିଷୟରେ ତୁମ ସଙ୍ଗେ କଥାବାର୍ତ୍ତା କରିବି।

ସେ ଦିଲ୍ଲୀ ଆସି ଅଠରଦିନ ରହିଲେ। ରାତିରେ ରହନ୍ତି ମେରିନା ହୋଟେଲରେ, ଆଉ ଦିନସାରା ମୋ ପାଖରେ। ମୋ ଜୀବନରେ ଏତିକି ବେଳେ ପ୍ରକୃତରେ ଜାଣିଲି ଯେ ଦୁନିଆରେ ମୋର ବି କେହି ପ୍ରକୃତ ବନ୍ଧୁ ଅଛନ୍ତି-ସବୁ ସମୟର ବନ୍ଧୁ। ପ୍ରଥମଥର ପାଇଁ ବି ଜାଣିଲି ଯେ କବିତା କେବଳ ପ୍ରେମର ତୋଫାନରୁ ଜନ୍ମ ନିଏ ନାହିଁ- ବନ୍ଧୁତ୍ୱର ଶାନ୍ତ ଜଳ ଉପରେ ବି ପହଁରି ଆସେ। ସଜ୍ଜାଦ ଯିବା ସମୟରେ କବିତାଟିଏ ଲେଖିଥିଲି - 'ହେ ପରଦେଶୀ, ପକ୍ଷ ଯଦି ମିଳୁଥାଏ କେଉଁଠି ତ, ମୋତେ ଆଣିଦିଅ, ନହେଲେ ମୋ ପାଖେ ଆସି ରହିଯାଅ।'

ଥରେ ଲାହୋରର ଗୋଟିଏ ଭୋଜି ସଭାରେ ସଜ୍ଜାଦଙ୍କର ଜଣେ ବନ୍ଧୁ ପତ୍ନୀ ତାଙ୍କୁ ଥରକୁ ଥର ଅମୃତି ଜଲେବି ଆଣି ପରଶିଲେ। ସଜ୍ଜାଦ ଥରେଅଧେ ତ ହସି ଦେଇ ଫେରାଇଦେଲେ, ତା'ପରେ କିନ୍ତୁ ଗମ୍ଭୀର ହେଇଯାଇ କହିଲେ 'ଭାଉଜ, ତୁମେ ଆଜି ତା ନାଁକୁ ନେଇ ମୋ ସହିତ ଥଟ୍ଟା କଲ, ଆଉ କେବେ କିନ୍ତୁ କରିବ ନାହିଁ। ତା' ପ୍ରତି ମୋ ଭଲପାଇବା ଭିତରେ କେତେ ଦିବ୍ୟଭାବନା ରହିଛି ତୁମେ କଣ ସେ କଥା ଜାଣ ?'

ଆଉ ଗୋଟିଏ ଘଟଣା ମନେପଡୁଛି । ଆମେ ସ୍କୁଟରରେ କନଟ୍‌ପ୍ଲେସରୁ ଘରକୁ ଫେରୁଥାଉ । ସ୍କୁଟରବାଲା ଟିକିଏ ବେଶି ଭଡ଼ା ମାଗିଲା । ତା' ସହିତ ମୁଁ ଭଡ଼ା ବିଷୟରେ କଥାବାର୍ତ୍ତା କରୁଥିଲାବେଳେ ସେ ଯେତିକି ମାଗୁଥିଲା ସଜ୍ଜାଦ ସେତିକି କାଢ଼ି ତାକୁ ଦେଇଦେଲେ । ସେ ଚାଲିଯିବା ପରେ ମତେ କହିଲେ- 'ମୋର ମନେହୁଏ ପାକିସ୍ଥାନରୁ ଏମିତି ଯେତେ ଲୋକ ଘରଦ୍ୱାର ଛାଡ଼ି ଚାଲିଆସିଛନ୍ତି ସମସ୍ତଙ୍କର ମୋ ଉପରେ କିଛି ନା କିଛି ପାଉଣା ଅଛି ।'

ହାୟ, ରାଜନୀତିର ଦୁନିଆ ! ଏଇ ମଣିଷଟିଠାରୁ ବେଶି ନହେଲେ ବି କାଣିଚାଏ ସୌନ୍ଦର୍ଯ୍ୟ ହେଲେ ମାଗି ନିଅନ୍ତୁ ......

ରାଜନୈତିକ ଅବସ୍ଥା ଯୋଗୁଁ ଦୁଇ ଦେଶ ଭିତରେ ଚିଠିପତ୍ରର ଆଦାନ ପ୍ରଦାନ ବି ବନ୍ଦହୋଇଗଲା । ଯେଉଁ ସମୟରେ ମୁଁ ଅତି କଠିନ ଅବସ୍ଥା ଭିତରେ ଗତି କରୁଥିଲି, ଅତି ଏକାକିନୀ ଥିଲି, ସେତେବେଳେ ସଜ୍ଜାଦଙ୍କ ଚିଠି ବି ମୋ ପାଖରେ ନଥିଲା । (ସେତିକିବେଳେ କେତେ ମାସ ଯାଏଁ ଜଣେ ସାଇକିଆଟ୍ରିଷ୍ଟଙ୍କ ଚିକିତ୍ସାରେ ଥିଲି । ତାଙ୍କରି କଥା ଅନୁସାରେ ସେତେବେଳେ ମୋର କେତେକ ଭାବନା ଓ ସ୍ୱପ୍ନ ମୁଁ ଲେଖିରଖୁଥିଲି । ପରେ ସେଗୁଡ଼ିକ 'କାଲା ଗୁଲାବ' ପୁସ୍ତକରେ ଛପାହୋଇଛି ।)

ମୋ ଜୀବନରେ ଇମରୋଜଙ୍କର ଆବିର୍ଭାବ ହେଲା । ଦୁଇ ଦେଶ ଭିତରେ ପୁଣି କିଛି ସମୟ ପାଇଁ ଚିଠିପତ୍ର ଦିଆ ନିଆ ଚାଲିଲା । ଇମରୋଜ ଓ ମୁଁ ପୁଣି ସଜ୍ଜାଦଙ୍କୁ ଚିଠି ଲେଖିଲୁ । ଉତ୍ତରରେ ସେ ଇମରୋଜଙ୍କୁ ଯେଉଁ ଚିଠି ଲେଖିଥିଲେ ଦୁନିଆର ସବୁ ଇତିହାସ ତାକୁ ନମସ୍କାର କରିବ । ସେ ଲେଖିଥିଲେ- 'ବନ୍ଧୁ ମୋର ! ମୁଁ ତୁମକୁ ନିଜେ ଦେଖିନାହିଁ ସତ; କିନ୍ତୁ 'ଏମି'ର ଆଖି ଦ୍ୱାରା ଦେଖି ନେଇଛି । ଦୁନିଆର ଇତିହାସରେ କେବେ ହେଲେ ଯାହା ହୋଇନଥିଲା, ଆଜି ତାହା ହେଲା – ତୁମର ପ୍ରତିଦ୍ୱନ୍ଦ୍ୱୀ ମୁଁ ତୁମକୁ ନମସ୍କାର ଜଣାଉଛି ।'

ସାହିର୍‌ଙ୍କ ସହିତ ମୋର ଏବଂ ଇମରୋଜଙ୍କର ମଧ୍ୟ ଦେଖା ହୋଇଥିଲା । ପ୍ରଥମ ଥର ସାକ୍ଷାତ ସମୟରେ ସେ ଅତି ଉଦାସ ଥିଲେ-ଆମେ ତିନିହେଁ ଟେବୁଲରେ ବସି ଯାହା ପିଇଲୁ ତାହାର ଖାଲି ଗିଲାସ ଗୁଡ଼ିକ ଆମେ ଚାଲି ଆସିବା ପରେ ବି ବହୁତ ସମୟ ଯାଏଁ ସେଇ ଟେବୁଲରେ ପଡ଼ି ରହିଥିଲା । ସେଇ ରାତିରେ ସେ କବିତା ଲେଖିଲେ 'ମେରେ ସାଥୀ ଖାଲି ଜାମ୍' । ରାତି ପ୍ରାୟ ଏଗାରଟା ବେଳେ କବିତାଟିକୁ ସେ ମୋତେ ଫୋନ୍‌ରେ ଶୁଣାଇଲେ ଓ କହିଲେ ଯେ, ସେ ଗୋଟିଏ ପରେ ଗୋଟିଏ କରି ତିନୋଟି ଯାକ ଗିଲାସରେ ହୁଇସ୍କି ଢାଳି ପିଉଛନ୍ତି । ବମ୍ବେରେ ଦ୍ୱିତୀୟ ଥର ଦେଖା ହେଲା ବେଳକୁ ଇମ୍‌ରୋଜ୍‌ଙ୍କୁ ଜର ହୋଇଥିଲା । ସେ ତତ୍‌କ୍ଷଣାତ୍ ଚିକିତ୍ସା କରିବା ପାଇଁ ତାଙ୍କ ଡାକ୍ତରଙ୍କୁ ପଠାଇ ଦେଇଥିଲେ ।

ସଜ୍ଜାଦଙ୍କ ସଂପର୍କରେ ମୋର ସମସ୍ତ ଭାବନା ନିଃସଂକୋଚରେ କଲମ ମୁନରୁ ବାହାରି ଆସୁଥିଲା। କିନ୍ତୁ ରାଜନୈତିକ ଅବସ୍ଥା ଯୋଗୁଁ ତାଙ୍କ ନାଁ ଉଲ୍ଲେଖ କରିବା ମୋର ଉଚିତ ନଥିଲା। କିଛି ବର୍ଷ ତଳେ ରେଡିଓ ଏବଂ ଟେଲିଭିଜନର ଏକ ସାକ୍ଷାତ୍କାରରେ ମୁଁ ଫଏେଜ୍, ନଦ୍ଦିମ୍ ଏବଂ ସଜ୍ଜାଦ୍‌ଙ୍କର ନାମ କେତେଥର ଉଚ୍ଚାରଣ କରିଥିଲି। ପାକିସ୍ଥାନର କେତେକ ଖବରକାଗଜ ଏହାର ଅର୍ଥକୁ କଦର୍ଥ କରି ଲେଖିଲେ ଯେ ମୁଁ ଏବଂ ପାକିସ୍ଥାନର କେତେକ ବୁଦ୍ଧିଜୀବୀ ଦେଶ ବିଭାଜନକୁ ମନ ଭିତରେ ସ୍ୱୀକାର କରୁନାହୁଁ। ପାକିସ୍ଥାନର ଅସ୍ତିତ୍ୱ ଯୋଗୁଁ ଆମ୍ଭେମାନେ ଦୁଃଖିତ। ସେଥିପାଇଁ ଆମର ହୃଦୟ ମଧ୍ୟ ବିଚଳିତ...ଇତ୍ୟାଦି ଇତ୍ୟାଦି। ଏହା ଫଳରେ ସଜ୍ଜାଦ ମୋ ପାଖକୁ ଲେଖିଲେ, କୌଣସି ଭାବରେ ବି ରେଡିଓ ବା ଟେଲିଭିଜନରେ ମୁଁ ଯେପରି ତାଙ୍କର ନାମ ଉଚ୍ଚାରଣ ନକରେ। ଆଜି ମୋର ଗଭୀର ଉଦାସୀ ମନ କେବଳ କହୁଛି- "ହେ ବନ୍ଧୁ, ପୁଣି ତୁମର ନାମ ମୋ ପାଟିକୁ ଆସି ଯାଉଛି। କାରଣ ତାହା ବିନା ମୋର ସ୍ମୃତିଚାରଣ ଅସଂପୂର୍ଣ୍ଣ ରହିଯିବ। ଭଗବାନ ତୁମକୁ ସବୁ ଅନିଷ୍ଟରୁ ରକ୍ଷା କରନ୍ତୁ। ତୁମ ଭଳି ଏକ ପବିତ୍ର ଆତ୍ମାକୁ ରାଜନୀତିର ଦୁର୍ଗନ୍ଧ ପବନ ସ୍ପର୍ଶ ନକରୁ।"

ସେହି ଖବରକାଗଜ ଲେଖାର ଜବାବରେ ଦିଲ୍ଲୀ ରେଡିଓର ଏକ୍‌ସଟରନାଲ୍ ସର୍ଭିସେସ୍ ଡିଭିଜନ ଗୋଟିଏ ଆଲୋଚନା ଚକ୍ର କରାଇଥିଲେ। ସେଥିଲେ ମୁଁ, ଜାମିଆ ମିଲିଆର ପ୍ରିନ୍‌ସପାଲ ସାହେବ ଏବଂ ଆଉ ଜଣେ ଲେକ୍‌ଚରର୍ ଭାଗ ନେଇଥିଲୁ। ବିଷୟବସ୍ତୁ ଥିଲା-ପାକିସ୍ଥାନର ଅସ୍ତିତ୍ୱ ଯୋଗୁ ଆମର କିଛି କ୍ଷୋଭ ନାହିଁ, କ୍ଷୋଭ କେବଳ ଦୁଇ ଦେଶ ଭିତରେ ବନ୍ଧୁତ୍ୱ ନ ରହୁଥିବା ଯୋଗୁଁ। ଅଧଘଣ୍ଟାର ଏହି ଆଲେଚନାରେ ଆମେ ତିନିଜଣ ଭାଗନେଇ ବିଷୟଟିକୁ ସ୍ପଷ୍ଟକରି ଦେଇଥିଲୁ। ସେଠାକାର ଖବରକାଗଜମାନଙ୍କ ଉପରେ ଏହାର ପ୍ରଭାବ କିଛି ହେଲା କି ନାହିଁ, ମୋତେ ଜଣାନାହିଁ। କିନ୍ତୁ ଆମେ ସମସ୍ତେ ସ୍ୱସ୍ତି ଅନୁଭବ କଲୁ - ସଜ୍ଜାଦ ଆଶ୍ୱସ୍ତ ହେଲେ କି ନା ଜାଣିନାହିଁ। ଆଜି ପୁଣିଥରେ ସେଇକଥା ଦୋହରାଉଛି କେବଳ ଏଇଥିପାଇଁ ଯେ ସଜ୍ଜାଦଙ୍କ ଦେଶର ରାଜନୀତି ମୋତେ ଶୁଭେଚ୍ଛୁ ଭାବରେ ଗ୍ରହଣ କରୁ-ଅନ୍ୟ କୌଣସି ଭାବରେ ନୁହେଁ।

ନୀରବତାର ଏକ ପରିଧି

କେତେ ବର୍ଷ ପଛକୁ ଫେରି ଚାହିଁଲେ ଦେଶ ବିଭାଜନର ସେଇ ଦିନଗୁଡ଼ିକ ଆଖି

ଆଗରେ ଭାସିଉଠେ। ସେତେବେଳେ ଲାହୋରର ଆବହାଓଆରେ ହଠାତ୍ କେତେକ ଲୋମହର୍ଷକ ଗୁଜବ ଭରିଯାଇଥିଲା।

ମୋ ଜୀବନରେ ଗୋଟିଏ ମାତ୍ର ଘଟଣା ଘଟିଥିଲା–ମୋର ବିବାହ। ଚାରିବର୍ଷ ବୟସରେ ଯେଉଁ ନିର୍ବନ୍ଧ ହୋଇଥିଲା, ଷୋହଳ ବର୍ଷ ବୟସରେ ତାହା କାର୍ଯ୍ୟକାରୀ ହେଲା। ଜୀବନ ସାଧାରଣ ଭାବରେ ଚାଲିଥିଲା। କିନ୍ତୁ ସାହିତ୍ୟିକ ଜଗତରେ ବହୁତ ରୋମାଞ୍ଚକ କାହାଣୀ ଶୁଣାଯାଉଥିଲା। ଜାଣିଲି ଯେ ଯେଉଁ ପଞ୍ଜାବୀ କବିଙ୍କ ନାମ ସେତେବେଳେ ଖୁବ୍ ସମ୍ମାନର ସହ ଉଚ୍ଚାରଣ କରାଯାଉଥିଲା, ସେ ମୋ ବିଷୟରେ କେତେଗୁଡ଼ିଏ କବିତା ଲେଖିଛନ୍ତି।

ସେ ଥିଲେ ସେ ସମୟର ପ୍ରସିଦ୍ଧ କବି ମୋହନ ସିଂହ। କିନ୍ତୁ ଯେତେ ସଭା ସମିତିରେ ମୋହନ ସିଂହଙ୍କ ସହିତ ଦେଖା ହୋଇଥିଲା, ତାହା କେବଳ ସାଧାରଣ ଦେଖାସାକ୍ଷାତ୍ ଥିଲା। ସମ୍ଭବତଃ ତାଙ୍କର ଗମ୍ଭୀର ପ୍ରକୃତି ଏବଂ ଅନ୍ୟମାନଙ୍କଠାରୁ ଦୂରେଇ ରହିବାର ମନୋଭାବ ଯୋଗୁଁ ଏ ଭଳି ହେଉଥିଲା। ଅବଶ୍ୟ ତାଙ୍କଠାରୁ କୌଣସି ଭୟ ମୁଁ ଆଶଙ୍କା କରୁନଥିଲି। କିନ୍ତୁ ଚାରିଆଡ଼େ ଯେଉଁ କଥା ସବୁ ପ୍ରଚାର ହେଉଥିଲା, ତାହା ମୋତେ ଭଲ ଲାଗୁନଥିଲା। ଜଣେ ବଡ଼ କବି ଭାବରେ ତାଙ୍କ ପ୍ରତି ମୋ ମନରେ ଏକ ଶ୍ରଦ୍ଧା ଭାବ ଛଡ଼ା ଅନ୍ୟ କିଛି ନଥିଲା। ମୋ ମନକୁ ସେତେବେଳେ ମୋ ଭିତରୁ ଉଠି ଆସୁଥିବା ପ୍ରତିବିମ୍ବ ଘେରି ରହିଥିଲା। ଖାଲି ମୋର ଆଶଙ୍କା ହେଉଥିଲା ଯେ, ଏହିସବୁ ଗୁଜବ ପ୍ରଚାର ଯୋଗୁଁ ମୁଁ ଏକ ଭୁଲ୍ ବୁଝାମଣାର କେନ୍ଦ୍ର ହୋଇପଡ଼ିଛି। କିନ୍ତୁ ମୋହନ ସିଂ ଅତ୍ୟନ୍ତ ଭଦ୍ର ଥିଲେ। ତାଙ୍କ ବିରୁଦ୍ଧରେ ଅଭିଯୋଗ କରିବାର କିଛି କାରଣ ନଥିଲା।

ଦିନେ ସଂଧ୍ୟାବେଳେ ମୋହନ ସିଂଜୀ ଦେଖା କରିବାକୁ ଆସିଲେ। ତାଙ୍କ ସାଙ୍ଗରେ ସେଦିନ ଦିବାନ ସିଂଜୀ କି ଆଉ କିଏ ଥିଲେ। ଆଜି ଆଉ ମୋର ମନେ ନାହିଁ। ତା ପରଦିନ 'ଜାୟଦାଦ୍' ବୋଲି ଏକ କବିତା ସେ ଲେଖିଥିଲେ ବୋଲି ଶୁଣିଲି। କବିତାଟିର ଭାବ ଥିଲା– 'ନୀରବରେ ସେ ଦ୍ୱାର ନିକଟରେ ଠିଆ ହୋଇଥିଲା– ମାଲିକଙ୍କର ଏକ ସମ୍ପତ୍ତି ଭଳି।'

ସେତେବେଳେ ମୁଁ ଘୋର ମାନସିକ ଅଶାନ୍ତି ଭିତରେ ଗତି କରୁଥିଲି। କବିତାର ସ୍ପଷ୍ଟତା ମୋତେ ଅସ୍ଥିର କରୁଥିଲା। ମନେହେଉଥିଲା, ମୋର ନୀରବତା ଜଣେ ଅତି ଭଲ ଲୋକଙ୍କ ମନରେ ଭ୍ରାନ୍ତି ସୃଷ୍ଟି କରୁଛି। କିନ୍ତୁ ଏହି ନୀରବତାକୁ କିଭଳି ଭାଙ୍ଗିବି ଜାଣିପାରୁ ନଥିଲି। ମୋହନ ସିଂହଜୀ ତାଙ୍କର ନୀରବତା ବି କେବେ ମୋ ସାମନାରେ ଭଙ୍ଗ କରିନାହାନ୍ତି। ଏହି ନୀରବତାର ଏକ ନିଜସ୍ୱ ଆଚ୍ଛାଦନ ସବୁବେଳେ ରହିଥିଲା।

ଆଉ ଦିନେ ପୁଣି ମୋହନ ସିଂହଜୀ ଆସିଲେ। ତାଙ୍କ ସହ ପାର୍ସି ପଣ୍ଡିତ କପୁର ସିଂହ ଥିଲେ। ମୋର ସଂକୋଚ ଓ ଶ୍ରଦ୍ଧାପୂର୍ଣ୍ଣ ଅଭ୍ୟର୍ଥନା ଭିତରେ ବୋଧହୁଏ କିଛି ବିରକ୍ତି ମିଶି ରହିଥିଲା। ହଠାତ୍ କପୁର ସିଂ କହିଲେ, "ମୋହନ ସିଂଜୀ ଡୋଣ୍ଟ ଅଣ୍ଡରଷ୍ଟାଣ୍ଡ ହର୍, ସି ଡଜ୍‌ନଟ୍ ଲଭ ୟୁ।" ସେତେବେଳେ ବହୁ ଦିନଧରି ଜମି ରହିଥିବା ନୀରବତା କିଛିଟା ତରଳିଗଲା। ସେଦିନ ମୁଁ ସାହସ କରି କହିପାରିଲି- "ମୋହନ ସିଂଜୀ, ମୁଁ ଆପଣଙ୍କର ବନ୍ଧୁ। ଆପଣଙ୍କୁ ଶ୍ରଦ୍ଧା କରେ, ଆପଣ ଆଉ କ'ଣ ଚାହାଁନ୍ତି ?" ଅତି ସଂକୋଚର ସହ ଏହି ଯେଉଁ କେତୋଟି ଶବ୍ଦ କହିଲି, ତାହା ମୋ ବିଚାରରେ ଯଥେଷ୍ଟ ଥିଲା।

ମୋହନ ସିଂଜୀ କିଛି କହିଲେ ନାହିଁ। ପରେ ଗୋଟିଏ ଛୋଟ କବିତା ଲେଖିଥିଲେ। ସେଥିରେ ସେହି ଶବ୍ଦଗୁଡ଼ିକୁ ଦୋହରାଇଥିଲେ- "ମୁଁ ଆପଣଙ୍କର ବନ୍ଧୁ। ଆପଣଙ୍କର ମୁଁ ମିତ୍ର। ଆପଣ ଆଉ କଣ ଚାହାନ୍ତି ?" ପରବର୍ତ୍ତୀ ପଂକ୍ତିରେ ଉଦାସ ସ୍ୱରରେ ଲେଖିଥିଲେ- "ମୁଁ ଆଉ ଚାହିଁବି କଣ..... ?"

ସାହିତ୍ୟ ଜଗତରେ ଆଉ କେତେ କାହାଣୀ ବି ଚାଲୁ ରହିଥିଲା-କିଛି ମୌଖିକ ଭାବରେ ଏବଂ ଆଉ କିଛି ସାଂକେତିକ ଲେଖା ରୂପରେ। କିନ୍ତୁ ମୋହନ ସିଂଜୀଙ୍କର କୌଣସି ଲେଖା ମୋତେ ଆଉ ଦୁଃଖ ଦେଇନଥିଲା। ସେଥିପାଇଁ ତାଙ୍କ ପ୍ରତି ମୋର ଶ୍ରଦ୍ଧା ଟିକିଏ ବି ହ୍ରାସ ପାଇନଥିଲା।

ଆଉ ଗୋଟିଏ ସାଧାରଣ ଘଟଣା ମଧ୍ୟ ଘଟିଲା। ଲାହୋର ରେଡ଼ିଓର ଜଣେ ଅଫିସରଙ୍କର ସାହିତ୍ୟ ପ୍ରତି କିଛି ଆଗ୍ରହ ଥିଲା। ଦିନେ ସେ ମୋର ଏକ ବ୍ରୋଡକାଷ୍ଟ ପରେ ହଠାତ୍ କହିଲେ-ଯଦି ଆଜିଠାରୁ କିଛି ବର୍ଷ ପୂର୍ବେ ଆପଣଙ୍କୁ ମୁଁ ଦେଖିଥାନ୍ତି, ତେବେ ହୁଏତ ମୁଁ ମୁସଲମାନରୁ ଶିଖ୍ ହୋଇଯାଇଥାନ୍ତି, କିମ୍ବା ଆପଣ ଶିଖରୁ ମୁସଲମାନ ହୋଇଥାନ୍ତେ।

ଏହି ଶବ୍ଦ ଗୁଡ଼ିକ ଅଚାନକ ଭାବରେ ପବନରୁ ବାହାରି ଆସିଲା ଓ ସେହିଭଳି ପବନରେ ମିଳାଇଗଲା। ସେହି ମୁହୂର୍ତ୍ତଟି ଏକ ଖଣ୍ଡିତ ମୁହୂର୍ତ୍ତ ଥିଲା। ତାହା ସହିତ ପୂର୍ବ ଓ ପର ସମୟର କିଛି ସଂପର୍କ ନଥିଲା। ପୁଣି ସେହିଦିନ ପରେ ବି ସେ କେବେ ଆଉ କିଛି କହିନାହାନ୍ତି। ତଥାପି ସେତିକି କଥାରୁ ବହୁତ କାହାଣୀ ତିଆରି ହୋଇଗଲା। ସେ ନିଜେ ଏ ବିଷୟରେ କାହାକୁ କିଛି କହିଥିଲେ କି ନାହିଁ ମୁଁ ଜାଣେନାହିଁ। କିନ୍ତୁ ଏ ବିଷୟରେ ବହୁତ ବିସ୍ତୃତ କଥା ମୁଁ ଶୁଣିଲି ଏବଂ ପଢ଼ିଲି। ବେଳେବେଳେ ମନେହୁଏ, କେତେକ ପଞ୍ଜାବୀ ଲେଖକଙ୍କ ପାଖରେ ଲେଖିବା ପାଇଁ କିଛି ଗମ୍ଭୀର ବିଷୟ ନଥାଏ। ସେମାନେ କିଛି ଗୁଜବ ତିଆରି କରନ୍ତି ଏବଂ ତାହାକୁ ନିଜ ଲେଖାର ବିଷୟ ବସ୍ତୁ

କରି ଆନନ୍ଦ ପାଆନ୍ତି। ହଁ, କେତେବର୍ଷ ପରେ ମୁଁ ଯେତେବେଳେ ଦିଲ୍ଲୀ ରେଡ଼ିଓରେ ଚାକିରୀ କରୁଥିଲି, ସେତେବେଳେ ସେଠାରେ ଜଣେ ପଣ୍ଡିତ ସତ୍ୟଦେବ ଶର୍ମା ନାମକ ଜଣେ ଷ୍ଟାଫ୍ ଆର୍ଟିଷ୍ଟ ଥିଲେ। ସେ ହିନ୍ଦୀରେ ଗୋଟିଏ କାହାଣୀ ଲେଖିଥିଲେ- "ଟ୍ୱେଣ୍ଟି ସିକସ୍ ମେନ୍ ଏଣ୍ଡ ଏ ଗାର୍ଲ" । କାହାଣୀର ଶୀର୍ଷକ ସେ ଗର୍କିଙ୍କର ଗଳ୍ପରୁ ନେଇଥିଲେ। କିନ୍ତୁ ଲେଖିଥିଲେ ସେହି ପୁରୁଣା ଘଟଣା। କାହାଣୀଟି ସେ ମୋତେ ଶୁଣାଇଲେ। ସେ ଅତି ଖୋଲା ମନର ଲୋକ ଥିଲେ। ସେ କହିଲେ- "ତୁମକୁ ବୋଧହୁଏ ଜଣାନାହିଁ, ଲାହୋର ଷ୍ଟେସନରେ କେତେ ଲୋକ ତୁମ ପ୍ରତି ଆଗ୍ରହୀ ଥିଲେ। ସେହି ଲୋକ ବି ତାଙ୍କ ଭିତରୁ ଜଣେ। ମାସ ମାସ ଧରି ଆମେ ଷ୍ଟାଫ୍ ଲୋକମାନେ ଉତ୍ସୁକ ହୋଇ ଅପେକ୍ଷା କରିଥିଲୁ, ଆଗକୁ କଣ ହେବ ଦେଖିବା ପାଇଁ। କିନ୍ତୁ କିଛି ହେଲାନାହିଁ।

ମୋତେ ଦେଖିନଥିଲେ ଶର୍ମାଜୀଙ୍କର ପୁରୁଣା କଥା ମନେପଡ଼ିନଥାନ୍ତା। ଏବଂ ସେ ହୁଏତ ଏହି ଗଳ୍ପଟି ଲେଖିନଥାନ୍ତେ। ସେହି କାହାଣୀରେ ଷ୍ଟାଫ୍‌ର ଛୋଟ ଛୋଟ ଲୋକଙ୍କ ବିଷୟ ଥିଲା, ଯେଉଁମାନେ ସବୁବେଳେ ଏମିତି ଉଡ଼ାକଥା ଶୁଣିବାକୁ କାନ ଡେରିଥାନ୍ତି। କିଛି ଯଦି ଶୁଣି ନ ପାରନ୍ତି, ତେବେ ବ୍ୟସ୍ତ ହୋଇପଡ଼ନ୍ତି। ଭାବନ୍ତି, କିଛି ନିଶ୍ଚୟ ଘଟିଥିବ, କିନ୍ତୁ ଆମଯାଏ କଥାଟି ପହଞ୍ଚି ପାରିନାହିଁ।

ଶର୍ମାଜୀ ଜଣେ ସାଧାରଣ ଲେଖକ ଥିଲେ। କିନ୍ତୁ ମୋର ମନେହୁଏ, ଏହା ତାଙ୍କର ସବୁଠାରୁ ଭଲ ଗଳ୍ପ ଥିଲା। ସେ ତାଙ୍କ ଗଳ୍ପରେ ଗୋଟିଏ ଗୁଜବର ବାତାବରଣକୁ ଚିତ୍ରଣ କରିବା ପାଇଁ ଚେଷ୍ଟା କରିଥିଲେ। କିନ୍ତୁ ପଞ୍ଜାବୀ ଲେଖକଙ୍କ ଭଳି ନିଜଆଡୁ ଜବରଦସ୍ତି ତାହାର କୌଣସି ଫଳାଫଳ ସାବ୍ୟସ୍ତ କରିନଥିଲେ। କାହାଣୀଟି ଲେଖକଙ୍କର ସତ୍ୟତା ପ୍ରତିପାଦିତ କରୁଥିଲା।

ଘୃଣାର ଏକ ଚକ୍ର

ଏଇଟା ବି ଗୋଟିଏ ଛୋଟ ଘଟଣା। କିନ୍ତୁ ଘଟଣାଟିକୁ ଏକ କ୍ରମ ବିସ୍ତାରିତ ଘୃଣାର ଜାଲ ଘେରି ରହିଥିଲା। ଏହା ଲାହୋରରେ ଘଟିଥିବା ମୋର ସାହିତ୍ୟିକ ଜୀବନ ଆରମ୍ଭ ସମୟର କଥା। ଜଣେ ପଞ୍ଜାବୀ କବିଙ୍କ ସହିତ ମୋର କେବେ ବି ଦେଖା ହୋଇନଥିଲା। କିନ୍ତୁ ସେ ମୋ ବିରୁଦ୍ଧରେ ଅନେକ କଥା କହୁଛନ୍ତି ବୋଲି ମୁଁ ଶୁଣୁଥିଲି। ମୋର ତାଙ୍କ ସହିତ କେବେ ଦେଖା ନହୋଇ ଥିବାରୁ ମୋତେ ଆଶ୍ଚର୍ଯ୍ୟ ଲାଗୁଥିଲା, କେଉଁଥିପାଇଁ ସେ ମୋର ଶତ୍ରୁତା କରୁଛନ୍ତି !

ଦେଶ ବିଭାଜନର କେତେଦିନ ପୂର୍ବରୁ ମୋତେ ଥରେ ଜ୍ୱର ହୋଇଥିଲା। ଜଣେ ଏକ ସାପ୍ତାହିକର ସଂପାଦକ ମୋର ଖବର ବୁଝିବାକୁ ଆସିଥିଲେ। ତାଙ୍କ ସହିତ ଆଉ ଜଣେ ବ୍ୟକ୍ତି ବି ଥିଲେ, ଯାହାଙ୍କୁ ପୂର୍ବରୁ କେବେ ଦେଖିନଥିଲି। ସେ ତାଙ୍କ ନାମ କହି ଯେତେବେଳେ ପରିଚୟ କରାଇଲେ ମୁଁ ଚମକି ପଡ଼ିଲି। ସେ ସେହି ବ୍ୟକ୍ତି ଥିଲେ, ଯାହାଙ୍କର ମୋର ଅସ୍ତିତ୍ୱ ପ୍ରତି ବି ଘୃଣାଥିଲା। ସେ ମୋ ଖବର ବୁଝିବାକୁ ଆସିଛନ୍ତି ଦେଖି ମୁଁ ଆଶ୍ଚର୍ଯ୍ୟ ହୋଇଗଲି। ଦୁଇତିନିଦିନ ପରେ ସେହି ସାପ୍ତାହିକରେ ମୁଁ ତାଙ୍କର ଏକ କବିତା ପଢ଼ିଲି। ଯେଉଁଦିନ ସେ ମୋତେ ଭେଟିବାକୁ ଆସିଥିଲେ, ସେହି ତାରିଖଟି କବିତା ତଳେ ଲେଖାହୋଇଛି। ଏହା ଏକ ଅଦ୍ଭୁତ ପ୍ରେମ କବିତା ଥିଲା। ମୋର ମନେହେଲା, ଯେପରି ଘୃଣା ପାଇଁ କୌଣସି କାରଣ ନଥିଲା, ସେହିଭଳି ଏପରି ଆସକ୍ତି ପୂର୍ଣ୍ଣ କବିତା ପାଇଁ ମଧ୍ୟ କୌଣସି କାରଣ ନଥିଲା।

ଏହାପରେ ସେ କେତେଥର ଘରକୁ ଆସିଲେ। ମୁଁ ବ୍ୟସ୍ତହୋଇ ଏଭଳି ଅଚାନକ ଅନୁକମ୍ପାର କାରଣ ପଚାରିଲି। କିନ୍ତୁ ତାଙ୍କ କଥାରୁ କିଛି ବୁଝିହେଲା ନାହିଁ। ମାତ୍ର ଆପାତତଃ ଦୃଷ୍ଟିରେ କିଛି ଦେଖେଇ ହେଉନଥିଲେ ମଧ୍ୟ ତାଙ୍କ ଭିତରେ ଏକ କଠୋରତା ମୁଁ ଲକ୍ଷ୍ୟକଲି। ସେ ଅନ୍ୟମାନଙ୍କଠାରୁ ନିଜକୁ ଶ୍ରେଷ୍ଠ ମନେକରୁଥିଲେ ଏବଂ ଅନ୍ୟ ସମସ୍ତଙ୍କୁ କ୍ଷୁଦ୍ର ମନେକରୁଥିଲେ। କାହାରି ସହିତ ମିଶିବାକୁ ଚାହୁଁ ନଥିଲେ। ଏପରିକି ମୁଁ ଯେତେବେଳେ ଲାହୋର ରେଡ଼ିଓ ଷ୍ଟେସନରେ ସାହିତ୍ୟ ସମାଲୋଚନା ଲେଖୁଥିଲି, ସେ ଚାହୁଁଥିଲେ ଯେ ମୁଁ ଅମୁକ ଲୋକଙ୍କ ନାମ ଲେଖିବି ନାହିଁ କି ଅମୁକଙ୍କୁ ପ୍ରଶଂସା କରିବି ନାହିଁ, ଅଥବା ଅମୁକଙ୍କ ବହି ବିଷୟରେ କିଛି ଉଲ୍ଲେଖ କରିବି ନାହିଁ।

ଏଭଳି ସାହିତ୍ୟିକ ପରିଚୟରେ ଯେତେବେଳେ ଶ୍ୱାସରୁଦ୍ଧ ହେବାକୁ ବସିଲା, ସେତେବେଳେ ମୁଁ ଅସ୍ଥିର ହୋଇଉଠିଲି। ମୋର ଏହି ଅନୁଭୂତିକୁ ରୂପଦେବାକୁ ଆରମ୍ଭ କଲାବେଳେ ଦେଶ ବିଭାଜନ ହେଲା। ମୁଁ ତାଙ୍କ ଦୌରାତ୍ମ୍ୟରୁ ତ୍ରାହି ପାଇଗଲି। କେତେବର୍ଷ ପରେ ଶୁଣିଲି, ସେ କହୁଛନ୍ତି ଯେ ମୁଁ ତାଙ୍କର ବନ୍ଧୁତ୍ୱ ଗ୍ରହଣ ନ କରିବାରୁ ଭାରତବର୍ଷ ଭାଗ ଭାଗ ହୋଇଗଲା। ପୁଣି ତାଙ୍କ ବିଚାରରେ ଏହି କାରଣରୁ ହିଁ ହଜାର ହଜାର ନିରୀହ ଲୋକ ନିହତ ହେଲେ। ଭାରତବର୍ଷର ବିଭାଜନ ଏବଂ ଏତେ ନିରୀହ ଲୋକଙ୍କ ହତ୍ୟାର ଦୋଷ ମୋ ଉପରେ ଯେଭଳି ଭାବରେ ଆରୋପ କରାଗଲା, ତାହା ହୁଏତ କୌଣସି ମନୋବିଜ୍ଞାନୀ ବିଶ୍ଳେଷଣ କରିପାରିବେ; କିନ୍ତୁ ମୋ' ପକ୍ଷରେ ତାହା ବୁଝିବା କଷ୍ଟ। ପୁଣି ଦେଖିଲି, ସେ ମୋ ବିରୁଦ୍ଧରେ କହିବାକୁ ଆରମ୍ଭ କରିଛନ୍ତି ଏବଂ ମୋର ବିରୁଦ୍ଧରେ କବିତା ମଧ୍ୟ ଲେଖୁଛନ୍ତି। ଯେ ବୋଧହୁଏ ଘୃଣାର ଏଭଳି ଏକ ଚକ୍ର ଥିଲା, ଯାହାର ପ୍ରଥମ ବିନ୍ଦୁ ଶେଷ ବିନ୍ଦୁ ସହିତ ମିଶିଯାଉଥିଲା।

୧୯୪୭

ପୁରୁଣା ଇତିହାସରେ ଭୀଷଣ ଅତ୍ୟାଚାରର କାହାଣୀ ଆମେ ପଢ଼ିଥିଲୁ। କିନ୍ତୁ ଆମ ଦେଶ ବିଭାଜନ ବେଳେ ଯାହାସବୁ ହେଲା, ସେଭଳି ହତ୍ୟାକାଣ୍ଡ କେହି କଳ୍ପନା ବି କରିପାରିବେ ନାହିଁ।

ଦୁଃଖର କାହାଣୀ କହି କହି ଲୋକମାନେ ଥକିଯାଇଥିଲେ। କିନ୍ତୁ ସେହି କାହାଣୀ ଜୀବନଯାକ କହିଲେ ବି ସରିବାର ନଥିଲା। ମୁଁ ହଜାର ହଜାର ଶବ ଦେଖିଥିଲି। ଶବ ଭଳି ଲୋକମାନଙ୍କୁ ବି ଦେଖିଥିଲି। ମୁଁ ଲାହୋରରୁ ଚାଲିଆସି ଡେରାଡୁନ୍‌ରେ ଆଶ୍ରୟ ନେଲି। ତାପରେ ଚାକିରୀ ଏବଂ ବାସସ୍ଥଳୀର ସନ୍ଧାନରେ ଦିଲ୍ଲୀ ଆସିଲି। ପୁଣି ଫେରିବା ସମୟରେ ଚଳନ୍ତା ଗାଡ଼ିରେ ଘଡ଼ିକ ପାଇଁ ବି ମୋ' ଆଖିକୁ ନିଦ ଆସୁନଥିଲା।

ରେଳଗାଡ଼ି ବାହାରେ ଘୋର ଅନ୍ଧକାର-ସମୟର ଇତିହାସ ଭଳି। ପବନ ସାଇଁ ସାଇଁ ହୋଇ ବହୁଥିଲା। ମନେ ହେଉଥିଲା, ଯେମିତି ଇତିହାସର ଆରମ୍ଭରେ ବସି ମୁଁ କାନ୍ଦୁଛି। ବାହାରେ ଉଚ୍ଚା ଉଚ୍ଚା ଗଛମାନେ ସବୁ ଦୁଃଖ ଭଳି ଠିଆ ହୋଇଥିଲେ। କେତେ ଜାଗାରେ ଗଛ ନଥିଲା-ଖାଲି ବୁଦାସବୁ ଥିଲା। ଆଉ ସେହି ଛୋଟ ଛୋଟ ବୁଦାମାନଙ୍କୁ ଦେଖି ମୋର ମନେହେଉଥିଲା, ଏମାନେ ଯେମିତି ବୁଦା ନୁହଁନ୍ତି, କେବଳ କବରଗୁଡ଼ିଏ !

ୱାରିଶ୍ ସାହଙ୍କ କବିତାର ପଦଟିଏ ମୋ ମନ ଭିତରେ ଘୂରି ବୁଲୁଥିଲା-

"କହଭଲା ମୃତ ଓ ବିଚ୍ଛିନ୍ନ
କିପରି ମିଶିବେ ଆଉ"

ମୋତେ ଲାଗିଲା ୱାରିଶ୍ ସାହ ସତେ କେଡ଼େ ବଡ଼ କବି ନଥିଲେ ଯେ କି ହୀର୍‌ର ଦୁଃଖକୁ ଏପରି ଗାଇ ପାରିଥିଲେ। ଆଜି ପଞ୍ଜାବର ଗୋଟିଏ ଝିଅ ନୁହେଁ, ଲକ୍ଷ ଲକ୍ଷ ଝିଅ କାନ୍ଦୁଛନ୍ତି। ସେମାନଙ୍କର ଦୁଃଖକୁ କିଏ ଗାଇପାରିବ ? ମୋର ମନେହେଲା, ୱାରିଶ୍ ସାହଙ୍କ ବ୍ୟତୀତ ଆଉ କେହି ଏପରି ନାହିଁ ଯାହାଙ୍କୁ ସମ୍ବୋଧନ କରି ମୁଁ ଏକଥା କହିବି !

ସେହି ରାତିରେ ଚଳନ୍ତା ଗାଡ଼ିର ଦୋଳନ ଏବଂ ମୋର କଂପିତ କଲମରେ ଗୋଟିଏ କବିତା ଲେଖିଲି-

ଆଜି ୱାରିଶ୍ ସାହଙ୍କୁ କହେ
ନିଜର କବରରୁ ଗାଇଉଠ

ତୁମ ପ୍ରେମ କାହାଣୀରେ
ଯୋଡ଼ିଦିଅ ନୂଆ ଏକ ପୃଷ୍ଠା।
ପଞ୍ଜାବର ଝିଅଟିଏ କାନ୍ଦିଥିଲା ବୋଲି
ତୁମ କଲମରୁ ଝରିପଡ଼ିଥିଲା ଅଜସ୍ର ଲୁହ
ଆଜି ଲକ୍ଷେ ଝିଅ କାନ୍ଦୁଛନ୍ତି
ୱାରିଶ୍ ସାହ ! ତୁମକୁ କହୁଛନ୍ତି
ହେ ଦରଦି ବନ୍ଧୁ, ତୁମ ପଞ୍ଜାବକୁ ଦେଖ
ବନ ସେଠି ଭରିଅଛି ଅସଂଖ୍ୟ ଶବରେ
ଏବଂ ପୁଷ୍କରିଣୀ ସବୁ ଭରିଛି ଲହୁରେ।

କିଛିଦିନ ପରେ ଏହି କବିତାଟି ଛାପାହେଲା ଏବଂ ପାକିସ୍ଥାନରେ ମଧ୍ଯ ପହଁଚିଗଲା। ଏହାର କିଛିଦିନ ପରେ ପାକିସ୍ଥାନରେ ଫଏଜ୍ ଅହମ୍ମଦ ଫଏଜ୍‌ଙ୍କର ବହି ଛାପାଗଲା। ସେହି ବହିର ମୁଖବନ୍ଧରେ ଅହମ୍ମଦ ନଦିମ୍ କାସ୍‌ମି ଲେଖିଥିଲେ ଯେ ଏହି କବିତାକୁ ଜେଲ୍‌ରେ ଥିଲାବେଳେ ସେ ପଢ଼ିଥିଲେ। ଜେଲ୍ ବାହାରକୁ ଆସି ମଧ୍ଯ ଦେଖିଲେ ଯେ ଲୋକମାନେ କବିତାଟିକୁ ପକେଟ୍‌ରେ ରଖିଛନ୍ତି- ବେଳେ ବେଳେ ବାହାରକରି ପଢୁଛନ୍ତି ଏବଂ କାନ୍ଦୁଛନ୍ତି।

୧୯୭୨ରେ ଲଣ୍ଡନ ଯାଇଥିଲି। ସେଠାରେ ବି.ବି.ସିର ଏକ ସାକ୍ଷାତ୍‌କାର ସମୟରେ କେହି ଜଣେ ମୋ ସହିତ ପାକିସ୍ଥାନର ନାରୀକବି ସହାବ୍ କିଜଲ୍‌ବାସ୍‌ଙ୍କ ସହିତ ପରିଚୟ କରାଇ ଦେଲେ। ସହାବ୍‌ଙ୍କର ପ୍ରଥମ ବାକ୍ୟ ଥିଲା- "ଆରେ, ଯେ ଅମୃତା- ଯିଏ ୱାରିଶ୍‌ସାହ କବିତା ଲେଖିଥିଲେ ? ମୋର ତ ଏହାଙ୍କୁ କୁଣ୍ଢେଇ ପକାଇବାକୁ ମନ ହେଉଛି।"

ସେହିଠାରେ ହିଁ ଦିନେ ସନ୍ଧ୍ୟାରେ ସୁରିନ୍ଦର୍ କଛେଡଙ୍କ ଘରେ ଏକ ସମାବେଶ ହୋଇଥିଲା। ସେଠାରେ ସହାବ୍ ଥିଲେ ଏବଂ ପାକିସ୍ଥାନର ଅନ୍ୟାନ୍ୟ ସାହିତ୍ୟିକ- ସାକି ଫାରୁକି, ଫହମିଦା ରୟାଜ୍ ଏବଂ 'ଉଦାସ୍ ନସ୍‌ଲେ'ର ଲେଖକ ଅବ୍‌ଦୁଲ୍ ହୁସେନ୍ ମଧ୍ଯ ଥିଲେ। ପୁଣି ପାକିସ୍ଥାନର ବିଖ୍ୟାତ ଗାୟକ ନଜାକତ୍ ଅଲ୍ଲି ଓ ସୋଲମତ୍ ଅଲ୍ଲି ଥିଲେ। ରାତିଟା କବିତାରେ ଭରିଯାଇଥିଲା। ପରେ ଯେତେବେଳେ ନଜାକତ ଅଲ୍ଲିଙ୍କୁ ଗୀତ ବୋଲିବାକୁ କୁହାଗଲା, ତାଙ୍କ ପାଖରେ କିଛି ସାଜ ନଥିଲ। ସେ କହିଲେ- ମୁଁ ଆଜିଯାଏ ବିନା ସାଜରେ କେବେ ବୋଲି ନାହିଁ। ପୁଣି ସଙ୍ଗେ ସଙ୍ଗେ କହିଲେ- ଯିଏ ୱାରିଶ୍ ସାହ କବିତା ଲେଖିଛନ୍ତି, ତାଙ୍କରି ପାଇଁ ଆଜି ମୁଁ ବିନା ସାଜରେ ବୋଲିବି। ସେହି ରାତିଟି ପୁଣି ବଜାକତ୍ ଅଲ୍ଲିଙ୍କ ମଧୁର ସ୍ୱରରେ ଓଦା ହୋଇଗଲା।

୧୯୭୫ରେ ମୁଲତାନ୍‌ର ଜଣେ ପ୍ରସିଦ୍ଧ କବି ମସ୍‌କୁର୍ ସାବ୍ରି ଏକ ଉରସ୍ ଉତ୍ସବରେ ଯୋଗ ଦେବାପାଇଁ ଦିଲ୍ଲୀ ଆସିଥିଲେ। ସେ ଆମକୁ କହିଲେ, ମୁଲତାନ୍‌ରେ ୱାରିଶ୍‌ସାହ ବାର୍ଷିକୀ ଉତ୍ସବରେ ଲୋକକଳା, ଲୋକନୃତ୍ୟ ଏବଂ ଗୀତର ପ୍ରଦର୍ଶନ ହୁଏ। ଏହି ସାଂସ୍କୃତିକ ସନ୍ଧ୍ୟାର ମୁଖ୍ୟ ଅଂଶ କବିସମ୍ମିଳନୀ ମୋର "ୱାରିଶ୍ ସାହଙ୍କ ପ୍ରତି" କବିତା ଆବୃତିରେ ଆରମ୍ଭ ହୁଏ। ଶହେଅଶୀ ଫୁଟର ବିରାଟ ମଞ୍ଚକୁ ଅନ୍ଧାର କରି ଦିଆଯାଏ ଏବଂ ତାହା ଧୀରେ ଧୀରେ ଆଲୋକିତ ହେଲାବେଳେ ଦେଖାଯାଏ ଯେ ୱାରିଶ୍ ସାହ କବରରୁ ଉଠୁଛନ୍ତି। ସେତିକିବେଳେ ପାକିସ୍ଥାନର ନାମଜାଦା ଗାୟକମାନେ ଏଥିରୁ ଗୋଟିଏ ଗୋଟିଏ ପଦ ଗାଉଥାନ୍ତି ଏବଂ ସେହି ଅନୁସାରେ ମଞ୍ଚ ଉପରର ଦୃଶ୍ୟ ବଦଳି ବଦଳି ଯାଉଥାଏ। କବିତାର ଶେଷ ପଂକ୍ତି ଆସିଲା ବେଳକୁ ପରିବେଶଟି ସ୍ନେହ ଓ ପ୍ରେମର ଭାବନାରେ ଗୁଂଜରିତ ହୋଇଉଠେ।

କିନ୍ତୁ ଯେ ସେହି କବିତା-ଯେଉଁଥିପାଇଁ ମୋ' ବିରୁଦ୍ଧରେ ପଞ୍ଜାବର ପତ୍ରପ୍ରତିକା ସେତେବେଳେ ବିଷ ଉଦ୍‌ଗାରଣ କରୁଥିଲେ। ଶିଖ୍‌ମାନଙ୍କର ଆପତ୍ତି ଥିଲା ଯେ ଗୁରୁ ନାନକଙ୍କୁ ସମ୍ବୋଧନ ନ କରି କବିତାଟି ମୁଁ ୱାରିଶ୍ ସାହଙ୍କୁ କାହିଁକି ସମ୍ବୋଧନ କରି ଲେଖିଲି! କମ୍ୟୁନିଷ୍ଟମାନେ କହିଲେ ଯେ ମୁଁ ଲେଲିନ୍ କିମ୍ବା ଷ୍ଟାଲିନ୍‌ଙ୍କୁ କାହିଁକି ସମ୍ବୋଧନ କରି ଲେଖିଲି ନାହିଁ! ଶେଷ ପର୍ଯ୍ୟନ୍ତ ଏହି କବିତା ବିରୁଦ୍ଧରେ ମଧ କେତେଗୁଡ଼ିଏ କବିତା ଲେଖାହୋଇଗଲା।

କେବଳ ନାରୀ

ବାଲ୍ୟ କାଳର କୋମଳ ବୟସର କେଜାଣି କେଉଁ ଏକ ମୁହୂର୍ତ୍ତରେ କଳ୍ପନାଟିଏ ଶରୀରର ଗୋଟିଏ ଅଙ୍ଗ ହୋଇ ଯାଇ ବଢ଼ିବାକୁ ଲାଗେ।

ଆଉ ନିଜର ମନ ଆପଣା ଛାଏଁ ଯାଦୁ ବୁଣି ଚାଲେ।

ଦୁନିଆଁକୁ ସୃଷ୍ଟି କରିଥିବା ଈଶ୍ୱରଙ୍କ ଶକ୍ତିରୁ ମୁଠାଏ ହୁଏତ ପ୍ରତି ମଣିଷର ଭାଗରେ ପଡ଼ିଯାଏ। ମୋ ଭାଗରେ କିନ୍ତୁ ନିଶ୍ଚିତ ଭାବରେ ପଡ଼ିଥିଲା।

ଏବଂ ସେଥିରୁ ମୁଁ ଏକ ପୁରୁଷର ପ୍ରତିବିମ୍ବ ଗଢ଼ିଥିଲି। ଆଉ ସେହି ପ୍ରତିବିମ୍ବକୁ ସଙ୍ଗରେ ନେଇ ଜୀବନର ବର୍ତ୍ତମାନ ଅତିବାହିତ କରିବାକୁ ଲାଗିଲି। ଏହି ଯାହାକୁ ମୁଁ ଶକ୍ତି ବୋଲି କହିଲି, ହୁଏତ ନିଜର ସହଜ ରୂପରେ ତାହା ଶକ୍ତି ନୁହେଁ। ଏହା ଏଭଳି ଏକ ବଳ ଯାହା ବଡ଼ ବିପଦ ସମୟରେ ସେହି ଅତି ସାଧାରଣ ଲୋକ ଭିତରେ ବି

ଆସିଥାଏ। ସେତେବେଳେ ସେ ସମସ୍ତ ନାଶକାରୀ ଶକ୍ତିଙ୍କୁ ସମ୍ମୁଖରେ ଦେଖି ମଧ୍ୟ ନିଜର ଅନ୍ତିମ ସାଧନକୁ ଶରୀରରେ ଜାଗ୍ରତ କରାଏ।

ନାରୀ ଥିଲି। ଛୋଟ ଝିଅଟିଏ ହୋଇଥିଲେ ବି ପରମ୍ପରାରୁ ମନ ଭିତରେ ଭୟ ସୃଷ୍ଟି ହୋଇଯାଇଥିଲା ଯେ ଦୁନିଆର ଭୟଙ୍କର ଜଙ୍ଗଲକୁ ମୁଁ ଏକୁଟିଆ ପାରି ହୋଇପାରିବି ନାହିଁ। ହୁଏତ ଏହି ଭୟ ଯୋଗୁ ମୋର ସାଥୀ ହେବାପାଇଁ ମୁଁ ପୁରୁଷର ମୁହଁ କଳ୍ପନା କରିବାଟା ମୋର ଅନ୍ତିମ ସାଧନ ଥିଲା। କିନ୍ତୁ ଏହି ପୁରୁଷ ଶବ୍ଦର ଅର୍ଥ କେଉଁଠାରେ ବି ମୁଁ ପଢ଼ିଥିବା, ଶୁଣିଥିବା ବା ଜାଣିଥିବା ଅର୍ଥ ନଥିଲା। ଅନ୍ତର ଭିତରେ ଅବଶ୍ୟ କେଉଁଠି ଜାଣିଥିଲି-କିନ୍ତୁ ନିଜେ ନିଜକୁ ବୁଝାଇବା ଭଳି ସାମର୍ଥ୍ୟ ମୋର ନଥିଲା। ଖାଲି ଗୋଟିଏ ବିଶ୍ୱାସ ଥିଲା ଯେ ଦେଖିପାରିଲେ ନିଶ୍ଚୟ ଚିହ୍ନିନେବି।

କିନ୍ତୁ ବହୁତ ଦୂର ପର୍ଯ୍ୟନ୍ତ କେଉଁଠି ବି କିଛି ଦେଖାଯାଉନଥିଲା।

ଏହିପରି ଭାବରେ ବୟସର ପ୍ରାୟ ୩୮ ମାଇଲ ବିତିଗଲା।

ମୁଁ ଯେତେବେଳେ ତାକୁ ପ୍ରଥମ ଥର ପାଇଁ ଦେଖିଲି, ମୋ ପୂର୍ବରୁ ମୋ' ମନ ତାଙ୍କୁ ଚିହ୍ନି ପକାଇଲା। ସେତେବେଳେ ମୋତେ ୪୮ ବର୍ଷ ବୟସ ହୋଇଥିଲା।

ଏହି କଳ୍ପନା ଏତେ ବର୍ଷ ପର୍ଯ୍ୟନ୍ତ ଜୀବିତ ରହିଲା ଏବଂ ଏହାର ଅର୍ଥ ମଧ୍ୟ ଜୀବିତ ରହିଲା। ଏଥିରେ ମୋର ଆଶ୍ଚର୍ଯ୍ୟ ହେବା କଥା-କିନ୍ତୁ ମୁଁ ହେଲି ନାହିଁ। କାରଣ ମୁଁ ଜାଣିଗଲି ଯେ ଏହା ମୋର 'ମୁଁ'ର ପରିଭାଷା ଥିଲା-ଥିଲା ବି ଏବଂ ଅଛି ମଧ୍ୟ। 'ମୁଁ' ଏତେ ବର୍ଷ ଭିତରେ ନିଃଶେଷ ହୋଇଯାଇନାହିଁ, ସେଥିପାଇଁ ସେ' ବି ନିଃଶେଷ ହୋଇନାହିଁ।

କଳ୍ପନା ବିରୁଦ୍ଧରେ ମୋର ଯେ ଅଭିଯୋଗ ନଥିଲା, ଏକଥା ନୁହଁ। ସେହି ବୟସରେ ଲେଖା କେତେ ଗୁଡ଼ିଏ କବିତା ଖାଲି ଅଭିଯୋଗହିଁ ଥିଲା, ଯେପରି-

ତମ ଲକ୍ଷ ଲକ୍ଷ ଅମାରରୁ
କିସ ମୋତେ କୁହତ ମିଳିଲା
ପ୍ରେମର ଯେ ତାରଟିଏ ପାଇଥିଲି
ତାହା ବି ତ ଥିଲା ଏକତାରା।

କିନ୍ତୁ ଏହି ଏକତାରାର ତାର ବହୁବର୍ଷ ପରେ ବି କ୍ଷୀଣ ହେଲାନାହିଁ। ସେହିଭଳି ମୋ ସହିତ ମୋତେ ଜାବୁଡ଼ି ଧରି ମୋର ବୟସ ସହିତ ଚାଲିବାକୁ ଲାଗିଲା।

ଏହି ସମୟରେ ଦୁଇଟି ବଡ଼ ଘଟଣା ଘଟିଲା। ଗୋଟିଏ ଯାହା ମୋର ଦୁଃଖ ସୁଖ ସହିତ ଜନ୍ମରୁ ହିଁ ସମ୍ପର୍କିତ ହୋଇରହିଥିଲା। ଏହା ଘଟିଥିଲା ମୋର ପିତାମାତାଙ୍କ ଦ୍ୱାରା। ଆଉ ଦ୍ୱିତୀୟଟି ହୋଇଥିଲା ମୋ ନିଜ ହାତରେ। ଗୋଟିଏ ହେଉଛି, ମୋର ଚାରିବର୍ଷ

ବୟସରେ ଯେଉଁ ନିର୍ବନ୍ଧ ହୋଇଥିଲା, ୧୬/୧୭ ବର୍ଷ ବୟସରେ ତାହା ବିବାହର ରୂପ ନେଲା। ଅନ୍ୟ ଯେଉଁ ଘଟଣାଟି ମୋ ହାତରେ ଘଟିଥିଲା, ତାହା ହେଉଛି ୨୦/୨୧ ବର୍ଷ ବୟସରେ ମୋର ଏକ ଭଲପାଇବାର କାହାଣୀ। କିନ୍ତୁ କଳ୍ପନା, ଯାହା ମୋ ଦେହର ଗୋଟିଏ ଅଂଶ ଥିଲା, ସେ ସେହିଭଳି ଦେହରେ ଲେପଟି ହୋଇ ରହିଗଲା।

ସମାଜ ତାକୁ କେତେ ବର୍ଷ ପର୍ଯ୍ୟନ୍ତ ବୁଝାଇଲା। ମୁଁ ନିଜେ ବି କେତେ ଦିନ ଯାଏ ବୁଝାଇଲି। କିନ୍ତୁ ସେ ଟିକିଏ ବି ପଲକ ପକାଇଲା ନାହିଁ। କେତେବର୍ଷ ଯାଏଁ ସେ ଦିଗ୍‌ବଳୟ ଆଡ଼କୁ ଚାହିଁରହିଲା, ଯେଉଁଠି କିଛି ଆଖିରେ ପଡୁନଥିଲା। ଆଉ ଯେତେବେଳେ ସେ ପଲକ ପକାଇଲା, ସେତେବେଳେ ମୋର ବୟସ ୩୮ ବର୍ଷ ହୋଇ ଯାଇଥିଲା। ସେତେବେଳେ ମୁଁ ଜାଣିଲି, କାହିଁକି ତାକୁ ତା ନିଜ ବ୍ୟତୀତ ଆଉ ଟିକିଏ ବି ଅନ୍ୟ କିଛି ଦରକାର ନଥିଲା।

ମୋ ଭିତରର ନାରୀ ସବୁବେଳେ ମୋ ଭିତରର ଲେଖକଠାରୁ ଅନ୍ୟ ସ୍ଥାନରେ ରହିଆସିଥିଲା। ଏମିତି କି କେତେଥର ମୁଁ ମୋ ଭିତରର ନାରୀ ପ୍ରତି ନିଜକୁ ନିଜେ ସଜାଗ କରାଏ। 'କେବଳ ଲେଖକ'ର ରୂପ ସବୁବେଳେ ଏତେ ଉଜ୍ଜ୍ୱଳ ଥିଲା ଯେ ସେଥିରୁ ମୋ ଆଖିକୁ ମୋ ନିଜର ପରିଚୟ ମିଳୁଥିଲା। କିନ୍ତୁ ଜୀବନରେ ଏଭଳି ତିନୋଟି ସମୟ ଆସିଥିଲା, ଯେତେବେଳେ ମୁଁ ମୋ ଭିତରର 'କେବଳ ନାରୀ'କୁ ମନ ପୂରଇ ଦେଖିଥିଲି। ତାର ରୂପ ଏତେ ପରିପୂର୍ଣ୍ଣ ଥିଲା ଯେ, ମୋ ଭିତରର ଲେଖକର ଅସ୍ତିତ୍ୱ ମୋ ମନ ଭିତରୁ ସଂପୂର୍ଣ୍ଣ ହଜିଯାଇଥିଲା। ସେହି ସମୟରେ ତାକୁ ମନେ ପକାଇବାକୁ ଟିକିଏ ବି ମୋ ଭିତରେ ଖାଲି ଜାଗା ନଥିଲା। ବହୁ ବର୍ଷର ବ୍ୟବଧାନ ପରେ ଆଜି କେବଳ ମୁଁ ତାକୁ ମନେପକାଇପାରୁଛି।

ପଚିଶ ବର୍ଷ ବୟସରେ ପ୍ରଥମ ଥର ପାଇଁ ତାକୁ ମୁଁ ଦେଖିଥିଲି। ମୋର କୌଣସି ପିଲାପିଲି ନଥିଲେ। ପ୍ରାୟ ପ୍ରତି ରାତିରେ ମୁଁ ଗୋଟିଏ ପିଲାକୁ ସ୍ୱପ୍ନ ଦେଖୁଥିଲି। ଗୁଲୁଗୁଲିଆ ସାନ ପିଲାଟିଏ। ଟିକି ଟିକି ଆଖିରେ ମୋତେ ଚାହୁଁଥିଲା। ବହୁତ ଥର ଏହି ସ୍ୱପ୍ନ ଦେଖୁଥିବା ଯୋଗୁଁ ସେହି ପିଲାଟିର ଚେହେରା ମୋ' ମନରେ ରହିଯାଇଥିଲା। ସ୍ୱପ୍ନରେ ସେ ମୋ ସହିତ କଥା ବି କହୁଥିଲା। ପ୍ରତିଦିନ ଏକା କଥା। ତା ସ୍ୱର ସହିତ ବି ମୋର ପରିଚୟ ହୋଇଯାଇଥିଲା। ସ୍ୱପ୍ନରେ ମୁଁ ଗଛରେ ପାଣି ଦେଉଥାଏ ଏବଂ ହଠାତ୍ ଗାମଲା ଭିତରେ ଫୁଲ ଜାଗାରେ ଗୋଟିଏ ପିଲାର ଚେହେରା ଫୁଟିଉଠୁଥାଏ। ମୁଁ ଚମକିପଡ଼ି ପଚାରୁଥିଲି-ତୁ କେଉଁଠି ଥିଲୁ? ମୁଁ ତୋତେ ଖୋଜିବାରେ ଲାଗିଛି। ଆଉ ସେହି ରୂପଟି ହସିଦେଇ କହୁଥିଲା ମୁଁ ଏଇଠି ଥିଲି, ଲୁଚିଥିଲି। ମୁଁ ତରତର ହୋଇ ଗାମଲା ଭିତରୁ ପିଲାଟିକୁ ଉଠାଇନେଉଥିଲି।

ଯେତେବେଳେ ନିଦ ଭାଙ୍ଗିଯାଉଥିଲା ମୁଁ ଯେମିତିକି ସେମିତି ଥିଲି-ଶୂନ୍ୟ, ଏକାକୀ ଏବଂ ଦୁଃଖୀ। କେବଳ ଏକ ନାରୀ-ଯିଏ ମା ନହୋଇ ପାରିଲେ ବଞ୍ଚିବାକୁ ଚାହୁଁ ନଥିଲା।

ଦ୍ୱିତୀୟ ଥର ଦିନେ ସାହିର୍ ଟିକିଏ ଜର ନେଇ ଆସିଲା ବେଳେ ପୁଣି ତାକୁ ଦେଖିଲି। ସାହିର୍‌ଙ୍କ ଗଳାରେ ଦରଜ ଥିଲା। ନିଶ୍ୱାସ ନେବାକୁ କଷ୍ଟ ହେଉଥିଲା। ସେଦିନ ମୁଁ ତାଙ୍କ ଗଳା ଓ ଛାତିରେ ଭିକ୍‌ସ ମାଲିସ୍ କରିଥିଲି। କେତେବେଳଯାଏ ମାଲିସ୍ କରୁଥାଏ। ସେତେବେଳେ ମୋତେ ଲାଗୁଥିଲା, ଏହିଭଳି ଠିଆହୋଇ ଆସ୍ତେ ଆସ୍ତେ ତାଙ୍କ ଛାତି ମାଲିସ କରି କରି ମୁଁ ସାରା ଜୀବନ କଟାଇ ଦେଇପାରିବି। ମୋ ଭିତରର 'କେବଳ ନାରୀଟି'ର ସେତେବେଳେ ଦୁନିଆର କୌଣସି କାଗଜ କଲମର ଆବଶ୍ୟକତା ନଥିଲା।

ଏବଂ ତୃତୀୟ ଥର ମୁଁ ସେହି 'କେବଳ ନାରୀ'କୁ ଦେଖିଥିଲି, ଯେତେବେଳେ ଇମ୍‌ରୋଜ୍ ନିଜର ଷ୍ଟୁଡିଓରେ ବସିଥିଲେ। ସିଏ ତାଙ୍କର ପତଳା ବ୍ରସ୍‌କୁ କାଗଜ ଉପରୁ ଉଠାଇ ନାଲି ରଙ୍ଗରେ ବୁଡ଼ାଇ ଦେଲେ। ତାକୁହିଁ ଆଣି ମୋ ମଥାରେ ବିନ୍ଦି ଲଗାଇଦେଲେ।

ମୋ ଭିତରର ଏଇ 'କେବଳ ନାରୀ' ସହିତ 'କେବଳ ଲେଖକ'ର କିଛି ସଂଘର୍ଷ ନାହିଁ। ସେହି ନାରୀଟି ଲେଖକ ପଛରେ ବା ତା କଡ଼ରେ ଠିଆହେବାପାଇଁ ନିଜେ ରାଜିହୋଇଯାଇଛି। ଆଉ ଏହି ତିନିଥର ସେ ଯେତେବେଳେ ନିଜ ଜାଗାକୁ ଆସିବାକୁ ଚାହିଁଥିଲା, ମୋ ଭିତରର 'କେବଳ ଲେଖକ' ପଛକୁ ହଟିଯାଇ ତାପାଇଁ ଜାଗା ଖାଲିକରି ଦେଇଥିଲା।

'କେବଳ ଲେଖକ'ର ରୂପ ମୋର ଅଙ୍ଗ ସହିତ ରହି ଆସିଛି। ମୋ ବିଚାରରେ ବି ଅଛି ଏବଂ ସ୍ୱପ୍ନରେ ବି। ଏହିଭଳି ତାର ଏବଂ ମୋର ଚେହେରା ଏକ ହୋଇ ଯାଇଛି। କିନ୍ତୁ 'କେବଳ ନାରୀ'ର ରୂପକୁ ମୁଁ ମାତ୍ର ତିନିଥର ଦେଖିଛି। ଏହା ଏକ ବାସ୍ତବତା। କିନ୍ତୁ ତାକୁ ଆଖିରେ ଦେଖିଛି ମାତ୍ର ତିନିଥର। ସେଥିପାଇଁ ବେଳେବେଳେ ବ୍ୟସ୍ତହୋଇ ଭାବେ, ସେ କେମିତି ଥିଲା ? ସତରେ କଣ ମୁଁ ତାକୁ ଦେଖିଛି ?

ଏକ ଋଣ

୧୮୫୭ର ବିଦ୍ରୋହ ସମ୍ପର୍କରେ ମୁଁ କିଛି ଜାଣିନଥିଲି। କିନ୍ତୁ ଏହି ବିଦ୍ରୋହ ଶବ୍ଦଟି ଆଈମାଠାରୁ ଶୁଣିଥିବା କାହାଣୀ ଭଳି ମୋ ଭିତରେ କେଉଁଠି ଲାଖିଯାଇଥିଲା।

ଏହି ଶବ୍ଦଟି କୌଣସି ଜୀବିତ ବସ୍ତୁଭଳି ଥିଲା, ପୁଣି ମୃତ ବସ୍ତୁଭଳି ମଧ୍ୟ।

ଏଥିରୁ କେତେ ପ୍ରକାରର ସ୍ୱର ବିଭିନ୍ନ ସମୟରେ ମୁଁ ଶୁଣୁଥିଲି। ସେ ସ୍ୱରଗୁଡ଼ିକୁ ବର୍ଣ୍ଣନା କରିବା ମୋ ପକ୍ଷରେ କଷ୍ଟକର। ସେହି ସ୍ୱରଗୁଡ଼ିକତ ମଣିଷର ଥିଲା ନିଶ୍ଚୟ, କିନ୍ତୁ ଗୋଟିଏ ସ୍ୱର ଆଉ ଗୋଟିକ ଭିତରେ ହଜିଯାଉଥିଲା। ପୁଣି ଗୋଟିକର ଆଉ ଗୋଟିଏ ସହିତ ଖଣ୍ଡା ଭଳି ସଂଘର୍ଷ ହେଉଥିଲା। ଏବଂ ତାହାରି ଫଳରେ କ୍ଷତ ସୃଷ୍ଟି ହୋଇ ସେଥିରୁ ରକ୍ତ ଝରୁଥିଲା।

ଏହି ଶବ୍ଦଟିରୁ ପୁଣି ନାନା ରଙ୍ଗ ସୃଷ୍ଟି ହେଉଥିଲା ଏବଂ ଝଟକୁ ଥିଲା ସୂର୍ଯ୍ୟ କିରଣରେ ଲହୁ ଝଟକିଲା ଭଳି। କିନ୍ତୁ ମନେହେଉଥିଲା ଏହି ଶବ୍ଦ କେବେଠାରୁ ମରିଗଲାଣି-ଖାଲି ମୋର ଚିନ୍ତା ତା ଉପରେ ପିମ୍ପୁଡ଼ି ଧାର ଭଳି ଲାଗିଛି।

ଏହି ବିଦ୍ରୋହର କେବଳ ଗୋଟିଏ ଚିହ୍ନ ମୁଁ ମୋ ନିଜ ଆଖିରେ ଦେଖିଥିଲି। ଯେଉଁ ପରିବାରରେ ମୋର ବିବାହ ହୋଇଥିଲା, ବଂଶାନୁକ୍ରମେ ସେ ପରିବାରରେ ଗୋଟିଏ ଗାଲିଚା ସାଇତା ହୋଇ ରଖାଯାଇଥିଲା। ଦିଲ୍ଲୀ ଲୁଣ୍ଠନ ହେଲାବେଳେ ଏହି ପରିବାରର ଜଣେ ସର୍ଦ୍ଦାର ତାକୁ ଚୋରାଇ ଆଣିଥିଲେ। କେଉଁ କାଳେ ଏହାର ରଙ୍ଗ କଣ ଥିବ କେଜାଣି, କିନ୍ତୁ ମୁଁ ଦେଖିଲା ବେଳକୁ ଏହା ମେଞ୍ଚାଏ ଛିଣ୍ଡା ରଙ୍ଗହୀନ ରେଶମ ସୂତା ଭଳି ଥିଲା। ଘରର ମୁରବି ଜେଜେବାପା ସବୁବେଳେ ଏହାରି ଉପରେ ଶୋଉଥିଲେ। ସେତେବେଳେ ଏହି ପରିବାର ଲାହୋରରେ ରହୁଥିଲେ। ୧୯୪୭ରେ ହିନ୍ଦୁ ମୁସଲମାନମାନେ ଜାଗା ବଦଳାଇଲା ବେଳେ ଏହି ପରିବାର ଦିଲ୍ଲୀ ଆସିଲେ। ଲାହୋରର ଭରା ଘର ଛାଡ଼ି ଯେତେବେଳେ ସମସ୍ତେ ଦିଲ୍ଲୀ ଆସିଲେ, ଘରର ମୁଖିଆ ଜେଜେବାପା ଆସିବାକୁ ମନାକରିଦେଲେ। ତାଙ୍କ ମନରେ ଦୃଢ଼ ଧାରଣା ଥିଲା ଯେ ଏହି ଗଣ୍ଡଗୋଳ ଅଳ୍ପ ଦିନ ଭିତରେ ସମାଧାନ ହୋଇଯିବ। ସରକାର ଲୋକଙ୍କର ଘର ଛଡ଼ାଇ ନେଇପାରିବ ନାହିଁ। ସେଥିପାଇଁ ସେ ଘର ଜଗି ସେଇଠି ରହିଲେ। କିନ୍ତୁ ଅବସ୍ଥା ଯେତେବେଳେ ଖୁବ୍ ଖରାପ ହେଲା, ମିଲିଟାରୀ ଲୋକମାନେ ତାଙ୍କୁ ଟ୍ରକରେ ବସାଇ ଦିଲ୍ଲୀ ପଠାଇଦେଲେ। ବିଛଣା ଭାବରେ ସେ ଖାଲି ସେହି ଗାଲିଚା ଖଣ୍ଡିକ ସାଙ୍ଗରେ ଆଣିପାରିଲେ। ଭରପୂର ଘର ଛାଡ଼ି ଆସିବାର ଦୁଃଖ ପୁଣି ରାସ୍ତାର କଷ୍ଟ ବେଶିଦିନ ସହିବା ତାଙ୍କ ପକ୍ଷରେ ସମ୍ଭବ ନଥିଲା। ଦିଲ୍ଲୀରେ ପହଂଚିବା ପରେ ଆଉ ବେଶିଦିନ ବଂଚି ନଥିଲେ। ସେହି ଗାଲିଚା ଉପରେ ଶୋଇହିଁ ତାଙ୍କର ମୃତ୍ୟୁହେଲା। ତାପରେ ସେହି ଗାଲିଚାଟିକୁ କୌଣସି ଗରିବଗୁରୁବାଙ୍କୁ ଦେଇଦିଆଗଲା। ଘରର ସବୁରି ମୁହଁରେ ସେତେବେଳେ ଗୋଟିଏ କଥା

ଶୁଣାଯାଉଥିଲା-"ଦିଲ୍ଲୀର ବିଦ୍ରୋହ ବେଳେ ଏହି ଗାଲିଚା ଆମେ ଦିଲ୍ଲୀରୁ ଲୁଣ୍ଠନ କରିଥିଲୁ। ଆଜି ବହୁବର୍ଷ ପରେ ଦିଲ୍ଲୀର ଜିନିଷ ଆମେ ଦିଲ୍ଲୀକୁ ଫେରାଇଦେଲୁ।"

ଲୁଣ୍ଠନ ବି ବୋଧହୁଏ ଏକ ପ୍ରକାର କରଜ, ଯାହା କି କେବେ ନା କେବେ ଶୁଝିବାକୁ ପଡ଼େ।

କେବେ କେବେ ମନରେ ଏକ ଭୟଙ୍କର ଭାବନା ଆସେ ଯେ ମୋତେ ମଧ୍ୟ କାହାକୁ କିଛି ଶୁଝିବାକୁ ହେବ। କିନ୍ତୁ ଜାଣେନାହିଁ କଣ କାହାକୁ ଏବଂ କେବେ ଫେରାଇବାକୁ ହେବ!

କେବେ କେମିତି ମୁଣ୍ଡ କୁଣ୍ଡାଇଲା ବେଳେ ପାନିଆ ଅଡୁଆ ବାଳରେ ଗୁଡ଼େଇ ହୋଇଯାଉଥିଲା। ମୋର ଭାବନା ବି ସେମିତି ଗୁଡ଼େଇ ହୋଇଯାଉଥିଲା। ମୋ ମାଆଙ୍କର ମା ଏବଂ ତାଙ୍କର ମା'ଙ୍କର ମା-ପ୍ରତ୍ୟେକ ନାରୀର ମା ସମାଜ ବିରୁଦ୍ଧରେ ବିଦ୍ରୋହ କରି ତାଠାରୁ ଷୋଳକଳା ଲୁଟି ନେଇଥିଲେ। ଏବଂ ସେହି କଳାଗୁଡ଼ିକ ପୁରୁଷାନୁକ୍ରମେ ଚାଲିଆସୁଛି। ଜାଣେନାହିଁ କେବେ ଏବଂ କିପରି ସମାଜର ଏହି କରଜ ଶୁଝିବାକୁ ହେବ, ମୋତେ ଏବଂ ମୋ ଭଳି ଆହୁରି ବହୁତ ସ୍ତ୍ରୀଲୋକଙ୍କୁ।

ମନେହୁଏ ମୁଁ ବହୁତ ଋଣୀ, କିନ୍ତୁ ଜାଣେନାହିଁ କାହାପାଖରେ!

ଭାରତ ବିଭାଜନ ପୂର୍ବରୁ ମଧ୍ୟ ଅନେକ ଥର ମୋତେ ଏହିଭଳି ଲାଗୁଥିଲା। ଥରେ ଏହି ବେଦନାରୁ କବିତାଟିଏ ଲେଖିଥିଲି।

"ସହଯାତ୍ରୀ! ଆଜି ତୁମଠାରୁ ବିଦାୟ ନେଉଛି
ଏବଂ ଏ ଦୂରତ୍ୱ ବଢ଼ିଯିବ ଧୀରେ ଧୀରେ।"

କିନ୍ତୁ ଏହି ଦୂରତ୍ୱର କୌଣସି ବାହ୍ୟ ଘଟଣା ସହିତ ସଂପର୍କ ନଥିଲା। ଏହା ଥିଲା ଅନ୍ତରର କଥା।

ଅନ୍ତରର ଏହି ଦୂରତ୍ୱ ୧୯୬୦ରେ ଧରଣୀ ଫଟାଇ ବାହାରକୁ ବାହାରି ଆସିଲା। ଏହି ଧରଣୀ ଫାଟିବା ସମୟରେ ମୋର ହାଡ଼ମାଂସ ମଧ୍ୟ ଚକଟି ହୋଇଗଲା। ଛାତି ଭିତରୁ କିଏ କହୁଥିଲା ମୁଁ ମୋ' ଖାଉନ୍ଦଙ୍କୁ ତାର ହକ୍ ଦେଇନାହିଁ। ତାଙ୍କର ଆଶ୍ରୟକୁ ମୁଁ ବିଦ୍ରୋହର ଲୁଣ୍ଠିତ ଦ୍ରବ୍ୟ ଭଳି ଚୋରାଇ ନେଇଛି-ତାହା ତାଙ୍କୁ ଫେରାଇ ଦେବାକୁ ହେବ।

ତାଙ୍କପାଇଁ ଦୁଇଟିଯାକ ଅବସ୍ଥା ଦୁଃଖଦାୟକ ଥିଲା। ଆମ ଦୁହିଁଙ୍କ ବିଚାରରେ ଗଭୀର ପାର୍ଥକ୍ୟ ସୃଷ୍ଟି ହୋଇଥିଲା। ଏକା ସାଙ୍ଗରେ ରହିବା କଷ୍ଟକର ହୋଇପଡ଼ିଲା। ତଥାପି କଣ ସାମାଜିକତା ଦୃଷ୍ଟିରୁ ଆମକୁ ଏକାଠି ଚଳିବାକୁ ହେବ? ନିଶ୍ଚୟ ଅନ୍ୟ କିଛି ବାଟ ଅଛି! ବହୁତ ବିଚାର ଆଲୋଚନା ପରେ ଦ୍ୱିତୀୟ ପନ୍ଥାଟି ଗ୍ରହଣ କରିବାକୁ ମୁଁ ସ୍ଥିରକଲି।

ଆମ ଦୁହିଁଙ୍କର ପରସ୍ପର ବିରୁଦ୍ଧରେ କୌଣସି ଅଭିଯୋଗ ନଥିଲା। ଏଭଳି ଏକ ଗଭୀର ବନ୍ଧୁତ୍ୱପୂର୍ଣ୍ଣ ଆଲୋଚନା ପରେ ଏହି ନିଷ୍ପତ୍ତି ନିଆଗଲା ଯେ ଏହା ପରେ ଜଣକ ମୁହଁରେ ଅନ୍ୟ ଜଣକର ବ୍ୟକ୍ତିତ୍ୱକୁ ଛୋଟ କଲାପରି ଶବ୍ଦ ଉଚ୍ଚାରିତ ହେବାର ପ୍ରଶ୍ନ ନଥିଲା। ପରସ୍ପରଠାରୁ ଆମେ ଯାହା ପାଇଥିଲୁ, ତାକୁ କେହି ଅସ୍ୱୀକାର କରୁନଥିଲା। ଯାହା ପାଇନଥିଲୁ, ସେଥିପାଇଁ ମଧ୍ୟ କୌଣସି କ୍ଷୋଭ ନଥିଲା। କେବଳ ଆମ ଭିତରେ ଯେଉଁ ଦୂରତ୍ୱ ସୃଷ୍ଟି ହୋଇଥିଲା, ତାକୁହିଁ ସ୍ୱୀକାର କରିବା ଜରୁରୀ ଥିଲା। ଦୁହିଁଙ୍କ ପାଇଁ ଏହା ସମାନ ଭାବରେ ଆବଶ୍ୟକ ଥିଲା।

ବେଦନାର ଅଂଶ ଦୁହେଁ ଯାକ ବାଣ୍ଟି ନେଇଥିଲୁ। ସମସ୍ୟାଟିକୁ ଏଭଳି ସତ୍ୟତା ସହ ସମାଧାନ କରାଗଲା ଯେ, ବେଦନାର କୌଣସି ଛାପ କାହାରି ମୁହଁରେ ପଡ଼ିଲା ନାହିଁ। ଆଖି ଓଠ ପରି ଏହି ବେଦନା ଦେହର ଗୋଟିଏ ଅଂଶ ହୋଇଗଲା-ଗୋଟିଏ କଳାଜାଇ ଭଳି! ଏହାକୁ ଦେହର ଗୋଟିଏ ଅଂଶ ଏବଂ ଅସ୍ଥିର ଗୋଟିଏ ଭାଗ ବୋଲି ମାନିନେବା ପରେ ଆଉ କେଉଁ କଥାକୁ ଖାତିର କରିବାର ଥିଲା ?

ଏହା ଗୋଟିଏ ଅଦ୍ଭୁତ ସମାଧାନ ଥିଲା। ଆଇନ୍ ଅଦାଲତ ବିଷୟରେ କିଛି ପ୍ରଶ୍ନ ଉଠିଲା ନାହିଁ – ଏହା ଦରକାର ବି ନଥିଲା। ଯେତେବେଳେ ଏକତ୍ରିତ ହୋଇଥିଲୁ, ସେତେବେଳେ କେହି କାହାରିକୁ ଜାଣିନଥିଲୁ-ସେଥିପାଇଁ ଆଇନ୍‌ର ଆଶ୍ରୟ ନେଇଥିଲୁ। କିନ୍ତୁ ଯେତେବେଳେ ବିଚ୍ଛିନ୍ନ ହେଲୁ, ଦୁହିଁଙ୍କ ଅନ୍ତରର ସତତା ସେତେବେଳେ ଆଇନ୍-ଠାରୁ ଅଧିକ ମଜଭୁତ ହୋଇସାରିଥିଲା।

ମୁଁ ଜାଣେ ପରବର୍ତ୍ତୀ ସମୟରେ ମୋ ଠାରୁ ବିଚ୍ଛିନ୍ନ ହୋଇଥିବା ସହଯାତ୍ରୀଙ୍କ ଅପେକ୍ଷା ମୋ ପ୍ରତି ଭାଗ୍ୟ ଅଧିକ ଅନୁକୂଳ ହୋଇଛି। ମୋତେ ଇମ୍‌ରୋଜ୍‌ଙ୍କର ବନ୍ଧୁତ୍ୱ ମିଳିଯାଇଥିଲା। କିନ୍ତୁ ସେ ରହିଗଲେ ଏକାକୀ! ତାଙ୍କୁ କିଛି ଦେଲା ବେଳକୁ ଜୀବନର ହାତ ଯେପରି କୁଣ୍ଠିତ ହୋଇଯାଉଥିଲା !

ଏବେ ବି ଆମେ ବନ୍ଧୁ ଭଳି ପରସ୍ପରକୁ ଭେଟୁ। କିନ୍ତୁ ମୁଁ ଜାଣିଛି ଏତିକିରେ ଏକାକୀତ୍ୱ ଦୂର ହୁଏନାହିଁ। ଯେଉଁ ଭଲ ମଣିଷକୁ ବି ଏକାକୀ ପଣିଆର ଅଭିଶାପ ମିଳିଛି, ତା ଆଗରେ ମୋ ମୁଣ୍ଡ ଆପଣା ଛାଏଁ ନଇଁଯାଏ।

କିନ୍ତୁ ଏହି ନଇଁଲା ମୁଣ୍ଡର ବି ଗୋଟିଏ ସ୍ୱାଭିମାନ ଥିଲା। ଏହା ଶିରଠାରୁ ବି ଉଚ୍ଚ। ସୁରକ୍ଷା ପାଇଁ ମୋତେ କୌଣସି ମୂଲ୍ୟ ଦେବାକୁ ପଡ଼ିନାହିଁ। ଜୀବନର ବିଦ୍ରୋହରେ ଏଭଳି ରାସ୍ତାରେ ଚାଲୁଚାଲୁ ଯେଉଁ ସାମାଜିକ ସ୍ଥାନ ଏବଂ ପାରିବାରିକ ସମ୍ମାନ ମୁଁ ହାସଲ କରିଥିଲି, ସେସବୁ ସହିତ କେବେ ସାଲିସ୍ କରିନାହିଁ। ସବୁବେଳେ ମନେହୋଇଛି ଜୀବନଠାରୁ ଯାହା ଧାରନେଇଥିଲି ତାହା ଶୁଝି ଦେଇ ପାରିଛି।

ଏଭଳି ପରିସ୍ଥିତିରେ ଯାହା ସଚରାଚର ଘଟିଥାଏ, ମୋ ବେଳକୁ ତାହା ହୋଇ-ନଥିଲା। କହଣୀର ଏଭଳି ଚରିତ୍ରଟି ସାଧାରଣତଃ ବିରୋଧୀ ବା ଶତ୍ରୁର ଭୂମିକା ଗ୍ରହଣ କରିଥାଏ ଏବଂ ଆଖପାଖରେ ଲୋକମାନେ ଅଧିକାଂଶ ନିର୍ଲିପ୍ତ ରହନ୍ତି। କିନ୍ତୁ ଏପରି କିଛି ଲୋକ ଥାଆନ୍ତି, ଯେଉଁମାନଙ୍କର ସହାନୁଭୂତି ଥାଏ।

କିନ୍ତୁ ମୋ କାହାଣୀ ପ୍ରତି ଯେଉଁମାନେ ବର୍ଷବର୍ଷ ଧରି ବିରୋଧ ଭାବ ପୋଷଣ କରିଥିଲେ, ସେମାନେ କେହି ପାଖଆଖର ଲୋକ ବି ନୁହଁନ୍ତି। ସେମାନଙ୍କ ଭିତରୁ କେତେକ ଥିଲେ ମୋର ସମକାଳୀନ ଲେଖକ। ସେମାନେ ମୋ' ମନକୁ ଚିହ୍ନିବା ତ ଦୂରର କଥା, ରାସ୍ତାରେ ଚାଲିଗଲା ବେଳେ ମୋ ଚେହେରାକୁ ବି ଚିହ୍ନିପାରିନଥାନ୍ତେ। ଆଉ କିଛି ପଞ୍ଜାବୀ ଖବରକାଗଜବାଲା ବି ଥିଲେ। ମୋର ଜଣେ ସମକାଳୀନ ବ୍ୟକ୍ତି ମୋ ଠାରୁ ଅଲଗା ହୋଇଯାଇଥିବା ସ୍ୱାମୀଙ୍କୁ ଏତେଦୂର ଯାଏ କହିଥିଲେ ଯେ ଯଦି ସେ ଥରେ କାଗଜରେ ଦସ୍ତଖତଟାଏ କରିଦେବେ, ତେବେ ଉକ୍ତ ବ୍ୟକ୍ତି ମୋତେ ବର୍ଷ ବର୍ଷ ଧରି କଚେରିକୁ ଦଉଡ଼ାଇ ଦେବେ। କିନ୍ତୁ ଯିଏ ଏହି କାହାଣୀର ସୂତାରେ ବୁଣା ହୋଇଥିଲେ, ସେ ଚୁପ୍‌ଚାପ୍ ହୋଇ ତାଙ୍କ ଭାଗର ବ୍ୟଥା ଓ ବେଦନାକୁ ସହୁଥିଲେ। ଅନେକ ବର୍ଷ ପରେ ଯଦି କେଉଁଠି ତାଙ୍କ ସହିତ ଭେଟ ହୋଇ ଯାଉଥିଲା, ତେବେ ଆଖି ଛଳଛଳ ହୋଇଆସୁଥିଲା। ଆଜି ବି ଏହି ଆଖି ବିଷୟରେ ଦମ୍ଭର ସହିତ କହିପାରିବି ଯେ-ସେଥିରେ କେବଳ ବ୍ୟଥା ଏବଂ ସହାନୁଭୂତି ଛଡ଼ା ଆଉ କିଛି ନଥିଲା।

ମୁଁ ଦେଖିଥିଲି, ମୋର ବିଚ୍ଛିନ୍ନ ସାଥୀଙ୍କ ସହିତ ସଂପର୍କ ବିଷୟରେ କେବଳ ଦେବେନ୍ଦ୍ରଙ୍କର ଧାରଣା ସ୍ୱତନ୍ତ୍ର ଥିଲା। ସେ ଯେତେବେଳେ ମୋ ବିଷୟରେ 'କଲମ୍‌କା ଭେଦ' ବହିଟି ଲେଖିଲେ ଏବଂ ତାହା ଛପା ହୋଇ ଆସିଲା, ସେତେବେଳେ ତାହାର 'ସମର୍ପଣ' ଦେଖି ମୁଁ ଆଶ୍ଚର୍ଯ୍ୟ ହୋଇଥିଲି-'ସେହି ମନର ଏବଂ ଘରର ଦ୍ୱାର ପ୍ରତି, ଯାହା ଅମୃତା ପାଇଁ କେବେ ବି ବନ୍ଦହୋଇନାହିଁ।' ଅତି ଆଦରରେ ବହିଟିକୁ ସେ ମୋର ବିଚ୍ଛିନ୍ନ ସାଥୀଙ୍କୁ ଦେବାକୁ ଯାଇଥିଲେ।

ଅଲଗା ହେବାର ଅର୍ଥ ନଥିଲା ଯେ ସାଧାରଣ ସୌଜନ୍ୟ ମଧ୍ୟ ପରସ୍ପର ପ୍ରତି ଦେଖାହେବନାହିଁ! ପିଲାମାନଙ୍କର କିଛି ଦରକାର ହେଲାବେଳେ, କିମ୍ବା ମୋର ଇନକମ୍ ଟାକ୍‌ସ ଝମେଲା କିଛି ହେଲେ, ଅଥବା ଏମିତି ଖାଲି ଖାଲି ଆମେ ପରସ୍ପରକୁ ଫୋନ୍ କରୁଥିଲୁ। ଏଭଳି ସ୍ୱାଭାବିକତାକୁ କେବଳ ବୁଝିପାରିଥିଲେ ଜଣେ ଅଷ୍ଟ୍ରେଲିଆନ୍ ଲେଖିକା 'ବେଟି କଲିନ୍'। ସେ ତାଙ୍କର ସ୍ୱାମୀଙ୍କଠାରୁ ଛାଡ଼ପତ୍ର ନେଇଥିଲେ ମଧ୍ୟ ସବୁ ଅସୁବିଧା ବେଳେ ବନ୍ଧୁ ଭାବରେ ତାଙ୍କରିଠାରୁ ପରାମର୍ଶ

ନେଉଥିଲେ । ପୁଣି ତାଙ୍କର ସେହି ପତିଙ୍କର ଦ୍ୱିତୀୟ ପତ୍ନୀ ଯଦି କେବେ ସ୍ୱାମୀଙ୍କ ବ୍ୟବହାରରେ ବିରକ୍ତ ହେଉଥିଲେ, ତେବେ ବେଟିଙ୍କୁ ଟେଲିଫୋନ୍ କରୁଥିଲେ, ଦେଖା କରୁଥିଲେ । ଦୁହେଁ ସାଙ୍ଗ ହୋଇ କଫି ପିଇବାକୁ ଯାଉଥିଲେ ଏବଂ ସ୍ୱାମୀଙ୍କର ଏଭଳି ସ୍ୱଭାବକୁ କିପରି ମୁକାବିଲା କରିବେ, ସେ ସଂପର୍କରେ ବେଟିଙ୍କଠାରୁ ପରାମର୍ଶ ନେଉଥିଲେ ।

ଏଭଳି ସ୍ୱାଭାବିକ ଜୀବନ ନିଜେ ନଜୀଇଁଲେ ବୁଝି ପାରିବା ସମ୍ଭବ ନୁହେଁ ।

୧୯୫୯ରେ ଏକ କବର-ଗୋଟିଏ ଭୟାନକ ମୁହୂର୍ତ୍ତ

ମୋ ପିତା ଜୀବିତ ଥିଲାବେଳେ ତାଙ୍କ ଜୀବନର ପ୍ରଥମ ଭୟଙ୍କର ଅସୁବିଧାର କାହାଣୀ ବାରମ୍ବାର ଶୁଣାଉଥିଲେ । ଥରେ ସେ ବିଦେଶ ଯିବାବେଳେ ତାଙ୍କ ଅଜାଙ୍କ- ଠାରୁ ମିଳିଥିବା ଗହଣା ଓ ଅସରପିରେ ଭରା ବାକ୍ସଟି ଗୁଜରାନଓ୍ୱାଲାର ଜଣେ ଭକ୍ତ ମହିଳାଙ୍କ ଜିମାରେ ରଖିଦେଇ ଯାଇଥିଲେ । ଫେରିଆସି ଯେତେବେଳେ ସେ ବାକ୍ସଟି ମାଗିଲେ, ଆଖି ପିଛୁଳା ନପକାଇ ମହିଳା ଜଣକ ପଚାରିଲେ-କି ବାକ୍ସ ? ୧୯୫୯ରେ ମୋର ପିତାଙ୍କ ଚେହେରା କଳ୍ପନା କରି ମୁଁ କହିଥିଲି-ଆପଣ ଗୁଜରାନ୍ଓ୍ୱାଲାରେ ଜଣେ ଭକ୍ତିମତୀ ମହିଳାଙ୍କୁ ଦେଖିଥିଲେ । ସେହି ଗୁରୁଙ୍କ ଗାଦୀରେ ବସିଥିବା ଆଉଜଣେ ଭକ୍ତିମତୀ ମହିଳାଙ୍କୁ ମୁଁ ବି ଦେଖିଲି । ମୁଁ ତାଙ୍କ ଜିମାରେ ବିଶ୍ୱାସରେ ଭରା ଟ୍ରଙ୍କ୍‌ଟିଏ ରଖିଥିଲି । ଏବେ ସେ କହୁଛନ୍ତି-କି ବିଶ୍ୱାସ ?

ଏହା ଥିଲା ଅତି ଭୟଙ୍କର ମୁହୂର୍ତ୍ତ-କଳାବାଦଲ ଭଳି ଅନ୍ଧକାର ଘେରି ଆସୁଥିଲା, ବିନ୍ଦୁବିନ୍ଦୁ ବେଦନା ଝରିପଡୁଥିଲା-କିନ୍ତୁ ମେଘ ବରଷୁନଥିଲା । ସେହି ସୁନ୍ଦରୀ ଝିଅଟିକୁ ମୁଁ ଖୁବ୍ ଭଲପାଉଥିଲି । ଅହରହ ରୂପ ବଦଳାଉଥିବା ବାଦଲକୁ ନିରୀକ୍ଷଣ କଲାବେଳେ ମୁଁ ଆଶ୍ଚର୍ଯ୍ୟ ହୋଇ ଭାବୁଛି, ମୋର ସ୍ନେହ ଓ ବିଶ୍ୱାସ ଭାଙ୍ଗିଯିବାର ସ୍ମୃତିକୁ ମନେପକାଇଦେବାପାଇଁ କଣ ଏଇ ଛାଇ ଆଲୁଅର ଖେଳ ଚାଲିଛି.....

ଦେହ ଭିତରେ ଗଳିଯାଇଥିବା ଛୁଞ୍ଚି ଗୁଡ଼ିକ ବାହାର କଲାଭଳି ମୁଁ ଗୋଟିଏ ଗୋଟିଏ ସ୍ମୃତିକୁ ନେଇ ଗୋଟିଏ ଗୋଟିଏ କାହାଣୀ ଲେଖିଛି-କାଲେ ଅକ୍ଷର, କରମୀ ବାଲୀ, କେଲେ କା ଛିଲ୍‌କା ପୁଣି 'ଏକଥୀ ଅନିତା' ଉପନ୍ୟାସରେ ଶାନ୍ତିବିବି କଥା ଲେଖିଛି । କିନ୍ତୁ ମୋ ଭିତରେ ଯେଉଁ ଆଲୋଡ଼ନ ସୃଷ୍ଟି ହୋଇଥିଲା, ଶାନ୍ତିବିବିର ଚରିତ୍ରରେ ତାକୁ ଫୁଟାଇପାରିନାହିଁ । ୧୯୬୦ରେ 'ଦୋ ଔରତେ' ନାମକ ଏକ

ଲମ୍ବା କାହାଣୀ ଲେଖିଲି । ମନେହେଲା, ସେହି କାହାଣୀର ମିସ୍ ବି' ଭିତରେ ମୋର ଭାବନାକୁ ମୁଁ ଅନେକ ପରିମାଣରେ ଫୁଟାଇ ପାରିଛି ।

ମୁଁ ପ୍ରଥମେ ତାକୁ ଭେଟିଲାବେଳେ ସେ ସାନ ଝିଅଟିଏ ଥିଲା । (ତାହାର ପରିଚୟର ପୂରା ବିବରଣୀ 'ଦୋ ଔରତେ' କାହାଣୀରେ ଅଛି ।) ତାର ବିବାହ ସମୟରେ ମୋ' ପାଖରେ ଦେଶ ବିଭାଜନ ପରେ ଯାହା ଗହଣା ରହିଯାଇଥିଲା, ସେତକ ସବୁ ଦେଇ ଦେଇଥିଲି । ସେଥିପାଇଁ ଅବଶ୍ୟ ମୋର ଦୁଃଖ ହେଉନଥିଲା । ଦୁଃଖ ହେଉଥିଲା ଯେତେବେଳେ ଦୁର୍ଦ୍ଦିନର ଅନ୍ଧାର ହସୁଥିଲା ସେତେବେଳେ ସେହି ଗହଣା ଗୁଡ଼ିକ ବି ବହୁତ ଜୋର୍‌ରେ ହସୁଥିଲେ । ସମୟକ୍ରମେ ଅନୁଭବ କଲି, ଗହଣା ଗୁଡ଼ିକ ହସୁନାହାନ୍ତି, ହସୁଛନ୍ତି ଭଗ୍ନ-ବିଶ୍ୱାସର ଟୁକୁରାମାନେ । ଅନ୍ଧାରରେ ସେମାନେ ଜଳିଉଠୁଥିଲେ ଏବଂ ହସୁଥିଲେ ।

ତାହାର ଗୁଲୁଗୁଲିଆ କଥାଗୁଡ଼ିକୁ ମୁଁ ରେଶମ ସୂତାଭଳି ଗଳାରେ ଝୁଲାଇଥିଲି । ଭଗବାନ ଶିବ ସାପମାନଙ୍କୁ ବେକରେ ଝୁଲାଇଥିଲେ । କିନ୍ତୁ ସେଗୁଡ଼ିକୁ ସେ ରେଶମ ସୂତା ବୋଲି ବିଚାରି ନଥିଲେ । ଭାବୁଥିଲି, ମୁଁ ତ ଶିବ ନୁହେଁ-କିନ୍ତୁ ସେ କାହିଁକି ତାଙ୍କର ଭାଗ୍ୟ ମୋ ବେକରେ ଝୁଲାଇଦେଲେ ?

ମୁଁ ଅତି କ୍ଷୀଣ ଗନ୍ଧ ମଧ୍ୟ ଶୁଙ୍ଘି ପାରୁଥିଲି । କିନ୍ତୁ ମିଥ୍ୟାର ତୀବ୍ର ଗନ୍ଧ ମୁଁ ସହି ପାରୁନଥିଲି ।

ମୋ ବାପାଙ୍କର ବି ଏହି ଶକ୍ତି ନଥିଲା । ପିଲାଦିନେ ଦେଖିଥିଲି ଶିଆଲକୋଟ୍‌ର ଜଣେ ଲୋକକୁ ଲେଖାପଢ଼ା ଶିଖାଇ ସେ ନିଜ ପାଖରେ ଚାକିରି ଦେଇଥିଲେ । କିନ୍ତୁ ଥରେ ସେ ମୋ ବାପା ଲେଖିଥିବା ଗୋଟିଏ ଚିଠିର ଉପର ଅଂଶତକ ଚିରିଦେଇ ତାଙ୍କ ଦସ୍ତଖତ ଉପରର ଖାଲି ଜାଗାରେ ଲେଖିଦେଲେ ଯେ ସେ ଏତେ ହଜାର ଟଙ୍କା ତାଙ୍କଠାରୁ ଉଧାର ନେଇଛନ୍ତି । ତା'ପରେ କଚେରିରେ ସେ ମକଦ୍ଦମା କଲେ । ମୁଁ ସେ ଲୋକକୁ ମାମୁଁ ବୋଲି ଡାକୁଥିଲି । ଖୁବ୍ ଛୋଟଥିଲେ ବି ମୁଁ ମୋ ପିତାଙ୍କ ଚେହେରାରେ ସେତେବେଳେ ଯେଉଁ ବେଦନାର ଛାପ ଦେଖିଥିଲି, ତାହା ପୁଣି ମୋ ନିଜ ଚେହେରାରେ ୧୯୫୯ରେ ଦେଖିଲି ।

ଘଟଣା ଗୁଡ଼ିକର ରୂପ କିଭଳି ଏକାପରି ହୋଇଯାଏ, ଦେଖି ମୁଁ ଆଶ୍ଚର୍ଯ୍ୟ ହେଉଥିଲି । ମୋ ବାପା ଯେପରି ସେହି ସଂପର୍କୀୟଙ୍କୁ ପାଖରେ ରଖି ପଢ଼ାଉଥିଲେ, ମୁଁ ବି ଏଇ ଝିଅଟିକୁ ସେଇଭଳି ବହିପତ୍ର ଦେଉଥିଲି, ତା'ପାଇଁ ଫିଜ୍ ଦେଉଥିଲି । ବାପା ଶେଷ ବୟସରେ ହଜାରିବାଗରେ କିଣିଥିବା ଜମିରେ ଗୋଟିଏ ବଗିଚା କରିବାକୁ ଚାହୁଁଥିଲେ । ସେ ଲୋକକୁ ସେ ତାଙ୍କ ସାଙ୍ଗରେ ନେଇଯାଇଥିଲେ । କିନ୍ତୁ ବଗିଚା

କରିବା ଆଉ ହେଲା ନାହିଁ। ସେହିଠାରେ ତାଙ୍କୁ ଟାଇଫଏଡ୍ ଧରିଲା ଏବଂ ସେ ଆଉ ଭଲହେଲେନାହିଁ। ସେ ଯେଉଁ ଜମି କିଣିଥିଲେ, ସେ ସମ୍ପର୍କରେ କିଛି ଦିନଯାଏ ଚିଠିପତ୍ର ଆସୁଥିଲା। ତାପରେ ସବୁ ଚୁପ୍‌ଚାପ୍ ହୋଇଗଲା। ସେହି ଲୋକ ବେଆଇନ୍ ଭାବରେ ବାପାଙ୍କର ଜମିତକ ବିକିଦେଇ ଟଙ୍କା ସବୁ ପକେଟସ୍ଥ କଲା।

ସେହିଲୋକ ବିଷୟରେ ଏବଂ ଏହି ଝିଅ ବିଷୟରେ ଭାବିଲାବେଳେ ମୁଁ ମନକୁ ମନ ବାରମ୍ବାର କହୁଥାଏ-"କେମିତି ଜଣେ ଏହା କରିପାରେ? କେମିତି ଜଣେ..... ?" ୧୯୫୯ର ସେହି ମୁହୂର୍ତ୍ତକୁ ମୁଁ ଶେଷଥର ପାଇଁ ଦେଖିଥିଲି। ଆଉ ସେତେବେଳେ ଆକାଶରୁ ଗୋଟିଏ ଆଲୋକ ଆସି ପଡ଼ିଥିଲା, ବିଶ୍ୱାସର ତାରା!

୧୯୬୦

ଏହା ମୋ ଜୀବନର ସବୁଠାରୁ ଦୁଃଖଦାୟକ ବର୍ଷ ଥିଲା, ଜୀବନ-କ୍ୟାଲେଣ୍ଡରର ଏକ ଛିନ୍ନ ପୃଷ୍ଠା ଭଳି। ମନ ଘରର ଦରଜା ବାହାରେ ପାଦ ରଖିସାରିଥିଲା। କିନ୍ତୁ କେଉଁ ରାସ୍ତାରେ ଯିବି ଜାଣିନପାରି ମୁଁ ବିବ୍ରତ ହୋଇ ଥରିବାକୁ ଲାଗିଲି।

ସାହିର୍‌ଙ୍କ ପାଖକୁ ବମ୍ବେକୁ ଫୋନ୍ କରିବା ପାଇଁ ଫୋନ୍ ପାଖକୁ ଯାଇଥିଲି। ଅଦ୍ଭୁତ ଭାବରେ ଗୋଟିଏ ସଂଯୋଗ ଘଟିଗଲା। ସେହି ଦିନର 'ବ୍ଲିଜ୍'ରେ ଫଟୋ ସହିତ ଗୋଟିଏ ଖବର ବାହାରିଥିଲା ଯେ ସାହିରଙ୍କୁ ଏକ ନୂଆ ପ୍ରେମୀ ମିଳିଯାଇଛି। ଫୋନ୍‌ର ଡାଏଲରୁ କିଛି ଦୂରରେ ହାତ ମୋର ଶୂନ୍ୟରେ ଅଟକିଗଲା....

ସେଦିନ ମୋର ମନର ଦଶାକୁ ମୁଁ ଅସ୍‌କର୍ ୱାଇଲଡ୍‌ଙ୍କ ଏହି ଭାଷାରେ ବୁଝିପାରିଥିଲି-"ମୁଁ ମରିଯିବା ପାଇଁ ବିଚାରିଥିଲି- ଏପରି ଭୀଷଣ ବିଚାରରେ ଯେତେବେଳେ ସାମାନ୍ୟ କିଛି ତ୍ରୁଟିହେଲା, ସେତେବେଳେ ବଞ୍ଚିବା ପାଇଁ ମୁଁ ନିଜ ମନକୁ ଦୃଢ଼ କରିନେଲି। କିନ୍ତୁ ଭାବିଲି, ବେଦନାକୁ ମୁଁ ନିଜର ଚିରନ୍ତନ ଆବରଣ କରିନେବି... ଯେଉଁ ଘର ଭିତରେ ପାଦ ରଖିବି, ସେ ଘର ବୈରାଗ୍ୟର ସ୍ଥାନ ହୋଇଯିବ ମୋର ସାଥୀମାନଙ୍କର ପାଦ ମୋ ବେଦନା ସହିତ ଚାଲୁଥିବ। ଲୋକମାନେ ମୋତେ ପରାମର୍ଶ ଦେଲେ ଯେ ମୁଁ ଏହିସବୁ ଦୁଃଖଦାୟକ କଥା ଭୁଲିଯିବା ଉଚିତ। ମୁଁ ଜାଣିଥିଲି ଏହା ସାଂଘାତିକ ପରାମର୍ଶ। ଏହାର ଅର୍ଥ ଚନ୍ଦ୍ର ସୂର୍ଯ୍ୟଙ୍କ ସୁନ୍ଦରତା, ସକାଳର ପ୍ରଥମ କିରଣର ସଙ୍ଗୀତ, ଗଭୀର ରାତିର ନୀରବତା, ପଛରେ ଝରି ପଡୁଥିବା ବର୍ଷାଧାରା, ଘାସ ଉପରର କାକର ବିନ୍ଦୁ-ଏସବୁ ମୋ' ପାଇଁ ତିକ୍ତ ହୋଇଯିବ। ନିଜ ଅନୁଭବକୁ

ଅସ୍ୱୀକାର କରିବାର ଅର୍ଥ ହେଉଛି, ନିଜ ଜୀବନର ଓଠରେ ଏକ ମିଥ୍ୟା ଭରିଦେବା। ନିଜ ଆତ୍ମାକୁ ଅସ୍ୱୀକାର କରିବା ଠାରୁ ଏହା କୌଣସି ଭାବରେ କମ୍ ନୁହେଁ।"

ଇମ୍‌ରୋଜଙ୍କ ସହିତ ବନ୍ଧୁତା ଥିଲା। କିନ୍ତୁ ଅନେକ ପ୍ରକାରର ଦ୍ୱିଧା ଭିତର ଦେଇ ମୁଁ ଗତି କରୁଥିଲି। ଜୀବନର ସବୁଠାରୁ ଉଦାସୀ କବିତା ଗୁଡ଼ିକୁ ମୁଁ ଏହି ସମୟରେ ଲେଖିଛି। ସେହି ସମୟର ଗୋଟିଏ ଅଦ୍ଭୁତ ସ୍ୱପ୍ନ ମୋର ଅକ୍ଷରେ ଅକ୍ଷରେ ମନେଅଛି-

ଗାଡ଼ିରେ ମୁଁ ଯାତ୍ରା କରୁଥିଲି! ମୋ ସାମ୍ନା ସିଟ୍‌ରେ ଜଣେ ବୟସ୍କ ଲୋକ ବସିଥିଲେ। ଖୁବ୍ କୋମଳ ଏବଂ ସମ୍ଭ୍ରାନ୍ତ ଚେହେରାର ଲୋକ। ଏହି ଦୀର୍ଘ ଯାତ୍ରାରେ ମୋର ଏହି ନୀରବତାକୁ ସେହି ସମ୍ଭ୍ରାନ୍ତ ବ୍ୟକ୍ତି ତାଙ୍କ କଥାବାର୍ତ୍ତା ଭିତରେ ଭାଙ୍ଗିଦେଲେ। ସେ ମୋତେ ପଚାରିଲେ, ତୁମେ କେବେ କଳା ଗୋଲାପ ଦେଖିଚ ?

"କଳା ଗୋଲପ ? ନାଇଁତ !"

"କିଛି ସମୟ ପରେ ଗୋଟିଏ ଷ୍ଟେସନ୍ ଆସିବ। ସେଠାରୁ ରାସ୍ତାଟିଏ ଗୋଟାଏ ଛୋଟ ଗାଁକୁ ପଡ଼ିଛି। ସେହି ଗାଁରେ ଗୋଲାପ ଫୁଲର ଗୋଟିଏ ବଗିଚା ଅଛି। ସେଥିରେ କିଛି ଲାଲ ରଙ୍ଗର ଗୋଲାପ ଅଛି। ବାକି ବଗିଚାଯାକ କଳା ଗୋଲାପ ଫୁଲରେ ଭର୍ତ୍ତିହୋଇଛି।

- ସତେ ?

- ମୁଁ କ'ଣ ବିଶ୍ୱାସ କଲାଭଳି ଜଣେ ଲୋକ ପରି ତୁମକୁ ଲାଗୁନାହିଁ ?

- ମୁଁ ତ ଅବିଶ୍ୱାସର କଥା କିଛି କହିନାହିଁ।

- ତୁମେ କ'ଣ ସେହି ବଗିଚା ଦେଖିବାକୁ ଚାହୁଁଚ ?

- ମୁଁ ସେଇ କଥା ଭାବୁଥିଲି-ଯଦି ମୁଁ ସେ ବଗିଚା ଦେଖିପାରନ୍ତି !

- ତା'ର ବି ଗୋଟିଏ କାହାଣୀ ଅଛି।

- କ'ଣ ?

- ତୁମେ ଯଦି ସେଠିକି ଦେଖିବାକୁ ଯିବ ତା'ହେଲେ ସେ କାହାଣୀ ସେଇଠି ଶୁଣାଇବି।

- ମୁଁ ଯିବି।

ତା'ପରେ ଗୋଟିଏ ଷ୍ଟେସନରେ ମୁଁ ଏବଂ ସେହି ବ୍ୟକ୍ତି ଓହ୍ଲାଇଗଲୁ। ଗୋଟିଏ ଲମ୍ବା କଚା ରାସ୍ତା ଧରି ଚାଲିଲୁ। ସେଠାରେ କୌଣସି ଗାଡ଼ି ଘୋଡ଼ା ଯା-ଆସ କରୁ-ନଥିଲା। ଏହାପରେ ସତକୁ ସତ ଆମେ ଗୋଟିଏ ବଗିଚାରେ ପହଁଚିଗଲୁ।

ଏଡ଼େବଡ଼ ଏବଂ ଚମତ୍କାର ଗୋଲାପ ବଗିଚା ମୁଁ ଜୀବନରେ କେବେ ଦେଖି ନଥିଲି। ଗୋଲାପ ପାଖୁଡ଼ା ଗୁଡ଼ିକ ଉପରେ ଆଖି ଯେପରି ଖସଡ଼ି ପଡୁଥିଲା। ବହୁତ

ବଡ଼ ବଗିଚା-ଗୋଟିଏ ଛୋଟ ଭାଗରେ ନାଲି ରଙ୍ଗର ଗୋଲାପ ଥିଲା ଏବଂ ଆଉ ଗୋଟିଏ ଅଂଶରେ ଦୁଧ ରଙ୍ଗର ଧଳାଗୋଲାପ। ବାକି ବଗିଚାଯାକ ମାଇଲ ମାଇଲ ବ୍ୟାପି କଳା ଗୋଲାପ ଭର୍ତ୍ତିହୋଇଥିଲା।

– 'ବର୍ତ୍ତମାନ ଏହାର କାହାଣୀ କହନ୍ତୁ।'

– 'କୁହାଯାଏ ଜଣେ ନାରୀ ଥିଲେ। ସେ ଅତି ସଚ୍ଚୋଟ ଭାବରେ ଜଣକୁ ଭଲ ପାଉଥିଲେ। ଥରେ ତାଙ୍କର ପ୍ରେମିକ ତାଙ୍କ ଜୁଡ଼ାରେ ଲାଲ୍ ଗୋଲାପଟିଏ ଖୋସି ଦେଲେ। ତା'ପରେ ନାରୀ ଜଣକ ପ୍ରେମର ଅତି ସୁନ୍ଦର ଗୀତ ଲେଖିଲେ।

'ସେହି ପ୍ରେମକୁ ସ୍ୱୀକୃତି ମିଳିଲା ନାହିଁ। ଉକ୍ତ ନାରୀ ନିଜର ଜୀବନକୁ ସମାଜର ଭ୍ରାନ୍ତ ମୂଲ୍ୟ ନିକଟରେ ବଳି ଦେଇଦେଲେ। ଏକ ଅସହ୍ୟ ବେଦନା ତାଙ୍କ ହୃଦୟରେ ବସାବାନ୍ଧିଗଲା ଏବଂ ସେ ସାରା ଜୀବନ ତାଙ୍କ କଲମକୁ ସେହି ବେଦନାରେ ବୁଡ଼ାଇ ଗୀତ ଲେଖି ଲାଗିଲେ।

ଆତ୍ମବେଦନା ଏଭଳି ଏକ ଦୃଷ୍ଟି ପ୍ରଦାନ କରେ, ଯାହା ଅନ୍ୟର ବେଦନାକୁ ଦେଖିପାରେ। ସେ ନିଜର ବେଦନାରେ ସମୁଦାୟ ମାନବ ଜଗତର ଦୁଃଖକୁ ମିଶାଇ-ଦେଲେ। ଏବଂ ଏଭଳି ଗୀତ ଲେଖିଲେ, ଯେଉଁଥିରେ କେବଳ ତାଙ୍କର ନୁହେଁ, ଜଗତର ବେଦନା ରହିଥିଲା।

– 'ତା ପରେ ?'

– 'ଯେତେବେଳେ ସେ ମହିଳା ମରିଗଲେ, ତାଙ୍କୁ ଏହିଠାରେ ସମାଧି ଦିଆଗଲା। ତାଙ୍କ କବର ଉପରେ କେଜାଣି କେମିତି ତିନୋଟି ଗୋଲାପ ଗଛ ଉଠିଗଲା। ଗୋଟିଏ ଫୁଲ ଲାଲ୍ ରଙ୍ଗର। ଅନ୍ୟଟି ଧଳା ଏବଂ ତୃତୀୟଟି କଳା ରଙ୍ଗର ଥିଲା।'

– 'ଅଦ୍ଭୁତ କଥା !'

– 'ତା'ପରେ ସେ ଗଛ ସବୁ ନିଜେ ନିଜେ ବଢ଼ିବାକୁ ଲାଗିଲେ। କେହି ସେଥିରେ ପାଣି ଦେଇନାହିଁ କି ଦେଖାଶୁଣା କରିନାହିଁ। ଧୀରେ ଧୀରେ ଏଠାରେ ଫୁଲର ଏକ ବଗିଚା ତିଆରି ହୋଇଗଲା।'

– 'ଏବେ ତୁମେ ନିଜ ଆଖିରେ ଦେଖିଲ-ଗୋଟିଏ ଭାଗରେ ଲାଲ୍ ରଙ୍ଗର ଗୋଲାପ, ଆଉ ଗୋଟିଏ ଭାଗରେ ଧଳା ରଙ୍ଗର ଏବଂ ବାକି ବଗିଚାଯାକ କଳାରଙ୍ଗର ଗୋଲାପ ଅଛି।

– 'ଲୋକେ କ'ଣ କହନ୍ତି ?'

– 'ଲୋକେ କହନ୍ତି ସେ ନାରୀ ପ୍ରେମର ଯେଉଁ ଗୀତ ଲେଖିଥିଲେ, ସେ ଗୁଡ଼ିକ ଲାଲ୍ ରଙ୍ଗର ଗୋଲାପ ହୋଇଗଲା। ଯେଉଁ ବେଦନାଭରା ଗୀତ ଲେଖିଥିଲେ,

ସେ ଗୁଡ଼ିକ କଳା ରଙ୍ଗର ଗୋଲାପ ହେଲା । ଆଉ ଯେତେକ ମାନବ ପ୍ରେମର ଗୀତ ଲେଖିଥିଲେ ସେ ଗୁଡ଼ିକ ଧଳା ଗୋଲାପ ହୋଇଗଲା ।'

ମୋର ଗୋଡ଼ରୁ ମୁଣ୍ଡଯାଏ ଏକ ଶିହରଣ ଖେଳିଗଲା-ଏବଂ ମୁଁ ସେ ସମ୍ଭ୍ରାନ୍ତ ବ୍ୟକ୍ତିଙ୍କୁ ପଚାରିଲି- 'ଆପଣଙ୍କର ନାଁ କ'ଣ ?'

- 'ମୋ ନାଁ । ? ମୋ' ନାଁ ସମୟ ।'

- 'ସମୟ ? ଆପଣ ମୋ କାହାଣୀ ମୋତେ ଶୁଣାଉଛନ୍ତି ?'

ସମୟର ମୃଦୁହାସ୍ୟ ଏବଂ ମୋର ଶିହରଣ ଯୋଗୁଁ ମୋ' ଆଖି ଖୋଲିଗଲା । ଆଉ ସେହିଦିନ ଲେଖିଲି-

ରାତ୍ରିର ପାତ୍ରକୁ ଜୀବନର ମଧୁରେ
କେହିଯଦି ଭରି ନ ଦିଏ ଏବଂ
ବାସ୍ତବିକତାର ଓଠ ସେ ମଧୁକୁ
ଚାଖି ନପାରେ-
ତାହା ଦୁଃଖ ନୁହେଁ ।
ଦୁଃଖ ହେଉଛି, ରାତ୍ରିର ପାତ୍ର ଉପରୁ
ଯଦି ଚନ୍ଦ୍ରମାର ପୁଟ ଖସିପଡ଼େ
ଏବଂ ସେହି ପାତ୍ରରେ ପଡ଼ିଥିବା କଳ୍ପନା
କଷା ହୋଇଯାଏ ।
ତୁମ ଭାଗ୍ୟଲିପିରେ
ଯଦି ତୁମ ପ୍ରେମିକର ଠିକଣା
ପଢ଼ି ନହୁଏ, ଆଉ ଜୀବନର ଚିଠି ସବୁ
ହଜିଯାଏ, ତାହା ଦୁଃଖ ନୁହେଁ ।
ଦୁଃଖ ହେଉଛି, ତୁମେ ତୁମ ପ୍ରିୟକୁ
ଜୀବନର ସବୁ ଚିଠି ଲେଖିଦେଇ
ଏବଂ ତୁମ ପାଖରୁ ନିଜ ପ୍ରିୟର
ଠିକଣା ହଜିଗଲା ।
ଯଦି ଜୀବନର ଲମ୍ବା ରାସ୍ତାରେ
ସମାଜର ବନ୍ଧନ
କଣ୍ଟା ବିଛାଇ ଯାଏ
ଆଉ ତୁମ ପାଦରୁ

ଜୀବନଯାକ ଲହୁ ବୋହୁଥାଏ
ତେବେ ତାହା ଦୁଃଖ ନୁହେଁ।
ଦୁଃଖ ହେଉଛି, ତୁମେ ଲହୁଲୁହାଣ ପାଦରେ
ଏଭଳି ଏକ ଜାଗାରେ ଠିଆହୋଇଗଲ
ଯେଉଁଠୁ ଆଗକୁ କିଛି ରାସ୍ତା ତୁମକୁ ଡାକୁନାହିଁ।
ଯଦି ତୁମ ପ୍ରେମର ଥର ଥର ଶରୀର ପାଇଁ
ଜୀବନ ସାରା ଗୀତର ପୋଷାକ ସିଇଁ ଯାଅ
ତେବେ ତାହା ଦୁଃଖ ନୁହେଁ।
ଦୁଃଖ ହେଉଛି, ଏହି ପୋଷାକକୁ ସିଇଁବା ପାଇଁ ଯଦି
ତୁମ ବିଚାରର ସୂତା ଛିଣ୍ଡିଯାଏ
ଏବଂ ତୁମ କଲମ-ଛୁଞ୍ଚିର ଛେଦ ଭାଙ୍ଗିଯାଏ।

ନିଜକୁ ଜାଣିବାପାଇଁ ସେହିବର୍ଷ ମୁଁ ଜଣେ ସାଇକିଆଟ୍ରିଷ୍ଟଙ୍କ ଚିକିତ୍ସାରେ ରହିଲି। ତାଙ୍କ କହିବା ଅନୁସାରେ ମୁଁ ପ୍ରତିଦିନ ମୋର ଚିନ୍ତା ଏବଂ ସ୍ୱପ୍ନକୁ ଲେଖି ରଖୁଥିଲି। ଡାକ୍ତରଙ୍କ ପଢ଼ିବା ପାଇଁ ସେତେବେଳର ଯେଉଁ ଅଦ୍ଭୁତ ସ୍ୱପ୍ନ ସବୁ ଲେଖି ରଖିଥିଲି, ସେଇଥିରୁ କିଛି ଏଠାରେ ଉଦ୍ଧାର କରୁଛି।

(୧)

କୌଣସି ଏକ ଉଚ୍ଚ ପ୍ରାସାଦର ଶିଖର ଉପରେ ଏକୁଟିଆ ଠିଆହୋଇ ମୁଁ ନିଜ ହାତରେ ଧରିଥିବା କଲମ ସଙ୍ଗେ କଥାବାର୍ତ୍ତା କରୁଥିଲି-"ତୁମେ ମୋ ସାଙ୍ଗରେ ରହିବ ? କେତେଦିନ ଯାଏଁ ରହିବ ?"

ହଠାତ୍ କିଏ ଜୋର୍‌ରେ ମୋ ହାତକୁ ଚାପି ଧରିଲା। 'ତୁମେ ଛଳନାକାରୀ, ମୋ ହାତ ଛାଡ଼ିଦିଅ।' ମୁଁ କହିଲି ଏବଂ ଜୋର୍‌ରେ ମୋ ହାତକୁ ଛଡ଼େଇ ନେଇ ପ୍ରାସାଦର ଶିଡ଼ିରେ ଓହ୍ଲାଇବାକୁ ଲାଗିଲି।

ମୁଁ ବହୁତ ଜୋର୍‌ରେ ଓହ୍ଲାଉଥିଲି। କିନ୍ତୁ ପାହାଚ ଜମା ଶେଷ ହେଉନଥିଲା। ମୋର ନିଶ୍ୱାସ ଜୋର୍‌ରେ ବହୁଥିଲା। ଡର ଲାଗୁଥିଲା ଯେ ଏହିକ୍ଷଣି ପଛରୁ ସେହି ଛଳନାକାରୀ ଆସି ମୋତେ ଧରିପକାଇବ।

ପାହାଚ ଶେଷ ହୋଇଗଲା କିନ୍ତୁ ତଳକୁ ଓହ୍ଲାଇ ଦେଖିଲି, ଚାରିଆଡ଼େ ଖାଲି ବଗିଚା ଆଉ ବଗିଚା। ଚାରିଆଡ଼ ଯାକ ଲୋକ ଭର୍ତ୍ତି। ସେହି ଅଟ୍ଟାଳିକା ସହିତ ଏହି

ବଗିଚାଟି ଥିଲା ଏବଂ ତା ଭିତରେ ଲୋକଙ୍କର ମେଳା ଲାଗିଥିଲା। ତାହାର କେଉଁ-ପଟରେ ନାଟକ ହେଉଥିଲା ପୁଣି ଆଉ କେଉଁ ପଟରେ ମ୍ୟାଚ ଚାଲିଥିଲା।

କେଜାଣି କେମିତି ମୋର ପୁରୁଣା ସାଇକଲ ମୋତେ ମିଳିଗଲା ଏବଂ ମୁଁ ତା ଉପରେ ଚଢ଼ି ବାହାରକୁ ଯିବା ପାଇଁ ରାସ୍ତା ଖୋଜିବାକୁ ଲାଗିଲି। ବଗିଚାର ଧାରେ ଧାରେ ସାଇକଲ ଚଲାଇ ମୁଁ ଯେଉଁ ଆଡ଼କୁ ବି ଯାଉଥିଲି, ସେହିଆଡ଼େ ମୋ ଆଗରେ ପଥରର ପାଚେରୀ ଠିଆହୋଇଯାଉଥିଲା ଏବଂ ମୋତେ ବାହାରକୁ ଯିବା ପାଇଁ ରାସ୍ତା ମିଳୁନଥିଲା। ମୁଁ ପୁଣି ଅନ୍ୟ ଆଡ଼କୁ ସାଇକଲ ମୋଡ଼ି ଦେଉଥିଲି। କିନ୍ତୁ ସେଠାରେ ବି ଶେଷରେ ଗୋଟିଏ ପାଚେରୀର ସାମନା କରିବାକୁ ମୋତେ ପଡୁଥିଲା। ମୋତେ ଆଉ ବାହାରକୁ ଯିବା ପାଇଁ ରାସ୍ତା ମିଳୁନଥିଲା। ଏପରି ଏକ ଗୋଳମାଳିଆ ଅବସ୍ଥାରେ ମୋ ନିଦ ଭାଙ୍ଗିଗଲା।

(୨)

ଧଳା ଶଂଖ ମଲମଲ ପଥରର ଗୋଟିଏ ମୂର୍ତ୍ତି ମୋ ସାମନାରେ ପଡ଼ିଥିଲା। ମୁଁ ତାକୁ ଦେଖୁଥିଲି, ଦେଖୁଥିଲି, ପୁଣି ତାକୁ ମୁଁ କହିଲି- "ମୁଁ ତୁମ ପାଇଁ କ'ଣ କରିପାରିବି? ତୁମେ ତ କଥା କହୁନାହଁ କି ନିଶ୍ୱାସ ନେଉନାହଁ। ଆଜି ମୁଁ ତୁମକୁ ଭାଙ୍ଗିଦେବି। ତୁମକୁ ଖଣ୍ଡ ଖଣ୍ଡ କରିଦେବି। ତୁମେ ମୋର ସାରା ଜୀବନ ନଷ୍ଟ କରିଦେଲ। ମୋ ଛବି... ତୁମେ ମୋର ଆଦର୍ଶ..." ତା'ପରେ ସେହି ମୂର୍ତ୍ତିକୁ ଜୋର୍‌ରେ ଗୋଇଠା ମାରିଲି, ଆଉ ସେତିକିବେଳେ ସେହି ପରିଶ୍ରମ ଫଳରେ ନିଦ ଭାଙ୍ଗିଗଲା।

(୩)

ମୁଁ ଦେଖିଲି, ମୋ ନିକଟରେ ଝିଅଟିଏ ଠିଆ ହୋଇଛି। କୋଡ଼ିଏ ଏକୋଇଶି ବର୍ଷର ଝିଅଟିଏ। ପତଳା, ଲମ୍ୱା ଆଉ ଏଭଳି ଏକ ଚେହେରା, ଯାହାକୁ କେହି ବହୁତ ପରିଶ୍ରମ କରି ଗଢ଼ିଛି। କିନ୍ତୁ ତା'ର ଦେହର ରଙ୍ଗ କଳା ଏବଂ ଉଜ୍ଜ୍ୱଳ-ଯେମିତିକି କଳା ମୁଗୁନିପଥରକୁ ଖୋଳି କିଏ ଏକ ମୂର୍ତ୍ତି ଗଢ଼ିଛି।

'କିଏ ଏ?'

ମୋତେ କିଏ ଜଣେ ପଚାରିଲା। 'ମୋ ଝିଅ।' - ମୁଁ କହିଲି।

କିଏ ପଚାରିଲା ମୁଁ ଜାଣିନାହିଁ। କିନ୍ତୁ ସେ ପୁଣି ଆଶ୍ଚର୍ଯ୍ୟ ହୋଇ କହିଲା- "ମୁଁ

ତୋର ଦୁଇଟି ପିଲାଙ୍କୁ ଦେଖିଛି। ସେମାନେ ଖୁବ୍ ସୁନ୍ଦର। ୟେ' ବି ସୁନ୍ଦର। କିନ୍ତୁ ଏହାର ରଙ୍ଗ......"

ସେ ଦି' ଜଣ ସାନ। ସେମାନଙ୍କ ବର୍ଣ୍ଣ ଗୋରା। କିନ୍ତୁ ୟେ' ମୋର ସବୁଠୁ ବଡ଼ ଝିଅ। ତୁମେ ଜାଣିଚ ପାର୍ବତୀ ଥରେ ନିଜ ଶରୀରର ସବୁ ମଇଳା ଏକାଠି କରି ଗୋଟିଏ ପୁଅ-ଗଣେଶଙ୍କୁ ତିଆରି କରିଥିଲେ। ମୁଁ ମୋ ମନର ସମସ୍ତ ରୋଷକୁ ଏକାଠି କରି ଏଇ ଝିଅଟିକୁ ତିଆରି କରିଛି......ମୋର କଳା.....ମୋର କୃତି....."

(୪)

ମୁଁ ଏକ ନିର୍ଜନ ରାସ୍ତାରେ ଚାଲିଥିଲି। କାହାରିକୁ ଦେଖିପାରୁନଥିଲି। କିନ୍ତୁ ଗୋଟିଏ ଶବ୍ଦ ମୋ କାନରେ ପଡ଼ିଲା। କେହି ଜଣେ ଗାଉଥିଲା-ହେ ସାହେବା, ତୁ ମୋତେ ସାରିଦେଲୁ, ମୋ ତୀରକୁ ଗଛରେ ଟାଙ୍ଗିଦେଲୁ!

ମୁଁ ମୋ ଚାରିପଟକୁ ଚାହିଁ ଚାହିଁ ପଚାରିଲି-ତୁମେ କିଏ ?

- ମୁଁ ବାହାଦୂର ମିର୍ଜା।

ସାହେବା ମୋ ତୀରକୁ ଲୁଚାଇ ଦେଲେ ଏବଂ ନିରସ୍ତ୍ର କରି ଲୋକଙ୍କ ହାତରେ ମୋତେ ମରାଇଦେଲେ। ମୁଁ ପୁଣି ଚାରିଆଡ଼କୁ ଚାହିଁଲି। କିନ୍ତୁ କାହାରିକୁ ଦେଖିପାରିଲି ନାହିଁ। ମୁଁ ଉତ୍ତର ଦେଲି-କେବେ କେବେ ଗପଗୁଡ଼ିକ ବି ପାର୍ଶ୍ୱ ପରିବର୍ତ୍ତନ କରନ୍ତି। ଆଜି ଜଣେ ମିର୍ଜା ମୋର ତୀର ଲୁଚାଇଦେଲେ। ଆଉ ମୋ ଭଳି ଜଣେ ବାହାଦୂର ସାହେବାଙ୍କୁ ନିରସ୍ତ୍ର କରି ମାରିଦେଲେ।

(୫)

ଖୁବ୍ ଜୋର୍‌ରେ ମେଘ ଗର୍ଜୁଥିଲା। ସାରା ଆକାଶ କମ୍ପି ଉଠିଲା। ମୋ ଡାହାଣ ହାତ ଉପରେ ବିଜୁଳି ଖସିପଡ଼ିଲା।

ମୋର ସାରା ଦେହ କମ୍ପି ଉଠିଲା! ନିଜକୁ ସମ୍ଭାଳି ନେଇ ମୁଁ ମୋର ଡାହାଣ ହାତ ହଲାଇ ଦେଖିଲି ହାତ ଏକଦମ୍ ଠିକ୍ ଥିଲା। ଖାଲି ଗୋଟିଏ ଜାଗାରେ ଟିକିଏ ଆଞ୍ଚୁଡ଼ି ହୋଇ ସାମାନ୍ୟ ରକ୍ତ ଝରୁଥିଲା।

ଆଉ ଥରେ ପୁଣି ବିଜୁଳି ଚମକି ଉଠିଲା ଓ ମୋର ସେହି ହାତ ଉପରେ ଖସି ପଡ଼ିଲା। ପୁଣି ଗୋଟାଏ ଶକ୍ତ ଆଘାତ ଲାଗିଲା। କିନ୍ତୁ ମୁଁ ଯେତେବେଳେ ହାତ

ହଲାଇ ଦେଖିଲି, ସେତେବେଳେ ତାହା ଏକଦମ୍ ଠିକ୍ ଥିଲା। ଖାଲି ଟିକିଏ ଆଙ୍କୁଡ଼ି ହୋଇଯାଇଥିଲା।

ତୃତୀୟ ଥର ପୁଣି ଆକାଶ ଭାଙ୍ଗିପଡ଼ିଲା, ଆଉ ମୋର ସେହି ହାତରେ ବିଜୁଳି ଖସିପଡ଼ିଲା। ଖୁବ୍ ଆଘାତ ଲାଗିଲା। ଏଥରକ ଯେତେବେଳେ ମୁଁ ହାତକୁ ହଲାଇଲି, ହାତ ଅବଶ୍ୟ ହଲୁଥିଲା, କିନ୍ତୁ ଗୋଟିଏ ଆଙ୍ଗୁଠି ବଙ୍କା ହୋଇଯାଇଥିଲା। ମୁଁ ଅନ୍ୟ ହାତଟିରେ ସେହି ଆଙ୍ଗୁଠିକୁ ଥରକୁ ଥର ଦବାଇଲି। ତାହା ପୁଣି ସିଧା ହୋଇଗଲା। ମୁଁ ହାତରେ କଲମ ଧରି ଦେଖିଲି ମୋ ହାତ ଏକଦମ୍ ଠିକ୍ ଥିଲା ଏବଂ ମୋ କଲମରେ ତଥାପି ବି ଲେଖିହେଉଥିଲା।

ସେହି ସମୟରେ ମୋ ମନର ଅବସ୍ଥା ବାଦଲେୟରଙ୍କ 'ସୌନ୍ଦର୍ଯ୍ୟ ପ୍ରତି' କବିତା ଲେଖିଲାବେଳର ମନ ଭଳି ଥିଲା।

ତୁମେ ଉଚ୍ଚ ଆକାଶରୁ ଓହ୍ଲାଇଚ
କି ଗଭୀର ପାତାଳରୁ ବାହାରିଚ
ସୁରା ଭରା ଦୃଷ୍ଟି ତୁମର
ଦୈତ୍ୟମୟ ବି, ଦେବମୟ ବି

ତୁମ ଆଖିରେ
ସନ୍ଧ୍ୟା ଅଛି, ଅଛି ବି ସକାଳ
ତୁମ ଦେହରେ ସଞ୍ଜୁଆ ଝଡ଼ର ସୁଗନ୍ଧ
ତୁମ ଓଠ ବୁନ୍ଦାଏ ସୁରା ଭଳି
ତୁମେ ଏକ ତାରା

ତୁମେ କେଉଁ ଗଭୀର ଗହ୍ୱରରୁ ବାହାରିଛ
ଅଥବା ଓହ୍ଲାଇ ଆସିଛ ତାରାଙ୍କ ପାଖରୁ ?
ଏକ ହାତରେ ବୁଣି ଯାଉଛ ଖୁସି ତୁମେ
ଅନ୍ୟ ହାତରେ ଦୁଃଖ
ତୁମ ଗଭୀରତାର ଛଟା କି ଭୟାନକ
ତୁମ ଆଲିଙ୍ଗନ
ସତେ ଅବା ଟାଣିନିଏ କବର ତଳକୁ।

ସେଇ ବର୍ଷ ଆରମ୍ଭରେ ଜାନୁୟାରୀ ୨୬ ଗଣତନ୍ତ୍ର ଦିବସ ପାଇଁ ଭାରତ

ସରକାରଙ୍କ ତରଫରୁ ମୁଁ ନେପାଳ ଯାଇଥିଲି। ମୋ ମନର ଅବସ୍ଥା ସେତେବେଳେ ଖୁବ୍ ଖରାପ। ସେଠାରୁ ମୁଁ ଇମ୍‌ରୋଜଙ୍କ ପାଖକୁ ଗୋଟିଏ ଚିଠି ଲେଖିଥିଲି-

କାଲି ନେପାଳ ମୋର ସେଇ କଲମକୁ ସମ୍ମାନ ଦେଖାଇଲା ଯେଉଁଥିରେ ତୁମ ପାଇଁ ପ୍ରେମଗୀତ ଲେଖିଥିଲି। ଏଥିପାଇଁ ମୋତେ ଯେତେ ଫୁଲ ମିଳିଲା ସବୁ ମୁଁ ତୁମକୁ ହିଁ ଉତ୍ସର୍ଗ କଲି।

'ବିରହର ଏଇ ଅନ୍ଧକାର ରାତିରେ ଟିକିଏ ଆଲୋକର ଝଲକ' - ମୋର ଏଇ କବିତାରେ ତୁମ ସ୍ମୃତିର ଆଲୋକ ଜଳୁଥିଲା। ରାତି ସାଢ଼େ ଏଗାରଟା ଯାଏଁ ଏଇ ଆଲୋକର ଖେଳ ଚାଲିଥିଲା। ପାଖରେ କେତେ ନେପାଳି, ହିନ୍ଦୀ ଓ ବଙ୍ଗଳା କବିତାର କବିଙ୍କର ପଦଟିଏ ଥିଲା- 'ମରୁଭୂମିରେ ଆମେ ଖରାରେ ଝଲକୁଥିବା ବାଲିକୁ ପାଣି ଭାବି ଦଉଡୁଥାଉ। ଧୋକ୍‌କା ଖାଉ। ଦୁଃଖ ପାଉ।'

କିନ୍ତୁ ଲୋକେ କହନ୍ତି ମରୀଚିକା ମରୀଚିକା ହୋଇ ରହିବ, ପାଣି ହୋଇପାରିବ ନାହିଁ। କିଛି ଚାଲାଖ ଲୋକ ମରୀଚିକାକୁ ପାଣି ବୋଲି ଭୁଲ କରନ୍ତି ନାହିଁ। ସେ ଲୋକମାନେ ଚାଲାଖ ହୋଇପାରନ୍ତି, କିନ୍ତୁ ମୁଁ କହେ- "ଯେଉଁ ଲୋକମାନେ ମରୀଚିକାକୁ ପାଣି ବୋଲି ଭୁଲ କରନ୍ତି ନାହିଁ, ସେମାନଙ୍କ ତୃଷାରେ ନିଶ୍ଚୟ କିଛି ତ୍ରୁଟି ଅଛି।" ସତରେ ମୋର ଚତୁରପଣ ବିଷୟରେ କିଛି ସନ୍ଦେହ ଥାଇପାରେ, କିନ୍ତୁ ମୋ ତୃଷାରେ କୌଣସି ସନ୍ଦେହ ନାହିଁ।

୨୭, ଜାନୁଆରି ୧୯୬୦

"ପଥିକ ! ତୁମେ ମୋତେ ସନ୍ଧ୍ୟାବେଳରେ କାହିଁକି ଭେଟିଲ ? ଜୀବନର ଯାତ୍ରା ଶେଷ ହୋଇଆସୁଛି। ତୁମ ସହିତ ଯଦି ଭେଟହେବାର ଥିଲା, ତେବେ ଜୀବନର ଦୁଇ ପହରରେ ଭେଟି ଥାଆନ୍ତେ। ସେହି ଦୁଇପ୍ରହରର ତାତି ଅନୁଭବ କରିଥାଆନ୍ତ।" କାଠମାଣ୍ଡୁରେ କେହି ଜଣେ ଏହି ହିନ୍ଦୀ କବିତାଟି ପଢ଼ିଥିଲେ। ପ୍ରତି ବ୍ୟକ୍ତିର ବେଦନା ତାର ହିଁ ନିଜର। କିନ୍ତୁ କେବେ କେବେ ଏହି ବେଦନାର ଆକୃତିମାନ ମିଳିଯାଏ। ମୋର ଏହି ପ୍ରତୀକ୍ଷା ତୁମ ସହରର ନିଷ୍ଠୁର ପାଚେରିରେ ପିଟିହୋଇ ଆହତ ହେଉଥାଏ। ପ୍ରଥମେ ବି ଚଉଦବର୍ଷ (ରାମ ବନବାସ ସମୟ ଭଳି) ଏହିଭଳି ବିତିଗଲା।

ମନେହେଉଛି ମୋ ଜୀବନର ବାକି ବର୍ଷ ଗୁଡ଼ିକ ବି ସେହିଭଳି ବିତିଯିବ।

୧, ଫେବୃଆରି ୧୯୬୦

୧୯୬୧

ଏହି ବର୍ଷ ଆରମ୍ଭରେ ମୋର ଯେଉଁ ଦଶାଥିଲା, ସେକଥା ମୁଁ ଏଭଳି ଭାବରେ ଲେଖିଥିଲି-

ହିନ୍ଦୁଧର୍ମ ଅନୁସାରେ ଜୀବନର ଚାରିଟି ଅବସ୍ଥା ଥାଏ, ଚାରି ବର୍ଣ୍ଣ, ଚାରି ଆଶ୍ରମ। ଏହି ବିଷୟରେ ମୁଁ ବିଶେଷ କିଛି ଜାଣେ ନାହିଁ। କିନ୍ତୁ ଜୀବନର ଯାତ୍ରା ପଥରେ ମୁଁ ମୋର ମାନସିକ ଅବସ୍ଥାର ଚାରୋଟି ଭାଗ ଅବଶ୍ୟ ଦେଖିଛି ଏବଂ ସେହି ସମ୍ପର୍କରେ ବିସ୍ତାରିତ ଭାବରେ କିଛି କହିପାରିବି।

ପ୍ରଥମ ଭାଗ ଥିଲା ଅଚେତନତା। ଏହା ବାଳୁତ ବୁଦ୍ଧି ଭଳି, ଯେତେବେଳେ କି ସବୁକଥା ଆଶ୍ଚର୍ଯ୍ୟ ଲାଗୁଥିଲା। ଅତି ଛୋଟ ଛୋଟ ଜିନିଷରେ ଖୁବ୍ ବେଶି ଆଗ୍ରହ ହେଉଥିଲା। ହଠାତ୍ ମନ ଖରାପ ହୋଇ ଯାଉଥିଲା ଏବଂ ଆର ମୁହୂର୍ତ୍ତରେ ଖୁସିରେ ନାଚିଉଠୁଥିଲା।

ଦ୍ୱିତୀୟ ଭାଗ ଥିଲା ସଚେତନତା। ଏହା ଏକ ଉଚ୍ଛୃଙ୍ଖଳ ଯୌବନ ଭରା ଦେହ ଭଳି ଥିଲା। ଏହାର ରୋଷ ଅତି ପ୍ରଚଣ୍ଡ, ଅତି ରକ୍ତିମ। ଜୀବନର ଭୁଲ ମୂଲ୍ୟ ଉପରେ ଅଭିମାନ ହେଲେ ତାହା ଆଉ ଭାଙ୍ଗୁନଥିଲା ଏବଂ ଗୋଟିଏ ସାପଭଳି ଘୃଣାକୁ ମଣି ଭାବି ମୁଣ୍ଡ ଭିତରେ ଧରିରଖୁଥିଲା।

ତୃତୀୟ ପର୍ଯ୍ୟାୟ ଥିଲା ସାହସ। ବର୍ତ୍ତମାନକୁ ଧ୍ୱଂସ କରି ଏକ ନୂତନ ଭବିଷ୍ୟତ ଗଢ଼ିବାର ସାହସ। ସ୍ୱପ୍ନକୁ ତାସ୍ ଭଳି ଫେଣ୍ଟି ବାଣ୍ଟି ଦେଇ ଖେଳ ଖେଳିବାର ଇଚ୍ଛା। ସେ ଖେଳରେ କୌଣସି ପରାଜୟ ଶାଶ୍ୱତ ନୁହେଁ। ତାସ୍‌ର ପତ୍ର ପୁଣି ଫେଣ୍ଟିଦେଇ ହେବ ଏବଂ ଜିତିବାର ଆଶା ବି ରଖାଯାଇପାରିବ। ବର୍ତ୍ତମାନ ଚତୁର୍ଥ ପର୍ଯ୍ୟାୟ ହେଉଛି ଏକାକୀତ୍ୱ।

ତିନି ଚାରିବର୍ଷ ପୂର୍ବରୁ ଭିଏତ୍‌ନାମ୍‌ର ପ୍ରେସିଡେଣ୍ଟ ହୋ ଚି ମିନ୍ ଦିଲ୍ଲୀ ଆସିଥିଲା ବେଳେ ମୋର ମଥା ଚୁମି କହିଥିଲେ-ଆମେ ଦୁହେଁ ଦୁନିଆର ଭୁଲ ମୂଲ୍ୟ ବିରୁଦ୍ଧରେ ଲଢୁଚୁ। ମୁଁ ତଲୱାରରେ ଲଢୁଛି ଏବଂ ତୁମେ କଲମରେ। ହୋଚିମିନ୍‌ଙ୍କ ବ୍ୟକ୍ତିତ୍ୱର

ପ୍ରଭାବ ଏପରି ଭାବରେ ପଡ଼ିଥିଲା ଯେ ସେ ଯିବାପରେ ମୁଁ ଗୋଟିଏ କବିତା ଲେଖିଥିଲି। ସେହି କବିତାଟି ଭିଏତ୍‌ନାମର ଏକ ଦୈନିକ ହାନ୍‌ଦାନରେ ୧୯୫୮ ମେ' ୯ ତାରିଖରେ ଛପା ହୋଇଥିଲା। କିନ୍ତୁ ଏହା ହୋ'ଚିମିନ୍‌ଙ୍କ ଆଖିରେ ପଡ଼ିଥିଲା କି ନାହିଁ ମୁଁ ଜାଣେନାହିଁ।

ଦିଲ୍ଲୀ ରେଡ଼ିଓ ପାଇଁ ମୁଁ "ବିଶ୍ୱର କେତେକ ଲୋକଗୀତ" ଅନୁବାଦ କରି ଏକ ଧାରାବାହିକ କ୍ରମରେ ପ୍ରସ୍ତୁତ କରୁଥିଲି। ପରେ ଏହା ପୁସ୍ତକ ରୂପରେ ପ୍ରକାଶିତ ହେଲା। ସେହି ପୁସ୍ତକ 'ଆସାମୀ'ରେ ହୋଚିମିନ୍‌ଙ୍କ କଥାକୁ ପୁନରାବୃତ୍ତି କରି ତାଙ୍କୁ ହିଁ ଉତ୍ସର୍ଗ କରିଥିଲି। ୧୯୬୧ ମାର୍ଚ୍ଚ ପହିଲା ଦିନ ହୋ'ଚିମିନ୍‌ଙ୍କର ଏକ ତାରବାର୍ତ୍ତା ମୋ ନିକଟରେ ପହଂଚିଲା- 1 send you my friendliest admiration and kindest greetings. ସେତେବେଳେ ମୋର ମନର ଅବସ୍ଥା କିଛି ବଦଳିଲା।

ଗୋଟିଏ ଇଂରାଜୀ ସିନେମାର କାହାଣୀ ମନେପଡ଼ିଲା। ସେଥିରେ ମହାରାଣୀ ଏଲିଜାବେଥ୍ ଜଣେ ନବଯୁବକଙ୍କୁ ମନେ ମନେ ଭଲପାଉଥିଲେ। ତାକୁ ଏକ କାମ ଦେଇ ସେ ଜାହାଜରେ ପଠାଇଦେଲେ। ଜାହାଜଟି ଯେତେବେଳେ ସମୁଦ୍ରରେ ଦୂରକୁ ଦୂରକୁ ଭାସିଯାଉଥିଲା, ସେତେବେଳେ ଦୂରବୀଣ ଲଗାଇ ତାକୁ ଦେଖି ମହାରାଣୀ ବିବ୍ରତ ହୋଇପଡ଼ିଲେ। ସେ ଦେଖିଲେ ଯେ ନବଯୁବକଟିର ପ୍ରେମିକା ବି ତା ସହିତ ଜାହାଜରେ ରହିଛି। ସେ ଦୁହେଁ ଡେକ୍ ଉପରେ ଛିଡ଼ାହୋଇଛନ୍ତି। ସେତିକିବେଳେ ମହାରାଣୀଙ୍କୁ ବିବ୍ରତ ଦେଖି ତାଙ୍କର ଜଣେ ଶୁଭଚିନ୍ତକ କହୁଛନ୍ତି-ମେଡାମ୍, ଲୁକ୍ ଏ ବିଟ୍ ହାୟାର୍-ଉପରେ, ସେହି ନବ ଯୁବକ ଏବଂ ତାର ପ୍ରେମିକାର ମୁଣ୍ଡ ଉପରେ ମହାରାଣୀଙ୍କ ରାଜ୍ୟର ଝଣ୍ଡା ଉଡୁଥିଲା।

ମୁଁ ନିଜକୁ ନିଜେ ସେଇଭଳି କହେ-ଅମୃତା, ଲୁକ୍ ଏ ବିଟ୍ ହାୟାର୍! ମୁଁ ଜୀବନରେ ସମସ୍ତ ପରାଜୟ ଏବଂ କଷ୍ଟର ଉପରକୁ ଦେଖିବା ପାଇଁ ଚେଷ୍ଟା କରିବାକୁ ଲାଗିଲି-ଯେଉଁଠି ଥିଲା ମୋର କୃତି, ମୋର କବିତା, ମୋର କାହାଣୀ, ମୋର ଉପନ୍ୟାସ......

ସେହି ବର୍ଷ ଜୀବନ ବି ମୋତେ ସାହାଯ୍ୟ କଲା। ମୋର ଦୃଷ୍ଟିକୁ ଉପରକୁ କରିଦେଲା। ମାର୍ଚ୍ଚ ମାସରେ ହିଁ ମସ୍କୋର ରାଇଟର୍ସ ୟୁନିୟନ ତରଫରୁ ମୋତେ ନିମନ୍ତ୍ରଣ ମିଳିଲା। ସେତିକିବେଳେ ଉଜବେକ୍‌ର କବୟିତ୍ରୀ ଜୁଲଫିଆ ଖାନୁମ୍‌ଙ୍କଠାରୁ ମଧ୍ୟ ତାଙ୍କ ଘରେ ଅତିଥି ହେବାପାଇଁ ଏକ ନିମନ୍ତ୍ରଣ ଆସିଲା। ଏହି ସମସ୍ତ ଶ୍ରେୟ ମୋର ରୁଷୀୟ ବନ୍ଧୁମାନଙ୍କର ପ୍ରାପ୍ୟ। କାରଣ ସେହିମାନେ ହିଁ ମୋର ଏଭଳି ମାନସିକ ଯନ୍ତ୍ରଣା ସମୟରେ ମୋତେ ନିମନ୍ତ୍ରଣ କରି ସେଥିରୁ ଉଦ୍ଧାର କରିଥିଲେ। ମୁଁ ଏପ୍ରିଲ

୨୩ ତାରିଖରେ ତାସ୍‌କେଣ୍ଟ ଗଲି। ମୋର ସେତେବେଳର ଡାଇରୀରେ କେତେକ ସୁନ୍ଦର ସମୟର ସ୍ମୃତି ଅଙ୍କିତ ହୋଇଛି।

ଜୁଲଫିଆଙ୍କର ହୃଦୟ-ପାତ୍ର ପ୍ରେମ ରସରେ ଉଛୁଳି ଉଠୁଥିଲା ଏବଂ ଟେବୁଲ ଉପରେ କାଚ ପାତ୍ରରେ ଅଙ୍ଗୁର ରସ ବି ଉଛୁଳି ପଡୁଥିଲା। ଦୁଇଟିଯାକ ନାଲି ପିଆଲାରେ ଥରକୁ ଥର ଓଠ ବୁଡ଼ାଇ ମୁଁ ଉଜ୍‌ବେକି ପୁସ୍ତକର ପୃଷ୍ଠା ଓଲଟାଉଥିଲି। ମୋର ଏବଂ ପୁସ୍ତକର ମଝିରେ ଭାଷାର ପାଚେରୀ ରହିଥିଲା। ଗୋଟିଏ ପୁସ୍ତକର ମଲାଟ ଉପରେ ଏକ ସୁନ୍ଦର ଝିଅର ଛବି ଥିଲା। ତା ଆଖିରେ ଟୋପାଏ ଲୁହ ଟଳମଳ ହେଉଥିଲା। ମୋର ମନେହେଲା ସେହି ଟୋପାକ ଲୁହ ଭାଷାର ପାଚେରି ଭାଙ୍ଗିଦେଇ ମୋ ପଣତକାନିରେ ଝରିପଡ଼ିଲା। ମୁଁ କହିଲି-ଜୁଲଫିଆ, ଏହି ଲୁହ ସହିତ ନାରୀ ଆଖିର କି ସମ୍ପର୍କ ଅଛି କେଜାଣି, ଯେ କୌଣସି ଦେଶରେ ବି ତାହା ଅତୁଟ ରହୁଛି।

ଜୁଲଫିଆ କହିଲେ- "ଯେତେବେଳେ ଦୁଇଟି ମନ ଏହି ସମ୍ପର୍କକୁ ବୁଝିନିଏ, ସେତେବେଳେ ସେହି ବୁଝାମଣାକୁ ଧନ୍ୟ କହିବା। ସେ ଦୁହିଁଙ୍କ ଭିତରେ ବି ଗୋଟିଏ ଅତୁଟ ସମ୍ପର୍କ ତିଆରି ହୋଇଯାଏ। ମୋର ମନେହୁଏ, ଅମୃତା ଓ ଜୁଲ୍‌ଫିଆ ମଧ୍ୟ ଯେମିତି ଦୁଇଟି ନାରୀର ଗୋଟିଏ ନାମ।"

ତାପରେ ଜୁଲ୍‌ଫିଆ ମୋ ପାଇଁ ଊନବିଂଶ ଶତାବ୍ଦୀର ଉଜ୍‌ବେକ କବୟିତ୍ରୀ ନାଦିରାଙ୍କର କବିତା ପଢ଼ି ଶୁଣାଇଲେ। ଅନେକ ସମୟ ଯାଏ ଆମେ ନାଦିରା ଏବଂ ମହଜୁନାଙ୍କ କାବ୍ୟରେ ବୁଡ଼ିରହିଲୁ।

ଆଜି ସମରକନ୍ଦରୁ କବି ଆରିଫ୍ ଦୁଇଟି 'ଲାଲା' ଫୁଲ ଆଣି ଆମ ଦୁହିଁଙ୍କୁ ଦେଲେ। ଦୁଇଟିଯାକର ରଙ୍ଗ ଲାଲ ଏବଂ ସୁଗନ୍ଧ ବି ଏକା। କିନ୍ତୁ ମୁଁ ଏବଂ ଜୁଲ୍‌ଫିଆ ପରସ୍ପର ଭିତରେ ଫୁଲ ବଦଳ କରିନେଲୁ-ଯେମିତି ଆମ ରାଜ୍ୟରେ ଦୁଇଟି ସଙ୍ଗିନୀ ନିଜନିଜର ଓଢ଼ଣୀ ବଦଳାଇଥାନ୍ତି।

ଜୁଲଫିଆ କହିଲେ-ଦୁଇଟିଯାକ ଫୁଲର ଏକା ସୁଗନ୍ଧ। ଦୁଇ ଦେଶ, ଦୁଇ ଭାଷା, ଦୁଇଟି ହୃଦୟ-କିନ୍ତୁ ବନ୍ଧୁତା ଏକ।

କିଛି ସମୟ ପରେ ପୁଣି ଜୁଲଫିଆ କହିଲେ-କିନ୍ତୁ ଏହି ଫୁଲରେ ବେଦନାର ଦାଗ ନାହିଁ-ଯାହା ଆମ ହୃଦୟରେ ଅଛି।

ନାଦିରାଙ୍କ କବିତାର ପଂକ୍ତିଟିଏ ମୋର ମନେପଡ଼ିଲା-ସେଥିରେ ସେ ବୁଲ୍‌ବୁଲ୍‌କୁ କହିଛନ୍ତି, ତୋର କଣ୍ଠରୁ ଯେତେବେଳେ ସ୍ୱର ହଜିଯିବ, ସେତେବେଳେ ନାଦିରାର ବେଦନାରୁ ତୁ ପୁଣି ତାହା ଆହରଣ କରିନେ। ମୁଁ କହିଲି- "ମୁଁ ଲାଲା ଫୁଲକୁ କହୁଛି,

ତୋର ହୃଦୟ ପାଇଁ ଯଦି ବେଦନାର ଦାଗ ତୋତେ ନ ମିଳେ, ତେବେ ମୋଠାରୁ କିମ୍ୱା ଜୁଲ୍‌ଫିଆଠାରୁ କିଛି ଦାଗ ଉଧାର ନେଇଯା।

ଜୁଲ୍‌ଫିଆଙ୍କର କ'ଣ ଗୋଟାଏ ମନେପଡ଼ିଗଲା। ସେ କହିଲେ-ହଁ, ଲାଲାର ବି ଆଉ ପ୍ରକାରେ ଫୁଲ ଅଛି। ତା ଛାତିରେ କଳା ଦାଗ ଥାଏ। ଚାଲ କ୍ଷେତକୁ ଯାଇ ସେଇ ଫୁଲ ଖୋଜିବା।

ମୁଁ ଏବଂ ଜୁଲଫିଆ କ୍ଷେତସାରା ବୁଲି ବୁଲି ସେହି ଦାଗବାଲା ଫୁଲ ଖୋଜିବାରେ ଲାଗିଲୁ।

ଆମ ସାଙ୍ଗରେ ମୋର ଉଜ୍‌ବେକି ଦୋଭାଷୀ ନବୀଜାନ୍ ଥିଲା। ସେ ଲାଲାର ଗୋଟାଏ ନିର୍ଦ୍ଦିଷ୍ଟ ଫୁଲ ଖୋଜି ଆଣିଲା। ସେହି ଫୁଲଟିକୁ ଦେଖାଇ ସେ ମୋତେ କହିଲା-ତୁମେ ଖୋଜୁଥିବା ବେଦନାର ଦାଗ ଏ ଫୁଲରେ ସିନା ନାହିଁ, କିନ୍ତୁ ଏକ ଔଜଲ୍ୟର ରେଶମି ଦାଗ ନିଶ୍ଚୟ ରହିଛି।

ଫୁଲର ପାଖୁଡ଼ାରେ ସତକୁ ସତ ଗୋଟିଏ ରେଶମି ରଙ୍ଗର ଚିହ୍ନ ଥିଲା। ମୁଁ ତାକୁ ଧନ୍ୟବାଦ ଦେଇ ଜୁଲ୍‌ଫିଆକୁ କହିଲି-ଏଇ ଦାଗ ଉଜ୍ଜ୍ୱଳ ଦିଶୁଛି ଏଇଥିପାଇଁ ଯେ ସେଥିରେ ସ୍ମୃତିର ଆଲୋକ ଜଳୁଛି।

ଜୁଲ୍‌ଫିଆ ହସି ହସି କହିଲେ-ଅମୃତା, ଏହି ସ୍ମୃତି ସବୁ ଆମ କରାମତିର ନୁହେଁ କି? ନହେଲେ ଏ ଲୋକମାନେ......

ଆମେ ଲୋକମାନଙ୍କ ବିଷୟରେ କହିବା ଛାଡ଼ି ନିଜର କବିତା ଓ ନିଜ କରାମତି ବିଷୟରେ କଥାବାର୍ତ୍ତା କରିବାକୁ ଲାଗିଲୁ।

ତାସ୍‌କେଣ୍ଟକୁ ସେତେବେଳେ ଭାରତବର୍ଷର ଉର୍ଦ୍ଦୁ କବି ଅଲ୍ଲି ସର୍ଦ୍ଦାର ଜାଫ୍ରି ବି ଆସିଥାନ୍ତି। ତାଙ୍କ ସହିତ ହଠାତ୍ ଦେଖା ହୋଇଯିବାରୁ ଜୁଲ୍‌ଫିଆ ତାଙ୍କୁ ନିଜ ଘରକୁ ନିମନ୍ତ୍ରଣ କଲେ। ଖାଇବା ବେଳେ ନିଜର ଗିଲାସ ଉଠାଇ କହିଲେ, ଆମ ଦେଶରେ ଛୋଟ ଝିଅକୁ ଖାନ ଏବଂ ବଡକୁ ଖାନମ୍ କହନ୍ତି। ତେଣୁ ଅମୃତାର ନାମ ଅମୃତା ଖାନମ୍ ହେବ। ଆଉ ଆମେ ଯଦି ଅମୃତା ଶବ୍ଦକୁ ଉଜ୍‌ବେକି ଭାଷାରେ ଅନୁବାଦ କରିବା ତେବେ ତାହାହେବ ଉଲମସ। ତେଣୁ ମୁଁ ଉଲମସ ଖାନମ୍ ନାଁରେ ଏହି ଟୋଷ୍ଟ କରୁଛି।

ଉତ୍ତରରେ ଅଲ୍ଲି ସର୍ଦ୍ଦାର ଜାଫ୍ରି ଜୁଲ୍‌ଫ ଶବ୍ଦର ହିନ୍ଦୀ ଅନୁବାଦ କଲେ- ଅଳକ ଏବଂ ଜୁଲ୍‌ଫିଆ ନାମକୁ ଭାରତୀୟକରଣ କରି ଟୋଷ୍ଟକଲେ 'ଅଳକା କୁମାରୀ'ଙ୍କ ନାମରେ।

ଟୋଷ୍ଟ କରିବା ପାଇଁ ମୋ ପାଳି ଆସିଲା। ମୁଁ ଗୋଟିଏ କବିତାର ଦୁଇଟି ପଂକ୍ତି ପଢ଼ିଲି-

ବହୁ ଦିନର ବିଛେଦ ପରେ
କାଗଜ କଲମକୁ ଜାବୁଡ଼ି ଧରେ
ପୂର୍ବର ନୀରବତା ଭୁଲିଯାଇ
ପ୍ରେମ ତା ରହସ୍ୟକୁ ପ୍ରକଟିତ କରେ
ଉଜ୍‌ବେକି ହେଉ ଅଥବା ପଞ୍ଜାବି
ଛନ୍ଦ କିନ୍ତୁ ଏକା ହୋଇଯାଏ।

ଉଜ୍‌ବେକିସ୍ଥାନର ଗୋଟିଏ ଉପତ୍ୟକାର ନାଁ 'ଖାବିଦ୍ ହସିନା' ଥିଲା- ଅର୍ଥାତ୍ 'ନିଦ୍ରିତା ସୁନ୍ଦରୀ'। ଏବେ ସମାଜବାଦୀ ରାଜ୍ୟ ହୋଇଯିବାରୁ ତାର ନାମ ବଦଳିଯାଇ 'ଫରଗାନା' ଉପତ୍ୟକା ହୋଇଗଲା। ଏଠାରେ ରେଶମର ମିଲ୍ ଅଛି। ଲୋକେ କହନ୍ତି-'ଗୋଟିଏ ବର୍ଷରେ ଏହି ଉପତ୍ୟକା ଯେତିକି ରେଶମ ସୂତା ବୁଣେ, ତାହାର ଗୋଟିଏ ଖିଅ ଧରଣୀ ଉପରେ ରଖିଲେ ଆର ଖିଅଟି ଚାନ୍ଦ ପାଖରେ ପହଂଚିଯିବ।' ଏହି ରେଶମ ମିଲ୍‌ର ଡାଇରେକ୍ଟରମାନେ ସମସ୍ତେ ସ୍ତ୍ରୀଲୋକ। ସେମାନେ ଆମକୁ କାରଖାନା ଦେଖାଇଲେ। ମୋତେ ଗୋଟିଏ ରଙ୍ଗୀନ୍ କନା ଉପହାର ଦେଲେ ଏବଂ ବାର୍ତ୍ତାଟିଏ ମାଗିଲେ। କାଲି ମେ ପହିଲା-ବିଶ୍ୱର ଶ୍ରମିକମାନଙ୍କ ଦିନ। ତେଣୁ ଦୁଇ ପଂକ୍ତିର ଗୋଟିଏ କବିତାରେ ମୁଁ ମୋର ବାର୍ତ୍ତା ଦେଲି-

ରେଶମ ବୁଣାଳି ଝିଅମାନେ
ମଇ ମାସ ତୁମର ଅନେକ ଆକାଂକ୍ଷା
ପୂରଣ କରିବାକୁ ଆସିଛି
ସପନ ବୁଣାଳୀ ସୁନ୍ଦରୀ
ତୁମ ଡ଼ାଲାରେ
ମୋର ଲକ୍ଷେ ଶୁଭେଛା ଭରି ନିଅ।

ଆନାଖାନ ତାଙ୍କ ଟେବୁଲ ଉପରେ କନ୍ୟାକ୍, ମହୁ ଏବଂ ଅଙ୍ଗୁର ରସ ରଖି ମୋତେ ପଚାରିଲେ-ହେ ମୋର ଅତିଥି, ମୁଁ ତୁମ ପାଇଁ କଣ ଗାଇବି ? ମୁଁ କହିଲି- ଆନା, ତୁମେ ନିଜ ଦେଶର ସେଇ ଗୀତ ଗାଅ, ଯାହା କନ୍ୟାକ୍ ଭଳି ତୀବ୍ର, ମହୁ ଭଳି ମିଠା ଏବଂ ଅଙ୍ଗୁର ରସ ଭଳି ଲାଲ୍।

ସେ ହସି ହସି କହିଲା-ଆଉ ସିଝା ହୋଇଥିବା ଖାସି ମାଂସ ଭଳି ନରମ ଗୀତ ବି ! ସେ ଏବଂ ଲାଲାଖାନମ୍ ଦୁହେଁଯାକ ବହୁତ ସୁନ୍ଦର ଗୀତ ଗାଇଲେ। ଶେଷରେ ଲାଲାଖାନମ୍ ଗାଇଲେ-

ଯେ ଆମର ଭାଗ୍ୟ
ଆମେ ତୋତେ ଖୋଜି ପାଇଲୁ
ଆଜି ତୁ ଆମ ଦେଶର ଅତିଥି !

ମୋର ହୃଦୟର ଗଭୀରତମ ପ୍ରଦେଶରୁ ମୁଁ ସେମାନଙ୍କର ଏହି ଅଭ୍ୟର୍ଥନା ପାଇଁ ଧନ୍ୟବାଦ ଜଣାଇଲି । କହିଲି-ଥରେ ଗୋଟିଏ ଗୀତରେ ମୁଁ ଲେଖିଥିଲି-ଜୀବନ ମୋତେ ତା ଘରକୁ ଡାକିଆଣି ଆତିଥେୟତା କରିବାକୁ ଭୁଲିଗଲା । କିନ୍ତୁ ଆଜି ମୁଁ ସେଇ ଅଭିଯୋଗକୁ ଫେରାଇନେଉଛି ।

ଆଜି ତାସ୍‌କେଣ୍ଟରୁ ଷ୍ଟାଲିନ୍‌ଗ୍ରେଡ୍ ଆସିଲି । ଜୁଲ୍‌ଫିଆ ସାଙ୍ଗରେ ଆସିପାରିଲେ ନାହିଁ । ଏକୁଟିଆ ଆସିଲି । ବିମାନଘାଟିକୁ ଅନେକ ତାଜିକ୍ ଲେଖକ ଆସିଥିଲେ । ସେମାନଙ୍କ ଭିତରେ ତାଜିକିସ୍ଥାନ୍ ସବୁଠାରୁ ବଡ଼ କବି ମିର୍ଜା ଟୁର୍ସାନ୍ ଜାଦେ ମଧ୍ୟ ଥିଲେ ।

ତାଙ୍କ ସହିତ ଦେଖା ହେବାରୁ ମୁଁ କହିଲି-ମହାନ୍ ତାଜିକ୍ କବିଙ୍କୁ ମୋର ସଲାମ୍ । ଆପଣଙ୍କ ପାଇଁ ଆଉ ଗୋଟିଏ ସଲାମ୍ ମଧ୍ୟ ମୁଁ ସାଥିରେ ଆଣିଛି-ତାହା ଜୁଲ୍‌ଫିଆର । ଆମର ଉର୍ଦ୍ଦୁ କବି ଫଏଜ ଅହମ୍ମଦ ଫଏଜଙ୍କ ଭାଷାରେ କବି ସଲାମ୍ ଲେଖୁଛନ୍ତି ତୁମ ସୌନ୍ଦର୍ଯ୍ୟ ନାମରେ । ମିର୍ଜା ହୋ ହୋ ହୋଇ ହସି ଉଠିଲେ । କହିଲେ, ଗୋଟିଏ ସଲାମ୍ ଜୁଲ୍‌ଫିଆର, ଦ୍ୱିତୀୟଟି ଫଏଜଙ୍କ ଭାଷାରେ ଏବଂ ତୃତୀୟଟି ଏପରି ଏକ ବାର୍ତ୍ତାବହଙ୍କ ହାତରେ-ତେବେ ମୋର ଅବସ୍ଥା କଣ ହେବ ?

ସହରଠାରୁ ୨୦ ମାଇଲ୍ ଦୂରରେ ପାହାଡ଼ ନିକଟରେ ବହୁଥିବା ଏକ ନଈ କୂଳରେ ଲେଖକ ଗୃହ ତିଆରି ହୋଇଥିଲା । ଏହି ନଦୀର ନାମ 'ବରଜ ଆବ୍' (ନାଚୁଥିବା ପାଣି) । ଏଠାରେ ମୋତେ ଆଜି ତାଜିକ୍ ଲେଖକମାନେ ରାତ୍ରୀ ଭୋଜନ ପାଇଁ ନିମନ୍ତ୍ରଣ କରିଥିଲେ । ଶାନ୍ତି ପାଇଁ, ମୈତ୍ରୀ ପାଇଁ ଲେଖନୀର ଗରିମା ଗାଇ ଅନେକ 'ଟୋଷ୍ଟ' ଦିଆଗଲା । ସମସ୍ତେ ଥରକୁଥର ଅତି ସୁନ୍ଦର କବିତାମାନ ପଢ଼ିଲେ । ହଠାତ୍ ଟୋପା ଟୋପା ହୋଇ ବର୍ଷା ଝରିଲା । ସେତେବେଳେ ମିର୍ଜା ତୁର୍ସାନ ଜାଦ୍ ମୋତେ କହିଲେ-ଆଜି ଆମେ ମାଟିରେ ଦୁଇଟି ଦେଶର ବନ୍ଧୁତାର ବୀଜ ରୋପିଲୁ । ସେଥିପାଇଁ ଆକାଶ ପାଣି ଦେବାକୁ ଆସିଛି ।

ଜଣେ କବି ପଚାରିଲେ-ମୁଁ ଶୁଣିଛି ଆପଣଙ୍କ ଦେଶରେ ପ୍ରେମିକମାନଙ୍କର ଏକ ନଦୀ ଅଛି । ତା ନାଁ କଣ ?

ମୁଁ କହିଲି-ଚେନାବ୍ ଏବଂ ପୁଣି କହିଲି-ଆପଣଙ୍କ ଦେଶରେ ଅଛି

'ବରଜଆବ୍'। ଦେଖନ୍ତୁ, ଆପଣଙ୍କ ନଦୀର ନାମ ସହିତ ଆମର ବି କିଭଳି ଛନ୍ଦ ମିଳିଯାଉଛି !

ଆଜରବୈଜାନର ରାଜଧାନୀ ବାକୁରେ ମଧ୍ୟ ଅନେକ ଭଲଲୋକଙ୍କ ସହ ଦେଖାହେଲା। ମୁଖ୍ୟତଃ ସେମାନଙ୍କ ଭିତରେ ଥିଲେ ଲେଖିକାମାନେ-ନିଗାର ଖାନାମ୍, ଆଉ ପ୍ରାୟ ୨୫ ଜଣ ଲେଖିକା, ମିଖାରଦ୍ ଖାନାମ୍ ଦିଲ୍‌ବାଦି ଏବଂ ଇରାନି କବୟିତ୍ରୀ ମଦିନା ଗୁଲଗୁନ୍। ସେହି ତିନିଙ୍କ ସହିତ ମୁଁ ଚତୁର୍ଥ ସଙ୍ଗିନୀ ଭଳି ମିଶିଗଲି। ଆମେ ନିଜନିଜର କବିତା ପଢୁଥିଲା ବେଳେ ସୁଦୂର ଉଜ୍‌ବେକୀସ୍ଥାନରେ ଥିବା ଜୁଲ୍‌ଫିଆ କଥା ମନେପଡ଼ିଲା। ତାଙ୍କର ଗୋଟିଏ କବିତା ପଢ଼ିଲୁ। ଏହାପରେ ସେଠାକାର ବିଖ୍ୟାତ କବି ରସୁଲ ରଜା 'ଟୋଷ୍ଟ' ଉଠାଇ କହିଲେ-ଏଠାରେ ତ ପାଞ୍ଚ ଜଣ ନାରୀ କବି ମିଶିଗଲେ-ପାଞ୍ଚଟି ନଦୀ ଭଳି। ଆଉ ଏଇ ଆଜରବୈଜାନ୍‌ର ରାଜଧାନୀ ବାକୁ ତ ପୂରା ପଞ୍ଜାବ ହୋଇଗଲା। ମୁଁ ଏହି ସଙ୍ଗମର ନାମରେ 'ଟୋଷ୍ଟ' ପାନ କରୁଛି।

ଏହି କଥାଟି ଏବେ ବି ମୋ ଡାଇରୀରେ ଲେଖାହୋଇ ରହିଛି।

ସେହି ବୈଠକରେ ଦ୍ୱାଦଶ ଶତାବ୍ଦୀର ଜଣେ କବୟିତ୍ରୀ ମହସତି ଗଞ୍ଜାବିଙ୍କର ଏକ କବିତା ପଢ଼ାଗଲା। ସେତେବେଳେ ମୁଁ ଏହି ବୈଠକକୁ 'ଅଷ୍ଟମ ଶତାବ୍ଦୀର ବୈଠକ' କହି କହିଲି, ଥରେ ମୁଁ ଏକ କବିତା ଲେଖିଥିଲି-

ତୁମ ପ୍ରେମରୁ ବୁନ୍ଦାଟିଏ
ଏଥିରେ ମିଶିଗଲା।
ସେଥିପାଇଁ ମୁଁ ଜୀବନର ସମସ୍ତ ତିକ୍ତତା
ପିଇପାରିଲି।

କିନ୍ତୁ ଆଜି ଏଇ ବୈଠକରେ ବସି ମୋର ମନେହେଉଛି ଯେ ମୋ ଜୀବନର ପିଆଲାରେ ମଣିଷ ପ୍ରେମର ବହୁତ ବୁନ୍ଦା ମିଶିଯାଇଛି ଏବଂ ଜୀବନର ପିଆଲା ମିଠା ହୋଇଯାଇଛି।

ଯାତ୍ରାର ଡାଏରୀ

ଗଙ୍ଗାଜଳରୁ ଭୋଡ୍‌କା ଯାଏ ମୋ' ତୃଷ୍ଣାର ଏହି ଯାତ୍ରା ଡାଏରୀ। ଏହି ଯାତ୍ରାର କଥା କହିଲା ବେଳେ ବହୁ ଦେଶର କଥା ମନକୁ ଆସିଯାଉଛି। କିନ୍ତୁ ଏହି ସୁନ୍ଦର ସ୍ମୃତିର ଦିନଗୁଡ଼ିକ ଯେବେ ଆରମ୍ଭ ହୋଇଥିଲା, ସେହି ସମୟ ଭିତରେ ବି ମୋର ଦୁଃଖତମ

ଦିନମାନଙ୍କର ଭୟାନକ ସ୍ମୃତି ରହିଥିଲା। ଯେପରି ଭୋର ହେବା ପୂର୍ବରୁ ରାତିର ଅନ୍ଧକାର ଗାଢ଼ତର ହୋଇଯାଏ। ସେତେବେଳେ ଦିଲ୍ଲୀ ରେଡ଼ିଓରେ ଚାକିରୀ କରୁଥିଲି। ଦିନେ ଅଫିସ୍ ରୁମ୍‌ରେ ବସିଥିଲା ବେଳେ ସଜ୍ଜାଦ ଜହିର୍ ମୋ ସଙ୍ଗେ ଦେଖାକରିବାକୁ ଆସିଲେ। କିଛି ସମୟ ଦୋଦୋପାଞ୍ଚ ହୋଇ ସେ ଅତି ସଂକୋଚ ପୂର୍ଣ୍ଣ ସ୍ୱରରେ କହିଲେ-"ଭାରତୀୟ ଲେଖକମାନଙ୍କର ଗୋଟିଏ ଡେଲିଗେସନ ସୋଭିଏତ ରୁଷ୍ ଯାଉଛି। ମୋର ଇଚ୍ଛା, ଆପଣ ସେହି ଡେଲିଗେସନ୍‌ରେ ଯାଆନ୍ତୁ। କିନ୍ତୁ କାଲି ମିଟିଂରେ କୌଣସି ଭାଷାର କେହି ଲେଖକ ଆପଣଙ୍କ ନା'କୁ ବିରୋଧ କଲେ ନାହିଁ, ମାତ୍ର ପଞ୍ଜାବୀ ଲେଖକମାନେ ଖୁବ୍ ଜୋର୍‌ରେ ବିରୋଧ କଲେ।" ଆହୁରି ସଂକୋଚର ସହିତ ସେ ପୁଣି କହିଲେ-"ସେମାନେ କହୁଛନ୍ତି, ଯଦି ଅମୃତା ଡେଲିଗେସନ୍‌ରେ ସାମିଲ ହେବେ ତାହେଲେ ଆମ ପତ୍ନୀମାନେ ଆମକୁ ଏଥିରେ ଯିବାକୁ ଛାଡ଼ିବେ ନାହିଁ। ମୁଁ ଅତ୍ୟନ୍ତ ମୁସ୍କିଲରେ ପଡ଼ିଯାଇଛି।"

ପରେ ଏହି ଘଟଣାଟିକୁ ମୁଁ 'ଦିଲ୍ଲୀ କି ଗଲିଆଁ' ଉପନ୍ୟାସରେ ଲେଖିଥିଲି। ସେଥିରେ ସଜ୍ଜାଦ ଜାହିରଙ୍କର ନାମ ରାଜନାରାୟଣ ରଖିଥିଲି। ସେଦିନ ସଜ୍ଜାଦ ଜାହିର ତାଙ୍କ ଅସୁବିଧା କଥା କହି ମୋତେ ଉପଦେଶ ଦେଲେ ଯେ, ମୁଁ ଯଦି ଡେଲିଗେସନ୍‌ରେ ଯିବାକୁ ଚାହେଁ ବୋଲି ତାଙ୍କ କମିଟିକୁ ଗୋଟିଏ ଚିଠି ଲେଖିଦିଏ, ତେବେ ସେ କମିଟିର ଉପର ସ୍ତର ମିଟିଂରେ ସେହି ଚିଠିଟିକୁ ପକାଇ ମୋର ଯିବା ବ୍ୟବସ୍ଥା କରିଦେବେ। ସେତେବେଳେ ମୁଁ ତାଙ୍କୁ କହିଥିଲି-ଆପଣ ତ ଏଠାକୁ ଆସିବାରେ ଏତେ କଷ୍ଟ କରିଛନ୍ତି-କାହିଁକି ଆପଣ ଭାବିଲେ ଯେ ମୁଁ କୌଣସି ଡେଲିଗେସନରେ ଯିବାକୁ ଚାହିଁବି! ମୁଁ ମନେ ମନେ ନିଷ୍ପତ୍ତି କରିଛି ଯେ ଯଦି କେତେବେଳେ କୌଣସି ଦେଶକୁ ଯିବି, ଏକୁଟିଆ ଯିବି। ସୋଭିଏତ ରୁଷ୍‌ର ଯଦି ଦରକାର ପଡ଼ିବ ତେବେ ସେମାନେ ମୋତେ ଏକୁଟିଆ ନିମନ୍ତ୍ରଣ କରିବେ, ନହେଲେ ନାହିଁ।

୧୯୬୦ରେ ମସ୍କୋ ଲେଖକ ୟୁନିୟନରୁ ମୋତେ ଏକୁଟିଆ ନିମନ୍ତ୍ରଣ ଆସିଲା ଏବଂ ୧୯୬୧ ଏପ୍ରିଲରେ ମୁଁ ତାସ୍‌କେଣ୍ଟ, ତାଜିକସ୍ଥାନ, ମସ୍କୋ ଏବଂ ଆଜରବୈଜାନ ଗଲି। ପୁଣି ୧୯୬୬ରେ ବୁଲ୍‌ଗେରିଆରୁ କେବଳ ମୋତେ ନିମନ୍ତ୍ରଣ ଆସିଲା ଏବଂ ମୁଁ ବୁଲଗେରିଆ ଓ ମସ୍କୋ ଗଲି।

ସେଇ ବର୍ଷ ଶେଷରେ ଜର୍ଜିଆର କବି ଶ୍ରୋତା ରୁସ୍ତାବୈଲୀଙ୍କ ଜନ୍ମର ୮୦୦ ବର୍ଷ ପୂର୍ତ୍ତି ଉପଲକ୍ଷେ ମୁଁ ପୁଣି ମସ୍କୋ, ଜର୍ଜିଆ ଓ ଆର୍ମେନିଆ ଯାଇଥିଲି-ଏକୁଟିଆ।

୧୯୬୭ରେ ଭାରତ ସରକାରଙ୍କ କଲଚରାଲ୍ ଏକ୍‌ସଚେଞ୍ଜ ପ୍ରୋଗ୍ରାମରେ ମେତେ ଯୁଗୋସ୍ଲୋଭିଆ, ହଙ୍ଗେରୀ ଏବଂ ରୁମାନିଆକୁ ପ୍ରତି ଦେଶରେ ତିନି ସପ୍ତାହ

ରହିବା ପାଇଁ ପଠାଯାଇଥିଲା। ସେହିଠାରେ ବୁଲ୍‌ଗେରିଆ ତାଙ୍କ ଖର୍ଚ୍ଚରେ ସେଠାକୁ ଯିବାପାଇଁ ଏବଂ ପଶ୍ଚିମ ଜର୍ମାନୀ ମଧ୍ୟ ସେହିଭଳି ସେମାନଙ୍କ ଖର୍ଚ୍ଚରେ ତାଙ୍କ ଦେଶକୁ ଯିବାପାଇଁ ନିମନ୍ତ୍ରଣ କରି ନେଇଥିଲେ। ଫେରିବା ବାଟରେ ତେହେରାନ ଯିବାପାଇଁ ମଧ୍ୟ ନିମନ୍ତ୍ରିତ ହୋଇ ସେଠାକୁ ଯାଇଥିଲି।

ନେପାଳସ୍ଥିତ ଆମ ଦୂତାବାସ ତରଫରୁ ନିମନ୍ତ୍ରଣ ପାଇ ୧୯୬୯ରେ ସେଠାକୁ ଯାଇଥିଲି। ପୁଣି ୧୯୭୨ରେ ଏକ ବିଶେଷ ନିମନ୍ତ୍ରଣ କ୍ରମେ ଆମ ସରକାରଙ୍କ କଲଚରାଲ୍ ଏକ୍‌ସଚେଞ୍ଜ ପ୍ରୋଗ୍ରାମରେ ମୋତେ ଯୁଗୋସ୍ଲୋଭିଆ, ଜେକୋସ୍ଲୋଭାକିଆ ଏବଂ ଫ୍ରାନ୍‌ସ ପଠାଯାଇଥିଲା। ଏଥର ମଧ୍ୟ ପ୍ରତ୍ୟେକ ଦେଶରେ ତିନି ସପ୍ତାହ ଲେଖାଏଁ ରହିବାର ବ୍ୟବସ୍ଥା ହୋଇଥିଲା। ସେଠାରୁ ମୁଁ ନିଜ ଖର୍ଚ୍ଚରେ ଲଣ୍ଡନ ଏବଂ ଇଟାଲୀ ଯାଇଥିଲି। ଫେରିବା ବାଟରେ ଇଜିପ୍‌ଟରୁ ନିମନ୍ତ୍ରଣ ପାଇ କାଏରୋରେ ସପ୍ତାହେ ରହି ଆସିଲି।

ପୁଣି ବିଶ୍ୱଶାନ୍ତି କଂଗ୍ରେସର ଅଧିବେଶନରେ ଯୋଗ ଦେବାପାଇଁ ୧୯୭୩ରେ ମସ୍କୋ ଯାଇଥିଲି।

ମୋର ଡାଏରୀ ଲେଖିବାର ଅଭ୍ୟାସ ନାହିଁ, କିନ୍ତୁ ଯାତ୍ରା ସମୟରେ ମୁଁ ବରାବର ଡାଏରୀ ଲେଖେ। ସେ ସବୁ ଦିନର କେତେକ ସ୍ମୃତି ମୋ ସାମ୍ନାରେ ମୋ ଡାଏରୀ ପୃଷ୍ଠାରେ ଅଙ୍କିତ ହୋଇଛି।

ଅଦ୍ଭୁତ ଭାବରେ ଏକାକୀ ଲାଗୁଥିଲା। ଉଡ଼ାଜାହାଜର ଝରକାରୁ ବାହାରକୁ ଚାହିଁଲା ବେଳେ ମନେହେଉଥିଲା କିଏ ସତେ କି ଆକାଶକୁ ଚିରି ଦୁଇ ଭାଗ କରି ଦେଇଛି। ପ୍ରତୀତ ହେଉଥିଲା-ସେହି ଚିରା ଆକାଶରୁ ଖଣ୍ଡେ ମୁଁ ତଳେ ବିଛାଇ ଦେଇଛି ଓ ଆଉ ଖଣ୍ଡେ ଉପରେ ଘୋଡ଼େଇହୋଇଛି। ମସ୍କୋରେ ପହଂଚିବାକୁ ଆହୁରି ଦୁଇ ଘଣ୍ଟା ବାକି ଅଛି। କିନ୍ତୁ ମନର ଏହି ଏକାକୀତ୍ୱର ଯାତ୍ରା ଶେଷ ହେବାକୁ ଆଉ କେତେ ସମୟ ବାକି ଅଛି ଜାଣେନାହିଁ।

ମେ ୨୪, ୧୯୬୬

ଯେତେ ବାଟ ଯାଏଁ ଦୃଷ୍ଟି ଯାଉଛି କେବଳ ଧରଣୀ ଉପରେ ବାଦଲର କିଆରୀ ଦେଖାଯାଉଛି। କେଉଁଠି କେଉଁଠି ବାଦଲର ବୀଜ କମ୍ ପଡ଼ିଛି, କିନ୍ତୁ ଆଉ କେଉଁଠି ଏତେ ଅଧିକ ପଡ଼ିଛି ଯେ ଖେତ ଭରିଯାଇଛି। ସେଇ ଖେତ ଉପରେ ଉଡ଼ାଜାହାଜଟି ସତେ ଅବା ବାଦଲର ଫସଲ କାଟି କାଟି ଚାଲିଛି। ମନେହେଉଥିଲା ଯେପରି ଗହମ ଚାଖିଦେଇ ଆଦମ୍ ସ୍ୱର୍ଗରୁ ବହିଷ୍କୃତ ହୋଇଥିଲା ସେହିଭଳି ବାଦଲର ଖେତରୁ ସୁଗନ୍ଧ ପିଇବାରୁ ଆଜି ଆଦମ୍‌କୁ ପୃଥିବୀରୁ ବାହାରକରିଦିଆଯାଉଛି।

ବର୍ତ୍ତମାନ ମୁଁ ବୁଲ୍‌ଗେରିଆର ଜାତୀୟ ନେତା ଜର୍ଜ ଡ୍ରିମିଟ୍ରଭଙ୍କୁ ଯାହାଙ୍କର ଆତ୍ମା ଦେଶର ଆତ୍ମା ସହିତ ଏକାକାର ହୋଇଯାଇଛି, ଏବଂ ଯାହାଙ୍କର ମରଶରୀର ବିଜ୍ଞାନ ସାହାଯ୍ୟରେ ସଂରକ୍ଷିତ ହୋଇରହିଛି, ମୋର ଶ୍ରଦ୍ଧା ଜ୍ଞାପନ କଲି। ତାଙ୍କୁ ୧୯୩୩ ମସିହାରେ ହିଟଲର ବନ୍ଦୀ କରିଥିଲା। ସେତେବେଳେ ସେ ଦେଶର ଲେଖକମାନେ ତାଙ୍କୁ ରକ୍ଷା କରିବା ପାଇଁ ସବୁ ପ୍ରକାର ଚେଷ୍ଟା କରିଥିଲେ। ଫରାସୀ ଲେଖକ ରୋମାଁ ରୋଲା ତାଙ୍କ ଲେଖନୀ ଜରିଆରେ ଏହି ସଂଘର୍ଷ ଆରମ୍ଭ କରିଥିଲେ। ଫାସିଷ୍ଟମାନଙ୍କ କବଳରୁ ଦେଶକୁ ରକ୍ଷା କରିବା ପାଇଁ ସେମାନେ ଏକତ୍ର ଲଢ଼େଇ କରିଥିଲେ। ଲୋକମାନେ ମୋତେ କହିଲେ, ଆପଣଙ୍କ ଗାନ୍ଧୀ ଓ ନେହେରୁଙ୍କ ଭଳି ହେଉଛନ୍ତି ଆମର ଡିମିଟ୍ରଭ୍।

ନିଜ ଦେଶକୁ ଜର୍ମାନି ଅଧୀନରୁ ସ୍ୱତନ୍ତ୍ର କରିଥିବା ବୁଲ୍‌ଗେରିଆର ସିପାହୀମାନଙ୍କ ସ୍ମୃତିରେ ନିର୍ମିତ ପ୍ରତିମୂର୍ତ୍ତି ଦେଖୁଛି। ଏହି ସ୍ମୃତିସ୍ତମ୍ଭକୁ ଘେରି ତିନି କିଲୋମିଟର ଲମ୍ବା ଏବଂ ସେତିକି ଚଉଡ଼ାର ଯେଉଁ ବଗିଚାଟି ଅଛି ତାହାକୁ ସ୍ୱାଧୀନତାର ବଗିଚା କୁହାଯାଏ। ଏଠାରେ ଏକ ଅତ୍ୟାଚାରିତ ଓ ନିପୀଡ଼ିତ ପରାଧୀନ ଜାତିର ସ୍ୱାଧୀନତା ପାଇଁ ବ୍ୟାକୁଳତାର ଚିତ୍ର ପ୍ରତିଫଳିତ ହୋଇଛି।

ମେ ୨୫

ଆଜି ଦିପହରେ ସାଂସ୍କୃତିକ ସଂପର୍କ ଓ ବୈଦେଶିକ ବିଭାଗ ମନ୍ତ୍ରଣାଳୟର ଭାଇସ୍‌ପ୍ରେସିଡେଣ୍ଟ ପ୍ରଫେସର୍ ଷ୍ଟେଫାନ ଷ୍ଟେଣ୍ଟ ସେଓଙ୍କ ସହ ଖୁବ୍ ମନଖୋଲା ଆଲୋଚନା ହେଲା। ସେ ଅତ୍ୟନ୍ତ ଗମ୍ଭୀର ବ୍ୟକ୍ତି। ତାଙ୍କ ସହ ପ୍ରେସ୍ ସେନ୍‌ସର୍ ବିଷୟରେ କଥାବାର୍ତ୍ତା କଲି। କହିଲି-ଯେ ପର୍ଯ୍ୟନ୍ତ ଲେଖକମାନେ ନିଜର ଉତ୍ତରଦାୟିତ୍ୱ ସଂପର୍କରେ ସଚେତନ ନ ହୋଇଛନ୍ତି, ସେ ପର୍ଯ୍ୟନ୍ତ ଅନେକ ନଲେଖିବା କଥା ଲେଖି ହୋଇଯାଇଥାଏ। କିନ୍ତୁ ଅନ୍ୟ ପକ୍ଷରେ ଲେଖକ ଦାୟିତ୍ୱଶୀଳ ହୋଇଥିଲେ ବି ତାଙ୍କ ବିଚାର ଓ ଦୃଷ୍ଟିକୋଣ ଭିନ୍ନ ପ୍ରକାରର ହୋଇଥିବା ଯୋଗୁଁ ଯଦି ଲେଖା ମଧ୍ୟ ସେହିଭଳି ହୋଇଯାଏ, ତାହାହେଲେ ତାଙ୍କର ଅବସ୍ଥା କଣ ହେବ ?

ତାଙ୍କର ଉତ୍ତର ମଧ୍ୟ ସୁଚିନ୍ତିତ ଥିଲା-"ଆମ ସଂସ୍ଥାର ଦୃଷ୍ଟିକୋଣ ବ୍ୟାପକ। ନୂତନ ପ୍ରୟୋଗକୁ ଉଦାର ଦୃଷ୍ଟିରେ ବିଚାର କରାଯାଇଥାଏ। କିନ୍ତୁ ଏଭଳି ଅଭିବ୍ୟକ୍ତିକୁ ଗୋଟିଏ ସୀମା ପର୍ଯ୍ୟନ୍ତ ଉତ୍ସାହିତ କରାଯାଏ। କାରଣ ଅବାଧ ସ୍ୱାଧୀନତା ବହୁ ସମୟରେ ସାଧାରଣ ସ୍ୱାର୍ଥର କ୍ଷତିକାରକ ହୋଇଥାଏ। ମୋଟାମୋଟି ଭାବରେ ଏକ ରୁଗ୍‌ଣ ସାହିତ୍ୟ ଅପେକ୍ଷା ଏଭଳି ନୀତି କମ୍ କ୍ଷତିକାରକ।

ଜାଣେ, ସମୟ ଅଟକି ରହେନାହିଁ। ପ୍ରଶ୍ନ ବି ଅଟକେ ନାହିଁ। ଏକ ସମାଜବାଦୀ

ବ୍ୟବସ୍ଥା ଭିତରେ ମଧ୍ୟ ସେ ରାସ୍ତା ଖୋଜେ। ଆଜିର କଥାବାର୍ତ୍ତା ଏକ ସୁଖକର ବାତାବରଣ ମଧ୍ୟରେ ହୋଇଥିଲା। ଶେଷରେ ମିଷ୍ଟର ଷ୍ଟେନ୍ ଚୋଭ୍ କହିଲେ-ଆମେ ଖୁବ୍ ନିମ୍ନରୁ ଅନେକ ଉଚ୍ଚକୁ ଉଠି ଆସିଲୁଣି। ତେଣୁ ଉଚ୍ଚତମ ଜାଗାରେ ନିଶ୍ଚୟ ପହଁଚିବା।

୨୭, ମେ

ଏକ କବି ସମ୍ମିଳନୀରେ ମୁଁ କେତେକ କବିତା ପଢ଼ିଲି। ଶବ୍ଦର ଗଭୀରତାକୁ ପ୍ରକାଶ କରିବାକୁ ଯାଇ ଫରାସୀ, ବୁଲ୍‌ଗେରିଆନ୍ ଏବଂ ରୁଷୀୟ ଭାଷାର ବାଧା ଭାଙ୍ଗିଯାଉଥିଲା। ସେଠାରେ ଯୁଗୋସ୍ଲୋଭିଆରୁ ଆସିଥିବା ଅତିଥି କବି ଜାଥ୍‌କୋ ଗୟୋନି ମୋତେ ସବୁଠୁ ଅଧିକ ସାହାଯ୍ୟ କରିଥିଲେ। ଫରାସୀ ଏବଂ ଜର୍ମାନୀ ଭାଷାରୁ ଇଂରାଜୀକୁ ଅନୁବାଦ କରିବାର ଅଭିଜ୍ଞତା ତାଙ୍କର ବହୁତ ଥିଲା। ତାଙ୍କର ମଧୁର ବ୍ୟବହାରରେ ମୁଁ ତାଙ୍କ ପାଖରେ ଋଣୀ ହୋଇ ରହିଲି। ସେ କହିଲେ-ମୁଁ ଆପଣଙ୍କର ସବୁଠୁ ଭଲ ବନ୍ଧୁ। ଆପଣ ଯୁଗୋସ୍ଲୋଭିଆର ଏହି ବନ୍ଧୁକୁ ମନେରଖିଥିବେ। ଯେ ଆପଣଙ୍କ କବିତାର ଅର୍ଥ କରିବା ପାଇଁ ବହୁତ ସାହାଯ୍ୟ କରିଛି।

୨୮, ମେ

ଆଜି ସନ୍ଧ୍ୟାରେ ବୁଲ୍‌ଗେରିଆର ମହାନ୍ ଲେଖକ ଇରାନ୍ ଭାଜୋଭ ପିଓ ୟାବୋରବ ଏବଂ ନିକୋଲା ଭାପ୍‌ତ୍ତାରୋବଙ୍କ ଐତିହାସିକ ଘର ସବୁ ଦେଖିଲି। କେତେବର୍ଷ ତଳେ ଭାପ୍‌ତ୍ତାଚୋବଙ୍କ କବିତାର ପଞ୍ଜାବୀ ଅନୁବାଦ ମୁଁ କରିଥିଲି। ସେହି ଅନୁବାଦିତ ପଞ୍ଜାବୀ ପୁସ୍ତକ ମଧ୍ୟ ତାଙ୍କର ସେହି ଐତିହାସିକ ଘରେ ରଖା ଯାଇଥିଲା। ଆଜି ତାଙ୍କ ଟେବୁଲ, କଲମ ଏବଂ ଚାହା କେଟ୍‌ଲିକୁ ହାତରେ ଛୁଇଁଲା ବେଳେ ମୋ ଆଖି ଛଳ ଛଳ ହୋଇଗଲା। ମନେହେଲା, କେତେ ବର୍ଷ ପୂର୍ବେ ମୁଁ ଯେତେବେଳେ ତାଙ୍କ କବିତାଗୁଡ଼ିକ ଅନୁବାଦ କରିଥିଲି, ସେତେବେଳେ ଯେଉଁ ପଂକ୍ତି ଗୁଡ଼ିକ କାନରେ ପଡ଼ିଥିଲା ଏବଂ ବୋଧହୁଏ କାନରେ ହିଁ ଅଟକି ରହିଥିଲା, ଆଜି ସେ ଗୁଡ଼ିକ କାନ ଭିତରେ ଗୁଞ୍ଜରି ଉଠିଲା-

କାଲି ଏ ଜୀବନ ସିହାଣା ହେବ
ଏ ବିଶ୍ୱାସ ମୋ ମନରେ ଅଛି
ମୋର ବିଶ୍ୱାସ ଭାଙ୍ଗିବା ପାଇଁ
ଏଭଳି ଗୁଳି କେଉଁଠି ନାହିଁ
ଏ ଭଳି ଗୁଳି କେଉଁଠି ନାହିଁ।

ଏହି ପଂକ୍ତି ଗୁଡ଼ିକ ୧୯୪୨ରେ ସେ ଫାସିଷ୍ଟ ମାନଙ୍କ ଦ୍ୱାରା ନିହତ ହେବା ପୂର୍ବରୁ ଲେଖିଥିଲେ। ମନେହେଲା, ସୃଷ୍ଟିର ଆରମ୍ଭରୁ ସେହି ଯେଉଁ ବିଶ୍ୱାସକୁ ଗୁଳି ବାଜିପାରିନାହିଁ, ତାହାକୁ ମୁଁ ହିଁ ଆଜି ହାତରେ ଛୁଇଁ ଦେଖୁଛି।

ସୋଫିଆରୁ ୧୬୦ କିଲୋମିଟର ଦୂର ବତକ ଗାଁର ଗୋଟିଏ ଚର୍ଚ୍ଚ ସାମନାରେ ଠିଆହୋଇଛି। ଏଠାରେ ୧୮୭୬ରେ ତୁର୍କି ଶାସନର ଦାସ୍ୱତରୁ ମୁକ୍ତ ହେବା ପାଇଁ ଲଢୁଥିବା ଗାଁର ଦୁଇ ହଜାର ପୁରୁଷ ସ୍ତ୍ରୀ ପିଲାମାନେ ନିଜ ନିଜକୁ ରକ୍ଷା କରିବା ପାଇଁ ଆଶ୍ରୟ ନେଇଥିଲେ। ସେହି କୂଅ ଦେଖୁଛି, ଯାହାକୁ ତୃଷା ମେଣ୍ଟାଇବା ପାଇଁ ସେମାନେ ନଖ ସାହାଯ୍ୟରେ ଖୋଳି ଖୋଳି ପାଣି ବାହାର କରିଥିଲେ। ଏମାନେ ସମସ୍ତେ ନିଷ୍ଠୁର ଭାବେ ଆକ୍ରମଣକାରୀମାନଙ୍କ ଦ୍ୱାରା ନିହତ ହୋଇଥିଲେ। ଦୁଇ ହଜାର ମନୁଷ୍ୟଙ୍କ ହାଡ଼ ଏବଂ ଖପୁରି କାଚପଟା ତଳେ ଯତ୍ନରେ ରଖାଯାଇଛି। କାନ୍ଥରେ ଆମ ପଞ୍ଜାବର ଜାଲିଆନାୱାଲାବାଗର କାନ୍ଥ ଭଳି ଗୁଳିର ଚିହ୍ନ ସବୁ ରହିଛି।

୩୧ ମେ

ଆଜି ପ୍ଲୋଭଦ୍ଦିନ୍‌ର ସେହି ପ୍ରିଣ୍ଟିଂ ମେସିନ୍ ଦେଖିଲି, ଯେଉଁଥିରେ ଶାସନଠାରୁ ଲୁଚାଇ ଦାସତ୍ୱ ବିରୁଦ୍ଧରେ ସାହିତ୍ୟ ଛପା ହେଉଥିଲା। ପୁଣି ସେହି ଶୃଙ୍ଖଳ ଦେଖିଲି, ଯେଉଁଥିରେ ବନ୍ଧା ଯାଇଥିଲେ ମନୁଷ୍ୟ-ସମୟ ନୁହେଁ।

କାଲୋଫେର ଦେଇ ଅତିକ୍ରମ କଲାବେଳେ ଏକ ଲମ୍ବା କ୍ୟୁ ଦେଖିଲି। କ୍ୟୁ'ର ସମସ୍ତଙ୍କ ହାତରେ ଫୁଲ ତୋଡ଼ା। ଜାଣିଲି, ଆଜି ଜୁନ୍ ଦୁଇ ତାରିଖ। ୧୮୭୬ର ଏହି ତାରିଖରେ ଏଠାର ଜଣେ ପ୍ରିୟ କବି ଖରିସ୍ତୋ ବୋତିଫ୍‌ଙ୍କୁ ହତ୍ୟା କରାଯାଇଥିଲା। ଦିନେ ସେ କବିତା ଲେଖୁ ଲେଖୁ ନିଜର କୋଡ଼ିଏ ଦିନର ଝିଅକୁ ଚୁମା ଦେଇ ହାତରେ ବନ୍ଧୁକ ଧରି ନିଜ ଦେଶକୁ ରକ୍ଷା କରିବା ପାଇଁ ବାହାରି ଯାଇଥିଲେ। ଯେତେବେଳେ ସେ ନିହତ ହେଲେ ସେତେବେଳେ ତାଙ୍କର ବୟସ ୨୭ ବର୍ଷ ପାଞ୍ଚମାସ ହୋଇଥିଲା। ତାଙ୍କର ସାଥୀମାନେ ତାଙ୍କ ସହିତ ମିଶି ଲଢୁଥିଲେ ଏବଂ ତାଙ୍କର କବିତା ଗାଇ ଗାଇ ମୃତ୍ୟୁବରଣ କରିଥିଲେ। ମୁଁ ଆଜି ରାତିରେ ଖରିସ୍ତୋ ବୋତିଫ୍‌ଙ୍କର ଗୋଟିଏ କବିତା ଅନୁବାଦ କରିଛି।

ଆଜି ସନ୍ଧ୍ୟାରେ ବହୁତ ଜୋର୍‌ରେ ବର୍ଷା ହେଲା। ବାହାରକୁ ଯାଇ ପାରିଲି ନାହିଁ। ହୋଟେଲ୍ ରୁମ୍‌ରେ ବସି ବୁଲ୍‌ଗେରିଆର ଖଣ୍ଡିଏ ପ୍ରସିଦ୍ଧ ଉପନ୍ୟାସ 'ଅଣ୍ଡର୍ ଦି ୟୋକ୍' ପଢୁଥିଲି। ଉପନ୍ୟାସର ମୁଖ୍ୟ ନାୟିକାର ନାମ ରାଧା ଦେଖି ଆଶ୍ଚର୍ଯ୍ୟ ହୋଇଗଲି। କେତେ ଜାଗାରେ ରାଧିକା ବି ଲେଖା ହୋଇଛି। ରାତିରେ ଖାଇଲା- ବେଳେ ମୋର

ଦୋଭାଷୀଙ୍କୁ ହସି ହସି କହିଲି-ରାଧା କିପରି ବୁଲ୍‌ଗେରିଆନ୍ ହୋଇଗଲେ ? କୃଷ୍ଣ ତ ଭାରତର ଥିଲେ । ବୋଧହୁଏ କୃଷ୍ଣଙ୍କୁ ଭେଟିବା ପାଇଁ ରାଧା ବୁଲ୍‌ଗେରିଆରୁ ହିଁ ଯାଇଥିଲେ !

ଜୁନ୍ ୧୩

ସକାଳେ ଏକ ସଂବାଦପତ୍ରର ଜଣେ ସଂପାଦକ ମୋର ଗୋଟିଏ କବିତାର ଅନୁବାଦ କଲେ-

ଚନ୍ଦ୍ର ସୂର୍ଯ୍ୟ ଦୁଇଟି ଦୁଆତରେ
କଲମ ବୁଡ଼ାଇ ନେଲି ।
ଶାସକ ବନ୍ଧୁଗଣ !
ଗୁଳି ବନ୍ଧୁକ ଆଉ ଆଟୋମ ଚଳାଇବା ଆଗୁ
ଏହି ଚିଠି ପଢ଼ି ନିଅ
ବୈଜ୍ଞାନିକ ବନ୍ଧୁଗଣ !
ଗୁଳି ବନ୍ଧୁକ ଓ ଆଟୋମ୍ ତିଆରି କରିବା ଆଗୁ
ଏହି ଚିଠି ପଢ଼ି ନିଅ
ତାରାର ଅକ୍ଷର ଆଉ
କିରଣର ଭାଷା
ଯଦି ପଢ଼ି ପାରୁ ନାହିଁ
କେହି ଆଂଶିକ ଅଦିବ୍‌ଠାରୁ ପଢ଼ାଇ ନିଅ
ଅଥବା ନିଜର ପ୍ରିୟତମଠାରୁ ପଢ଼ାଇନିଅ ।

ଆଜି ଦିପହରେ ବୈଦେଶିକ ଓ ସାଂସ୍କୃତିକ ବିଭାଗ ତରଫରୁ ମୋତେ ବିଦାୟ ଭୋଜି ଦିଆଗଲା ବେଳେ ସେଠାରେ କେତେକ କବି ମଧ୍ୟ ଉପସ୍ଥିତ ଥିଲେ । ସେମାନଙ୍କ ଭିତରେ ଥିଲେ ବୁଲ୍‌ଗେରିଆର ଅଧିକ ପ୍ରସିଦ୍ଧ କବୟିତ୍ରୀ ଏଲିଶ୍ୱେତା ବାଗରିଆନା ଏବଂ ଥିଲେ ଡୋରାଗାବେ । ଆମର ବନ୍ଧୁତ୍ୱର ଟୋଷ୍ଟ ପେସ୍ କରାଗଲା । ଡୋରାଗାବେ ମହିଳା କବି ହୋଇଥିବାରୁ ଜଣେ ମହିଳା ପ୍ରଧାନମନ୍ତ୍ରୀଙ୍କ ପ୍ରତି ମାନ୍ୟତା ଦେଖାଇ ଇନ୍ଦିରାଗାନ୍ଧୀଙ୍କ ନାମରେ ଟୋଷ୍ଟ ପେସ୍ କଲେ । ମୁଁ ମୟୂର ପୁଚ୍ଛର ଏକ ପଙ୍ଖା ଉପହାର ଦେଇ ଶାନ୍ତି ପାଇଁ ଟୋଷ୍ଟ ପେସ୍ କରି କହିଲି-ଏହି ରଙ୍ଗିନ୍ ପର ଆମ ଦେଶର ରାଷ୍ଟ୍ରୀୟ ପକ୍ଷୀର । ଆମେ ସାରା ଦୁନିଆରେ ଶାନ୍ତି ଚାହୁଁ କି ଯାହା ଫଳରେ ଆମର ରାଷ୍ଟ୍ରୀୟ ପକ୍ଷୀ ଦୁନିଆର ଅଙ୍ଗନରେ ନାଚିପାରିବ ।

ସନ୍ଧ୍ୟା ହେଲାକ୍ଷଣି ମସ୍କୋ ୟୁନିଭର୍ସିଟି ପରୀ ମହଲ ଭଳି ଝଲମଲ୍ ଦିଶେ ।

ଠିକ୍ ତା ସାମ୍ନାରେ ଠିଆହୋଇ ସେହି ଉଚ୍ଚ ଜାଗାରୁ ତଳେ ବହୁଥିବା ମସ୍କୋନଦୀ ଆଡ଼କୁ ଦେଖିଲେ ନଦୀର ବାହୁରେ ଲେପଟି ରହିଥିବା ସହରର ସାଜସଜ୍ଜା ବି ଆଖିରେ ପଡ଼େ। ଏକ ସୁନ୍ଦର ବାସ୍ତବିକତା-ଯୁଦ୍ଧର ଖୁଣୀ ଦରିଆକୁ ପହଁରି ଏବଂ ଭୋକର ମରୁସ୍ଥଳକୁ ଚିରିଦେଇ ପାଇଥିବା ବାସ୍ତବତା। ସେପ୍ଟେମ୍ବର ୨୫ ତାରିଖରେ ଜର୍ଜିଆର ଏକ ପ୍ରିୟ କବି ସୋତାରୁସ୍ତାଭେଲିଙ୍କ ଜନ୍ମ ଦିନର ଆଠଶହବାର୍ଷିକୀ ପାଳନ କରାଯାଉଛି। ସେତେବେଳର ଶାସକମାନେ ଯେତେବେଳେ ତାଙ୍କୁ ଦେଶରୁ ବାହାର କରିଦେଇଥିଲେ, ସେତେବେଳେ ସେମାନେ କ'ଣ ଜାଣିଥିଲେ ଯେ ସମୟର ସାଗରରେ ଶୁଭ୍ରସ୍ନାତହୋଇ ତାଙ୍କ କାହାଣୀ ଏକ ଜଳପରୀ ଭଳି ବାହାରି ଆସିବ!

ସେତେବେଳେ ଦେଶରେ ତାଙ୍କ ନାମ ଧରିବା ବି ଦୋଷାବହ ଥିଲା। ସେଥିପାଇଁ ଲୋକମାନେ ତାଙ୍କ ରଚନାକୁ କଣ୍ଠସ୍ଥ କରିଦେଇଥିଲେ। ରୁସ୍ତାଭେଲଙ୍କର ସମସ୍ତ କାବ୍ୟକୁ ମୁଖସ୍ଥ କରିଥିବା ଜର୍ଜିଆର ଦୁଇଜଣ ବ୍ୟକ୍ତିଙ୍କୁ ଆଜି ସମ୍ମାନିତ କରାଗଲା। ତବ୍‌ଲିସିର ଗୋଟିଏ ଉଚ୍ଚା ପାହାଡ଼ ଉପରେ ଜଣେ ଜର୍ଜିଆନ୍ ନାରୀର ମୂର୍ତ୍ତି ରଖାଯାଇଛି। ତାହାର ଏକ ହାତରେ ତଲ୍‌ବାର ଏବଂ ଅନ୍ୟ ହାତଟିରେ ଅଛି ଅଙ୍ଗୁର ରସରେ ଭରା ପିଆଲା। ତଲବାର ଶତ୍ରୁଙ୍କ ପାଇଁ ଏବଂ ଅଙ୍ଗୁର ରସର ପିଆଲା ଦେଶମିତ୍ରଙ୍କ ପାଇଁ ଉପହାର।

ଆଜି ଷଷ୍ଠ ଶତାବ୍ଦୀର ଏକ ଚର୍ଚ୍ଚା ଦେଖିଲି, ଯାହାକୁ ଅଷ୍ଟାଦଶ ଶତାବ୍ଦୀରେ ଗୋଟିଏ କାରାଗାରରେ ପରିଣତ କରାଯାଇଥିଲା। ମେକ୍‌ସିମ୍ ଗର୍କି ମଧ୍ୟ ଏଠାରେ ବନ୍ଦୀ ହୋଇ ରହିଥିଲେ।

ତବ୍‌ଲିସ୍‌ରୁ ୧୬୦ କିଲୋମିଟର ଦୂରରେ ବାରଯୋମି ଉପତ୍ୟକା ଆଡ଼କୁ ଗଲାବେଳେ ରାସ୍ତାରେ ଗୋରି ଗାଁ ପଡ଼ିଲା। ଏଠାରେ ଷ୍ଟାଲିନ୍‌ଙ୍କର ଜନ୍ମ ଗୃହ ଦେଖିଲି।

ବିଶ୍ୱର ପ୍ରତ୍ୟେକ ଦେଶରୁ ଲେଖକମାନେ ଆସିଛନ୍ତି। ସନ୍ଧ୍ୟାରେ ଲେଖକ ସମ୍ମିଳନୀର ବ୍ୟବସ୍ଥା ହୋଇଥିଲା। ପ୍ରତ୍ୟେକ ଦେଶର ଲେଖକ ବର୍ତ୍ତମାନଠାରୁ ଅଧିକ ସୁନ୍ଦର ଜୀବନର ଆଶାରେ କିଛି କିଛି କହିଲେ। କିନ୍ତୁ ଯେତେବେଳେ ଭିଏତ୍‌ନାମର କବି ଚେ ଲିନ୍ ଦିନ୍ ଉଠି ଠିଆହେଲେ ସେତେବେଳେ ସମସ୍ତଙ୍କ ହୃଦୟ ଚହଲିଗଲା। ସେ କହିଲେ, ଆମର କବିତା ଲହୁର ଦରିଆରେ ଭାସୁଛି। ଆଜି ସେ ହତିଆରର କଥା କହୁଛି, କାରଣ କେବେ ପୁଣି ଫୁଲର କଥା କହିପାରିବ ବୋଲି। ଆମର ସୈନ୍ୟମାନେ ରଣକ୍ଷେତ୍ରକୁ ଗଲାବେଳେ ଲୋକେ କବିତା ଲେଖି ତାଙ୍କ ପକେଟରେ ରଖିଦେଉଛନ୍ତି। କବିତା ରଖା ହୋଇଥିବା ସେହି ପକେଟର ଆମେ କୁଶଳ କାମନା କରୁଛୁ। ଆଜି ଯଦି ଆମେ କବିତାକୁ ବଂଚାଇ ରଖିପାରିବୁ, ତେବେ ବୁଝିବାକୁ ହେବ ଯେ ମଣିଷକୁ ବଂଚାଇଦେଲୁ।

ସେତେବେଳେ ମୋର ଆଖି ଛଳଛଳ ହୋଇଗଲା। ଭିଏତ୍‌ନାମ୍‌ର ସେହି କବି ମୋ ପାଖକୁ ଆସି କହିଲେ-ଆପଣ ଭାରତବର୍ଷରୁ ଆସିଛନ୍ତି ନା ? ଆପଣଙ୍କ ନାମ ଅମୃତା ? ମୁଁ ବିସ୍ମିତ ହେବାରୁ ସେ କହିଲେ-ଭିଏତ୍‌ନାମ୍‌ରୁ ଆସିଲା ବେଳେ ଆମର ପ୍ରସିଦ୍ଧ କବି ସ୍ୱନ ଦିୟାଓ ମୋତେ କହିଥିଲେ-ଭାରତବର୍ଷରୁ ଯଦି କୌଣସି ନାରୀ ଆସିଥିବେ ତ ତାଙ୍କ ନାମ ଅମୃତା ହୋଇଥିବ। ତାଙ୍କୁ ମୋ' କଥା ସ୍ମରଣ କରାଇଦେବ।

ମୋ ଅନ୍ତରରୁ ଏକ ପ୍ରାର୍ଥନା ଉଦ୍ରେକ ହେଲା-ଦୁନିଆର ସବୁ ସୁନ୍ଦର କବିତା ଏକତ୍ରିତ ହୋଇ ଭିଏତ୍‌ନାମ୍‌କୁ ରକ୍ଷାକରୁ।

ଆଜି ଆର୍ମେନିଆର ରାଜଧାନୀ ୟେରୋଭାନ୍‌ରେ ସେଠାର ପୁରାତନ ହସ୍ତଲିଖିତ ଲିପିର ସଂଗ୍ରହାଳୟ ଦେଖିଲି। ଏଠାର ଲୋକମାନେ ପୃଥିବୀର ଅନେକ ଜାଗାରେ ରହିଛନ୍ତି। ଏମାନଙ୍କ ଭିତରୁ ଦକ୍ଷିଣ ଭାରତରେ ରହିଥିବା କେତେକ ଲୋକ ତାମିଲ ଭାଷାରେ ଯେଉଁ ଇତିହାସ ଲେଖିଥିଲେ, ତାହା ମଧ୍ୟ ଏଠାରେ ସୁରକ୍ଷିତ ହୋଇ ରହିଛି।

ଆଜି ତ୍ରୟୋଦଶ ଶତାବ୍ଦୀର ଏକ ଗିର୍ଜାଘର ଦେଖିଲି। ଏକ ପାହାଡ଼ର ଶିଖରକୁ କାଟି ଏହାକୁ ତିଆରି କରାଯାଇଛି। ଦେଖିଲି ଉଚ୍ଚ ଚଉତରା ଉପରୁ ଏକ ଛୋଟ ସିଢ଼ି ପଥରର ଏକ ଗୁମ୍ଫା ଆଡ଼େ ପଡ଼ିଛି। ତାହା ଦେଖି ମୁଁ ଉଲ୍ଲସିତ ହେଲି। କୁଣ୍ଠିତ ଭାବେ ଜଣକୁ ପଚାରିଲି-ମୁଁ କଣ ୟା ଭିତରକୁ ଯାଇପାରେ ? ସେହି ସ୍ଥାନଟି ମୋତେ ତା ଆଡ଼କୁ ଆକର୍ଷଣ କରୁଥିଲା। କିନ୍ତୁ ନିଜେ ନିଜକୁ କହିଲି-ବୋଧହୁଏ ନୁହଁ। କାରଣ ଦେଖିଲି, ଲୋକେ ସେହି ଚଉତରାକୁ ଚୁମୁଛନ୍ତି। ବୋଧହୁଏ ତା ଉପରେ ପାଦ ରଖି ଆଗକୁ ଯାଇହେବ ନାହିଁ। କିନ୍ତୁ ମୋତେ ଉତ୍ତର ମିଳିଲା-ଏହି ଗୁମ୍ଫା ଭିତରେ ଏକ ନିଭୃତ ସ୍ଥାନ ଅଛି। ଆକ୍ରମଣକାରୀଙ୍କ ଦୃଷ୍ଟି ଅନ୍ତରାଳରେ ଆମର ଲେଖକମାନେ ଦୀପ ଜଳାଇ ଏଠାରେ ସମୟର ଇତିହାସ ଲେଖୁଥିଲେ। ଆପଣ ଏହି ଚଉତରା ପାରିହୋଇ ଯେତେବେଳେ ଇଚ୍ଛା ଗୁମ୍ଫା ଭିତରେ ବସିପାରନ୍ତି।

ତବ୍‌ଲିସିରେ ବ୍ରିଟେନର ଜଣେ ଲେଖକ ମୋତେ ପଚାରିଲେ-ଆପଣ କୌଣସି ଦେଶର ଲୋକଙ୍କ ପ୍ରତି ଏକ ବିଶେଷ ଏକାତ୍ମତା ଅନୁଭବ କରିଛନ୍ତି କି ? ମୁଁ ଉତ୍ତର ଦେଇଥିଲି-ଏଭଳି ମୋତେ କୌଣସି ଦେଶରେ କେବେ ଲାଗିନାହିଁ। କିନ୍ତୁ କେତେକ ପୁସ୍ତକର କୌଣସି କୌଣସି ପୃଷ୍ଠା ଏଭଳି ଲାଗିଛି।

ଆଜି ୟେରୋଭାନ୍‌ର ଗୋଟିଏ ଗିର୍ଜା ଘରର ଏକ ଗୁମ୍ଫା ମୋର ମନକୁ ଆଚ୍ଛନ୍ନ କରିଦେଇଛି। ମୁଁ ଭାବୁଛି, କେବଳ ପୁସ୍ତକର ଚରିତ୍ରମାନେ ନୁହଁନ୍ତି, ବିଦେଶର କୌଣସି କୌଣସି ଗଳି କନ୍ଦି ବି ନିଜ ଦେଶ ଭଳି ଅତି ଆପଣାର ଲାଗେ।

୨ ଅକ୍ଟୋବର ୧୯୬୬

ମସ୍କୋରୁ ପ୍ରାୟ ୨୦୦ କିଲୋମିଟର ଲମ୍ବା ରାସ୍ତାର ଦୁଇକଡ଼େ ଗଛ ଭରି ରହିଛି। ଶୁଣିଥିଲି, ରୁଷ୍‌ର ଜଙ୍ଗଲରେ ଶରତର ପତ୍ରଝରା ଦର୍ଶନୀୟ ହୁଏ। ଆଜି ଦେଖୁଛି, ଗଛର ପତ୍ର ସୁନା ପାତିଆ ଭଳି ଝୁଲୁଛି। କେତେଗୁଡ଼ିଏ ଗଛର ଗଣ୍ଡି ଏକ୍‌ବାରେ ଧଳା। ମନେହେଉଛି, ରୁପାର ଗଛରେ ସୁନାର ପତ୍ର ଝୁଲୁଛି। ୟାସ୍ନୋୟା ପୋଲିଆନାରେ ଆଜି ମୁଁ ଟଲ୍‌ଷ୍ଟୟଙ୍କ ଘରେ ଠିଆ ହୋଇଥିଲି। ଏହି ଘରେ ସେ 'ୱାର୍ ଏଣ୍ଡ ପିସ୍' ଉପନ୍ୟାସ ଲେଖିଥିଲେ। ତାଙ୍କ ଶୟନ କକ୍ଷର ପଲଙ୍କ ପାଖରେ ଟଲ୍‌ଷ୍ଟୟଙ୍କର ଏକ ଧଳା କମିଜ୍ ଟଙ୍ଗା ହୋଇଛି। ପଲଙ୍କର ବାଡ଼ରେ ମୁଁ ଗୋଟିଏ ହାତ ରଖି ଠିଆ ହୋଇଥିବା ବେଳେ ଝରକା ବାଟେ ପବନ ବହି ଆସିଲା ଏବଂ ସେହି ଟଙ୍ଗା ହୋଇଥିବା କମିଜର ହାତ ମୋ ଦେହକୁ ଛୁଇଁଦେଲା।

ମୁହୂର୍ତ୍ତକ ପାଇଁ ସମୟର ହାତ ଯେପରି ପଛକୁ ଫେରିଗଲା। ୧୯୬୬, ୧୯୧୦ରେ ପରିଣତ ହୋଇଗଲା। ଆଉ ମୁଁ ଦେଖିଲି ଧଳା କମିଜ ପିନ୍ଧି ସେଇଠି କାନ୍ଥକୁ ଲାଗି ଟଲ୍‌ଷ୍ଟୟ ଠିଆ ହୋଇଛନ୍ତି। ପୁଣି ନିଜକୁ ପ୍ରକୃତିସ୍ଥ କରି ଦେଖିଲି ଘର ଭିତରେ କେହି ନାହାନ୍ତି ଏବଂ ବାଁ ପଟ କାନ୍ଥରେ କେବଳ ଗୋଟିଏ ଧଳା କମିଜ ଟଙ୍ଗା ହୋଇଛି।

୮ ଅକ୍ଟୋବର ୧୯୬୬

'ପୋଏଟ୍ରି ଇଜ୍ ଏ କନ୍‌ଟ୍ରି, ୱିଦାଉଟ ଫ୍ରଣ୍ଟିୟର୍ସ' ଲେଖାହୋଇଥିବା ବ୍ୟାନର୍ ବାନ୍ଧି ପ୍ରତିବର୍ଷ ଅଗଷ୍ଟ ମାସ ଶେଷରେ ଯୁଗୋସ୍ଲୋଭିଆର ଡ୍ରିମ୍ ନଦୀ କୂଳର ସ୍ଟ୍ରଗାରେ କବିମେଳା ହୁଏ। ପ୍ରଥମ ଦିନ କେବଳ ମାସିଡୋନିଆନ ଭାଷାର କବିତା ପଢ଼ାଯାଏ। ଦ୍ୱିତୀୟ ଦିନ ରାତି ଯୁଗୋସ୍ଲାଭ୍ ଭାଷାମାନଙ୍କର ଏବଂ ଅନ୍ୟାନ୍ୟ ବିଦେଶୀ ଭାଷାର କବିମାନଙ୍କ ପାଇଁ ରଖା ଯାଇଥାଏ। ସବୁ କବି ନଦୀର ପୋଲ ଉପରେ ଠିଆହୋଇ କବିତା ପଢ଼ନ୍ତି ଏବଂ ଶ୍ରୋତାମାନେ ଦୁଇ କୂଳରେ ବସି ଶୁଣନ୍ତି। କେତେ ଲୋକ ନୌକାରେ ବସି ମଧ୍ୟ ଶୁଣନ୍ତି। ଜଳନ୍ତା ମଶାଲ ଏବଂ ବିଜୁଳି ଆଲୁଅ ନଦୀରେ ଝଲମଲ୍ ହେଉଥାଏ। ଏହି ରାତିଟି ପରୀରାଇଜ ଭଳି ଲାଗେ। ସମସ୍ତେ ନିଜ ନିଜ ଭାଷାରେ କବିତା ପଢ଼ନ୍ତି ଏବଂ ସେଗୁଡ଼ିକର ଅନୁବାଦ ବିଖ୍ୟାତ ଅଭିନେତା କରନ୍ତି। ଯେତେ-ବେଳେ ଯେଉଁ ଦେଶର କବି କବିତା ପଢ଼ନ୍ତି, ସେତେବେଳେ ସେହି ଦେଶର ଝଣ୍ଡା ଉଡ଼ାଇ ଦିଆଯାଏ। ଆଜି ଏଠାରେ କବିତା ପଢ଼ିବା ମୋ ଜୀବନର ଏକ ସୁନ୍ଦର ଅନୁଭୂତି। ଏଇ ସମସ୍ତ କରତାଳି ଭାରତବର୍ଷ ପାଇଁ-କାଳିଦାସଙ୍କ ଦେଶ ପାଇଁ, ଟାଗୋରଙ୍କ ଦେଶ ପାଇଁ, ନେହେରୁଙ୍କ ଦେଶ ପାଇଁ।

କାଲି ଯେଉଁ କାର୍‌ରେ ଓହରିନ୍‌ରୁ ସ୍କୁପିଆ ଯିବା କଥା ଥିଲା, ସେଥିରେ ଇଥିଓ- ପିଆର ଏକ କବି ଅବରାଜମ୍ମେରୀ ମଧ୍ୟ ଥିଲେ। ଆହୁରି ମଧ୍ୟ ଇଥିଓପିଆର ପ୍ରିନ୍‌ସ ମହତ୍ତେମା ସେଲାସି ଥିଲେ। ଆମେ ବାଟସାକ ଶତୃଗାର କବିତା ସମ୍ମିଳନୀ ବିଷୟରେ କଥାବାର୍ତ୍ତା କରି ଚାଲିଥିଲୁ। ବାଟରେ ଗୋଟିଏ ଜାଗାରେ ଅଟକି ବିଅର ପିଉ ପିଉ ଇଥିଓପିଆର ପ୍ରିନ୍‌ସ କହିଉଠିଲେ, "ଆପଣ କବିମାନେ ଭାଗ୍ୟବାନ୍। ଆପଣମାନଙ୍କର ପ୍ରକୃତ ସଂସାର ଗଢ଼ି ନ ଉଠିଲେ ବି କଳ୍ପନାର ସଂସାର ଗଢ଼ିଦିଅନ୍ତି। ମୁଁ କୋଡ଼ିଏ ବର୍ଷକାଳ ଭାୟୋଲିନ୍ ବଜାଉଥିଲି। ତାରି ତାରଗୁଡ଼ିକର ପ୍ରେମରେ ପଡ଼ିଯାଇଥିଲି। କିନ୍ତୁ ଯୁଦ୍ଧରେ ମୋ ଡାହାଣ ହାତରେ ଗୁଳି ବାଜିବା ପରେ ମୁଁ ଆଉ ଭାୟୋଲିନ୍ ବଜାଇପାରିଲିନି। ମୋ ଛାତି ଭିତରେ ସଙ୍ଗୀତ ଜମାଟ ବାନ୍ଧିଯାଇଛି।"

ଇତିହାସ ଚୁପ୍ ରହିଛି। ମୁଁ ବି କାଲିଠାରୁ ଚୁପ୍ ଅଛି। ସଙ୍ଗୀତ ପ୍ରେମୀର ହାତରେ ଗୁଳି କାହିଁକି ବାଜେ, ଏହାର ଉତ୍ତର କାହାରି ପାଖରେ ନାହିଁ। ଏହି ପ୍ରଶ୍ନ ସାମ୍ନାରେ କେବଳ ନୀରବତାର ଏକ ଅନ୍ଧ ଗଳି ରହିଛି।

ପ୩୦ ଅଗଷ୍ଟ ୧୯୬୬

ବେଲଗ୍ରେଡ୍‌ଠାରୁ ପ୍ରାୟ ଶହେ ମାଇଲ ଦୂର କାରାଏବାଚ ସହରର ବାହାରେ ଠିଆ ହୋଇ ମୋ ସାମ୍ନାରେ ବହୁଦୂର ପର୍ଯ୍ୟନ୍ତ ଏକ ନିର୍ଜନ ସବୁଜ ଭୂମି ଦେଖୁଛି। ଏଠାରେ ଦୁଇଟି ସବୁଜ ପକ୍ଷ ଦେଖୁଛି। ଅଠର ଗଜ ଲମ୍ବା ଏବଂ ଭୂମି ଉପରୁ ଦଶଗଜ ଉଚ୍ଚ। ୧୯୪୫ ଅକ୍ଟୋବର ୨୫ ତାରିଖରେ ଏକ ସ୍କୁଲରେ ପ୍ରାୟ ତିନିଶହ ପିଲା ପାଠ ପଢୁଥିଲେ। ସେତିକିବେଳେ ଜର୍ମାନୀ ଫୌଜ୍ ସେମାନଙ୍କୁ ଘେରିଯାଇ ମାଷ୍ଟରମାନଙ୍କ ସହ ପ୍ରତି ପିଲାକୁ ଗୁଳି କରିଦେଲେ। ଏହି ପଥରର ପକ୍ଷ ସେହି ତିନିଶହ ମୃତ ପିଲାଙ୍କର ସ୍ମାରକୀ।

ସେଦିନ ସାରା ସହରର ସାତ ହଜାର ଲୋକଙ୍କୁ ହତ୍ୟା କରାହୋଇଥିଲା। ସେହି ସାତହଜାର କବର ଉପରେ ସ୍ମାରକ ଭାବେ ଠିଆ ହୋଇଛନ୍ତି ପଥରର ଏକ ନାରୀ ଏବଂ ଏକ ପୁରୁଷ ମୂର୍ତ୍ତି। ଏଠାରେ ଠିଆହୋଇ ମନେହେଲା, ସେହି ମୃତ ବ୍ୟକ୍ତିମାନଙ୍କର ହୃତ୍‌ସ୍ପନ୍ଦନ ଏହି ମୂର୍ତ୍ତିରେ ରୂପ ନେଇଛି-ଅବା ସେମାନଙ୍କ ଛାତିରେ ପଥର ଖଣ୍ଡେ କେହି ବିଂଧି ଦେଇଛି କି ?

ପ୩୧ ଅଗଷ୍ଟ ୧୯୬୭

ହଙ୍ଗେରିଆନ୍ କବି ବିହାରବେଲାଙ୍କ ସହିତ ଦେଖା ହେବାରୁ ସେ କହିଲେ, କୌଣସି ଆକ୍ରମଣକାରୀ ଯେତେବେଳେ ଧରଣୀର ଯେଉଁଠି ପାଦରଖେ ସେତେବେଳେ

ପ୍ରଥମେ ସେଠାର ପୁସ୍ତକ ଆଲମାରୀଗୁଡ଼ିକ କମ୍ପି ଉଠନ୍ତି। କିନ୍ତୁ ଯେତେବେଳେ କୌଣସି କବି ସେଠାରେ ପାଦରଖନ୍ତି, ସେତେବେଳେ ପ୍ରଥମେ ସେଠାର ପୁସ୍ତକ ଆଲମାରୀଗୁଡ଼ିକ ଆହୁରି ବଡ଼ହୋଇଯା'ନ୍ତି।

ତାଙ୍କର ଏହି ମଧୁର ସ୍ୱାଗତ ପରେ ମୁଁ ସେହି ମେସିନ୍ ଦେଖିଲି, ଯେଉଁଥିରେ ୧୮୪୮ ମାର୍ଚ୍ଚ ୧୫ ତାରିଖରେ ସାନ୍ଦୋରପାତୋଫିସ୍‌କ ବିଦ୍ରୋହପୂର୍ଣ୍ଣ କବିତା ଛପା ହୋଇଥିଲା। ଏହା ବର୍ତ୍ତମାନ ସେଠାର ରାଷ୍ଟ୍ରୀୟ ସଙ୍ଗୀତ। ଆଜି ୟାନୋଦକାରୋଦ୍‌ଙ୍କ ସହିତ ସାକ୍ଷାତ ମୋ' ମନରେ ଚିରସ୍ମରଣୀୟ ହୋଇ ରହିବ। ଷ୍ଟାଲିନ୍‌ଙ୍କ ମୃତ୍ୟୁ ପର୍ଯ୍ୟନ୍ତ ଏହି କବିଙ୍କର ଖଣ୍ଡିଏ ବି ପୁସ୍ତକ ଛପା ହୋଇ ପାରିନଥିଲା। ସେ ସାଇବେରିଆରେ ଚାରିବର୍ଷ ଯୁଦ୍ଧ ବନ୍ଦୀ ହୋଇ ରହିଥିଲେ। ୧୯୪୮ରେ ସେ ଖଲାସ୍ ହେଲାବେଳକୁ, ତାଙ୍କ ପକେଟରୁ କେତେକ କବିତା ବାହାରିଲା। ସେଥିପାଇଁ ତାଙ୍କୁ ଆଉ ବର୍ଷେ ପୁଣି ଜେଲ୍‌ରେ ଭର୍ତ୍ତି କରିଦିଆଗଲା।

ଆଜି ବୁଦାପେଷ୍ଟ ରେଡ଼ିଓରେ ପଢ଼ିବା ପାଇଁ ଏବଂ ହଙ୍ଗେରିଆନ୍ ଲେଖକ ସଭାରେ ପଢ଼ିବା ପାଇଁ ମୁଁ ମୋର କବିତା ବାଛିଲି। ମୁଁ ଖୁସିହେଲି ଯେ ସେମାନେ ମୋ' ଠାରୁ ସମାଜବାଦୀ ଚିନ୍ତାଧାରାର କବିତା ଚାହିଁଲେ ନାହିଁ। ମୁଁ ଯେଉଁ କବିତା ବାଛିଥିଲି ତାହାକୁ ହିଁ ସାଣ୍ଡୋର୍ ରାକେଶ୍ ଅନୁବାଦ କଲେ।

ଲେଖକ ୟୁନିୟନ କାର୍ଯ୍ୟାଳୟରେ ସେଠାର ଯଶସ୍ୱୀ କବି ଗାନୋର୍ ଗାରାଇଙ୍କ ସହ ସାକ୍ଷାତ କଲାବେଳେ ଅଚାନକଭାବେ ଗତବର୍ଷ ଜର୍ଜିଆରେ ଦେଖାହୋଇଥିବା ଫ୍ରାନ୍‌ସର ଜଣେ କବିଙ୍କ ସହ ଭେଟ ହୋଇଗଲା। ସେ ମୋ' ଡାଏରୀରେ ଲେଖିଥିଲେ, "ମୁଁ ଯଦି ଆସନ୍ତା ବର୍ଷ ତୁମକୁ ପ୍ୟାରିସ୍‌ରେ ଭେଟିପାରନ୍ତି..." ଆଜି ପ୍ରଥମ କରି ସେ ଯେତେବେଳେ ମୋ' କବିତାଗୁଡ଼ିକ ପଢ଼ିଲେ ସେତେବେଳେ ଆନନ୍ଦରେ କହି ଉଠିଲେ, "ପ୍ରକୃତରେ ଏହି କବିତା ଗୁଡ଼ିକ ହିଁ କବିତା। ମୋ'ର ଡରଥିଲା, ଆପଣ କେବଳ ସମାଜବାଦୀ କବିତା ଲେଖୁଥିବେ।" ତାଙ୍କ କଥା ଶୁଣି, ଖାଲି ମୁଁ ନୁହେଁ, ମୋ' ପାଖରେ ବସିଥିବା ହଙ୍ଗେରିଆନ୍ କବି ବି ଖିଲ୍‌ଖିଲ୍ ହୋଇ ହସିଉଠିଲେ।

ଜଣେ କବୟିତ୍ରୀ କହୁଥିଲେ, "ପୂରା ଦଶବର୍ଷ ଆମକୁ ନୀରବତାର ଏକ ଦୀର୍ଘ ଗୁମ୍ଫା ଦେଇ ଯିବାକୁ ପଡ଼ିଲା। ବର୍ତ୍ତମାନ ସ୍ୱୀକୃତମାନରୁ ଅଲଗା ଭାବରେ ଲେଖା ହୋଇଥିବା କବିତା ମଧ୍ୟ ଛପାହେବା ସମ୍ଭବ ହେଲାଣି।

ଆଜି ବୁଦାପେଷ୍ଟରୁ କୋଡ଼ିଏ ମାଇଲ୍ ଦକ୍ଷିଣକୁ ବାଲାଟୋନ୍ ହ୍ରଦ ଦେଖିଲି, ଯାହା କୂଳକୁ ୧୯୨୬ ନଭେମ୍ବର ୬ ତାରିଖରେ ରବୀନ୍ଦ୍ରନାଥ ଠାକୁର୍ ଆସିଥିଲେ। ସେଠାରେ ଏକ ବୃକ୍ଷ ରୋପଣ କରି ସେ ଗୋଟିଏ କବିତା ଲେଖିଥିଲେ-ମୁଁ

ଯେତେବେଳେ ଏ ଧରଣୀରେ ରହିବି ନାହିଁ, ସେତେବେଳେ ମୋର ଏଇ ବୃକ୍ଷ ବି ତୁମ୍ଭକୁ ନବପଲ୍ଲବ ଦେବ ଏବଂ ଏହି ରାସ୍ତାରେ ଯାଉଥିବା ପଥିକକୁ କହିବ, ଜଣେ କବି ଏ ଧରଣୀକୁ ଭଲପାଇଥିଲେ ।

ବୃକ୍ଷ ପାଖରେ ହିଁ ରବୀନ୍ଦ୍ରନାଥ ଠାକୁରଙ୍କର ଏକ ମୂର୍ତ୍ତି ରହିଛି ଏବଂ ସେହି ମୂର୍ତ୍ତି ନିକଟରେ ଏକ ଧଳା ପଥରରେ ଏହି ପଂକ୍ତିଗୁଡ଼ିକ ଖୋଳାଯାଇଛି । ଏଥିରେ ତାରିଖ ପଡ଼ିଛି - ୮ ନଭେମ୍ବର ୧୯୨୬ । ବୃକ୍ଷରୁ ଏକ ପତ୍ର ଆଣି ଦେଖିଲି- ମନେହେଲା ସେଥିରେ ଲେଖାହୋଇଛି-୮ ସେପ୍ଟେମ୍ବର ୧୯୬୬-ଆଜିର ତାରିଖ ।

ହଙ୍ଗେରିଆନ୍ ସାହିତ୍ୟର ସବୁଠାରୁ ଶ୍ରେଷ୍ଠ ପୁରସ୍କାର ସେଠାର ବିଖ୍ୟାତ୍ କବି ଆତିଲାୟୋଜେପ୍‌ଙ୍କ ନାମାନୁସାରେ ରଖାଯାଇଛି । ତାଙ୍କର କବିତା ଅନୁବାଦ କଲାବେଳେ, ମୁଁ କିଛି ସମୟ ପାଇଁ ସେହି ରେଳଲାଇନ୍ ପାଖକୁ ଯାଇଥିଲି, ଯେଉଁଠି ତିରିଶ ବର୍ଷ ତଳେ ସେ ଆତ୍ମହତ୍ୟା କରିଥିଲେ । ସେ ସେଇ ଯୁଗରେ ଜନ୍ମ ହୋଇଥିଲେ- ଯେତେବେଳେ ବ୍ୟକ୍ତିର ବାକ୍‌ସ୍ୱାଧୀନତାର ଦୋଷକୁ କ୍ଷମା କରାଯାଉନଥିଲା ।

ଅତିଲାଙ୍କ କବିତା ଗୁଡ଼ିକ ଖୁବ୍ ସୁନ୍ଦର । ସେଥିରେ ଯେଭଳି ତେଜ ଅଛି, ସେଭଳି କୋମଳତା ବି ଅଛି । ତାଙ୍କ ଅନ୍ତିମ ଦିନର ଗୋଟିଏ କବିତାର ଦି'ଧାଡ଼ି- "ଦୁଧର ଦାନ୍ତରେ ତୁ ପଥରକୁ ଭଙ୍ଗିବାକୁ ଚାହୁଁ, ସୁଖ ସ୍ୱପ୍ନ ଦେଖିବା ପାଇଁ କ'ଣ ରାତି ତତେ ନିଅଣ୍ଟ ପଡ଼ିଲା ?"

ମୁଁ ଆଜି ରୋମାନିଆର ସେହି ଚର୍ଚ୍ଚ ଦେଖିଲି, ଯେଉଁଠାରେ ରୁଷୀୟ କବି ପୁସ୍କିନ୍‌ଙ୍କୁ ଭଲପାଉଥିବା ଗ୍ରୀକ୍ ଯୁବତୀ କାଲିଫ୍ ସୋ'ର ଖପୁରି ରଖାଯାଇଛି । ରୋମାନିଆର ଏକ ଭାଗ ଗୋଟିଏ ସମୟରେ ଗ୍ରୀକ୍‌ମାନଙ୍କ ଅଧୀନରେ ଥିଲା । ୧୮୩୨ରେ ଗ୍ରୀକ୍- ମାନଙ୍କ ଆଧିପତ୍ୟ ବିରୁଦ୍ଧରେ ଯେତେବେଳେ ଏଠାରେ ବିଦ୍ରୋହ ହେଲା, ସେତେବେଳେ ସେହି ବିଦ୍ରୋହୀଙ୍କ ଭିତରେ ଏହି ଝିଅଟି ଥିଲା । ସେମାନେ ଯେତେବେଳେ ରୁଷର ଦକ୍ଷିଣ ଭାଗରେ ଶରଣ ନେଲେ, ସେତେବେଳେ ପୁସ୍କିନ୍‌ଙ୍କ ସହ ତା'ର ଦେଖା ହୋଇଥିଲା । କିନ୍ତୁ କାଲିଫ୍ ସୋ ଏଭଳି ଏକ କବିତା ଥିଲା, ଯାହାକୁ ଲେଖିବା ପାଇଁ ପୁସ୍କିନ୍‌ଙ୍କ ପାଖରେ କାଗଜ ନଥିଲା । ସେ ନିରାଶ ହୋଇ ଫେରି ଆସିଥିଲା । ଗୀର୍ଜା ଭିତରେ ସ୍ତ୍ରୀଲୋକମାନେ ରହିବା ବାରଣ ଅଛି । ତେଣୁ ସେ ଏକ ପୁରୁଷ ସାଧୁ ବେଶରେ ତା' ଭିତରେ ରହୁଥିଲା । କୁହାଯାଏ ଯେ, କେବଳ ମୃତ୍ୟୁ ବେଳକୁ ଜଣାଗଲା ଯେ ସେ ସ୍ତ୍ରୀଲୋକ । ୧୮୪୦ରେ ନିଜ ଜୀବନକୁ ନିଜ ହାତରେ ସମାପ୍ତ କଲାବେଳେ ସେ ଏକ ପତ୍ର ଲେଖିଥିଲା ଏବଂ ତକିଆ ପାଖରେ ରଖିଦେଇଥିଲା ।

ଗୀର୍ଜା ଭିତରେ ଠିଆ ହୋଇଥିଲି। କିଛି ଗୋଟାଏ ଶବ୍ଦ ଶୁଣାଗଲା। ଜାଣେ ନାହିଁ ଏହା ବୃକ୍ଷରୁ ପତ୍ର ଝରିବାର ଶବ୍ଦ କି ସମୟର ଅଞ୍ଚଳରୁ ଖସିପଡୁଥିବା କାଲିଫ୍ ସୋର ପତ୍ରର ଶବ୍ଦ।

ଅକ୍ଟୋବର ୯, ୧୯୬୭

ପରିଶ୍ରମ କରିବାର ଅଭ୍ୟାସ ଆଜି ମୋର କାମରେ ଲାଗିଲା। ଯେଉଁ ଦେଶକୁ ଯାଇଛି, ସେଠାରେ ଅତି କମ୍‌ରେ ୧୦ଟି ଶ୍ରେଷ୍ଠ କବିତା ଏବଂ କିଛି କାହାଣୀ ନିଶ୍ଚୟ ଅନୁବାଦ କରୁଛି। ସେଥିପାଇଁ ସେ ଦେଶର ଲେଖକ ମାନଙ୍କ ସଂପର୍କରେ ଅନେକ କଥା ଜାଣିପାରୁଛି। କାଲି ରୁମାନିଆରୁ ବୁଲ୍‌ଗେରିଆରେ ପହଞ୍ଚିବା ପରେ ଜାଣିଲି ଯେ ଆମର ପ୍ରଧାନମନ୍ତ୍ରୀ ବି ଏଠାକୁ ଆସିଛନ୍ତି। ଆଜି ତାଙ୍କ ତରଫରୁ ଏଠାର ପ୍ରେସିଡେଣ୍ଟଙ୍କୁ ନିମନ୍ତ୍ରଣ କରାଯାଇଥିଲା। ସେଠାରେ ଅନ୍ୟ ଏକ ରୁମ୍‌କୁ ଡାକିନେଇ ଇନ୍ଦିରାଜୀ ଯେତେବେଳେ ପ୍ରେସିଡେଣ୍ଟଙ୍କ ସହିତ ମୋର ପରିଚୟ କରାଇଦେଲେ, ସେତେବେଳେ ବୁଲ୍‌ଗେରିଆର ସାହିତ୍ୟ ସଂପର୍କରେ ମୁଁ ତାଙ୍କୁ ଅନେକ କଥା କହିଲି। ତାଙ୍କ ଦେଶ ବିଷୟରେ ମୁଁ ଏତେ କଥା ଜାଣିଛି ଦେଖି ସେ ବିସ୍ମିତ ହୋଇଗଲେ !

୧୫ ଅକ୍ଟୋବର ୧୯୬୭

ଅକ୍ଟୋବର ୨୧ ତାରିଖରେ ଯୁଗୋସ୍ଲୋଭିଆର ଯେଉଁ କାଗୁଏବାଦ୍ ସହରରେ ଜର୍ମାନୀ ସୈନ୍ୟମାନେ ଗୋଟିଏ ଦିନରେ ସାତ ହଜାର ଲୋକଙ୍କୁ ହତ୍ୟା କରିଥିଲେ, ସେହିଠାର ନାଗରିକମାନେ ମୋତେ ନିମନ୍ତ୍ରଣ କରିଥିଲେ। ମୁଁ ସେଠାକୁ ଯାଇ ବିଶାଙ୍କା ମେକ୍‌ସି ମୋଦିଚ୍‌ଙ୍କ ସେହି ଭୟାନକ ଘଟଣା ସମ୍ପର୍କରେ ଲିଖିତ କବିତାର ପଞ୍ଜାବୀ ଅନୁବାଦ ପଢ଼ିବା ପାଇଁ ସେମାନେ ଚାହୁଁଥିଲେ। କିନ୍ତୁ ବିଭିନ୍ନ ଦେଶ ବୁଲୁବୁଲୁ ଅଢ଼େଇମାସ ବିତିଯାଇଥିଲା। ସେଥିପାଇଁ ଏହି ନିମନ୍ତ୍ରଣକୁ ଅନ୍ୟ କୌଣସି ସମୟ ପାଇଁ ସ୍ଥଗିତ ରଖି ମୁଁ ଜର୍ମାନୀ ଆସିଲି। କିନ୍ତୁ ବିଚିତ୍ର ସଂଯୋଗ ଯେ ଆଜି ସେହି ତାରିଖ-ଅକ୍ଟୋବର ୨୧। ମୋ' ମନ ଏକଥା ଭାବି ଅସ୍ଥିର ହେଲା ଯେ ଯେଉଁ ଦେଶରେ ଏତେ ଲୋକ ନିହତ ହୋଇଥିଲେ, ମୁଁ ସେଠାକୁ ନଯାଇ ହତ୍ୟାକାରୀମାନଙ୍କ ଦେଶକୁ କାହିଁକି ଆସିଲି !

ଆଜି ଫ୍ରାଙ୍କ୍‌ଫୋର୍ଟରେ ଏଠାର ପ୍ରସିଦ୍ଧ ଲେଖକ ହାଇନୋରିସ୍ ବାଉଲ୍‌ଙ୍କୁ ଜର୍ମାନୀର ବୋସର୍ନର ବୋସର୍ନର ପୁରସ୍କାର ମିଳିବାର ଥିଲା ଏବଂ ଏଥିରେ ଯୋଗ ଦେବା ପାଇଁ ମୋତେ ନିମନ୍ତ୍ରଣ ମିଳିଥିଲା। ସେଥିପାଇଁ ଏୟାରପୋର୍ଟରୁ ମୁଁ ସିଧା ସେଠାକୁ ଗଲି। ସେଠାରେ ହାଇମେରିସ୍‌ଙ୍କ ଭାଷଣ ଶୁଣିଲା ପରେ ମନରେ ଟିକିଏ

ଶାନ୍ତି ଆସିଲା। ସେ କହିଲେ, "ଏଠାରେ ଆପଣମାନେ ମୋତେ 'ମାନବିକତା ଭାବନା' ପାଇଁ ସମ୍ମାନ କରୁଛନ୍ତି। କିନ୍ତୁ ଏହି ସମ୍ମାନ ଗ୍ରହଣ କରି ମୁଁ ଖୁସି ହୋଇପାରୁନାହିଁ। ଏଠାରୁ କିଛି ଦୂରରେ ଭିଏତ୍‌ନାମ୍ ଉପରେ ବୋମା ପଡୁଛି-ଅଥଚ ମୁଁ କିଛି କରିପାରୁନାହିଁ।"

ଫ୍ରାଙ୍କ୍‌ଫୋର୍ଟରେ ମୁଁ ଗେଟିଂଙ୍କ ଘର ଏବଂ ସିଲାରଙ୍କ ଘର ଦେଖିଲି। ଏଠାର ଜଣେ ଦାର୍ଶନିକ କହିଥିଲେ, "ଯେଉଁ ଭାଷାର ଲୋକମାନେ ସଂସାରରେ ଏତେ ଜନହତ୍ୟା କରାଇଛନ୍ତି, ସେ ଭାଷାରେ ଏବେ ଆଉ କୌଣସି କବିତା ବା କାହାଣୀ ଲେଖାଯାଇ ପାରିବ ନାହିଁ।" ମୁଁ ଭାବିଲି, ଏଇ ଦେଶ ତ ଦାର୍ଶନିକ ଏବଂ ଭାବୁକଙ୍କ ଦେଶ। ଯେଉଁ ଦେଶରେ ଆଜି ବି ଦୁଃଖ ପାଇଁ ଅଛି ଏତେ ସହାନୁଭୂତି, ଏତେ ସଚେତନତା-ସେ ଭାଷାରେ ତ ସବୁକିଛି ରଚନା କରାଯାଇପାରେ।

ଅକ୍ଟୋବର ୨୬, ୧୯୬୭

ଆଜି ମ୍ୟୁନିକ୍‌ରେ ଅଛି, ଯେଉଁଠି ହିଟ୍‌ଲରଙ୍କ ଟ୍ରାଏଲ୍ ହୋଇଥିଲା। ସହରରୁ କୋଡ଼ିଏ ମାଇଲ୍ ଦୂରରେ ଏକ କନସେନ୍‌ଟ୍ରେସନ୍ କ୍ୟାମ୍ପ୍ ଦେଖିବାକୁ ଯାଇଥିଲି। ସେଠାରେ ଗୋଟିଏ ଜର୍ମାନୀ ଝିଅ ଛଳଛଳ ଆଖିରେ ମୋ' ହାତକୁ ଜାବୁଡ଼ି ଧରି ପଚାରିଲା, "ଆପଣଙ୍କର କ'ଣ ମନେହୁଏ ଆମ ଲୋକମାନେ ଏସବୁ, ଯାହା କରିଥିଲେ ତା'ର ଫଳ ଆମକୁ ଭୋଗିବାକୁ ପଡ଼ିବ ?"

ଯେ ସେହି ଦେଶ, ଯାହାର ସହରର କାନ୍ଥ ବାଡ଼ରେ ଲଗା ହୋଇଥିବା ବଡ଼ ବଡ଼ ପୋଷ୍ଟରରେ ଲେଖା ହୋଇଛି-ଯେଉଁ ବ୍ୟକ୍ତି ଭିଏତ୍‌ନାମରେ ଆମେରିକା ନୀତିର ସମର୍ଥକ, ତାକୁ ହତ୍ୟାକାରୀ ବୋଲି ଗଣନା କରାଯିବ।

୨୮ ଅକ୍ଟୋବର, ୧୯୬୭

ଆଜି ଦ୍ୱିତୀୟଥର ପାଇଁ ଯୁଗୋସ୍ଲୋଭିଆ ଆସି ସ୍ତ୍ରୁଗାର ବିଶ୍ୱ କବି ସମ୍ମେଳନରେ ଭାଗନେବା ମୋ' ଜୀବନର ବଡ଼ ସ୍ମରଣୀୟ ଦିନ ହୋଇରହିବ। ଅନେକ ଲେଖକଙ୍କର ଇଣ୍ଟରଭ୍ୟୁ ନିଆଗଲା। ମୋତେ ପଚରା ହୋଇଥିବା ପ୍ରଶ୍ନ ଭିତରୁ ଗୋଟିଏ ଥିଲା, ମୋ' ମତରେ ସ୍ୱତନ୍ତ୍ରତାର ଅର୍ଥ କ'ଣ। ଉତ୍ତର ଦେଲି, "ଏଭଳି ଏକ ବ୍ୟବସ୍ଥା, ଯାହା ସାଧାରଣ ଲୋକଟିଏର ଏଇ ଜୀବନକୁ ବି ମୂଲ୍ୟ ଦିଏ ଏବଂ କାହାରି ବ୍ୟକ୍ତିତ୍ୱକୁ ନଷ୍ଟ କରେନାହିଁ।

ଆଜି ଏକ ଐତିହାସିକ ଗିର୍ଜା ଘରକୁ କାବ୍ୟମଞ୍ଚରେ ପରିଣତ କରି, ସେଠାରେ ପାବ୍ଲୋନରୋଦାଙ୍କର କବିତା ସନ୍ଧ୍ୟା ଅନୁଷ୍ଠିତ ହେଲା।

ଅଗଷ୍ଟ ୨୫-୩୦, ୧୯୭୨

ଫେରିବା ସମୟରେ ମେସିଡୋନିଆର ରାଜଧାନୀ ସ୍କୋପିଆରେ ଗୋଟିଏ ଲୋକଗୀତ ଶୁଣିଲି। ସେଥିରେ ଭାରତରୁ ଫେରିଲାବେଳେ ସିକନ୍ଦର ଚନ୍ଦନକାଠର ଯେଉଁ ଚୌକି ନେଇଥିଲେ, ତାହାର ବର୍ଣ୍ଣନା ଅଛି। ଏହି ଗୀତ ନିଶ୍ଚୟ ଗ୍ରୀସ୍‌ରୁ ଏଠାକୁ ଆସିଛି। ମୋ' ପାଖରେ ଥିବା ଚନ୍ଦନକାଠର କିଛି ପେନ୍‌ସିଲ୍ ମୁଁ ସେଠାର ଲେଖକ-ମାନଙ୍କୁ ଉପହାର ଦେଲାବେଳେ ସେମାନେ ମୋତେ ପଚାରିଲେ, "ଆପଣଙ୍କ ଦେଶରେ ବି କ'ଣ ସିକନ୍ଦର ବିଷୟରେ ଲୋକଗୀତ ଅଛି ?" ମୁଁ ଉତ୍ତର ଦେଲି, "ଆମ ଦେଶର ତ ସିଏ ଆକ୍ରମଣକାରୀ ଥିଲେ। ଖାଲି ତାଙ୍କ ବିଷୟରେ ନୁହେଁ, ତୁର୍କ ଏବଂ ମୋଗଲମାନଙ୍କ ସଂପର୍କରେ ଆମ ଲୋକଗୀତରେ ଅତି ଦୁଃଖଦ ବର୍ଣ୍ଣନାମାନ ଅଛି।"

ମୋର ମନେ ପଡ଼ିଲା, ସମରକନ୍ଦରେ ମୁଁ ଏହିଭଳି ସେଠା ଲୋକମାନଙ୍କୁ ପଚାରିଥିଲି ଯେ ତୁମର 'ଇଜ୍ଜତ୍ ବେଗ୍' ଆମ ଦେଶକୁ ଆସି ଏକ ସୁନ୍ଦର କୁମ୍ଭାରର ପ୍ରେମରେ ପଡ଼ିଥିଲେ, ସେ ବିଷୟରେ ଆମେ କେତେ ଗୀତ ଲେଖିଛୁ। ଆପଣଙ୍କ ଦେଶରେ କ'ଣ ତାଙ୍କ ବିଷୟରେ ଗୀତ ଅଛି ? ସେଠାର ଜଣେ ମହିଳା ମୋତେ ଜବାବ୍ ଦେଲେ, "ଆମ ଦେଶରେ ତ ସେ ଜଣେ ଧନୀ ସୌଦାଗରର ପୁଅଛଡ଼ା ଆଉ କିଛି ନଥିଲା। ପ୍ରେମୀ ତ ହେଲା ସେ ଆପଣଙ୍କ ଦେଶକୁ ଯାଇ। ତେଣୁ ଗୀତ ସିନା ଆପଣମାନେ ଲେଖିବେ, ଆମେ କେମିତି ଲେଖିବୁ ?"

କେଉଁ ଦେଶର ଲୋକ କେଉଁ ଦେଶକୁ ଯାଇ ଗୀତର ବିଷୟବସ୍ତୁ ହୋଇଯା'ନ୍ତି। ପୁଣି ନିଜ ବ୍ୟକ୍ତିତ୍ୱର କେଉଁ ଏକ ଭାଗ ସେଠାରେ ଛାଡ଼ି ଆସନ୍ତି-ଇଏ ବଡ଼ ମନୋରଞ୍ଜକ ଇତିହାସ ! ମୋ' କାହାଣୀରେ ବି ପଞ୍ଜାବ ବାହାରର ଅନେକ ପାତ୍ର ଅଛନ୍ତି, ଯେଉଁମାନେ ମୋତେ ଭେଟି କାହାଣୀ ଲେଖେଇ ଦେଇଛନ୍ତି। ଇଚ୍ଛାହୁଏ, କେବେ ଏହିସବୁ କାହାଣୀକୁ ଏକାଠି କରି ଏହାର ଏକ ସଂକଳନ ପ୍ରକାଶ କରନ୍ତି।

୩୧ ଅଗଷ୍ଟ, ୧୯୭୨

ମଣ୍ଟେନିଗ୍ରୋରେ ପୁସ୍କିନ୍‌ଙ୍କର ଏକ ତୈଳଚିତ୍ର ଦେଖିଲି। ଶୁଣିଲି ଷୋହଳ ବର୍ଷ ବୟସରେ ପୁସ୍କିନ୍ ଏକ ଜିପ୍‌ସୀ ଦଳରେ ମିଶି ଏଠାକୁ ଆସିଥିଲେ। ଏହି ଜାଗାଟି ତାଙ୍କୁ ଏତେ ଭଲ ଲାଗିଲା ଯେ ସେ ପାଞ୍ଚବର୍ଷ ଏଠାରେ ରହିଗଲେ। ତାଙ୍କ ଚିତ୍ରଟି ଦେଖାଇ ସେଠାର ଡାଇରେକ୍ଟର ମୋତେ ପଚାରିଲେ, "ପୁସ୍କିନ୍ ଏଠାରେ ପାଞ୍ଚବର୍ଷ ରହିଥିଲେ। ଅମୃତାଜୀ, ଆପଣ କେତେ ସମୟ ରହିବେ ?"

ମୁଁ ହସିଲି। କହିଲି, "କେବଳ କୋଡ଼ିଏ ଦିନ !" ମୋର ଜିପ୍‌ସୀ ଇନ୍‌ସଷ୍ଟିଙ୍କ୍ଟ କେବଳ କୋଡ଼ିଏ ଦିନ ପାଇଁ।"

ସେପ୍‌ଟେମ୍ବର ୫, ୧୯୭୨

ଆଜି ଯୁଗୋସ୍ଲୋଭିଆର ପ୍ରେଷ୍ଟିନା ସହରରେ ମୋର କବିତା ସଂଧ୍ୟା ଅନୁଷ୍ଠିତ ହେଲା। ଥିଏଟରର ଭିତରେ ଏବଂ ବାହାରେ ଭାରତର ନାମ ବଡ଼ ବଡ଼ ଅକ୍ଷରରେ ଲେଖା ଯାଇଥିଲା। ହଲ୍‌ର କାନ୍ଥକୁ କେତେଗୁଡ଼ିଏ ଭାରତୀୟ ଚିତ୍ରରେ ସଜାଯାଇଥିଲା। ଏବଂ ଭାରତୀୟ ସଂଗୀତ ବଜାଇ ଏହି ସଂଧ୍ୟା ଆରମ୍ଭ ହେଲା। ମୋର ଯୁଗୋସ୍ଲାଭ୍ ବନ୍ଧୁ ଇଲିଆନାଚୁରା ଲାଲ୍ ସିଲ୍‌କର ଶାଢ଼ୀ ପିନ୍ଧି ଷ୍ଟେଜ୍ ଉପରେ ମୋର ପରିଚୟ ଦେଲେ। ମୁଁ ପ୍ରତ୍ୟେକ କବିତାକୁ ନିଜ ଭାଷାରେ ପଢିଲି ଓ ତା'ପରେ ଚଳଚ୍ଚିତ୍ର ଅଭିନେତା ଥରକୁ ଥର ସେଗୁଡ଼ିକର ଅନୁବାଦ ସହ ଆଲ୍‌ବାନିଆନ୍ ଭାଷାରେ ପଢ଼ିଲେ।

ଦୈବାତ୍ ଜଣେ ଆମେରିକାନ୍ କବି ହର୍ବଟକୁନର୍ ଏଠାରେ ଉପସ୍ଥିତ ଥିଲେ। ସେମାନେ ସିଧାସଳଖ ତାଙ୍କୁ କବିତା ପଢ଼ିବାକୁ ନିମନ୍ତ୍ରଣ କରିପାରୁନଥିଲେ। କିନ୍ତୁ ପ୍ରିଷ୍ଟେନାରେ ଏକ ପ୍ରଥା ଥିଲା ଯେ ମୁଖ୍ୟ ଅତିଥି ଯାହାକୁ ଚାହିଁବେ ତାଙ୍କୁ ନିମନ୍ତ୍ରଣ କରିପାରିବେ। ତେଣୁ ଷ୍ଟେଜ୍‌ରେ ଠିଆହୋଇ ହର୍ବଟ୍ କୁନ୍‌ରଙ୍କୁ କବିତା ପଢ଼ିବା ପାଇଁ ଅନୁରୋଧ କଲି। ସମାରୋହର ଶେଷରେ ଦୁଇଟି ଛୋଟ ଭାରତୀୟ ଫିଲ୍ମ ପ୍ରଦର୍ଶିତ ହେଲା। ଗୋଟିଏ ଖଜୁରାହ ସମ୍ପର୍କରେ ଏବଂ ଅନ୍ୟଟି ଭାରତୀୟ ଜୀବନ ବିଷୟରେ "On the move"। ଏତେ ଆନ୍ତରିକତା ସହିତ ଏମାନେ ଆଜି ସଂଧ୍ୟାରେ ସବୁ ବ୍ୟବସ୍ଥା କରିଥିଲେ ଯେ ତାହା ଦେଖି ମୋର ହୃଦୟ ଭରିଗଲା।

୯ ସେପ୍‌ଟେମ୍ବର, ୧୯୭୨

ଦେଖିବାକୁ ଗଲେ ପ୍ରତି ଦେଶ ତ ନିଜେ ଗୋଟିଏ କବିତା-କେତେକ କବିତା ସୁନେଲି ଅକ୍ଷରରେ ଲେଖା ଏବଂ ଆଉ କେତେ ନିଜର ବା ଅନ୍ୟ ଦେଶର ବଂଧୁକରେ ଲହୁଲୁହାଣ ହୋଇ ଲାଲ୍ ଅକ୍ଷରରେ ଲେଖା। ପୁଣି ଆଉ କେତେକ ସଦା ସବୁଜ, ଯେଉଁଠାରୁ ଭବିଷ୍ୟତର କୋମଳ ପତ୍ର ନିତ୍ୟ ଉଦ୍‌ଗତ ହୁଏ। ଏଇଭଳି ପ୍ରତ୍ୟେକ ଦେଶ ଏକ ଅସଂପୂର୍ଣ୍ଣ କବିତା ଭଳି ହୋଇଥାଏ। କିନ୍ତୁ ଇଟାଲୀ ମାଟିରେ ପାଦ ଦେଲାକ୍ଷଣି ମନେହେଲା ଯେପରି ଏକ କବିତାକୁ ସଂପୂର୍ଣ୍ଣ ବା ଅସଂପୂର୍ଣ୍ଣ ରହିବା କ୍ରିୟାକୁ ପ୍ରତ୍ୟକ୍ଷ ଭାବରେ ଦେଖୁଛି। ଏହି ଦେଶର ଚାରିଆଡ଼େ ଏତେ ଶଙ୍ଖ ମଲମଲ ପଥରର ମୂର୍ତ୍ତି ସବୁ ଦେଖି ମନେହେଲା ଯେପରି ମାଟି ଫଟାଇ ମୂର୍ତ୍ତିସବୁ ବାହାରି ଆସିଛନ୍ତି। ଲାଗିଲା, କାନରେ କବିତାର ଯେଉଁ ଅକ୍ଷର ପଡ଼ିଲା, ତାହା ଶ୍ୱେତ ପଥର ହୋଇଗଲା। ଆଉ ଯେଉଁ ଅକ୍ଷର ମାଟିରେ ବୀଜ ଭଳି ପଡ଼ିଲା, ସେଗୁଡ଼ିକ ମାଇକେଲ୍ ଏଞ୍ଜେଲୋ ଏବଂ ଅନ୍ୟ କଳାକାରମାନଙ୍କ ଯତ୍ନରେ ମାଟି ଉପରେ ବଢ଼ି ଉଠିଲା। ଦୁଧ ଭଳି ଧଳା ଏହି ଅକ୍ଷରମାନଙ୍କ ଇତିହାସ ସହିତ ରକ୍ତରଞ୍ଜିତ ଅକ୍ଷରମାନଙ୍କ ଇତିହାସ

ବି ଖୁବ୍ ଲମ୍ବା । ଯେତେବେଳେ ସ୍ପାଟାକସ୍‌ଙ୍କ ଭଳି ହଜାର ହଜାର ଦାସମାନେ ରୋମାନ୍ ଶାସକମାନଙ୍କ ମନୋରଞ୍ଜନ ପାଇଁ ପରସ୍ପରର ଜୀବନ ସହିତ ଖେଳୁଥିଲେ, ସେତେବେଳୁ ଏହି ରକ୍ତରଞ୍ଜିତ ଇତିହାସର ଆରମ୍ଭ ।

ପୁଣି କେତେକ କବିତାର ଅକ୍ଷର ଥିଲା ହଳଦିଆ-ଭୟଭୀତ । ପୋପ୍‌ଙ୍କ ଭାଟିକାନ୍ ସହରର ଉଚ୍ଚ ପ୍ରାଚୀରରେ ପିଟିହୋଇ, ସେଗୁଡ଼ିକ ନିଜ ଭିତରେ ହିଁ ଛପି ରହି ଯାଇଥିଲା । ଇଟାଲୀର ଭବିଷ୍ୟର ଦେଶ । ଏଠାର ଅନେକ ଅକ୍ଷର ଏହାର ସବୁଜ ଜଙ୍ଗଲ ଭଳି ଆଗାମୀର ନବୀନ ପତ୍ର ହୋଇଯାଇଛନ୍ତି । ପୁଣି ଆଉ କେତେ ଅକ୍ଷର ସବୁ ଦିନ ପାଇଁ ହଜିଯାଇଛି । ବୋଧହୁଏ, ଡିଭାଇନ କମେଡିର ଲେଖକ ଦାନ୍ତେ ଯେତେବେଳେ ଦେଶରୁ ବହିଷ୍କୃତ ହେଲେ, ତାଙ୍କରି ସାଙ୍ଗରେ ସେହି ଅକ୍ଷରମାନେ ବି ବହିଷ୍କୃତ ହୋଇଗଲେ । କିନ୍ତୁ ଆହୁରି ଅନେକ କବିତା ଅଛି ଯାହା ଜଣେ ପର୍ଯ୍ୟଟକ ଆଖିରେ ପଡ଼ିବ ନାହିଁ । ସେଗୁଡ଼ିକ କେବଳ ଲିଓନାର୍ଦୋ ଦାଭିଂଚି ଭଳି ସ୍ମିତ ହସୁଥିବ-ରହସ୍ୟପୂର୍ଣ୍ଣ ସ୍ମିତ ହସ !

ସେପ୍‌ଟେମ୍ବର ୧୦-୧୬, ୧୯୭୨

କାଏରୋରେ ମୋର ଅନନ୍ୟ ଅନୁଭୂତି ହେଲା । ଏଭଳି ଏକ ରେଖା ଉପରେ ମୁଁ ଠିଆହୋଇଛି, ଯାହାର ଗୋଟିଏ ପଟେ କାଏରୋର ସବୁଜିମା ଏବଂ ଅନ୍ୟ ପଟେ ସଂପୂର୍ଣ୍ଣ ମରୁଭୂମି । ଏହି ମରୁଭୂମିରେ ଥିବା ପିରାମିଡ୍ ଗୁଡ଼ିକ ପାଞ୍ଚହଜାର ବର୍ଷ ଧରି ସୂର୍ଯ୍ୟ ଦେଖୁଛନ୍ତି । ଆରବିକ୍‌ରେ ଗୋଟିଏ କଥା ଅଛି, "ଦୁନିଆ ସମୟକୁ ଡରେ, କିନ୍ତୁ ସମୟ ଡରେ ପିରାମିଡ୍‌କୁ ।"

ପାଞ୍ଚଶହ ବର୍ଷର ଯାତ୍ରା

ଆଉ ଏକ ମୁହୂର୍ତ୍ତ ମୋ ସାମ୍ନାରେ ଠିଆହୋଇ ସ୍ମିତହାସ୍ୟ କରୁଛି । ୧୯୭୯ରେ ଆରମ୍ଭରେ ଗୋଟିଏ ରାତିର ଦ୍ୱିତୀୟ ପ୍ରହର । ଟେଲିଫୋନ୍ ଘଣ୍ଟା ବାଜିଉଠିଲା । ବରୋଦା ୟୁନିଭରସିଟିର ହଷ୍ଟେଲରୁ ମୋ' ପୁଅ ଟ୍ରଙ୍କ୍‌କଲ୍ କରୁଥିଲା । ମୁଁ ବ୍ୟସ୍ତହୋଇ ତାକୁ ଯେଉଁ ଚିଠି ଲେଖିଥିଲି, ତାହାରି ଉତ୍ତରରେ ସେ କହିଲା, "ମାମା ମୁଁ ଏକଦମ୍ ଠିକ୍ ଅଛି ।" ବହୁତ ଦିନ ପରେ ତାହାର ସେହି ସ୍ୱର ମୋ' କାନରେ ବାଜି ସାରା ଦେହରେ ସଞ୍ଚରିଲା । ଖରା କି ଶୀତ ଯାହାହେଲେ ବି ମୁଁ ଗୁଡ଼ାଏ ଲୁଗା ପିନ୍ଧି ଶୋଇ ପାରେନାହିଁ । ଟେଲିଫୋନ ବାଜିଲା ବେଳେ, ମୁଁ ନିଦରେ ଶୋଇଥିଲି । କିଛି ନଭାବି ରେଜେଇକୁ

ଫୋପାଡ଼ି ଫୋନ୍ ପାଖକୁ ଦୌଡ଼ି ଆସିଲି । କିନ୍ତୁ ମୁଁ ଉଷ୍ଣତା ଅନୁଭବ କଲି । ମୋ'ର ମାଂସ ତରଳି ଯାଇ ଆତ୍ମାରେ ମିଶିଗଲା ଏବଂ ମୁଁ ଏକ ପିଓର ନେକେଡ୍ ସୋଲ୍ ହୋଇ ଠିଆହୋଇଥିଲି । ଅନ୍ଧାରରେ ବିଜୁଳି ଚମକିଗଲା ଭଳି ମୋର ଖିଆଲା ହେଲା ଯେ ମୁଁ ଏକ ସାଧାରଣ ମା' ! ଯଦି ଗୋଟିଏ ସାଧାରଣ ପିଲାର ସ୍ୱର ଶୁଣି ମୋର ହୃଦୟ ଏପରି ନାଚିଉଠୁଛି, ତେବେ ନାନକଂକ ଭଳି ପୁଅକୁ କୋଳରେ ଧରି ମାତା ତୃପ୍ତାଂକର କି ନୈସର୍ଗିକ ଅନୁଭବ ହୋଇନଥିବ ?

ଏହା ଗୁରୁ ନାନକଙ୍କ ପଞ୍ଚ ଶତାବ୍ଦୀ ଉତ୍ସବର ବର୍ଷ ଥିଲା । ଜଣେ ପ୍ରକାଶକ ମୋତେ ଏଥିପାଇଁ ଏକ ଦୀର୍ଘ କାବ୍ୟ ଲେଖିବାକୁ କହିଥିଲେ । କିନ୍ତୁ ମୁଁ ମନା କରି ଦେଇଥିଲି । ଯଦି ଲେଖିଥାନ୍ତି, ତେବେ ତାହା ମୋର ଅନ୍ତରର ଅନୁଭୂତିରୁ ବାହାରି ନଥା'ନ୍ତା ।

କିନ୍ତୁ ଆଜି ଏଇ ମୁହୂର୍ତ୍ତଟି ସତେ ଯେପରି ମୋ ହାତଧରି ପାଞ୍ଚଶହ ବର୍ଷର ଅନ୍ଧାର ପାରିକରି ସେଇ ମା'ଙ୍କ ପାଖକୁ ନେଇଗଲା, ଯାହାଙ୍କ କୋଳରେ ଥିଲେ ଗୁରୁ ନାନକ ।

ସାରା ଅନ୍ଧକାର ଏକ ଉଜ୍ଜ୍ୱଳ ଆଲୋକରେ ଭିଜିଗଲା । ଆଲୋକସ୍ନାତ ଏହି ମୁହୂର୍ତ୍ତ ଦିବସର ଆଗମନୀ ବାର୍ତ୍ତା ଦେଇଗଲା ଏବଂ କହିଗଲା ରାତ୍ରି ଶେଷର ସମ୍ବାଦ । ଏହି ସମୟଟିରେ ମୁଁ ସତକୁସତ ଗୋଟିଏ ଗ୍ରୀକ୍ ପ୍ରବାଦ ଭିତରେ ବଞ୍ଚୁଥିଲି-"All wood can be made into a cross." କବିତା ଲେଖିଥିଲି 'ଗର୍ଭବତୀ'- ମାତା ତୃପ୍ତା ଗୁରୁ ନାନକଙ୍କୁ ନ'ମାସ କାଳ ଗର୍ଭରେ ଧରିଥିବା ବେଳର ନ'ଟି ସ୍ୱପ୍ନ ।

ପଂଜାବର କେତେ ଗୁଡ଼ିଏ ଖବରକାଗଜ ଏହାକୁ ନିନ୍ଦାକରି ଲେଖିଲେ ଏବଂ କବିତାଟିକୁ ବ୍ୟାନ୍ କରିବା ପାଇଁ ପଂଜାବ ସରକାରଙ୍କଠାରେ ଦାବୀ କଲେ । ମୁଁ ଏସବୁ କଥା ଶୁଣିଲି । କୃପାଲ୍ ସିଂ କସେଲ୍ ବୋଲି ଜଣେ ଲେଖକ 'ଅଜିତ୍' ଦୈନିକ ପତ୍ରିକାରେ ମୋତେ 'କାମୁକ ପୋକ' ବୋଲି ବର୍ଣ୍ଣନା କରି ପବିତ୍ର ଗୁରୁ ନାନକଙ୍କ ବିଷୟରେ ମୋର କବିତା ଲେଖିବା ଅଧିକାର ନାହିଁ ବୋଲି ଲେଖିଥିଲେ ।

ପଂଜାବୀ ସାହିତ୍ୟର ଅନ୍ୟ ଗଣ୍ୟମାନ୍ୟ ଲୋକମାନେ ନୀରବ ରହିଲେ । ନୀରବତା ହିଁ ସେମାନଙ୍କର ବୋଧହୁଏ ଦାୟିତ୍ୱ ଥିଲା !

କିନ୍ତୁ ମୁଁ ଏକାକୀ ନଥିଲି । ମୋ' ସହିତ ଠିଆହୋଇଥିଲା ଏହି ସୁନ୍ଦର ସମୟ । ଆମେ ବିବ୍ରତ ହେଉଥିଲୁ, କିନ୍ତୁ ଦୁଃଖିତ ନୁହଁ ।

ଗୁରୁ ନାନକଙ୍କ ନାମକୁ ବହୁତ ଗୁଡ଼ିଏ ହାତ ଲାଠିଭଳି ଧରିଥିଲା ଏବଂ କ୍ରୋଧରେ ଚଳାଇବାରେ ଲାଗିଥିଲା । ଏହି ଲାଠି ମୋ' ଉପରେ ବି ପଡ଼ିଥିଲା-କିନ୍ତୁ

ବିଶେଷ କିଛି କ୍ଷତି କରିପାରିଲା ନାହିଁ। ଏହି ସମୟଟି ଯେଉଁ କ୍ରସ୍ ତିଆରି କରିଥିଲା, ତାହା ମୋ' ସାମ୍ନାରେ ଖ୍ରୀଷ୍ଟଙ୍କ ଭଳି ସ୍ମିତହାସ୍ୟ କରିବାରେ ଲାଗିଲା।

ଏକ ବଂଧୁତାର ମୃତ୍ୟୁ !

ବନ୍ଧୁତାର ଶେଷ ଅଛି,
ତେଣୁ ଶେଷ ହେଲା ତାହା
ହେ ବଂଧୁ, ଏହାର ନିନ୍ଦା
ବା ସ୍ତୁତି କରିଯାଅ ତୁମେ
ଯାହା ତୁମ ମନେହୁଏ।
କଫିନ୍ ଉପରେ ତା'ର ଢାଙ୍କିଦିଅ
ଛିନ୍ନ ବସ୍ତ୍ର ଅଥବା ରେଶମ ଚାଦର
ଫରକ୍ ବା ହେବ କ'ଣ ?
ମୁଁ କି ଶୁଣିବି ତା'ର ବ୍ୟଥା ଆଜି ?
ନାହିଁ ନାହିଁ, ଆଜି ତ ଶେଷ ଦିନ ନୁହେଁ
କବର ଭିତରୁ ତା'ର ଶବ ଉଠିବାର ନାହିଁ।

ଏହି କବିତାଟି ୧୯୭୧, ମାର୍ଚ୍ଚ ମାସ ଶେଷ ବେଳକୁ ଲେଖିଥିଲି। ଏକ ଅତି କୋମଳ ବଂଧୁତା ୧୯୬୬ରୁ ଗଢ଼ି ଉଠିଥିଲା ଏବଂ ସେତିକି ବେଳେ 'ନାଗମଣି'ର ରୂପରେଖା ତିଆରି ହୋଇଥିଲା। ସେହି ବଂଧୁତା ହାର୍ଟ ଆଟାକ୍ ହେଲା ଭଳି ୧୯୭୦ର ଶେଷ ଭାଗରେ ହଠାତ୍ ମରିଗଲା। ଉକ୍ତ ମୃତ୍ୟୁର ଚାରିମାସ ପରେ ଏହି କବିତାଟି ଲେଖିଥିଲି। କବିତାଟି ଥିଲା ତାହାରି କବର ଉପରୁ ମିଳିଥିବା ମୁଠାଏ ମାଟିରୁ ଟିକିଏ। ଚିରଦିନ ପାଇଁ ସେହି ବନ୍ଧୁତା ଶେଷହୋଇଗଲା।

ଆଜି ପ୍ରକୃତରେ ଚରମ ବିଚାରର ଦିନ। ଅନ୍ୟ କବରମାନଙ୍କ ସହିତ ତାହାର କବର ବି ଖୋଲିଗଲା। ଗୋଟିଏ ୟୁନାନୀ ଗୀତ ଅନୁସାରେ, ଜନ୍ମ ଏବଂ ମୃତ୍ୟୁ ଏକା ମୁହଁରେ କହିଥିବା ଦୁଇଟି ଶବ୍ଦ ଭଳି.....ହାଲୋ, ଫେୟାର୍ ଉଏଲ୍ ! ଗୋଟିଏ ଅସ୍ତିତ୍ୱର ଦୁଇଟି ମୁହୂର୍ତ୍ତ,-ଗୋଟିଏ ଜନ୍ମର ଅନ୍ୟଟି ମୃତ୍ୟୁର। ଗୋଟିଏ କବରରେ ସମାଧି ନେଇଥିବା ଦୁହେଁଯାକ ଆଜି ମୋ ସାମ୍ନାରେ ଠିଆହୋଇଗଲେ।

କି ଆଶ୍ଚର୍ଯ୍ୟ କଥା ! ପ୍ରଥମେ ଯେତେବେଳେ ଏହି ସମୟକୁ ଦେଖିଥିଲି,

ସେତେବେଳେ ଜନ୍ମ ମୁହୂର୍ତ୍ତଟି କେଡ଼େ ହର୍ଷୋତ୍‌ଫୁଲ୍ଲ ଥିଲା ଏବଂ ମୃତ୍ୟୁ ସମୟ ଥିଲା କେଡ଼େ ବିଷାଦପୂର୍ଣ୍ଣ। କିନ୍ତୁ ଆଜି ଜନ୍ମ ମୁହୂର୍ତ୍ତଟି ବିଷାଦରେ ଭରା ଏବଂ ମୃତ୍ୟୁ ହର୍ଷମଗ୍ନ।

"ମୁଁ ତୁମକୁ ଭ୍ରମରେ ପକାଇଥିଲି। ସେଥିପାଇଁ ମୁଁ ଦୁଃଖିତ।"

ଗୋଟିଏ ମୁହୂର୍ତ୍ତ ଏହି କଥା କହିଲା ବେଳେ ଅନ୍ୟ ମୁହୂର୍ତ୍ତଟି କହୁଛି -ମୁଁ ତୁମର ଭ୍ରମ ଦୂର କରିଦେଲି ସେଥିପାଇଁ ମୁଁ ଆନନ୍ଦିତ।

ଜଣେ ଉଦୀୟମାନ ପଞ୍ଜାବୀ କବିଙ୍କ ସହ ଏହା ଥିଲା ବନ୍ଧୁତ୍ୱର କଥା। ଭାବିଲେ ମୋତେ ଭାରି ଆଶ୍ଚର୍ଯ୍ୟ ଲାଗେ। ମନର ଭୂମିରେ ଯେତେବେଳେ ବର୍ଷା ଝରେ, ସେଥିରୁ ଏକ ପ୍ରକାର ସୁଗନ୍ଧି ବିଚ୍ଛୁରିତ ହୁଏ। ପୁଣି ଯେତେବେଳେ ତାହା ଶୁଷ୍କ ହୋଇଯାଏ, ସେଥିରୁ ଧୂଳି ହିଁ ଉଡ଼େ।

ସେହି ପର୍ଯ୍ୟନ୍ତ, ଯେ ପର୍ଯ୍ୟନ୍ତ ମଣିଷ ପଥର ହୋଇ ନଯାଇଛି, ମୁଁ ପଥର ହୋଇନାହିଁ, କାରଣ ଏ ପର୍ଯ୍ୟନ୍ତ ବି ବିସ୍ମିତ ଚକ୍ଷୁ ମେଲି ଦୁନିଆକୁ ଦେଖୁଛି।

ଗୋଟିଏ ସ୍କଲାରସିପ୍ ବ୍ୟବସ୍ଥା କରି ତାକୁ ବିଦେଶ ପଠାଇଲା ବେଳେ ତାର ଯେଉଁ ମୁହଁ ଦେଖିଥିଲି, ଚାରିବର୍ଷ ପରେ ସେ ଫେରିଲା ବେଳେ ତାହା ଆଉ ଆଖିରେ ପଡ଼ିଲା ନାହିଁ। ଅତି ପରିଚିତ ଚେହେରା କେଉଁ ସବୁ ରାସ୍ତା ପାରିହୋଇ ଆସିଲା ପରେ ଅତି ଅଚିହ୍ନା ହୋଇଯାଏ। ମନେହେଲା, ତା ଚେହେରାରେ ମୁଁ ସେଇ ରାସ୍ତାକୁ ଦେଖିନେଲି।

ମୋର ଶେଷ କଥା ଥିଲା-"ବନ୍ଧୁ, ମୋ ଜୀବନର ଏହା ଏକ କଠିନ ଦିନ। ଯେପରି ମୋ ନିଜର ପିଲା ବା ଇମ୍‌ରୋଜ ଭଳି ବନ୍ଧୁ ବିଦେଶରୁ ଫେରିଛି ଏବଂ କିଛି ଟଙ୍କା ପାଇଁ ମୋ ସାମ୍‌ନାରେ ମିଛ କହୁଛି। ଆଉ ତାହା ଦେଖି ମୁଁ ମୂକ ପାଲଟି ଯାଉଛି।"

କେବଳ ଗୋଟିଏ ଶବ୍ଦଥିଲା, 'ଆମି'-ଯେଉଁ ନାମରେ ମୋତେ ଖାଲି ସଜ୍ଜାଦ୍‌ହିଁ ଡାକୁଥିଲେ। ଯେ ପର୍ଯ୍ୟନ୍ତ ତାଙ୍କର ଚିଠି ଆସୁଥିଲା, ଏହି ନାମ କେତେ ଦେଶର ସୀମା ଅତିକ୍ରମ କରି ବି ମୋ କାନରେ ପହଂଚି ଯାଉଥିଲା। କିନ୍ତୁ ଭାରତ ଓ ପାକିସ୍ଥାନ ବିଭାଜନ ପରେ ଯେତେବେଳେ ପତ୍ର ଆଦାନ ପ୍ରଦାନ ବନ୍ଦ ହୋଇଗଲା, ମୋ କାନ ସେହି ଶବ୍ଦ ଶୁଣିବାରୁ ବଂଚିତ ହେଲା। ମୁଁ ଇମ୍‌ରୋଜଙ୍କୁ ବାରମ୍ବାର କହୁଥିଲି, ମୋତେ ସେହି ନାମରେ ଡାକିବା ପାଇଁ। କିନ୍ତୁ ତାଙ୍କ ମୁହଁରେ କେବେ ବି ସେ ନାମ ଉଚ୍ଚାରିତ ହୋଇପାରିଲା ନାହିଁ। ୧୯୬୭ରେ ମୁଁ ଯେତେବେଳେ ପୂର୍ବ ୟୁରୋପୀୟ ଦେଶମାନଙ୍କୁ ଯାଇଥିଲି, ସେତେବେଳେ ଏହି ବନ୍ଧୁଙ୍କୁ ହଙ୍ଗେରିରେ, ରୋମାନିଆରେ ଏବଂ ବୁଲ୍‌ଗେରିଆରେ ବି ଭେଟିଥିଲି। ଦିନେ ସନ୍ଧ୍ୟାରେ କଥାବାର୍ତ୍ତା ବେଳେ ସଜ୍ଜାଦ୍‌ଙ୍କ

ପ୍ରସଙ୍ଗ ଏବଂ ତା ସହିତ ଏହି ନାମ କଥା ବି ଉଠିଲା। ସେ ମୋତେ ଏହି ନାମରେ ଡାକିବାର ଅଧିକାର ମାଗିନେଲେ। ତା ପରଠାରୁ ସେହି ନାମରେ ହିଁ ସେ ମୋତେ ସମ୍ବୋଧନ କରୁଥିଲେ। କିନ୍ତୁ ଯେଉଁଦିନ ସେ ଅଚିହ୍ନା ହୋଇଗଲେ, ସେଦିନ ଏହି ନାମ ବି ଭୁଲିଗଲେ..... ଏହାହିଁ ସ୍ୱାଭାବିକ ଥିଲା।

ସେ ଚାଲିଯିବା ପରେ, ତଳେ ପଡ଼ିଯାଇଥିବା ଏହି ନାମ ଗୋଟାଇନେଇ ଟେବୁଲ ଉପରେ ଯେଉଁ ଥାକରେ ସଜ୍ଜାଦ୍‌ଙ୍କ ପୁରୁଣା ଚିଠି ପଡ଼ିଥିଲା, ତାହାରି ଭିତରେ ରଖିଦେଲି।

ଏବଂ ଆଜି ଶେଷ ବିଚାରର ଦିନ ..... ମୁଁ ନିଶ୍ଚିତରେ ନିରୀକ୍ଷଣ କରୁଥିଲି, ଯେଉଁ ମୁହୂର୍ତ୍ତଟି ଏହି ବନ୍ଧୁତ୍ୱକୁ ଜନ୍ମ ଦେଇଥିଲା, ତାହା ବିଷର୍ଣ୍ଣ ମୁହଁରେ ମୋତେ ଅତିକ୍ରମ କରି ଚାଲିଯାଉଛି। କିନ୍ତୁ ତା'ର ମୃତ୍ୟୁର ମୁହୂର୍ତ୍ତଟି ବିଷାଦପୂର୍ଣ୍ଣ ନୁହେଁ।

ସଭ୍ୟର ବୀଜ

୧୯୭୨ ମାର୍ଚ୍ଚରେ ହିନ୍ଦୀ ସମାଲୋଚକ ନାମ୍‌ବର ସିଂଙ୍କୁ ଯେତେବେଳେ ସାହିତ୍ୟ ଏକାଡେମୀ ପୁରସ୍କାର ମିଳିଲା, ସେତେବେଳେ ପାଞ୍ଚ ମିନିଟ୍‌ର ଏକ ଭାଷଣ ଦେଇ ସେ କହିଥିଲେ-ଆଲୋଚନା ବିଭାଗଟିକୁ ମୁଁ ଏଇଥିପାଇଁ ବାଛିଲି ଯେ ଘର ସଜାଇବା ପୂର୍ବରୁ ସେଠାରୁ ସବୁ ଧୂଳି ମଇଳା ଝାଡ଼ି ସଫାକରିଦେବି।

ଆଲୋଚନାର ଏହା ଏକ ଭଲ ବ୍ୟାଖ୍ୟା-କିନ୍ତୁ ଏକତରଫା। ମୁଁ ଅନେକବେଳ ଯାଏ ଚିନ୍ତା କଲି। ଏହାର ଅନ୍ୟ ପଟଟି ଯେଉଁମାନେ ପ୍ରତି ମୁହୂର୍ତ୍ତରେ ଦେଖିଛନ୍ତି ଏବଂ ଭୋଗିଛନ୍ତି, ସେମାନେ ଏହାର ବ୍ୟାଖ୍ୟା କିପରି କରିବେ? ଯଦି ସାହିତ୍ୟ ଗୋଟିଏ ଘର ହୁଏ ଏବଂ ସେଥିରୁ ଧୂଳି ମଇଳା ଝାଡ଼ିବାଟା ସମାଲୋଚନା ହୁଏ, ତେବେ କ'ଣ ନିଜ ଭିତରର ଧୂଳିମଳିକୁ ଅନ୍ୟର ଦୁଆରେ ଫୋପାଡ଼ି ଦେବାର ରୁଚି ଅଥବା ଝାଡ଼ି ପୋଛ ଥାକରେ ଘରର ଇଟା ଚୂନ ଭାଙ୍ଗିପକାଇବାକୁ ସମାଲୋଚନା କୁହାଯିବ?

କୁଲ୍‌ବନ୍ତ ସିଂ ବିର୍କଙ୍କୁ ମାତ୍ର କେତେଥର ମୁଁ ଭେଟିଛି, ସାହିତ୍ୟ କ୍ଷେତ୍ରର କୌଣସି ସମସ୍ୟା ଉପରେ ସେ କେବେ ଗମ୍ଭୀରତା ସହ ବିଚାର କରିନାହାନ୍ତି, ଅନ୍ତତଃ ମୋ ସାମ୍‌ନାରେ ନୁହେଁ। କିନ୍ତୁ ପ୍ରାୟ ଦୁଇବର୍ଷ ପରେ, ଜୁନ୍ ୧୯୭୨ରେ ସେ ଦିନେ ସନ୍ଧ୍ୟାରେ ମୋ ଘରକୁ ଆସିଥିଲେ।

ହିନ୍ଦୀ ସାହିତ୍ୟର ବାତାବରଣ ପଥରକୋଇଲାରୁ ନିର୍ଗତ ଧୂଆଁ ଭଳି କଳା ଧୂଆଁରେ ପୂରି ରହିଥିଲା। କିନ୍ତୁ ସ୍ୱାଧୀନତାର ପରବର୍ତ୍ତୀ ସମୟରେ ଯେତେବେଳେ ଏ ସମ୍ପର୍କରେ ଆଲୋଚନା ଅଧିକରୁ ଅଧିକ ହେଲା, ସେତେବେଳେ ନାମଗୁଡ଼ିକ ବେଶି ଅର୍ଥପୂର୍ଣ୍ଣ ହୋଇଗଲା। କିନ୍ତୁ ଆଲୋଚନା ଧିମେଇ ଆସିଲା କ୍ଷଣି ଏହି କୋଇଲା ଧୂଆଁ ବେଶି ଗାଢ଼ ହୋଇଗଲା। ସେଥିରୁ କୃତିର କିରଣ ବିଚ୍ଛୁରିତ ହେବା ପରିବର୍ତ୍ତେ ଶତ୍ରୁତାର ଅଗ୍ନିକଣିକା ନିର୍ଗତ ହେବାକୁ ଲାଗିଲା।

ସ୍କୁଲ୍, କଲେଜର ପାଠ୍ୟପୁସ୍ତକ ଯେଉଁମାନଙ୍କ କର୍ତ୍ତୃତ୍ୱରେ ଥିଲା, ସେମାନେ ସେଗୁଡ଼ିକୁ ମଧ୍ୟ ବଦଳାଇବାକୁ କୁଣ୍ଠିତ ହେଲେ ନାହିଁ। ବହିର ପୃଷ୍ଠାଗୁଡ଼ିକ ଆତ୍ମସ୍ତୁତି ଓ ପରନିନ୍ଦାରେ ପୂର୍ଣ୍ଣ ହେବାକୁ ଲାଗିଲା।

ଦିନେ ଅତି ଦୁଃଖର ସହ ବିର୍କ ଏ ସମ୍ପର୍କରେ କହିଲେ, "ଦୁନିଆର ଆଉ କୌଣସି ଭାଷାରେ ଏଭଳି ହୁଏନାହିଁ-କେବଳ ପଂଜାବୀ ଭାଷା ଛଡ଼ା।"

ଭାବିଲି, ଯେଭଳି ପିତାମାତା ବାଛିବା ଆମ ହାତରେ ନାହିଁ, ସେଭଳି ନିଜର ଭାଷା ବି ନଥାଏ। ଯଦି ଆଉ କୌଣସି ଭାଷାରେ ଏପରି ନହୋଇ କେବଳ ପଂଜାବୀ ଭାଷାରେ ହେଇଥାଏ, ତେବେ ଆମକୁ ହିଁ ଭୋଗିବାକୁ ପଡ଼ିବ। କଲମ ଧରିବି ବୋଲି ଯେଉଁଦିନ ଠିକ୍ କରି ନେଇଥିଲି, ସେଇଦିନ ଏଇସବୁ କଥା ବି ଗ୍ରହଣ କରାହୋଇଯାଇଥିଲା। ଯିଏ ଯାହା କହିଲେ ବି ଭାଷା ବଦଳାଇ ଅନ୍ୟ ଭାଷାରେ ଲେଖିବା ପ୍ରଶ୍ନ ନଥିଲା।

ବିର୍କ କହୁଥିଲେ, "ତୁମେ ଭଲ ବା ମନ୍ଦ ଯାହା ଲେଖ, କାହାର କ'ଣ ଯାଏ ଆସେ ?"

ମୁଁ ବି ସବୁବେଳେ ଏଇ ଗୋଟିଏ ପ୍ରଶ୍ନ ନିଜକୁ ପଚାରୁଥିଲି। ଯଦି ମୋ ଗଳ୍ପ ବା କବିତାରୁ କେହି ଲାଭବାନ୍ ହେଲେନାହିଁ, ତା' ହେଲେ କ'ଣ ଯାଏ ଆସେ? ମୋର ଲେଖା ପାଇଁ ମୁଁ କେବେ କୌଣସି ସ୍ୱୀକୃତି ଚାହେଁନି। ଜୀବନର ଯେତେ ବର୍ଷ ଏଥିରେ ବିତାଇଛି, ତାହା କେବଳ ମୋର ପରମାୟୁରୁ। କିନ୍ତୁ ମୋର ସମସାମୟିକ-ମାନେ ଏପରି ବିବ୍ରତ ରହୁଥିଲେ, ଯେମିତି କି ସେମାନଙ୍କର ଜୀବନ ନଷ୍ଟ କରିବାରେ ମୁଁ ଦାୟୀ।

ବିର୍କ ମୋ ମନର କଥାକୁହିଁ ଦୋହରାଉଥିଲେ। ମୁଁ ତାଙ୍କର ଓ ମୋର ମନକୁ ଜାଣିବା ପାଇଁ, ତାଂକୁ ମୋର ନୂଆ ଉପନ୍ୟାସ (ଅକାଦା ବୁଟା) ଦେଖାଇଲି। କହିଲେ, "ଏହି ଉପନ୍ୟାସରେ 'ଆକ୍' ଗଛ କଟୁ ଶବ୍ଦର ଗୋଟିଏ ପ୍ରତୀକ। ଉପନ୍ୟାସର ଗୋଟିଏ ଝିଅ ଉର୍ମିକୁ ତାହାର ନିକଟ ଆତ୍ମୀୟମାନେ ହତ୍ୟା କରିଦେଇଛନ୍ତି।

ହତ୍ୟାକାରୀଙ୍କର ସନ୍ଧାନ ମିଳୁନାହିଁ। ଉପନ୍ୟାସର ମୁଖ୍ୟ ଚରିତ୍ର, ଝିଅର ଭାଇ ପଚାରି ପଚାରି ଥକିଯାଉଛି। କିନ୍ତୁ ଦୁଇଟିଯାକ ଗାଁ ଲୋକଙ୍କ ମୁହଁ ଭୟରେ ଶେଥା ପଡ଼ିଯାଇଥିଲେ ବି ସମସ୍ତଙ୍କ ପାଟି ବନ୍ଦ ଥିଲା। ଏହି ଦୁଇଟି ଗାଁର ଲୋକଙ୍କୁ ଗୋଟିଏ ତା' ଶାଶୁଘର ଓ ଅନ୍ୟଟି ତା ବାପଘର ଗାଁର, ମନେହେଉଥିଲା ଯେପରି ମୁର୍ଗି ରୋଗ ହୋଇଛି। ଉପନ୍ୟାସର ମୁଖ୍ୟ ଚରିତ୍ର ଭାବୁଛି ମୁର୍ଗି ବେମାରିର ଲୋକଙ୍କୁ 'ଆକ୍' ଗଛର ରସରୁ ତିଆରି କରି ଏକ ପ୍ରକାର ନାଶ ଶୁଙ୍ଘାନ୍ତି। ମୁଁ ଏଇ ଦି' ଗାଁର ଲୋକଙ୍କୁ କଟୁ ସତ୍ୟର ନାଶ ଶୁଂଘାଇଦେବି।

ବିର୍କ ହସି ହସି କହିଲେ, ତୁମେ ଆର୍କ ଗଛ ଦେଖିଥିବ-କିନ୍ତୁ ସେ କେମିତି ଉଠେ ଜାଣିଛ ?"

"ଏତିକି ଜାଣିଛି, ଏହାକୁ କେହି ଲଗାନ୍ତି ନାହିଁ-ସେ ଆପଣା ଛାଏଁ ଉଠେ। ଆକ୍‌ର ତୁଳା ଯେତେବେଳେ ଉଡ଼େ, ତାର ପ୍ରତ୍ୟେକ ତନ୍ତୁରେ ଗୋଟିଏ ଲେଖାଁ ବୀଜ ଲୁଚି ରହିଥାଏ। ସତେ ଯେମିତି ସବୁ ବୀଜର ଡେଣା ଲାଗିଯାଇଛି ! ଆଉ ସେ ବୀଜ ଯେଉଁଠି ପଡ଼େ ସେଠି ଗଛ ଉଠିଯାଏ।" କହିଲି "ବିର୍କ ତୁମେ ଅତି ସୁନ୍ଦର କଥା କହିଲ। ସତ୍ୟକୁ ବି କେହି ରୋପେ ନାହିଁ। ପରମାତ୍ମା ତା ଦେହରେ ଡେଣା ଲଗାଇ ଦେଇଥାନ୍ତି। ସେ ଯେଉଁଆଡ଼େ ଉଡ଼ିଯାଏ, ସେହିଠାରେ ଗଛ ଭଳି ଉଠିଯାଏ। ତା' ନହେଉଥିଲେ ଲୋକମାନେ ଦୁନିଆରେ କେବେ ସତ୍ୟର କ୍ଷେତ କରନ୍ତେ ନାହିଁ।"

ମନରେ ଏକ ପ୍ରଶାନ୍ତ ଆସିଲା। ବିର୍କ ଚାଲିଗଲେ। ପରଦିନ ସୋଭିଏଟ୍ ଲିଟରେଚରର 'ଭାରତୀୟ-ରୁଷି ଭାଷା' ବିଶେଷାଙ୍କ ଖଣ୍ଡିଏ ଡାକରେ ଆସି ପହଂଚିଲା। ସେଥିରେ ରୁଷୀୟ କବୟିତ୍ରୀ ରିମାକାଜାକୋଭା ରୁଷ ଭାଷାରେ ଅନୂଦିତ ମୋର ଏକ ପୁସ୍ତକ ଉପରେ ଗୋଟିଏ ପ୍ରବଂଧ ଲେଖିଥିଲେ। ତାହାର ଶେଷ କେତୋଟି ଧାଡ଼ି ଥିଲା- "କେହି ନିଜର ବହୁମୂଲ୍ୟ ଏବଂ ଦୁଃଖଦ ଅନୁଭୂତିକୁ ଅନ୍ୟମାନଙ୍କ ସହିତ ଭାଗକରିନେଇ ସେମାନଙ୍କର ହିତଚିନ୍ତକ ଏବଂ ବନ୍ଧୁ ହୋଇଯିବା ଏକ ସାହସିକ କାମ। ସୁଦୂର ପଞ୍ଜାବର ଏହି ମହିଳାଙ୍କୁ ମୁଁ କହିବାକୁ ଚାହେଁ ଯେ ଏଠାରେ ହଜାର ହଜାର ହାତ ତାଙ୍କର ସହିତ ହାତ ମିଳାଇବା ପାଇଁ ବିସ୍ତାରିତ ହୋଇଛି।"

ମୁଁ ରିମାଙ୍କୁ ଦେଖିନାହିଁ। ଚାରିଥର ମସ୍କୋ ଯାଇଛି, କିନ୍ତୁ ତାଙ୍କ ସହିତ ଭେଟ ହୋଇନାହିଁ। ଅଥଚ ଆଜି ମୋର ବିଷର୍ଣ୍ଣ ଦିନରେ ତାଙ୍କ ହାତ ମୋ' ଆଡ଼କୁ ଲମ୍ବି ଆସିଛି।

ଆକ୍‌ର ବୀଜ ଉଡ଼ି ଉଡ଼ି ଦୁନିଆର କେଉଁଠି ଯେ କେତେବେଳେ ପହଂଚିଯାଏ...।

ପରୀମାନଙ୍କର ପକ୍ଷ କେବଳ ଲୋକକଥାରେ ଦେଖିଥିଲି । କିନ୍ତୁ ମହାନୁଭୂତିର ବୀଜ ପକ୍ଷ ଲଗାଇ ଉଡ଼ିଲା ବେଳେ, ଏଇ ଧରଣୀ ଉପରେ ବି ମୁଁ ତାକୁ ଦେଖିଲି ।

ଏକ ନୀରବତା

ଯେପରି କବି ସମ୍ମିଳନୀ ସବୁ ହୁଏ, ସେଥିରେ ମୋ' କବିତା ଖାପ୍ ଖାଏନାହିଁ । ତେଣୁ ମୁଁ କେବେ ଏଭଳି ସମ୍ମିଳନୀରେ ଆଗ୍ରହ ପ୍ରକାଶ କରେନାହିଁ । ପ୍ରଫେସର୍ ପ୍ରୀତମ୍ ସିଂହଜୀ ଲୁଧିଆନା ସରକାରୀ କଲେଜର ପ୍ରିନ୍ସପାଲ ଥିଲେ । ସେ ସ୍କୁଲ୍ ବୋର୍ଡର ମିଟିଂରେ ଥରେ ପଚାରିଲେ-"ଯେଉଁମାନେ ପାଠ୍ୟପୁସ୍ତକ ସଂପାଦନ କରନ୍ତି, ସେମାନେ କେହି ଲେଖକ ନୁହନ୍ତି ଏବଂ ପୁସ୍ତକରୁ ଆର୍ଥିକ ଲାଭ ଲେଖକଙ୍କୁ ମିଳିବା ସମ୍ପାଦନ କରିଥିବା ଲୋକଙ୍କୁ ମିଳିଥାଏ । ସେହି ବର୍ଷ ତାଙ୍କ କଥାର କିଛି ପ୍ରଭାବ ପଡ଼ିଲା । ଅବଶ୍ୟ ସମ୍ପାଦନା ପାଇଁ ସେ ଯେତିକି ଅର୍ଥ ପ୍ରସ୍ତାବ କରିଥିଲେ, ତା'ର ଅଧାରୁ କମ୍ ଦେବାକୁ ସ୍ୱୀକାର କରାଗଲା (ପାଞ୍ଚ ହଜାର ସ୍ଥାନରେ ଦୁଇ ହଜାର)-ଏବଂ ସେଇ ବର୍ଷ କେତେକ ଲେଖକଙ୍କ ଦ୍ୱାରା ପୁସ୍ତକ ସମ୍ପାଦନ କରାଗଲା । ଏହି କାରଣରୁ ମୋ' ମନରେ ତାଙ୍କ ପ୍ରତି ଶ୍ରଦ୍ଧା ଜାତ ହୋଇଥିଲା । ସେଥିପାଇଁ କଲେଜର ଜୁବୁଲୀ ଉତ୍ସବରେ ଯୋଗ ଦେବାକୁ ସେ ଯେତେବେଳେ ମୋତେ ଲୁଧିଆନା ଯିବାପାଇଁ ନିମନ୍ତ୍ରଣ କଲେ, ମୁଁ ତାହା ଅସ୍ୱୀକାର କରିପାରିଲି ନାହିଁ । ସେଠାକୁ ଗଲି । ଶୀଘ୍ର ଫେରିବା ଆବଶ୍ୟକ ଥିବାରୁ, ପରଦିନ ସକାଳ ପ୍ଲେନରେ ମୋର ଆସିବା କଥା ଥିଲା । ପ୍ରଫେସର ପ୍ରୀତମ୍ ସିଂହଜୀ ମୋତେ ଛାଡ଼ିବା ପାଇଁ ଏରୋଡ୍ରମକୁ ଆସିଥିଲେ । ପ୍ଲେନ୍ ଆସିବା ପରେ ଜଣାଗଲା ଯେ ଏହା କେବଳ ଯାତ୍ରୀ ଜାହାଜ ନୁହେଁ, ଲୁଧିଆନା ମିଲ୍‌ରୁ ତିଆରି ମାଲ୍ ନେବାପାଇଁ ଏହା ମୁଖ୍ୟତଃ ଉଦ୍ଦିଷ୍ଟ । ଜାହାଜ ସାରା ଜିନିଷ ଭର୍ତ୍ତି ହୋଇଯାଏ । କେବଳ ମୁଷ୍ଟିମେୟ ଯାତ୍ରୀଙ୍କ ବସିବା ପାଇଁ ଜାଗା ଥାଏ । ପ୍ରଫେସର ପ୍ରୀତମ୍ ସିଂହଜୀ ହସି ହସି କହିଲେ, "ଆଜି ଆପଣଙ୍କୁ ଗଣ୍ଠିଲି ଗୁଡ଼ିକ ସହିତ ଯାତ୍ରା କରିବାକୁ ପଡ଼ିବ ।" ସେତେବେଳେ ମୁଁ ସହଜ ଭାବରେ ଉତ୍ତର ଦେଲି, "ସାରା ଜୀବନତ ଗଣ୍ଠିଲିମାନଙ୍କ ସହ ଚାଲିଛି ମଣିଷ କେଉଁଠି ଅଛନ୍ତି ?"

କେବେ କେବେ କେତେ ସହଜ ଶବ୍ଦରେ କେତେ ବଡ଼ ସତ୍ୟ କହିହୋଇଯାଏ- ଏହି ଶବ୍ଦ ମୋର ବାରମ୍ବାର ମନେପଡ଼େ ।

୧୯୭୨ରେ ସ୍ଵାଧୀନତାର ୨୫ ବର୍ଷ ପୂର୍ତ୍ତି ଉତ୍ସବର ଆୟୋଜନ କରିବା ପାଇଁ ଏକ ସରକାରୀ ମିଟିଂ ଡକାଯାଇଥାଏ। କିଭଳି ଭାବରେ କବିସମ୍ମିଳନୀ ଏବଂ ମୁସାଇରା ଇତ୍ୟାଦି ହେବ, ସେ ସମ୍ପର୍କରେ ଦୀର୍ଘ ଦୁଇଘଣ୍ଟା କାଳ ଆଲୋଚନା ହେବା ପରେ ମୁଁ କହିଥିଲି, "କବିତା ଗୀତ ବା ନାଟକ ବିଷୟରେ ଚିନ୍ତା କଲାବେଳେ ଆମକୁ କେତେକ ମୌଳିକ ବିଷୟ ପ୍ରତି ଦୃଷ୍ଟି ଦେବାକୁ ହେବ। ପ୍ରଥମଟି ହେଲା, ଏହି ପଚିଶ ବର୍ଷ ଭିତରେ ଆମେ କ'ଣ କରିଛୁ ଏବଂ କ'ଣ କରିପାରିଥାନ୍ତୁ-ଏ ସମ୍ପର୍କରେ ପ୍ରତ୍ୟେକଙ୍କର ଆତ୍ମସମୀକ୍ଷା ହେବା ଦରକାର। ଦ୍ଵିତୀୟତଃ, ସାଧାରଣ ଲୋକର ଜୀବନ ଗଠନ କରିବାରେ ସାହିତ୍ୟର ଭୂମିକା ବିଷୟରେ ଆମର ଚିନ୍ତା ସ୍ପଷ୍ଟ ହେବା ଉଚିତ। ଏବଂ ଶେଷରେ, ଆମର ରାଜନୈତିକ ନେତାମାନେ ନିଜଭିତରେ ଏଭଳି ପରିବର୍ତ୍ତନ ଆଣିବା ଦରକାର, ଯାହାଫଳରେ ଲୋକମାନଙ୍କର ସେମାନଙ୍କ ପ୍ରତି ବିଶ୍ଵାସ ଜାତହେବ।"

କବି, ସାହିତ୍ୟିକମାନଙ୍କଦ୍ଵାରା ପୂର୍ଣ୍ଣ ହୋଇଥିବା ହଲ୍‌ରେ ନୀରବତା ଛାଇଗଲା।

ରାଜନୈତିକ ଲୋକଙ୍କୁ କିଛି କହିବା ପୂର୍ବରୁ ସାହିତ୍ୟିକ ପ୍ରଥମେ ନିଜକୁ ଦେଖିବା ଦରକାର।

ମୋର ମନେପଡ଼େ, ଥରେ ଜଣେ ସମସାମୟିକ ସାହିତ୍ୟିକଙ୍କଠାରୁ ଖଣ୍ଡେ ପୋଷ୍ଟକାର୍ଡ ପାଇଥିଲି। ପାଠ୍ୟକ୍ରମର ଅନ୍ତର୍ଭୁକ୍ତ ପାଇଁ ଏକ କ୍ଷୁଦ୍ର ଗଳ୍ପ ସଂକଳନ କରିବାର ଦାୟିତ୍ଵ ତାଙ୍କୁ ଦିଆଯାଇଥିଲା। ମୋର ଏକ ଗଳ୍ପ ସେଥିରେ ଦେବାପାଇଁ ସେ ଅନୁମତି ମାଗିଥିଲେ। ଉତ୍ତର ଦେଲି-"ଅନୁମତି ପଠାଇଦେବି ମୋତେ କେବଳ ଆପଣ ଏତିକି ଜଣାଇବେ ଯେ ଯଦି ଏହି ପୁସ୍ତକ କୌଣସି ପାଠ୍ୟକ୍ରମର ଅନ୍ତର୍ଭୁକ୍ତ ହୁଏ, ତେବେ ଲେଖକମାନଙ୍କୁ କିଛି ପଇସା ମିଳିବ କି?" ସେହି ପତ୍ରର ଉତ୍ତର ହେଲା-ଉକ୍ତ ମହାଶୟ ମୋ' କାହାଣୀକୁ ପୁସ୍ତକରୁ ବାଦ୍‌ଦେଇଦେଲେ।

ଆହୁରି ମନେପଡ଼େ, ଥରେ ଏକ ୟୁନିଭର୍ସିଟି ପାଇଁ କିଛି ପୁସ୍ତକ ଦାଖଲ କରାଯାଇଥିଲା। ବୋର୍ଡ ଏଗୁଡ଼ିକ ଗ୍ରହଣ କରିସାରିଲା ପରେ ଜଣାଗଲା, କୌଣସି ଏକ ପୁସ୍ତକର ସମ୍ପାଦକ ଜଣେ କବିଙ୍କଠାରୁ ତାଙ୍କ ରଚନା ବ୍ୟବହାର କରିବା ପାଇଁ ଅନୁମତି ନେଇନାହାନ୍ତି। କେତେକ ଏ ସମ୍ପର୍କରେ ଆପତ୍ତି କଲେ, କିନ୍ତୁ ପ୍ରକାଶକଙ୍କଠାରୁ ପଇସା ପାଇ ଚୁପ୍ ହୋଇଗଲେ। ମୋର ଆପତ୍ତିର ଏକ ମୌଳିକ କାରଣ ଥିଲା- ଶିଷ୍ଟାଚାର ଦୃଷ୍ଟିରୁ କୌଣସି ଲେଖକର ଲେଖା ବ୍ୟବହାର କଲେ ଅନୁମତି ନେବା ଆବଶ୍ୟକ। ଏହି କଥାର ଭିତ୍ତିରେ, ବୋର୍ଡ଼କୁ ପଚରାଗଲା ଯେ

ଯଦି ଅମୃତା ପ୍ରୀତମ୍‌ଙ୍କ କବିତା ଏ ବହିରୁ ବାହାର କରିଦିଆଯାଏ, ତେବେ କିଛି ଅସୁବିଧା ହେବ କି ? ବୋର୍ଡର ନିଷ୍ପତ୍ତି ହେଲା-କିଛି ଅସୁବିଧା ହେବ ନାହିଁ।

ମନେହୁଏ, ଏଭଳିଆ ବୋର୍ଡଗୁଡ଼ିକ ଦୋଷପୂର୍ଣ୍ଣ। ଏଭଳି ବୋର୍ଡ଼ ସବୁ କେତେ-ବେଳେ ନିଷ୍ପତ୍ତି କରିପାରନ୍ତି ଯେ ସବୁ କବିତାକୁ ବାହାର କରିଦିଅ-କିଛି ଅସୁବିଧା ହେବନାହିଁ।

ହସି ହସି ରେଡିଓ ଅନ୍ କଲି-ଅଦ୍ଭୁତ ସଂଯୋଗ, କିଏ ଜଣେ ଅହମ୍ମଦ ନଜିମ୍ କସ୍‌ମିନ୍‌ଙ୍କ ଗଜଲ ଗାଉଥିଲା-ସକାଳ ହେଉ ହେଇ ବଜାରକୁ ବାହାରି ପଡ଼ନ୍ତି ଲୋକ, ମୁଣ୍ଡରେ ବୋହି ସାଧୁତାର ଗଣ୍ଠିଲି।

କଲା ବାଦଲରେ ଆଲୋକର ବଳୟ

କଲା ମେଘରେ ବି ସୁନେଲି ଜରିର ଧଡ଼ି ଲାଗିଯାଏ। ଆଶ୍ଚର୍ଯ୍ୟ ହୋଇ ମୁଁ ଆକାଶ ଆଡ଼କୁ ଚାହିଁରହିଲି।

ଦିନେ ଅତି ଉଦାସ ଲାଗୁଥିଲା। ଗୋଟିଏ ଆମେରିକାନ୍ ଉପନ୍ୟାସ ଅନୁବାଦ କରୁଥିଲି। ଏଭଳି କେତୋଟି ଶବ୍ଦ ସେଥିରେ ଥିଲା, ଯାହାର ଅର୍ଥ କୌଣସି ଡିକସିନାରିରେ ମିଳିଲା ନାହିଁ। ମୋତେ ସାହାଯ୍ୟ କରିବା ପାଇଁ ୟୁ.ଏସ୍.ଆଇ.ଏସ୍.ର ହରବଂଶଜୀ ଗୋଟିଏ ଡିକ୍‌ସିନାରି ପଠାଇଥିଲେ। ତାହାର ପ୍ରଥମ ପୃଷ୍ଠାରେ ସେ ଲେଖିଥିଲେ-"To Amrita Pritam with all the good words from this dictionary."

ମୋର ସମସାମୟିକମାନେ ଡିକ୍‌ସିନାରିର ସବୁଠାରୁ ଖରାପ ଖରାପ ଶବ୍ଦମାନ ବାଛି ମୋ ପ୍ରତି ପ୍ରୟୋଗ କରୁଥିଲେ। କିନ୍ତୁ ସବୁଠାରୁ ଭଲ ଶବ୍ଦଗୁଡ଼ିକ ବାଛି ମୋତେ ଦେବାପାଇଁ ଏପରି ଖିଆଲ୍ କେମିତି ହେଲା...... ?

ଖରାପ ଶବ୍ଦ ଶୁଣିବାରେ କାନ ଅଭ୍ୟସ୍ତ ହୋଇଯାଇଥିଲାବେଳେ, ଏଭଳି ଗୋଟିଏ ପଂକ୍ତି ଦେଖିଲେ କାନ ଝାଁ ଝାଁ କରିଉଠେ।

ଏହିଭଳି ବଙ୍ଗଳା ଦେଶ ସଂଘର୍ଷ ସମୟରେ ଦିନେ ଜଣେ ସିପାହିଙ୍କଠାରୁ ଟେଲିଫୋନ୍ ଆସିଲା-"ଦିନକ ପାଇଁ ଫ୍ରଣ୍ଟରୁ ବୁଲି ଆସିଛି। ଦେଖା କରିବାକୁ ଚାହୁଁଛି।" ସଂଧ୍ୟାବେଳେ ଦେଖା କରିବାକୁ ଆସି ଭାରତରେ ଆଶ୍ରୟ ନେଇଥିବା ବଙ୍ଗାଳୀ ରିଫ୍ୟୁଜି ସ୍ତ୍ରୀଲୋକମାନଙ୍କ ସଂପର୍କରେ ସେ କହିଲେ, ଅନେକ ଗୁଡ଼ିଏ ବୁଢ଼ୀ ସ୍ତ୍ରୀ ଲୋକ ଅଛନ୍ତି।

କେତେକ ଯୁବତୀ ବି ଅଛନ୍ତି। ଆମେ ସେମାନଙ୍କୁ ଡଙ୍ଗାରୁ ଓହ୍ଲାଇ କ୍ୟାମ୍ପରେ ପହଞ୍ଚାଇ ଦେବୁ। ମୁଁ ଆପଣଙ୍କୁ କହିବାକୁ ଚାହେଁ ଯେ ଯେଉଁମାନେ ଆପଣଙ୍କ ନଭେଲ୍ ପଢ଼ିଛନ୍ତି, ସେମାନେ ସ୍ତ୍ରୀଲୋକମାନଙ୍କ ପ୍ରତି ଅସଦ୍ ବ୍ୟବହାର କରନ୍ତି ନାହିଁ କିମ୍ବା ଅସମ୍ମାନ ଦେଖାନ୍ତି ନାହିଁ।

ମନେହେଲା, ମୋର ଲେଖିବାଟା ସଂପୂର୍ଣ୍ଣ ସାର୍ଥକ ହୋଇଯାଇଛି। ମୋ ଉପନ୍ୟାସ ସମାଲୋଚକଙ୍କ ଟେବୁଲରେ ନପହଞ୍ଚୁ ପଛକେ, କିନ୍ତୁ ତାହାତ ଅନେକ ଦୂରରେ ଥିବା ସାଧାରଣ ସିପାହିଙ୍କ ମନ ଭିତରେ ଯାଇ ପହଞ୍ଚି ଗଲାଣି!

ଆଜି ମନେପଡୁଛି, ପ୍ରଥମ ଲଢ଼େଇ ଆରମ୍ଭ ହେବା ସମୟରେ ଜଣେ ସିପାହି ତାର କବିତାର ହସ୍ତ ଲିଖିତ ଲିପି ରେଜିଷ୍ଟ୍ରୀ ଡାକରେ ମୋ ପାଖକୁ ପଠାଇଦେଇଥିଲା। ଲେଖିଥିଲା, "ଯଦି ବଞ୍ଚିବି ଫେରିଆସି ଆପଣଙ୍କଠାରୁ ନେଇଯିବି। କିନ୍ତୁ ମରିଗଲେ କବିତାଗୁଡ଼ିକ କୌଣସିଠାରେ ଛାପିଦେବେ।" ଯାହାକୁ କେବେ ମୁଁ ଦେଖିନାହିଁ, ସେ ମୋ ଉପରେ ଏତେ ବିଶ୍ୱାସ କଲା କିପରି ଭାବି ମୋର ଆଖି ଓଦା ହୋଇଗଲା।

ଜୁନ୍ ୧୯୭୨ରେ ନେପାଳର ଜଣେ ଔପନ୍ୟାସିକ ଧୁସମା ସାୟମି ନେପାଳ ଏମ୍ବାସିର କଲଚରାଲ୍ କାଉନ୍‌ସିଲ ଭାବରେ ଦିଲ୍ଲୀ ଆସିବା ପରେ ମୋତେ ଭେଟିବାକୁ ଆସିଥିଲେ। କହିଲେ-"ମୋ ଡାଏରୀର ଗୋଟିଏ ଜାଗାରେ ଲେଖାହୋଇଛି- When I read, Amrita Pritam, my anti ladian feelings vanished."

"କଲମ ମୋର ଭାଙ୍ଗିଦେଇଛି ଭେଦର ପାଚେରୀ, ମୋ ପ୍ରେମ ମୋତେ ପହଞ୍ଚାଇ ଦେଇଛି ସେଇ ଇଲାକାରେ।" ସୀମାନ୍ତର ଗୋଟିଏ ଅଞ୍ଚଳରେ ବସି ୧୯୬୦ରେ ଏଇ କବିତା ଲେଖିଥିଲି। ଆଜି ଆଉ ଏକ ଇଲାକା ଯାହା ଦୂରଦୂରାନ୍ତ ଲୋକଙ୍କ ପ୍ରେମର ଇଲାକା। ଏଠି ପହଞ୍ଚି ମୁଁ ଆଶ୍ଚର୍ଯ୍ୟ ବି ହେଉଛି, ଏବଂ କୃତଜ୍ଞ ବି ହେଉଛି ସେଇ ରାସ୍ତା ପ୍ରତି, ଯେ ମୋତେ ଶେଷରେ ଆଣି ଏଇ ଇଲାକାରେ ପହଞ୍ଚାଇ ଦେଲା।

ସୂର୍ଯ୍ୟ ରଶ୍ମିରୁ ଚେନାଏ

ଦେଶ ବିଭାଜନ ପୂର୍ବରୁ, ଗୋଟିଏ ଜିନିଷ ମୁଁ ଅତି ହେପାଜତରେ ମୋ' ପାଖରେ ସାଇତି ରଖିଥିଲି। ଏହା ଥିଲା ସାହୀରଙ୍କ କବିତା 'ତାଜମହଲ', ଯାହାକୁ ଫ୍ରେମ୍‌ରେ ବାନ୍ଧି ସେ ମୋତେ ଦେଇଥିଲେ। ଦେଶ ବିଭାଜନ ପରେ, ଆହୁରି ଅନେକ ଜିନିଷ

ଧୀରେ ଧୀରେ ମୋ ପାଖରେ ଜମା ହୋଇଛି। ଆଜି ଆଲ୍‌ମାରୀ ଖୋଲି ଦେଖିଲା ବେଳେ, ସେଗୁଡ଼ିକ ମୂଲ୍ୟବାନ୍ ସଂପତ୍ତି ଭଳି ମନେହେଉଛି।

ସେଥିରେ ଗୋଟିଏ ପତ୍ର ଅଛି ଯେଉଁଟିକି ମୁଁ ଟଲଷ୍ଟୟଙ୍କ କବର ଉପରୁ ଆଣିଥିଲି। ଆଉ ଖଣ୍ଡେ ଗୋଲ କାଗଜ ଅଛି, ଯାହାର ଗୋଟେ ପଟେ ଛପା ହୋଇଛି- 'ଏସିୟାନ୍ ରାଇଟରସ୍ କନ୍‌ଫରେନ୍‌ସ' ଏବଂ ଅନ୍ୟ ପଟରେ ହାତରେ ଲେଖାହୋଇଛି, 'ସାହୀର ଲୁଧିଆନୀ'। କନ୍‌ଫରେନ୍‌ସ ସମୟରେ ଏହି ବ୍ୟାଜ୍‌ଟି ସେଠାରେ ସମ୍ମିଳିତ ହୋଇଥିବା ପ୍ରତ୍ୟେକ ଲେଖକଙ୍କୁ ମିଳିଥିଲା। ମୁଁ ନିଜ ନାଁର ବ୍ୟାଜ୍‌ଟିକୁ ମୋ କୋଟ୍‌ରେ ଲଗାଇଥିଲି ଏବଂ ସାହୀର ବି ତାଙ୍କ ବ୍ୟାଜ୍‌କୁ ନିଜ କୋଟ୍‌ରେ ଲଗାଇଥିଲେ। ପରେ ସାହୀର ତାଙ୍କ ବ୍ୟାଜ୍‌ଟିକୁ କାଢ଼ି ମୋ କୋଟ୍‌ରେ ଏବଂ ମୋ ବ୍ୟାଜ୍‌କୁ ନେଇ ତାଙ୍କ କୋଟ୍‌ରେ ଲଗାଇଥିଲେ। ଆଜି ସେହି କାଗଜ ଟୁକୁରାଟି ଟଲଷ୍ଟୟଙ୍କ କବର ପାଖରୁ ଆଣିଥିବା ପତ୍ର ପାଖରେ ପଡ଼ିଥିବା ଦେଖି ମୋର ମନେହେଲା, ଏହାକୁ ବି ଗୋଟିଏ ପତ୍ର ପରି ମୋ ନିଜ କବର ଉପରୁ ଗୋଟାଇ ଆଣିଛି।

ତାରି ପାଖରେ ଭିଏତ୍‌ନାମରେ ତିଆରି ଗୋଟିଏ ଆସ୍‌ଟ୍ରେ ଥିଲା। ଆଜିର ବଇଜାନୀର ରାଜଧାନୀ ବାର୍କୁରେ ସେଠାର କବୟିତ୍ରୀ ମିଶାରଦ ଖାନସ୍ ମୋତେ ଏଇଟିକୁ ଦେଇଥିଲେ। କହିଥିଲେ, ଯେତେବେଳେ ତୁମ ସୃଷ୍ଟିର ଧୂପ ତୁମ ସିଗାରେଟ୍ ଧୂଆଁ ସହିତ ମିଶି ଏକାକାର ହୋଇଯିବ, ସେତେବେଳେ ମୋତେ ମନେ ପକାଇବ।

ବର୍ଷ ବର୍ଷ ଧରି, ଏହି ଧୂଆଁ ଭିତରୁ ଅନେକ ମୁହଁ ବାହାରି ଆସିଛି ଏବଂ ଲିଭି ବି ଯାଇଛି। କେବଳ ଅନ୍ୟମାନଙ୍କର ନୁହେଁ, ନିଜ ଚେହେରା ବି! ନିଜ ଆଖିରେ ନିଜର ପ୍ରକୃତ ଚେହେରା ସେତିକିବେଳେ ଦେଖିଛି, ଯେତେବେଳେ କବିତା ଲେଖିଛି।

ମୋ' ବାପାଙ୍କ ପାଖରେ ଗୋଟିଏ ଅତି ସୁନ୍ଦର ପିତଳ ଡବା ଥିଲା। ତା' ଭିତରେ ରେଶମ କନା ଉପରେ ଗୋଟିଏ ପତଳା ଚମଡ଼ାର ଟୁକୁରା ଅତି ଯତ୍ନରେ ରଖାଯାଇଥିଲା। ସେ ଏକ ପୁରୁଣା ଖାନ୍‌ଦାନି ବଂଶରୁ ସେଇଟି ମାଗିକରି ଆଣିଥିଲେ। ସେମାନେ କହୁଥିଲେ ଯେ, ଗୁରୁ ଗୋବିନ୍ଦ ସିଂହ ଯେଉଁ ଜୋତା ପିନ୍ଧୁଥିଲେ, ସେଥିରୁ ଖଣ୍ଡିଏ ଚମଡ଼ା ରହିଯାଇଥିଲା। ଏହି ଟୁକୁରାଟି ତାହାରି ଅଂଶବିଶେଷ। ବାପା ଯେତେବେଳେ ସେହି ପିତଳ ଡିବା ଥିବା ଡ୍ରଅର୍ ଖୋଲୁଥିଲେ, ତାଙ୍କର ମୁହଁରେ ଏକ ଭକ୍ତିଭାବ ଛାଇଯାଉଥିଲା।

କେତେବେଳେ, କିପରି ଏବଂ କାହାପାଇଁ ଗୋଟିଏ ବସ୍ତୁ ଭକ୍ତିପୂତ ପଦାର୍ଥରେ ପରିଣତ ହୋଇଯାଏ, ଜାଣେନି। କେବଳ ଏତିକି ଜାଣିଛି ଯେ, ମୁଁ ହାତ ଉଠାଇ ସେହି ସ୍ଥାନକୁ ସ୍ପର୍ଶ କରିଛି, ଯେଉଁଠି ମାନବୀୟ ସୌନ୍ଦର୍ଯ୍ୟ ଦିବ୍ୟରେ ରୂପାନ୍ତରିତ ହୋଇଛି।

ମୁଁ କବର ବିଷୟରେ କହୁଥିଲି। ପ୍ରତି ମୁହୂର୍ତ୍ତର କବର, ଯେଉଁଥିରେ ମାନବୀୟ ସୌନ୍ଦର୍ଯ୍ୟ ଦିବ୍ୟରେ ପରିଣତ ହେଉଥିବା ଅବସ୍ଥା ସମ୍ମିଳିତ ହୋଇଛି।

ତାହାରି ଭିତରେ ପଡ଼ିରହିଛି ଇମ୍‌ରୋଜଙ୍କର କିଛି ପତ୍ର ଏବଂ କିଛି ସହଜାଦ୍ ଏବଂ ସାହୀରଙ୍କ ପତ୍ର ବି। ମୋ ପାଇଁ ମୋ ପିଲା ଦୁହିଁଙ୍କ ପତ୍ର ବି ଏଭଳି ଅବସ୍ଥାର ଗୋଟିଏ ଅଂଶ।

ପୁଣି ଏଇ କବରକୁ ସଜାଇବାର କିଛି ଫୁଲ ପତ୍ର ବି ଅଛି-କେତେକ ପାଠକଙ୍କର ପତ୍ର ଏବଂ କିଛି ଦୂରଦୂରାନ୍ତରର ଲେଖକମାନଙ୍କ ଅଭିନନ୍ଦନ ପତ୍ର। ଏହା ସହିତ ଅଛି ଉଜ୍‌ବେଗ୍ କବୟିତ୍ରୀ ଦୁଲପିଆ ଦେଇଥିବା କେତେକ ରଙ୍ଗୀନ୍ କମିଜ୍, ଜର୍ଜିଆନ୍ କବି ଇରାକ୍‌ଲୀ ଆବସୋଦିଜଙ୍କ ପ୍ରଦତ୍ତ ୱାଇନ୍ ଜାର୍, ସୂତା ରୋଷ୍ଟାବରୀ ଦେଇଥିବା ଚିତ୍ର ଖଚିତ ମୁଦି, ବାକ୍ୟୁର କବି ରସୁଲ ରାଜାଙ୍କଠାରୁ ପାଇଥିବା ଚିତ୍ରିତ ଗାଲିଚା ଏବଂ ଗର୍କୀଙ୍କ କାଷ୍ଠଚିତ୍ର, ବୁଲ୍‌ଗେରିଆ ଲେଖିକା ଇଗେର୍‌ଆନା ଦୋରାପାବେ, ସନ୍ତାନକ ଏବଂ କାମେନୋବାଙ୍କ ଉପହାର-ମଫ୍‌ଲର୍, କୋଟ୍, ଅତରମାଳା ପ୍ରଭୃତି। ଏହା ସହିତ ଅଛି ବୁଲ୍‌ଗେରିଆନ୍ ନାଟକର ନିର୍ଦ୍ଦେଶିକା ଜୁଲିଆଙ୍କଠାରୁ ପାଇଥିବା ରୁପା ଝାଲରରୁ ଖଣ୍ଡିଏ। ଏହାକୁ ସେ ତାଙ୍କର ମା'ଙ୍କଠାରୁ ବଂଶ ପରମ୍ପରା କ୍ରମେ ପାଇଥିଲେ ଏବଂ ମୋତେ ଏଇଟିକି ଦେଲାବେଳେ କହିଲେ, "ମା' ଦେଇଥିବା ଏହି ଜିନିଷଟିରୁ ଖଣ୍ଡିଏ ତୁମକୁ ଦେଲି। ଆଜିଠାରୁ ଆମେ ଭଉଣୀ ହୋଇଗଲେ।" ବୁଲ୍‌ଗେରିଆର କଳାକାର ଆଣ୍ଟୋନିଆ ମୋର ଯେଉଁ ପ୍ରତିମୂର୍ତ୍ତି ତିଆରି କରି ଦେଇଥିଲେ, ତାହା ମଧ୍ୟ ଏହି ଐଶ୍ୱର୍ଯ୍ୟ ଭିତରେ ସାଇତା ହୋଇ ରହିଛି।

ପଞ୍ଜାବୀ କାହାଣୀକାର ଅଜିତ୍ କାଉର୍‌ଙ୍କ ସମ୍ପର୍କରେ ଥରେ ମୁଁ ଲେଖିଥିଲି ଯେ ତାଙ୍କ ନିକଟରେ ଲିଭିଯାଇଥିବା ଅକ୍ଷରକୁ ଜଳାଇ ଦେବାର କଳା ଅଛି। ଆଜି ପୁଣି କହୁଛି, ବନ୍ଧୁତ୍ୱର ସ୍ଫୁଲିଙ୍ଗକୁ ଫୁଙ୍କି ଫୁଙ୍କି ଅଗ୍ନିରେ ପରିଣତ କରିଦେବାର ଶକ୍ତି ବି ତାଙ୍କର ଅଛି। ମୋର ଫକୀରର ଶୂନ୍ୟ ହାତରେ ହଠାତ୍ ଦିନେ ସେ ଅମୀରର ହୀରା ମୁଦି ପିନ୍ଧାଇ ଦେଲେ। ମୋ ଆଙ୍ଗୁଠି ତ ହୀରାର ଜ୍ୟୋତିରେ ଚମକି ଉଠିଲା, କିନ୍ତୁ ବନ୍ଧୁତା ହୀରାଠାରୁ ଆହୁରି ମୂଲ୍ୟବାନ୍ ହୋଇଗଲା। ତାହାକୁ ସାଇତି ରଖିବା ପାଇଁ ମୁଁ ମୋର ହାତ ତାଙ୍କ ହାତ ଆଡ଼କୁ ବଢ଼ାଇ ଦେଇଥିଲି।

ମନେହେଲା, ସୂର୍ଯ୍ୟ ରଶ୍ମିର କେତେଖଣ୍ଡ ଟୁକୁରା ମୋ ଆଲ୍‌ମାରିର ଅନ୍ଧାରରେ ପଡ଼ିରହିଛି।

ଯୁଗୋସ୍ଲୋଭିଆର ଉପନ୍ୟାସକାର ବରୋଜ୍‌ଦାନା ପଠାଇଥିବା 'ସଫେଦ ରାତିର ସଙ୍ଗୀତ' ରେକର୍ଡ ପ୍ଲେୟାରରେ ଶୁଣୁଥିଲି। ଏଥିରେ ଜର୍ଜିଆନ୍ ସଙ୍ଗୀତ ମଧ୍ୟ ମିଶ୍ରିତ

ହୋଇଯାଇଛି। ସେଠାର କବି ଇକ୍‌ରାଲୀ ମୋ ସମ୍ପର୍କରେ ଲେଖିଥିବା କବିତାକୁ ସଙ୍ଗୀତକାର 'ସାଲଭାତାଜ୍ ଚେଲି ଜଜେ' ମୋ ନାମରେ ଅର୍ପିତ କରିଥିଲେ।

ଜାପାନର ଜଣେ ଲେଖକ ମୋରିମୋଟୋ ପଠାଇଥିବା ସୁଏଟର ଏବଂ ଚୀନ୍‌ର ଜଣେ ଲେଖକ ଦେଇଥିବା ଚୀନା ପଙ୍ଖା, ମୋତେ ଗ୍ରୀଷ୍ମ ଏବଂ ଶରତ ଋତୁରେ କିଛି କହୁଥିଲା ଭଳି ପ୍ରତୀତ ହୁଏ। ପୁଣି ମସ୍କୋରେ ଟାଗୋର୍ ଦିବସରେ ପାଇଥିବା ଟାଗୋରଙ୍କ ପିତଳ ମୂର୍ତ୍ତି ମୋର ଏକ ପୁସ୍ତକ ଆଡ଼କୁ ଚାହିଁ ସ୍ମିତହାସ୍ୟ କରୁଥିଲେ। ସେଇ ପୁସ୍ତକରେ ହଏଜ୍ ଗୋଟିଏ ପଦ ଲେଖିଥିଲେ-

ଜାଣେନାହିଁ କ୍ଷତ କେବେ ଶୁଖେ ବୋଲି
କିନ୍ତୁ ଜାଣିଛି ମୁଁ ଓଠ ଖାଲି ସିଁ ହୋଇଯାଏ।

କିନ୍ତୁ ମୋ ଓଠରେ ସେଇମାନଙ୍କ ପାଇଁ ଧନ୍ୟବାଦ ରହିଛି, ଯେଉଁମାନେ ଦୂର- ଦୂରାନ୍ତର ବନ୍ଧୁଙ୍କ ପାଇଁ ସମୟ ବ୍ୟୟ କରିଛନ୍ତି, ମନ ବ୍ୟୟ କରିଛନ୍ତି ଏବଂ ମୋର କେତେକ କାହାଣୀ ଓ କବିତାକୁ ନିଜ ନିଜ ଭାଷାର ଲୋକଙ୍କ ନିକଟରେ ପହଞ୍ଚାଇ ଦେଇଛନ୍ତି।

ଆଇଗୋର ସଏନବରିଥାକୋଫ୍ ଅତି ସହୃଦୟ ବନ୍ଧୁ। ସେ କେତେ ଗୁଡ଼ିଏ ବହିରୁ ବାଛି ଅନେକ ଗୁଡ଼ିଏ କବିତାର ବହିଟିଏ ରୁଷ ଭାଷାରେ ଅନୁବାଦ କରିଛନ୍ତି। ନ୍ୟୁଜିଲାଣ୍ଡର ଚାର୍ଲସ୍‌ନେସ୍, ତାଙ୍କର ଭାରତ ଗସ୍ତ ସମୟରୁ ମୋର କେତେକ କବିତାର ଇଂରାଜୀ ଅନୁବାଦ କରିବାରେ ବିତାଇଛନ୍ତି। ଯୁଗୋସ୍ଲୋଭିଆର ଏଲିଆନାଚୋରା କେତେକ କବିତାକୁ ସର୍ବରେ ଅନୁବାଦ କରି ତାହାର ପୁଣି ଆଲବେନିଆନ୍ ଅନୁବାଦ କରାଇ ବହି ଆକାରରେ ଛାପିଛନ୍ତି। ପୁଣି ଯୁଗୋସ୍ଲୋଭିଆରେ ଅନେକ ଥର ମୋ' କବିତାର ସାହିତ୍ୟିକ ସନ୍ଧ୍ୟା କରାଇଛନ୍ତି। ମରୋଜ୍‌ଦାନା କେତେକ କାହାଣୀ 'ପିଞ୍ଜର' ଉପନ୍ୟାସର ସଂକ୍ଷିପ୍ତ ରୂପାନ୍ତର ଏବଂ ଯାତ୍ରୀ ଉପନ୍ୟାସକୁ ସର୍ବ ଭାଷାରେ ଅନୁବାଦ କରାଇଛନ୍ତି। ମୋରିମୋଟୋ ଜାପାନୀ ଭାଷାରେ ମଧ୍ୟ କେତେକ କବିତା ଅନୁବାଦ କରିଛନ୍ତି। ଜର୍ଜଗ୍ରିଫିତ୍ ଲଣ୍ଡନର ଏକ କବିତା ସନ୍ଧ୍ୟା ଅନୁଷ୍ଠାନରେ ମୋର କବିତା ପଢ଼ିଛନ୍ତି। ମସିଗନ୍‌ର କାର୍ଲୋକପାଲୋ ସମ୍ପୂର୍ଣ୍ଣ ଭାବରେ ମୋ କବିତା ଏବଂ କାହାଣୀ ଦେଇ ତାଙ୍କ ପତ୍ରିକାର ଏକ ସଂଖ୍ୟା ପ୍ରକାଶ କରିଛନ୍ତି। ଖୁସ୍‌ବନ୍ତ ସିଂ ପିଞ୍ଜର ଉପନ୍ୟାସ ଅନୁବାଦ କରିଛନ୍ତି। ମହେନ୍ଦ୍ର କୁଳଶ୍ରେଷ୍ଠ, ପ୍ରୀତିଶ୍ ନନ୍ଦୀ, ସୁରେଶ୍ କୋହ୍‌ଲୀ, ମନମୋହନ ସିଂ ପ୍ରମୁଖ ମୋର ଅନେକ କବିତା ଅନୁବାଦ କରିଛନ୍ତି ଏବଂ କୃଷ୍ଣା ଗୋରୋବାରା ମୋର ପାଞ୍ଚୋଟି ଉପନ୍ୟାସ ଇଂରାଜୀରେ ଅନୁବାଦ କରିଛନ୍ତି।

ଏହି ସବୁ ଆଲୋକର ଟୁକୁରା ମୋ ଆକାଶରେ ରହିଛି।

ମୋ ନିଜ ଦେଶରେ ଅନ୍ୟ ଭାଷାଭାଷୀମାନେ ମୋତେ ଅନେକ ସ୍ନେହ ଓ ସମ୍ମାନ ଦେଇଛନ୍ତି। ଉର୍ଦ୍ଦୁ ଲୋକେ ମୋର ପ୍ରାୟ ୧୫ଟି ବହି ଉର୍ଦ୍ଦୁରେ ଛାପିଛନ୍ତି। କନ୍ନଡ଼ ଭାଷାରେ ତିନୋଟି, ଗୁଜ୍‌ରାତି ଭାଷାରେ ଦୁଇଟି, ମାଲୟାଲମ୍ ଭାଷାରେ ଦୁଇଟି ଏବଂ ମରାଠି ଭାଷାରେ ଦୁଇଟି ବହି ସେହି ଭାଷାଭାଷୀମାନେ ଛାପିଛନ୍ତି। ହିନ୍ଦୀବାଲାମାନେ ତ ସବୁଯାକ ବହି ଛାପିଛନ୍ତି ହିନ୍ଦୀରେ।

କିନ୍ତୁ ପ୍ରକୃତରେ ହିନ୍ଦୀ ବହି ଗୁଡ଼ିକ ହିଁ ମୋତେ ଆର୍ଥିକ ଦୃଷ୍ଟିରୁ ସାହାଯ୍ୟ କରିଛି। ମୋର ରଚନା ସଂଗ୍ରହ ମୋ ନିଜ ଭାଷା ପଞ୍ଜାବୀରେ ହୋଇନାହିଁ, କିନ୍ତୁ ହିନ୍ଦୀରେ ହୋଇଛି। ହିନ୍ଦୀରେ ଅନୂଦିତ କବିତା ସଂଗ୍ରହ 'ଧୁପ୍‌କା ଟୁକୁଡ଼ା'ରେ ଶ୍ରୀସୁମିତ୍ରା ନନ୍ଦନ ପନ୍ଥଙ୍କର ମୁଖବନ୍ଧ ପଢ଼ି ଭାବବିହ୍ୱଳ ହୋଇଯାଇଥିଲି। ସେ ଲେଖିଥିଲେ- "ଅମ୍ରିତା ପ୍ରୀତମ୍‌ଙ୍କ କବିତାରେ ରମଣୀ ହୃଦୟର ଗଭୀର ବ୍ୟଥାର କ୍ଷତ ନେଇ ପ୍ରେମ ଓ ଓ ସୌନ୍ଦର୍ଯ୍ୟର ଧୂପଛାୟା ବଗିଚା ସୃଷ୍ଟି ହୋଇଛି। ଏହି କବିତା ଗୁଡ଼ିକର ଅନୁବାଦ ଦ୍ୱାରା ହିନ୍ଦୀ କାବ୍ୟ ଭାବ-ଧ୍ୱନି, ସ୍ୱପ୍ନ-ସଂସ୍କୃତ ତଥା ଶିଳ୍ପ-ସମୃଦ୍ଧ ହେବ। ଭାଗବତ ଶରଣ ଉପାଧ୍ୟାୟ ମଧ୍ୟ ଗୋଟିଏ ଲମ୍ବା ଲେଖା ଲେଖିଥିଲେ। ତାହା ସେ ତାଙ୍କର 'ସମୀକ୍ଷା-ସନ୍ଦର୍ଭ' ଗ୍ରନ୍ଥରେ ସନ୍ନିବେଶ କରିଛନ୍ତି। ସେଥିରେ ସେ ଲେଖିଛନ୍ତି- 'ସଂଗ୍ରହଟି ଦେଖିଲି। ପ୍ରଥମେ ଗୋଟିଏ କବିତା ପଢ଼ିଲି, ତାପରେ ଦ୍ୱିତୀୟ, ପୁଣି ତୃତୀୟ ଏବଂ ଶେଷକୁ ମନ ଉପରେ ଆଉ ମୋର ଅକ୍ତିଆର ରହିଲାନି।" ଆଜି ପନ୍ଥଜୀ ଏବଂ ଭଗବତ୍ ଶରଣଜୀଙ୍କର ଏହି କୃପାପୂର୍ଣ୍ଣ ଶବ୍ଦଗୁଡ଼ିକ ଆଉ ଥରେ ପଢ଼ିଲା ବେଳେ, ମୋର ମଧ୍ୟ ନିଜ ମନ ଉପରେ ଅକ୍ତିଆର ରହୁନାହିଁ। ମୋର ହୃଦୟ ଆଜି ଏହି ବିଶାଳ ହୃଦୟ ସାହିତ୍ୟିକମାନଙ୍କ ସାମ୍ନାରେ ନତ ହୋଇଯାଇଛି। ୧୯୬୮-୬୯ର ମିଚିଗନ ଷ୍ଟେଟ୍ ୟୁନିଭରସିଟି ତରଫରୁ କାର୍ଲୋ କପୋଲଙ୍କ ଦ୍ୱାରା ପ୍ରକାଶିତ ପତ୍ରିକାରେ ହିନ୍ଦୀ ଲେଖକ ରେବତୀ ଶରଣ ଶର୍ମା ମୋ ଉପନ୍ୟାସ ଗୁଡ଼ିକ ଉପରେ 'ଦି ସର୍ଚ୍ଚ ଫର୍ ଫେମିନ୍ ଇନ୍ ଇଣ୍ଟିଗ୍ରିଟି' ନାମକ ଏକ ବିସ୍ତୃତ 'ପ୍ରବଂଧ' ଲେଖିଥିଲେ।

ମୋ ସାମ୍ନାରେ ଗୋଟିଏ ଫାଇଲ୍‌ରେ ଅନେକ ଗୁଡ଼ିଏ ଶ୍ରଦ୍ଧାପୂର୍ଣ୍ଣ ଚିଠି ଥୁଆ ହୋଇଛି।

ପ୍ରିନ୍‌ସପାଲ ତେଜା ସିଂହ ପଞ୍ଜାବୀ ଭାଷାର ପ୍ରଥମ ଆଲୋଚକ। ପୁଣି ତାଙ୍କ ଢଙ୍ଗର ମଧ୍ୟ ସେ ଶେଷ ଆଲୋଚକ। ୧୯୫୦ ମାର୍ଚ୍ଚ ୨୩ ତାରିଖରେ, ଏକ ପତ୍ରରେ ସେ ମୋତେ ଲେଖିଥିଲେ-"ଖବରକାଗଜର ବେଢଙ୍ଗ ଲେଖା ଦେଖି ଦବି ଯାଆନ୍ତୁ ନାହିଁ। ଆପଣ ଅନନ୍ତ କାଳ ପାଇଁ। ଯଦି କୌଣସି ଏକ ସମୟ ଆପଣଙ୍କ କାବ୍ୟ-ପ୍ରସିଦ୍ଧିକୁ ସହ୍ୟ କରିନପାରୁଛି, ସେଥିପାଇଁ ପରବାୟ କରନ୍ତୁ ନାହିଁ।"

ବଙ୍ଗଳାର ପ୍ରସିଦ୍ଧ ଲେଖକ ପ୍ରବୋଧ କୁମାର ସନ୍ୟାଲଙ୍କ ସହ ୧୯୬୦ରେ ନେପାଳରେ ଦେଖା ହୋଇଥିଲା। ସେଠାରେ ସେ ପ୍ରଥମ ଥର ପାଇଁ ମୋର କବିତା ଶୁଣିଲେ। ମୁଁ ମଧ୍ୟ ତାଙ୍କର ଗମ୍ଭୀର ବ୍ୟକ୍ତିତ୍ୱ ଦେଖିଲି। ପରେ ଦିଲ୍ଲୀ ଆସି ତାଙ୍କର ସେହି ପ୍ରସିଦ୍ଧ ଉପନ୍ୟାସ "ମହାପ୍ରସ୍ଥାନେର ପଥେ" ପଢ଼ିଲି। ଏହା ଉପରେ ଏକ ଫିଲ୍ମ ମଧ୍ୟ ହୋଇଛି। ସେ କଲିକତା ଫେରିଯାଇ ମୋର ଉପନ୍ୟାସ 'ପିଞ୍ଜର' ପଢ଼ିଲେ। ଗୋଟିଏ ଦୁଇଟି ଚିଠିରେ ଏ ସମ୍ପର୍କରେ ଉଲ୍ଲେଖ କରିଛନ୍ତି। କେତେ ବର୍ଷ ପରେ ସେ ଦିଲ୍ଲୀ ଆସିଥିଲେ। ତାଙ୍କ ପାଖରେ ମୋ' ଠିକଣା ନଥିଲା। କେବଳ ତାଙ୍କର ଧାରଣା ଥିଲା, କୁତବ୍‌ମୀନାର ଯିବା ବାଟରେ କୌଣସି ଏକ କଲୋନୀରେ ମୋ ଘର। ସେତିକି ଧାରଣା ନେଇ ସେ ମୋ ଘର ଖୋଜିବାରେ ଲାଗିଲେ।

କେତେ ଗୁଡ଼ିଏ କଲୋନୀ ଖୋଜି ଖୋଜି ଦ୍ୱିପ୍ରହର ବେଳକୁ ସେ ମୋ ଘର ପାଇଗଲେ। ଗ୍ରୀଷ୍ମର ପ୍ରଜ୍ୱଳିତ ଦ୍ୱିପ୍ରହର ମୁଁ ତାଙ୍କୁ ଝାଳରେ ବୁଡ଼ିଯାଇଥିବାର ଦେଖି ବ୍ୟସ୍ତ ହୋଇପଡ଼ିଲି। ସେ କିନ୍ତୁ ହସି ହସି କହିଲେ-"ମୁଁ ଭାବିଲି ତୁମ ଘର ତ ଦିଲ୍ଲୀରେ ନିଶ୍ଚୟ କେଉଁଠି। ଖୁବ୍ ବେଶି ହେଲେ, ପ୍ରତି ଘର ଖୋଜିବାକୁ ପଡ଼ିବ। ଶେଷକୁ ନିଶ୍ଚୟ ତ ପାଇଯିବି।" ଏଭଳି ସ୍ନେହ ଆଗରେ ପ୍ରକୃତରେ ମୁଣ୍ଡ ନଇଁଯାଏ।

ହନୋଇରୁ ଭିଏତ୍‌ନାମ୍‌ର ବିଖ୍ୟାତ କବି ସ୍ୱନଜିଆଓ ୧୯୫୮ ଫେବୃୟାରୀ ୨ ତାରିଖରେ ଗୋଟିଏ ଚିଠି ଲେଖିଥିଲେ-"ବସନ୍ତ ଉତ୍ସବ 'ଭିଏତନାମର ପାରମ୍ପରିକ ଚାନ୍ଦ୍ର ନବ ବର୍ଷ' ଆସୁଛି। ବାଇଗଣି ରଙ୍ଗର ମଲାଟ ଥିବା ଆପଣଙ୍କ କବିତା ସଂଗ୍ରହ ମୋତେ ପ୍ରଥମେ ବସନ୍ତ ଆଗମନର ସୂଚନା ଦେଉଛି। ଆମ ପ୍ରେସିଡେଣ୍ଟ ହୋ ଚି ମିନ୍ ଶୀଘ୍ର ଆପଣଙ୍କ ମହାନ ଦେଶକୁ ଗସ୍ତରେ ଯିବେ। ତାଙ୍କର ବନ୍ଧୁମାନଙ୍କ ଭିତରୁ ଆପଣ ଜଣେ, ଯିଏ ତାଙ୍କୁ ଅନ୍ତରରୁ ସ୍ୱାଗତ କରିବେ ବୋଲି ମୁଁ ବିଶ୍ୱାସ କରେ। ଶ୍ରୀ ପ୍ରଭାକର ମ୍ୟାଚ୍ୱେଙ୍କ ପାଖକୁ ୧୯୫୩ ଜୁଲାଇ ୨୯ ତାରିଖରେ ଶ୍ରୀ ଡି. କେ: ବଡ଼େକର ଏକ ପତ୍ର ଲେଖିଥିଲେ-ସାଧୁ ଶବ୍ଦ ବ୍ୟବହାର କରିବାର ମୋହ ଛାଡ଼ି 'ପିଞ୍ଜର' ଭଳି ଏକ କାହାଣୀ ଲେଖିବା, ଯେ କୌଣସି କଳାକାର ପକ୍ଷରେ ସଂଯମର ଏକ ପରୀକ୍ଷା। ମୂଳ ଆତ୍ମାକୁ ଠିକ୍ ରଖି ଏକ ଏକ ଶବ୍ଦକୁ ଲେଖିବାରେ ଅନାୟାସ ସଂଯମ ଏହି ଶ୍ରେଷ୍ଠ କଳାକୃତିରେ ପ୍ରତୀତ ହୁଏ। ଏଭଳି ଉପନ୍ୟାସ ପଢ଼ିବାକୁ ପାଇ ମୁଁ ନିଜକୁ ଧନ୍ୟ ମଣୁଛି। ମନରେ ଗୋଟିଏ ପ୍ରବଳ ଇଚ୍ଛା ଅଛି, 'ପିଞ୍ଜର' କାହାଣୀ ମରାଠୀ ଭାଷା-ଭାଷୀଙ୍କୁ ପଢ଼ିବାକୁ ମିଳୁ। ମୋର ବନ୍ଧୁ ଶ୍ରୀ ଯୋଷୀ ଜଣେ ଭଲ ଲେଖକ। ସେ ଏହାର ମୌଳିକତା ରକ୍ଷାକରି ଅନୁବାଦ କରିପାରିବେ।

ପ୍ରଭାକର ମ୍ୟାଚ୍ୱେ ସବୁବେଳେ ଏକ ସହୃଦୟ ବନ୍ଧୁ। ତାଙ୍କଠାରୁ ବିଭିନ୍ନ ସମୟରେ ମୋତେ ଅନେକ ସାହାଯ୍ୟ ମିଳିଛି।

ମୁଁ ଜୈନେନ୍ଦ୍ର କୁମାରଙ୍କୁ ସେତେବେଳେ ଦେଖି ନଥିଲି। ସେ ପ୍ରଥମ ହିନ୍ଦୀ ଲେଖକ, ଯିଏ ମୋର ଉପନ୍ୟାସ ପଢ଼ି କୌଣସି ଜଣେ ବନ୍ଧୁଙ୍କୁ ଏକ ପତ୍ର ଲେଖିଥିଲେ। ସେହି ବନ୍ଧୁ ଉକ୍ତ ଚିଠିଟି ମୋ ପାଖକୁ ପଠାଇ ଦେଇଥିଲେ। ସେହି ଚିଠିଟି ମୁଁ ଆଜି ଖୋଜି ପାଉନାହିଁ। କିନ୍ତୁ ଜୈନେନ୍ଦ୍ରଜୀ ସବୁବେଳ ପାଇଁ ବନ୍ଧୁ ହୋଇ ରହିଯାଇଛନ୍ତି।

'ଲ୍ୟାଣ୍ଡଫଲ୍'ର ଭୂତପୂର୍ବ ସଂପାଦକ ଚାର୍ଲସ ବ୍ରେସ୍ ଜଣେ ନ୍ୟୁଜିଲ୍ୟାଣ୍ଡର ପ୍ରତିଷ୍ଠିତ କବି। ତାଙ୍କର ୧୯୬୪ ମାର୍ଚ୍ଚ ୯ ତାରିଖରେ ଲିଖିତ ପତ୍ର ମୋ ନିକଟରେ ଅଛି-"ମୁଁ 'ଦି ସ୍କେଲିଟନ୍' ପଢ଼ିଲି। ଏହା ମୋର ହୃଦୟକୁ ସ୍ପର୍ଶ କରିଛି। ଆପଣଙ୍କ କଥାରେ ସହୃଦୟତା ସହ ମିତବ୍ୟୟିତା ଓ ସଂଯମ ଆଚରଣ କରିଛନ୍ତି। ଏହି କୃତି ପାଇଁ ଆପଣ ସହଜରେ ଗର୍ବ ଅନୁଭବ କରିପାରନ୍ତି।

ଏଥି ସହିତ ମୋର ମନେପଡୁଛି, ଏହି 'ପିଞ୍ଜର' ଉପନ୍ୟାସ ବିରୁଦ୍ଧରେ ମୋର ଜଣେ ସମକାଳୀନ ଲେଖକ ବହୁ କଟୁ ଭାଷାରେ ଅନେକ ଚିଠି ଖବରକାଗଜ ଏବଂ ରେଡିଓବାଲାଙ୍କୁ ପଠାଇଥିଲେ। ସେଥି ସହିତ ମୋର ଗୀତ ରେଡ଼ିଓରୁ ପ୍ରସାରିତ ନକରିବା ପାଇଁ ମଧ୍ୟ ସେ ଦାବୀ କରିଥିଲେ।

ଫାଇଲ୍‌ରେ ଥିବା ଅନେକ ଚିଠି ପୁଣି ଥରେ ପଢ଼ିଲା ବେଳେ ସେ ଗୁଡ଼ିକର ଲେଖକମାନଙ୍କୁ ମୁଁ ସ୍ମରଣ କରେ। ବେଳେବେଳେ ମନେହୁଏ ଯେପରି ଏକା ସମୟରେ ମୁଁ ଅତି ଥଣ୍ଡା ଏବଂ ଅତି ଗରମ ନଦୀରେ ଗାଧୋଉଛି !

ଅଗ୍ନି ସ୍ନାନ

"Create an idealised image of yourself and try to resemble it"- ଏହି କଥାଟି କାଜାନଜାକିସ ତାଙ୍କ ପ୍ରେମିକା ସହିତ ପ୍ରଥମ ସାକ୍ଷାତ ବେଳେ କହିଥିଲେ। ମୋତେ ଏ କଥାଟି କେହି କହିନାହାନ୍ତି। କିନ୍ତୁ ଏହା ମୁଁ ଶୁଣିଛି-ନିଜର ରକ୍ତ ଭିତରୁ ଶୁଣିଛି।

ପୁଣି ଅନେକ ଥର ନିଜ ଓଠରୁ ଆପଣା କାନକୁ ବି ଶୁଣାଇଛି। ତଥାପି ବେଳେ ବେଳେ ଏହା ମୋ ପାଇଁ ଗୋଳମାଳ ହୋଇଯାଇଛି।

ଏହି କଥାଟି ଯେ ମୋ ଭିତରେ ଗୋଟିଏ ଅଦ୍ଭୁତ ପରିବର୍ତ୍ତନ ଆଣି ଦେଇଛି

ତା ମୁଁ କହୁନାହିଁ। କିନ୍ତୁ ଜୀବନ ସାରା ମୁଁ ହିଁ ମୋ ନିଜର ସହାୟକ ହୋଇଛି। ତେବେ ଏ କଥାଟିର ଗୋଟିଏ ମ୍ୟାଜିକ ଅଛି। ଯେତେବେଳେ ନିଜର ଚେହେରା ସେହି କଳ୍ପିତ ଚେହେରା ସହ କିଛି ଅଂଶରେ ମିଶିଯାଏ, ସେତେବେଳେ କଳ୍ପିତ ମୁଁ ଟି ଆହୁରି ସୁନ୍ଦର ହୋଇ ଦୂରରେ ଯାଇ ଠିଆ ହୋଇଯାଏ।

କେବଳ ଏତିକି କହିପାରେ, ଜୀବନ ଯାକ ମୁଁ ସେହି 'କଳ୍ପିତ ମୁଁ' ପର୍ଯ୍ୟନ୍ତ ପ୍ରଯତ୍ନ କରି ଚାଲିଛି।

ଏହି ପ୍ରଯତ୍ନ ମୋତେ ସାହସ ଦେଇଛି। କାରଣ ଅଠର ବର୍ଷ ବୟସରେ ମୋ ସ୍ୱାମୀଙ୍କ ସହିତ ବିଚ୍ଛେଦ ହେଲାବେଳେ ମୁଁ ତାଙ୍କୁ କହିଥିଲି, "ତୁମ ଅନ୍ତର ଭିତରେ ତୁମେ ଗ୍ରହଣ କରି ନେଇଛ ଯେ ଆମେ ଦୁହେଁ ନିଜ ନିଜ ବାଟରେ ଯିବା ଉଚିତ। କିନ୍ତୁ ଆମ ଚାରିପଟର ଲୋକଙ୍କ ତାଚ୍ଛଲ୍ୟପୂର୍ଣ୍ଣ ଦୃଷ୍ଟି ଓ କଟୁ ସମାଲୋଚନାକୁ ତୁମର ମନ ଭୟ କରୁଛି। ମୋଠାରୁ ପୃଥକ୍ ହେବାର ଘଟଣା ଲୋକଙ୍କୁ ଦେଖିବାକୁ ଦିଅ। ସେମାନେ ଦୁଇ-ଚାରିଦିନ ବକାବକି କରି ଯେତେବେଳେ ଚୁପ୍ ହୋଇଯିବେ, ସେତେବେଳେ ଆମେ ଆମର ମନର ସତତାକୁ ସେମାନଙ୍କ ଆଖିର ଅଗ୍ନି ଭିତରୁ ଉତ୍ତୀର୍ଣ୍ଣ କରାଇ ଆଣିବା। ଏହି ଅଗ୍ନି ସ୍ନାନ ପରେ ଆମେ ନିରୋଗ ହୋଇଯିବା।" ଗୋଟିଏ ଭବିଷ୍ୟବାଣୀ ବି କରିଥିଲି, "ଆପଣଙ୍କ ଏକ୍‌ଜିମା ବି ଭଲ ହୋଇଯିବ।" ବିଚ୍ଛେଦର ତାରିଖ ବି ନିର୍ଦ୍ଧାରିତ ହୋଇଗଲା-ଆଠ ଜାନୁଆରୀ। ଏହା ଊଣେଇଶ ତେଷଠି ସେପ୍‌ଟେମ୍ବରର ଘଟଣା। ବର୍ଷ ଶେଷ ହେବା ପରେ ନିର୍ଦ୍ଧାରିତ ଆଠ ତାରିଖ ଜାନୁଆରୀରେ ଆମେ ପୃଥକ୍ ହୋଇଗଲୁ ଏବଂ ଫେବୃଆରୀ ମାସରେ, ଅଠର ବର୍ଷ ପରେ ବିନା ଔଷଧରେ ତାଙ୍କର ଏକ୍‌ଜିମା ସଂପୂର୍ଣ୍ଣ ଭଲ ହୋଇଗଲା।

ବର୍ତ୍ତମାନ ଭାବୁଛି ସତ୍ୟକୁ ସାମ୍ନା କରିବାର ସାହସ ହିଁ ଦେହ ଓ ମନକୁ ବଳ ଦେଇଥିଲା।

ଏହିପରି ଏକ ଘଟଣା ଊଣେଇଶ ଷାଠିଏରେ ବି ଘଟିଥିଲା। ମୋ ପ୍ରତି ଇମ୍‌ରୋଜଙ୍କ ପ୍ରେମରେ କୌଣସି ଖାନ୍ ନଥିଲା ସତ; କିନ୍ତୁ ତାଙ୍କ ମନର ଗଭୀରରେ କେଉଁଠି ଏକ ଦ୍ୱନ୍ଦ୍ୱ ରହିଯାଇଥିଲା ଯାହା ସେ ନିଜେ ବି ବୁଝିବାକୁ ସମର୍ଥ ହୋଇପାରୁ-ନଥିଲେ। ସେ ଏହି ଦ୍ୱନ୍ଦ୍ୱର ମୁହୂର୍ତ୍ତକୁ 'କଳା ମଣିଷ' ବୋଲି କହୁଥିଲେ। ସେ କେବେ କେବେ ଅନ୍ତର ଭିତରୁ ଉପରକୁ ଉଠି ଆସୁଥିଲା, ପୁଣି ଭିତରକୁ ପଶିଯାଇ ଲୋପ-ହୋଇଯାଉଥିଲା। ମୋର ଏବଂ ତାଙ୍କର ଚେଷ୍ଟା ଯତ୍ନ ଫଳରେ ଏହି ଦ୍ୱନ୍ଦ୍ୱଟି ଏତେ ଗହୀରକୁ ଚାଲିଗଲା ଯେ ତାହାର ଅସ୍ତିତ୍ୱ ଆଉ ଦେଖିବାକୁ ମିଳିଲାନାହିଁ। ଆମକୁ ଲାଗିଲା ଆମେ ଏଥିରୁ ମୁକ୍ତ ହୋଇଗଲୁ। କିନ୍ତୁ ଇମ୍‌ରୋଜଙ୍କୁ ଜ୍ୱର ହେବାକୁ ଲାଗିଲା।

ଏକ୍‌ସରେ ନିଆଗଲା । କିନ୍ତୁ ଏକ୍‌ସରେରେ ସେହି "କଳା ମଣିଷଟି" କେଉଁଠି ଦେଖାଗଲା ନାହିଁ । ଜ୍ୱର ହବାର ଦୁଇମାସ ହୋଇଗଲା । ଆଉ ସେତିକି ବେଳେ 'ସେ' ନିଜେ ନିଜେ ବାହାରକୁ ବାହାରି ଆସିଲା । ମୁଁ ଜାଣିଛି, ସେଇ ସମୟରେ ମୋର ଅଶ୍ଳ ମୋର କଳ୍ପିତ 'ମୁଁ'ର ରୂପରେଖ ସହିତ କେଉଁଠାରେ ମେଳ ଖାଉନଥିଲା । ମୁଁ ତାଠାରୁ ବହୁତ କ୍ଷୁଦ୍ର ହୋଇଗଲି । କିନ୍ତୁ ଗୋଟିଏ କଥା ସ୍ପଷ୍ଟ ହୋଇଗଲା ଯେ, ଯେ ପର୍ଯ୍ୟନ୍ତ ସେ ମୋଠାରୁ ବହୁତ ଦୂରକୁ ନଯାଇଛି ସେ ପର୍ଯ୍ୟନ୍ତ ଇମ୍‌ରୋଜଙ୍କର ଜର ଛାଡ଼ିବ ନାହିଁ । ଅନ୍ତରର ଦ୍ରଷ୍ଟା କେତେ ଏବଂ କେଉଁଥିପାଇଁ ଏକଥା ଜାଣିବାକୁ- ଦୁହିଙ୍କ ଭିତରେ ଦୁହେଁ ଓଏସିସ୍‌ର ସନ୍ଧାନ ପାଇବାପାଇଁ ସମଗ୍ର ମରୁଭୂମି ଅତିକ୍ରମ କରିବା ଆବଶ୍ୟକ ଥିଲା । ଖୁବ୍ କଷ୍ଟକର ହେଲେବି ପରସ୍ପରଠାରୁ ଦୂରରେ ରହିବାର ସିଦ୍ଧାନ୍ତ ନେଇଗଲା ପରେ ଇମ୍‌ରୋଜଙ୍କ ଜର ଛାଡ଼ିଗଲା ।

ତିନିବର୍ଷ ପର୍ଯ୍ୟନ୍ତ ଆମେ ପରସ୍ପରଠାରୁ ଦୂରରେ ରହିଲୁ । ଫଳରେ ଦୁହେଁ ଦୁହିଁଙ୍କୁ ଭଲ ଭାବରେ ଚିହ୍ନି ପାରିଲୁ । ଇମ୍‌ରୋଜଙ୍କର ବିଶ୍ୱାସ ହୋଇଗଲା ଯେ ତାଙ୍କ ଦୁନିଆରେ କେବଳ ମୋର ହିଁ ଆବଶ୍ୟକତା ରହିଛି ।

ଦି' ମାସ ଧରି ଚାଲିଥିବା ଜ୍ୱର ଏଭଳି ଆଶ୍ଚର୍ଯ୍ୟ ଭାବରେ ଭଲ ହୋଇଗଲା କେବଳ ଆମ ଦୃଢ଼ତା ଯୋଗୁ ଯେ ଆମେ ଅର୍ଦ୍ଧସତ୍ୟର ଜୀବନ ବଞ୍ଚିବା ନାହିଁ । ଆମେ ନେବାକୁ ଯାଉଥିବା ପଦକ୍ଷେପ ଯଦି ସଂପୂର୍ଣ୍ଣ ସତ୍ୟ ବୋଲି ବିଶ୍ୱାସ ନ ହେଲା ତେବେ ତାହା ଫେରାଇ ଆଣିବା ଉଚିତ ।

ଏଇଠି ଗୋଟିଏ କଥା ମନେପଡୁଚି ! ଥରେ ରେବତୀଶରଣ ଶର୍ମା ଟେଲିଭିଜନରେ ମୋର ଇଣ୍ଟରଭ୍ୟୁ କରୁଥିଲେ । ହଠାତ୍ ସେ ପ୍ରଶ୍ନକଲେ-"ଅମୃତାଜୀ, ଆପଣଙ୍କ ଉପନ୍ୟାସରେ ଝିଅମାନେ ସତ୍ୟର ସନ୍ଧାନରେ ନିଜର ତିଆରି ଘର ଭାଙ୍ଗିଦିଅନ୍ତି । ସମାଜ ପାଇଁ କ'ଣ ଏହା କ୍ଷତିକାରକ ନୁହେଁ କି ?" ସହଜ ଭାବରେ ମୋ ମୁହଁରୁ ଉତ୍ତର ଆସିଥିଲା-"ରେବତୀଜୀ, ଆଜି ପର୍ଯ୍ୟନ୍ତ ଯେତେ ଘର ଭାଙ୍ଗିଛି ମିଥ୍ୟାର ହାତରେ ହିଁ ଭାଙ୍ଗିଛି । ବର୍ତ୍ତମାନ କିଛି ଘର ସତ୍ୟର ହାତରେ ଭାଙ୍ଗିବାକୁ ଦିଅନ୍ତୁ ।"

ସତ୍ୟର ଧାରା ଚଳାଇବା କେତେ କଠିନ ମୁଁ ଜାଣିଛି । କିନ୍ତୁ ନିଜେ ନିଜର କଳ୍ପିତ ମାନସଚିତ୍ର ସହିତ ଏକାକାର ହେବା ମଧ୍ୟ ଏକ ଶାଶ୍ୱତ ସଂଘର୍ଷ ।

ସତ୍ୟ ଗୋଟିଏ ରିଲେଟିଭ୍ ଟର୍ମ । ଅନେକ ସମୟରେ ଆଜିର ସତ୍ୟ କାଲି ସତ୍ୟ ହୋଇ ରହେନାହିଁ । କିନ୍ତୁ ଏଠାରେ ମୁଁ ଯେଉଁ ସତ୍ୟର କଥା କହୁଛି ତାହା ହେଉଛି ସେହି ସତ୍ୟ ଯାହା ଦେହର କର୍ମ ଭିତରେ ସାମଞ୍ଜସ୍ୟ ଆଣିଦିଏ-ଏକ ବାଦ୍ୟଯନ୍ତ୍ରର ତାର ସବୁକୁ ଏକ ସୁରରେ ବାନ୍ଧିଲା ଭଳି ।

ଇମ୍‌ରୋଜ

'ମୋ ଜୀବନର ଏହି କାଗଜ ଉପରେ ତୁମର ପ୍ରେମ ଟିପଚିହ୍ନ ମାରିଛି, କିଏ ଦେବ ତାର ହିସାବ...' ଏହି କବିତାର ପୃଷ୍ଠଭୂମି ହେଉଛି, ଥରେ ଏକ ଉର୍ଦ୍ଦୁ କବିତା ସମାରୋହରେ ଲୋକମାନେ ସାହିର୍‌ଙ୍କର ଅଟୋଗ୍ରାଫ ନେଉଥିଲେ। ସେମାନେ ଟିକିଏ ଦୂରେଇ ଗଲା ପରେ ମୁଁ ମୋ ହାତ ତାଙ୍କ ଆଡ଼କୁ ବଢ଼ାଇ ହସିଦେଇ କହିଲି। 'ଅଟୋଗ୍ରାଫ'। ସାହିର୍ ତାଙ୍କ କଲମର କାଳିକୁ ନିଜ ଆଙ୍ଗୁଠିରେ ଲଗାଇ ସେଇ ଆଙ୍ଗୁଠିକୁ ମୋ ହାତରେ ଛାପି ଦେଲେ, ଯେପରିକି ମୋ ହାତର କାଗଜରେ ସ୍ୱାକ୍ଷର କରିଦେଲେ। ମୋର ସେଇ କାଗଜରେ କ'ଣ ଲେଖା ହୋଇଥିଲା, ଯାହା ଉପରେ ସେ ହସ୍ତାକ୍ଷର ଦେଇ ଦେଲେ, କେହି ଜାଣନ୍ତି ନାହିଁ। ସେ ବି ତାକୁ ପଢ଼ି ନାହାନ୍ତି କି ଜୀବନ ବି ପଢ଼ି ନାହିଁ। ସେଥିପାଇଁ କହୁଛି।

ସାହିର୍ ଏକ ଖିଆଲ୍ ଥିଲେ ପବନରେ ଉଡ଼ି ବୁଲୁଥିବା ମୋ ନିଜ ଖିଆଲର ଏକ ଯାଦୁ ବୋଧହୁଏ। ପ୍ରଥମ କେତେ ବର୍ଷ ଛାଡ଼ିଦେଇ ବାକି ଜୀବନତକ ତାଙ୍କ ସହିତ ଏକ ପରମାନନ୍ଦ ଅବସ୍ଥା ଭିତରେ ଗତି କରିଛି। ସେଇ ପରମାନନ୍ଦ ସ୍ଥିତିର ନମୁନା ତାଙ୍କର କେତୋଟି କଥାରୁ ବୁଝା ପଡ଼ିବ। ଥରେ ଘରକୁ ଆସିଥିବା ଜଣେ ଅତିଥି ମୋର ଏବଂ ଇମ୍‌ରୋଜଙ୍କର ହାତ ଦେଖିଲେ। ମୋତେ କହିଲେ-'ଆପଣଙ୍କ ହାତରେ ଧନର ଏକ ଲମ୍ବା ଏବଂ ଗଭୀର ରେଖା ଅଛି। ଆପଣଙ୍କ ଜୀବନରେ କେବେ ଧନର ଅଭାବ ହେବ ନାହିଁ।' କିନ୍ତୁ ଇମ୍‌ରୋଜଙ୍କୁ ସେ କହିଲେ-'ଆପଣଙ୍କ ପାଖରେ କେବେଁ ଟଙ୍କା ରହିବ ନାହିଁ। ଆପଣଙ୍କ ହାତର ରେଖା ଠାଏ ଠାଏ ଛିଣ୍ଡି ଯାଇଛି।' ଇମ୍‌ରୋଜ ତାଙ୍କ ନିଜ ହାତରେ ମୋ ହାତକୁ ଧରି କହିଲେ, 'ଠିକ୍ ଅଛି, ଆମେ ଦୁଇଜଣଯାକ ଗୋଟିଏ ରେଖାରେ ଚଳାଇନେବା।'

୧୯୬୪ରେ ଇମ୍‌ରୋଜ ଯେତେବେଳେ ପଟେଲ ନଗରର ତାଙ୍କ ଘର ଛାଡ଼ି ହାଉଜଖାସରେ ରହିବାକୁ ଆସିଲେ ସେତେବେଳେ ଚାକରର ଦରମା ଦେଇସାରି ତାଙ୍କ ପାଖରେ ପ୍ରାୟ ଶହେ ଟଙ୍କା ଖଣ୍ଡେ ବଳିଥିଲା। କିନ୍ତୁ ସେ ଗୋଟିଏ ଆଡ୍‌ଭର୍ଟାଇଜିଂ ଫାର୍ମରେ ଚାକିରି ପାଇଗଲେ। ବାର-ତେର ଶହ ଟଙ୍କା ଦରମା ପାଉଥିଲେ। ତେଣୁ ତାଙ୍କର କିଛି ଚିନ୍ତା ନଥିଲା। କିନ୍ତୁ ଦୁଇ ତିନିମାସ ପରେ ଦିନେ ଲାଉଡ୍ ଥିଙ୍କିଙ୍ଗ୍ କଲା ଭଳି ମତେ ସେ କହିଲେ, "ମୁଁ ଭାବୁଛି, ଯଦି ମୋ ପାଖରେ ଦଶ ହଜାର ଟଙ୍କା

ଥାଆନ୍ତା ତେବେ ଯେତେବେଳେ ଇଚ୍ଛା ସେତେବେଳେ ଚାକିରି ଛାଡ଼ିଦେଇ ମୋ ମନ ମୁତାବକ କାମ କରନ୍ତି।" ଦରଦାମ ବଢ଼ି ଚାଲିଥାଏ। କିନ୍ତୁ ମୋର ଇଚ୍ଛା ହେଉଥାଏ ସେ ଯାହା ଚାହୁଁଛନ୍ତି ତାହା ଯେମିତି ପୂରଣ ହେଉ। ଖୁବ୍ ଶୀଘ୍ର ଗୋଟିଏ ଉପାୟ ବି ଜୁଟିଗଲା। ଇମ୍‌ରୋଜଙ୍କୁ ଅତିରିକ୍ତ ମାସିକ ପାଞ୍ଚଶହ ଟଙ୍କାର ଆଉ ଗୋଟିଏ ଅଲଗା କାମ ମିଳିଗଲା। ତେଣୁ ଯେତେ ସମ୍ଭବ ଖର୍ଚ୍ଚ କମାଇ ଦେଇ ଇମ୍‌ରୋଜଙ୍କ ପାଇଁ ଦଶହଜାର ଟଙ୍କା ଜମାଇବାରେ ଲାଗି ପଡ଼ିଲି।

ପ୍ରାୟ ଏକବର୍ଷ ଭିତରେ ସତକୁ ସତ ଦଶ ହଜାର ଟଙ୍କା ଜମା ହୋଇଗଲା। କାହାକୁ କିଛି ନକହି ଇମ୍‌ରୋଜ ହଠାତ୍ ଚାକିରି ଛାଡ଼ିଦେଲେ। ପାଞ୍ଚଶହ ଟଙ୍କାର ଯେଉଁ ଅନ୍ୟ ଚାକିରିଟି ଥିଲା ତାହା ମଧ୍ୟ ପରମାସରେ ହଠାତ୍ ଚାଲିଗଲା। ମୋର ତିନିମାସ ପାଇଁ ୟୁରୋପ ଯିବାର ଥିଲା-ମୁଁ ଚାଲିଗଲି। ମୋ ଅନୁପସ୍ଥିତିରେ ଇମ୍‌ରୋଜ ବାଟିକ୍ କାମ କରିବାକୁ ଠିକ୍ କଲେ। ଏଥିପାଇଁ ଗୋଟିଏ ଭଲ କାରିଗର ଯୋଗାଡ଼ କରିବାକୁ ସେ ତାଙ୍କ ଭାଇକୁ ଦକ୍ଷିଣକୁ ପଠାଇଦେଲେ।

ମୁଁ ୟୁରୋପରୁ ଫେରିବା ପୂର୍ବରୁ ତିନିଶହ ଟଙ୍କା ଭଡ଼ାରେ ଇମ୍‌ରୋଜ ଗ୍ରୀନ ପାର୍କରେ ଗୋଟିଏ ଘର ନେଇଥିଲେ। ସେଠାରେ ଦୁଇଜଣ କାରିଗର ରହୁଥିଲେ। କଡ଼େଇରେ ରଙ୍ଗ ଫୁଟା ହେଉଥାଏ। ସେଥିରେ ନୂଆ କନା ଥାନ ମାନ ବୁଡ଼ାଇ ବାଟିକ୍ କାମ କରିବାର ଚେଷ୍ଟା ଚାଲିଥାଏ। ରଙ୍ଗ ଗୁଡ଼ିକ କନାରେ ସମାନ ଭାବରେ ଆସୁ ନଥାଏ। ସେଗୁଡ଼ିକୁ ଠିକ୍ କରିବା ପାଇଁ ଗଦା ଗଦା କନା ଥରକୁ ଥର କଡ଼େଇରେ ବୁଡ଼ା ଚାଲିଥାଏ।

ସେ ସମୟରେ ଇମ୍‌ରୋଜଙ୍କ ମିଜାଜ୍ ଦିଲ୍ଲୀର ଜଳବାୟୁ ଭଳି ଥିଲା। ସାରା ଦ୍ୱିପ୍ରହର ଉତ୍ତପ୍ତ ଲୁ'ରେ ଦେହ ଜଳୁଥାଏ ଏବଂ ସନ୍ଧ୍ୟା ହେଲା କ୍ଷଣି ଥଣ୍ଡାରେ ଦେହ ଶିହରି ଉଠେ। ମୁଁ କିଛି କହିବାକୁ ଚାହୁଁଥିଲେ ବି କହିପାରୁନଥିଲି, କାରଣ ଜାଣୁଥିଲି କହିବାଟା ବୃଥା।

ଅଢ଼େଇଶ ଟଙ୍କା ଦରମାରେ ଗୋଟିଏ ଦର୍ଜି ଅଣାଗଲା। ଭଲ ଛପା ହୋଇଥିବା କନାଗୁଡ଼ିକ କାଟି କାଟି ସେ କମିଜ୍ ଭଳି ସିଲାଇ କରୁଥିଲା।

କମିଜ ଗୁଡ଼ିକର ଅଣ୍ଟା ସାଇଜ ଉର୍ଦ୍ଦୁ କବିତାରେ ବର୍ଣ୍ଣିତ ନାୟିକାର କଟୀ ଦେଶ ଭଳି ହୋଇଥିଲା।

ଏହିଭଳି ପ୍ରାୟ ପାଞ୍ଚଶହ କମିଜ ଗୁଡ଼ିକର ଅବସ୍ଥା ଏପରି ହେଲା ଯେ ସେଗୁଡ଼ିକ କେବଳ ଜମା କରି ରଖିବା ପାଇଁ ଗୋଟିଏ ବଡ଼ ଆଲମାରୀ ଓ ବଡ଼ ଟ୍ରଙ୍କଟିଏ କିଣିବା ଦରକାର ପଡ଼ିଲା। ଦିନକର କଥା ମନେପଡ଼ିଗଲେ ଆଜି ବି ହସି ହସି ବେଦମ୍

ହୋଇଯାଏ। ଦିନେ ଜଣେ ଆମେରିକାନ୍ ସ୍ତ୍ରୀଲୋକର ଗୋଟିଏ କମିଜ ଖୁବ୍ ପସନ୍ଦ ହେଲା। ସେ ଦେଖୁଥିଲା ଯେ ଉର୍ଦ୍ଦୁ କବିତା ନାୟିକାର କଟୀ ଦେଶ ପାଇଁ ସିଲାଇ ହୋଇଥିବା କମିଜଟି ତା' ଦେହକୁ ହେବ ନାହିଁ; କିନ୍ତୁ ପର୍ଦ୍ଦା ଆଢୁଆଳକୁ ଯାଇ କୌଣସି ପ୍ରକାରେ ସେ କମିଜଟିକୁ ପିନ୍ଧିପକାଇଲା। କିନ୍ତୁ ଖୋଲିବାକୁ ଗଲାବେଳେ ଆଉ ମୁଣ୍ଡପଟୁ ବାହାରିଲା ନାହିଁ। ବ୍ୟସ୍ତ ହୋଇ ସେ ପର୍ଦ୍ଦା ଆରପଟୁ ଡାକପକାଇଲା- Please get me out of this shirt.

ଦଶହଜାର ଟଙ୍କା ଖର୍ଚ୍ଚ ହୋଇଯାଇ ଆହୁରି ଋଣ ହୋଇଗଲା। ଇମ୍‌ରୋଜ ତାଙ୍କର ଏକମାତ୍ର ଜମି ଖଣ୍ଡିକ ସାଢ଼େ-ଛ ହଜାର ଟଙ୍କାରେ ବିକିଦେଲେ। ବହିର ମଲାଟ ଡିଜାଇନ କରି ତାଙ୍କୁ ଯାହା କିଛି ଟଙ୍କା ମିଳିଥିଲା ସବୁଯାକ ମିଶାଇ ତାଙ୍କର ଏହି ବାଟିକ୍ ବ୍ୟବସ୍ଥା ପାଇଁ କୋଡ଼ିଏ ହଜାର ଟଙ୍କା ଖର୍ଚ୍ଚ ହୋଇଗଲା।

ତା'ପରେ ବାଟିକ୍ ବିଷୟରେ ତାଙ୍କର ମନବୋଧ ହୋଇଗଲା। ଏହି ପରୀକ୍ଷା ସମୟରେ ଇମ୍‌ରୋଜ ନିଜେ ସିଲ୍‌କର ଯେଉଁ ଗୋଟିଏ କମିଜ ଏବଂ ଶାଢ଼ୀ ତିଆରି କରିଥିଲେ ସେଗୁଡ଼ିକ ଏବେ ବି ମୋ ପାଖରେ ଅଛି। ଏହି ଶାଢ଼ି ଓ କମିଜ କେବେ କେମିତି ପିନ୍ଧିଲା ବେଳେ ସେଇ କୋଡ଼ିଏ ହଜାର ଟଙ୍କା କଥା ମନେ ପଡ଼ିଯାଏ। ମୋର ବିଷର୍ଣ୍ଣ ମୁହଁ ଦେଖି ଇମ୍‌ରୋଜ ହସି ହସି କହନ୍ତି-'ଏତେ ଦାମିକା ଶାଢ଼ୀ ତ କେହି ମହାରାଣୀ ବି ପିନ୍ଧି ନଥିବେ। ଦଶ ହଜାର ଟଙ୍କାର ଶାଢ଼ୀ ପିନ୍ଧିଛ ବୋଲି ତୁମର ଖୁସି ହେବା ଉଚିତ।' ତେଣୁ ମୋର ଏହି ଶାଢ଼ି ଦଶହଜାର ଟଙ୍କାର ଏବଂ କମିଜ ବି ଦଶହଜାରର।

ମୋଠାରୁ ଅଧିକ ଧନୀ କିଏ ଅଛି? ଏହି ସଂପଦ ଇମ୍‌ରୋଜଙ୍କ ସାହସର ସଂପଦ-ଯାହା କୋଡ଼ିଏ ହଜାର ଟଙ୍କା ହରାଇ ମଧ୍ୟ ହସିପାରେ। ସେ କୋଡ଼ିଏ ହଜାର ପୁଣି ଏଭଳି ସଂପତ୍ତି ଯାହା ସେ ଏହା ପୂର୍ବରୁ କେବେ ଦେଖିନଥିଲେ କି ପରେ ବି ଦେଖିନାହାନ୍ତି।

ଇମ୍‌ରୋଜଙ୍କୁ ବୁଝିବା କଷ୍ଟ ନୁହେଁ, ତାଙ୍କ ହାତରେ ନୁହେଁ, ମସ୍ତିଷ୍କର ଭାବନାରେ ଏଭଳି ଏକ ରେଖା ଅଛି ଯାହା ବରାବର ଚଳମାନ। ତାଙ୍କ ମନ ଭିତରେ ଅହରହ ନାନା ପ୍ରକାର ଚିତ୍ର ସୃଷ୍ଟି ହେଉଥାଏ ଏବଂ ସେ ଗୁଡ଼ିକୁ ସେ କାଗଜ, କନା, ଲୁହା, କାଠ ଉପରେ ସହଜରେ ରୂପ ଦେଇ ଦିଅନ୍ତି। କିନ୍ତୁ ଏକ ବଡ଼ ସାଧନ ସୃଷ୍ଟି କରିବା ତାଙ୍କ ଶକ୍ତିର ବାହାରେ।

ସେ ଟେକ୍‌ସଟାଇଲର ଖୁବ୍ ସୁନ୍ଦର ଡିଜାଇନ ତିଆରି କରିଥିଲେ। ମୁଁ ସେଗୁଡ଼ିକ

ଦେଖି କହୁଥିଲି-'ଏ ଗୁଡ଼ିକ ଯଦି ପ୍ରକୃତରେ କାଗଜରୁ ଯାଇ ଦୁଇ ଦୁଇ ଗଜ କନା ଉପରେ ଆଙ୍କି ହୋଇଯିବ ତେବେ ଭାରତର ସବୁ ଝିଅ ପରୀ ଭଳି ଦିଶିବେ।'

ଏହି ଡିଜାଇନକୁ କାଗଜରେ ତିଆରି କରିବା ତାଙ୍କ ଅକ୍ତିଆର ଭିତରେ ଥିଲା। ତାହା ସେ କରିଦେଲେ; କିନ୍ତୁ ତାକୁ କନାରେ ଉତାରିବା ପାଇଁ ଗୋଟିଏ ମିଲ୍‌ର ଆବଶ୍ୟକତା ଥିଲା। ଆମ ଦେଶରେ ମିଲ୍ ଯେ ନାହିଁ, ସେପରି ଦରିଦ୍ର ଦେଶ ଆମେ ନୋହୁଁ। କିନ୍ତୁ ମିଲ୍‌ବାଲାଙ୍କ ଦୃଷ୍ଟିକୋଣରେ ଦାରିଦ୍ର୍ୟ ରହିଛି। ସେ ଦୁଇଥର ଦୁଇଜଣ ମିଲ୍‌ବାଲାଙ୍କୁ ଡିଜାଇନ୍ ଦେଖାଇଥିଲେ। ସେମାନଙ୍କୁ ଆୟନ ର୍ୟାଣ୍ଡଙ୍କ ଭାଷାରେ କେବଳ କୁହାଯାଇପାରେ-ପରଫେକ୍ଟ ଇଡିଅଟ୍‌ସ୍।

ପ୍ରକୃତରେ ଏହି ବିଫଳତା ଯୋଗୁଁ ଇମ୍‌ରୋଜ ବାଟିକ୍‌ର ମାଧ୍ୟମଟି ଭାବିଥିଲେ। ଏହାଦ୍ୱାରା ଅନ୍ତତଃ ମିଲ୍ ସାହାଯ୍ୟ ନନେଇ କନା ଦେହକୁ କିଛି ଡିଜାଇନ୍ ଅଣାଯାଇ ପାରିବ। ଅବଶ୍ୟ ଏଇ କାମଟି ଯେ ପର୍ଯ୍ୟନ୍ତ କାରିଗରଙ୍କ ହାତରେ ଥିଲା ସେ ପର୍ଯ୍ୟନ୍ତ ସେଭଳି ବର୍ଣ୍ଣନାଯୋଗ୍ୟ ନଥିଲା। ପରେ ଯେତେବେଳେ ଇମ୍‌ରୋଜ ନିଜେ ଏହା କରିବାକୁ ଲାଗିଲେ ସେତେବେଳେ ଏପରି କେତେଗୁଡ଼ିଏ ଜିନିଷ ତିଆରି ହେଲା ଯେଉଁଥିରୁ ଆଖି ଫେରାଇବା କଷ୍ଟ। କିନ୍ତୁ ଏଭଳି ଜିନିଷର ଖରିଦଦାର କେବଳ କେତେକ ଜାପାନୀ ଓ ଆମେରିକାନ୍‌ଙ୍କ ବ୍ୟତୀତ ଆଉ କେହି ନଥିଲେ। ପୁଣି କାରିଗରି କୌଶଳର ଶିଖରରେ ଆସି ପହଞ୍ଚିଗଲା ବେଳକୁ ଦି'ଗଜ କନା କିଣିବାକୁ ବି ଆଉ ପାଖରେ ପଇସା ନଥିଲା।

ଏହି ସାଧାରଣ ମାଧ୍ୟମଟିକୁ ମଧ୍ୟ ଯୋଗାଡ଼ କରିପାରିବାର ଶକ୍ତି ନହେବାରୁ କାମଟି ବନ୍ଦ ହୋଇଗଲା। ପୁଣି ଆଉ ଏକ କାମ କଥା ଚିନ୍ତା କରାଗଲା ଯେଉଁଥିପାଇଁ ଥରକୁ ପଚାଶ ଶହେ ଟଙ୍କାରୁ ଅଧିକ ଖର୍ଚ୍ଚ କରିବା ଦରକାର ହେବନାହିଁ। ଇମ୍‌ରୋଜ ଘଡ଼ିର ଡାଏଲ ଡିଜାଇନ୍ କରିବାକୁ ଆରମ୍ଭ କଲେ। ଚାଳିଶ ପଚାଶ ଟଙ୍କା ଜମ ହୋଇଗଲେ ସେ ଗୋଟିଏ ଘଡ଼ି ଆଣି ତାହାର ଡାଏଲ୍ ଡିଜାଇନ୍ କରନ୍ତି। ଆଜି ବି ଆମର ଗୋଟିଏ ଆଲମାରି ସେମିତି ଘଡ଼ି ସବୁରେ ଭର୍ତ୍ତି ହୋଇ ରହିଛି। ସବୁଦିନ ସେଗୁଡ଼ିକରେ ଚାବି ଦେବା ସମ୍ଭବ ହୁଏ ନାହିଁ। କିନ୍ତୁ ଦିନେ ଦିନେ ସେଇ ଆଲମାରି ଖୋଲି ସବୁ ଘଡ଼ିରେ ଚାବି ଦେଲା ପରେ ଯେଉଁ ଟିକ୍ ଟିକ୍ ଆବାଜ୍ ହୁଏ ତାକୁ ଆମେ ବିଥୋଭାନଙ୍କ ସିମ୍ଫନି ଭଳି ଶୁଣୁ।

ଘଡ଼ିରେ ସବୁବେଳେ 'ଗୋଟିଏ ସମୟ' ହୁଏ, କିନ୍ତୁ ଇମ୍‌ରୋଜ ଘଡ଼ିରେ 'ଦୁଇଟି ସମୟ' ଧରି ରଖିବାକୁ ଚାହିଁଲେ। ଗୋଟିଏ ତ ସାଧାରଣ ସମୟ ଯାହା ଘଡ଼ିର କଣ୍ଟା ଦେଖାଇଦିଏ; କିନ୍ତୁ ଅନ୍ୟଟି ସେହି ସମୟ ଯାହାକୁ ବିଶ୍ୱର କେତେକ କବି ଶବ୍ଦରେ ଧରି ରଖନ୍ତି। ସେଥିପାଇଁ ନମ୍ବର ଥିବା ଡାଏଲ୍‌କୁ ଘଡ଼ିରୁ ବାହାର କରି

ବିଶ୍ୱର କେତେକ କବିଙ୍କ କବିତାର ପଂକ୍ତି ଲେଖା ହୋଇଥିବା ଡାଏଲ୍ 'ଇମ୍‌ରୋଜ' ସେଥିରେ ଲଗାଇ ଦେଉଥିଲେ।

ଯେଉଁ ସବୁ ଘଡ଼ି ଏପର୍ଯ୍ୟନ୍ତ ସାଇତା ହୋଇ ରଖାଯାଇଛି ସେଥିରୁ କେତେକରେ 'ଫଏଜ' କାଶ୍ମି, ୱାରିସଶାହା ଏବଂ ଶିବ କୁମାର ପ୍ରଭୃତିଙ୍କର କବିତାର ପଂକ୍ତି ଲେଖାହୋଇଛି।

ଏହିଭଳି ଭାବରେ ଇମ୍‌ରୋଜଙ୍କର କେତେଗୁଡ଼ିଏ କ୍ୟାଲେଣ୍ଡର ଡିଜାଇନ୍ ମଧ୍ୟ ଅଛି। କାହାର ମୁହଁକୁ ଚାରିକଣିଆ ଟେବୁଲ ଭଳି କରି ତା ଉପରେ ପଶାପାଲି ପରି ଘରକାଟି ତାରିଖ ଲେଖା ହୋଇଛି। ଆଉ କାହାର ମୁହଁ ଗୋଟିଏ ଗଛଭଳି ଏବଂ ସେଥିରେ ତାରିଖ ଓ ବାରକୁ ସବୁଜ ପତ୍ର କରି ଅଙ୍କାଯାଇଛି।

ଏଗୁଡ଼ିକ ସବୁ ଆମ ଦେଶ ଓ ବିଦେଶରେ ପ୍ରଦର୍ଶିତ ହୋଇଥିଲେ ଭାରତବର୍ଷର ଖୁବ୍ ନାଁ ହୋଇଥାନ୍ତା। କିନ୍ତୁ କୌଣସି ସରକାରୀ ମେସିନ୍‌ରେ ଚାବି ଦେବା ମୋର କିମ୍ବା ଇମ୍‌ରୋଜଙ୍କ ପକ୍ଷରେ ସମ୍ଭବ ନଥିଲା। ଯେତେବେଳେ କେହି ବର୍ତ୍ତମାନକୁ ଆପଣେଇନିଏ ତାହାରି ଭିତରେ ତାର ନିଜର ଓ ଅନ୍ୟର ଅତୀତକୁ ବି ସାମିଲ କରିଦେଇଯାଏ। ତାହା ଆଉ ପୃଥକ୍ ରହେନାହିଁ। ଆଖିରେ ଦେଖାଯାଉନଥିଲେ ମଧ୍ୟ ତାହା ନିଜର ଅସ୍ତିତ୍ୱର ଏକ ଅଂଶ ହୋଇଯାଏ-ନିଜ ଶରୀରର କୌଣସି ପୁରୁଣା କ୍ଷତ ଭଳି।

ଇମ୍‌ରୋଜ ଜାଣିଥିଲେ ଯେ ମୋହନ ସିଂଜୀଙ୍କ ପ୍ରତି ମୋର ଆଦରରେ ପ୍ରେମ ନଥିଲା। ଥରେ ସେ ତାଙ୍କର ବହି 'ଜନ୍ଦରେ'ର କଭର୍ ଡିଜାଇନ୍ କରୁଥିଲେ। ବହିର ମୁଖ୍ୟ କବିତାଟି ଅନୁସାରେ ଟାଇଟିଲ୍ ଉପରେ ଦୁଇଟି ତାଲା ଆଙ୍କିବା କଥା। ମୋର ଦୁଇଟି ପିଲା ମୋହନ ସିଂଙ୍କ ବିଚାରରେ ଦୁଇଟି ଫୁଲର ତାଲାଭଳି ଥିଲେ। କିନ୍ତୁ ଇମ୍‌ରୋଜ ଟାଇଟିଲ୍ ଉପରେ ତିନୋଟି ତାଲା ଆଙ୍କିଲେ। କହିଲେ-ସବୁଠୁ ବଡ଼ ତୃତୀୟ ତାଲାଟି ତ ନିଜେ ପିଲାମାନଙ୍କର ମା, ଯାହା ମୋହନ ସିଂଙ୍କୁ ଦେଖାଯାଇ ନାହିଁ। ସେଥିପାଇଁ ମୁଁ ଅସଂପୂର୍ଣ୍ଣ କବିତାକୁ ସଂପୂର୍ଣ୍ଣ କରିବା ପାଇଁ ଦୁଇଟି ଜାଗାରେ ତିନୋଟି ତାଲା ଆଙ୍କି ଦେଇଛି। ଇମ୍‌ରୋଜ ଜାଣିଥିଲେ ଯେ ମୁଁ ସାହିର୍‌ଙ୍କୁ ଭଲ ପାଇଥିଲି। ଏଭଳି ଜାଣିବାଟା କିଛି ବଡ଼କଥା ନୁହେଁ। ପ୍ରକୃତରେ ବଡ଼କଥା ହେଉଛି ଇମ୍‌ରୋଜ ମୋର ଏହି ଅସଫଳତାକୁ ତାଙ୍କ ନିଜର ଅସଫଳତା ବୋଲି ଧରିନେଲେ।

ଇମ୍‌ରୋଜ ସାହିର୍‌ଙ୍କ ବହି "ଆଓ, କୋଇ ଖ୍ୱାବ ବୁନେ"ର ଟାଇଟିଲ୍ ତିଆରି କରୁଥିବା ବେଳେ ଥରେ କାଗଜ ଧରି ରୁମ୍ ବାହାରକୁ ଚାଲି ଆସିଲେ। ବାହାରଘରେ ମୁଁ ଏବଂ ଦେବିନ୍ଦର ବସିଥିଲୁ। ସେ ଆମକୁ ଟାଇଟିଲ୍ ଦେଖାଇଲେ। ଦେବିନ୍ଦର

ଜଣେ ବନ୍ଧୁ ଯାହାଙ୍କ ସହିତ ମୁଁ ସାହିର୍‌ଙ୍କ ବିଷୟରେ କଥାବାର୍ତ୍ତା କରିପାରୁଥିଲି। ସେଥିପାଇଁ ଦେବିନ୍ଦର ଅତୀତକୁ ଓହ୍ଲାଇ ଯାଇ ଥରେ ମୋ ଆଡ଼କୁ ତ ଆଉଥରେ ଟାଇଟିଲ୍‌କୁ ଦେଖିବାକୁ ଲାଗିଲେ। କିନ୍ତୁ ମୋଠାରୁ ଏବଂ ଦେବିନ୍ଦରଙ୍କଠାରୁ ଆହୁରି ଅଧିକ ଅତୀତକୁ ଓହ୍ଲାଇ ଯାଇ ଇମ୍‌ରୋଜ କହିଲେ-ଶଳା ସ୍ୱପ୍ନ ବିଞ୍ଚିବା କଥା କହୁଛି, କିନ୍ତୁ ନିଜେ ସ୍ୱପ୍ନ ହେବା କଥା କହୁନାହିଁ।

ମୁଁ ହସିପକାଇଲି-ଶଳା ତନ୍ତୀ ଜୀବନ ସାରା ସ୍ୱପ୍ନ ବୁଣୁଚି, କିନ୍ତୁ କାହାରି ସ୍ୱପ୍ନ ହୋଇପାରୁନାହିଁ। ମୁଁ, ଦେବିନ୍ଦର ଓ ଇମ୍‌ରୋଜ ବହୁତ ବେଳ ଯାଏଁ ହସିବାରେ ଲାଗିଲୁ। ସେହି ହସ ଭିତରେ ସାମିଲ ହୋଇଥିଲା ଏକ ଦରଦ।

ବେଳେ ବେଳେ ମୁଁ ଆଶ୍ଚର୍ଯ୍ୟ ହୁଏ ଇମ୍‌ରୋଜଙ୍କ କଥା ଭାବି। ସେ ମୋତେ ଆପଣାର କରିବା ସହିତ ମୋର ବେଦନାକୁ ମଧ୍ୟ ନିଜର କରି ନେଇଛନ୍ତି। ଅଥଚ ସେଇ ବେଦନା ତାଙ୍କ ଖୁସିର ଅନ୍ତରାୟ।

ଥରେ ମୁଁ ହସି ହସି କହିଲି, 'ଇମୁ' ମୋତେ ଯଦି ସାହିର୍ ମିଳିଯାଇଥାନ୍ତେ ତେବେ ତ ତୁ ମିଳିନଥାନ୍ତୁ।' ସେ ମୋଠୁ ଆଗକୁ ବଢ଼ିଯାଇ କହିପକାଇଲେ, ମୁଁ ତ ତତେ ଯେମିତି ହେଲେ ମିଳିଥାନ୍ତି-ସାହିର୍‌ର ଘରେ ନମାଜ ପଢ଼ିଲା ବେଳେ ଖୋଜି ବାହାର କରଥାନ୍ତି।

ମୁଁ ଭାବେ ଏଭଳି ମଣିଷଠାରୁ ଭଗବାନ କ'ଣ ଆଉ କିଛି ଅଲଗା .....

ଇମ୍‌ରୋଜ ଯେପରି ଲୋକ ଯଦି ସେ ସେପରି ହୋଇନଥାନ୍ତେ ତେବେ ତାଙ୍କୁ ଦେଖି ମୁଁ ଏଭଳି ପଂକ୍ତି ଲେଖିପାରିନଥାନ୍ତି।

"ପିତା, ଭାଇ, ମିତ୍ର ଏବଂ ପତି କୌଣସି ଶବ୍ଦର କିଛି ସଂପର୍କ ନାହିଁ। କିନ୍ତୁ ତତେ ଯେତେବେଳେ ଦେଖିଲି, ଏହି ସବୁ ଅକ୍ଷର ଗାଢ଼ ହୋଇଗଲା।"

ବୌଦ୍ଧ ଯୁଗରେ କୌଣସି ଦୋଷୀକୁ କଇଦୀ କଲାବେଳେ ସେହି ଜେଲ୍‌ଖାନା ପଥର ଉପରେ ମହାତ୍ମା ବୁଦ୍ଧଙ୍କ ଶ୍ଳୋକ ଲେଖିବାକୁ କୁହାଯାଉଥିଲା। ତାହାର ଦୋଷ ଅନୁସାରେ ଯେତେବର୍ଷ ବା ମାସ ସେ ଦଣ୍ଡ ପାଉଥିଲା ସେହି ଅନୁପାତରେ ତାକୁ ଶ୍ଳୋକଗୁଡ଼ିକ ଲେଖିବାକୁ ପଡୁଥିଲା।

ଏହି ବୌଦ୍ଧ ଚିନ୍ତନକୁ କେଜାଣି କିପରି ପ୍ରେମ ଆପଣାର କରିନେଲା। ଫଳରେ ତା'ର ସୁନେଲୀ ଗୁମ୍ଫାରେ ବସି ସେ ମୋତେ ଦଣ୍ଡ ଦେଲା ଯେ କାଗଜ, ଟେବୁଲ, କାନ୍ଥ ଏପରିକି ହାତ ପାପୁଲିରେ ମୁଁ ସବୁବେଳେ ସାହିର୍‌ଙ୍କ ନାମ ଲେଖୁଥାଏଁ। ପ୍ରେମର ଏହି ଦଣ୍ଡ ଖୁବ୍ କଠିନ ଥିଲା। ଚୌଦବର୍ଷରୁ ଅଧିକ କାଳ ମୋତେ ଏହି ଦଣ୍ଡାଦେଶ ମିଳିଥିଲା।

ଯେଉଁ ସୁନେଲୀ ଗୁମ୍ଫାରେ ପ୍ରେମର ଏହି ଦଣ୍ଡ ମୋତେ ମିଳିଥିଲା ସେହିଠାରେ ପୁଣି ଇମ୍‌ରୋଜଙ୍କ ଭଲପାଇବା ଭଳି ବରଦାନ ବି ମୋତେ ମିଳିଗଲା। କିନ୍ତୁ କାଗଜ, ହାତ ଓ କାନ୍ଥ ପ୍ରଭୃତିରେ ଲେଖିବା ପାଇଁ ଏହି ଯେଉଁ ସଜା ମୋତେ ବହୁ ବର୍ଷ ଯାଏଁ ଭୋଗ କରିବାକୁ ପଡ଼ିଥିଲା ତା' ଫଳରେ ପରେ ଇମ୍‌ରୋଜଙ୍କ ସ୍କୁଟର ପଛରେ ବସି ଗଲାବେଳେ ଅଜାଣତରେ ତାଙ୍କ ପିଠିରେ ମୋର ଆଙ୍ଗୁଳି ସାହିର୍‌ଙ୍କ ନାମ ଲେଖି ଚାଲୁଥିଲା।

ବହୁତ ଦିନ ଯାଏଁ ଇମ୍‌ରୋଜ ମୋତେ କିଛି ନକହି ପିଠିରେ ଲେଖା ହେଇଥିବା ଅକ୍ଷର ପଢ଼ି ଚାଲିଥିଲେ। ଏହି ଅକ୍ଷରର ଓଜନ ସେ କିପରି ବହନ କରୁଥିଲେ ମୁଁ ଜାଣେ ନାହିଁ। କେବଳ ଏତିକି ଜାଣିଥିଲି ଯେ ସେ ମୋତେ ଏବଂ ମୋର ସବୁ ଆବ୍‌ଦାରୀକୁ ଗ୍ରହଣ କରିନେଇଥିଲେ।

ଇମ୍‌ରୋଜଙ୍କ ପାଖରେ ମୋର କେତେ ଗୁଡ଼ିଏ ଚିଠି ଅଛି। ସେଥିରୁ ଅଗଷ୍ଟ ୧୯୬୭ରେ ୟୁଗୋସ୍ଲୋଭିଆରୁ ମୁଁ ତାଙ୍କ ପାଖକୁ ଲେଖିଥିବା ଗୋଟିଏ ଚିଠିରେ ନିମ୍ନ ପ୍ରକାରେ ମୋର ମନର କଥା ଲେଖିଥିଲି-

ହେ ବନ୍ଧୁ, କଠିନ ବାସ୍ତବତାଠାରୁ ବହୁ ଦୂରରେ ଆଉ ଗୋଟିଏ ଜିନିଷ ଅଛି- ଫାଣ୍ଟାସି ! କିନ୍ତୁ ଭାବୁଛି, ଯାହା ଅଶେଷ ଧୈର୍ଯ୍ୟରୁ ପ୍ରାପ୍ତ ହୋଇଥାଏ ତାହା ଫାଣ୍ଟାସିଠାରୁ ମଧ୍ୟ ଅଧିକ। ସେହିଠାରେ ହିଁ ତୁମର ସ୍ଥିତି-beyond fantasy.

ହେନେରୀ ମିଲରଙ୍କ ଭାଷାରେ ସବୁ କଳାର ଦିନେ ପରିସମାପ୍ତି ଘଟିବ- କିନ୍ତୁ କଳାକାର ନିଶ୍ଚୟ ରହିବ। ଜୀବନ 'ଗୋଟିଏ ଆର୍ଟ (କଳା)' ନହୋଇ କେବଳ ଆର୍ଟ ହୋଇଯିବ। ଯଦି ଧରିନିଆଯାଏ ଯେ ହେନେରୀ ମିଲରଙ୍କ ଏହି କଳ୍ପିତ ସମୟ ଏକ ହଜାର ବର୍ଷ ପରେ ଆସିବ, ତେବେ କହିବି ଯେ ଏକ ହଜାର ବର୍ଷ ପୂର୍ବରୁ ଜନ୍ମହେବା ତୋର ଅପରାଧ। ଯେଉଁ ଲୋକମାନେ ମୁଣ୍ଡରୁ ପାଦ ଯାଏଁ ଜୀଅନ୍ତି ସେ ସମସ୍ତଙ୍କ ପାଇଁ ଏହା ଏକ ଅପରାଧ। ବର୍ତ୍ତମାନର ଦୁନିଆରେ ଏଭଳି ଲୋକ ନ ଥାଆନ୍ତି। ପ୍ରତି ଲୋକର ଅର୍ଦ୍ଧେକ ଜନ୍ମନିଏ ଏବଂ ବାକି ଅର୍ଦ୍ଧେକ ମା' ପେଟରେ ହିଁ ମରିଯାଇଥାଏ। ଆଜିର ପ୍ରତ୍ୟେକଟି ଲୋକ ନିଜର ବହୁତ ଅଂଶକୁ ମା' ପେଟରୁ ହିଁ କବର ଦେଇ ଜନ୍ମ ନିଅନ୍ତି। ସେଥିପାଇଁ ଗୋଟିଏ ସଂପୂର୍ଣ୍ଣ ମନୁଷ୍ୟକୁ ନଦେଖିବାଠାରୁ ବଳି ଆଉ କିଛି ଦୁଃଖଦାୟକ କଥା ନାହିଁ। ସେଥିପାଇଁ ଏ ଦୁନିଆର ତୋ ପ୍ରତି ଉଦାସୀନତା ଅତ୍ୟନ୍ତ ସ୍ୱାଭାବିକ। କିମ୍ବା ଏଭଳି କହିଲେ ବୋଧହୁଏ ଠିକ୍ ହେବ- ପ୍ରତିଟି ବର୍ତ୍ତମାନର ମୂଳ ଅତୀତରେ ଥାଏ; କିନ୍ତୁ ତୋ ଭଳି ଲୋକର ବର୍ତ୍ତମାନର ମୂଳ ଭବିଷ୍ୟତରେ ହିଁ ଥାଏ। ହଜାରେ ବର୍ଷ ପରେ ଯେଉଁ ଖବରକାଗଜମାନ ଛପା ହେବ

ତାକୁ ଯଦି ମୁଁ ଏବେ ବଜାରରୁ କିଣି ପାରନ୍ତି ତେବେ ସେଥିରେ ତୋର ଘର ଭିତରେ ବନ୍ଦ ହୋଇ ରହିଥିବା ତୋ କଳାକୃତିର ବିବରଣୀ ପଢ଼ିବାକୁ ପାଆନ୍ତି ବୋଲି ମୋର ବିଶ୍ୱାସ।

'ପରଫେକ୍‌ସନ୍' ଭଳି ଶବ୍ଦ ମୁଁ ତୋ ସହିତ ଯୋଡ଼ିବି ନାହିଁ। କାରଣ ଏହା ଗୋଟିଏ ନିସ୍ତେଜ ଅବସ୍ଥାକୁ ବୁଝାଏ, ଯେଉଁଠି କିଛି କମେ ନାହିଁ କି ବଢ଼େ ନାହିଁ। କିନ୍ତୁ ତୁ ଏକ ବିକାଶ, ଯେଉଁଠାରୁ ନିତି କିଛି ଝଡ଼ି ପଡୁଥାଏ ଏବଂ କିଛି ବଢ଼ି ଉଠୁଥାଏ। 'ପରଫେକ୍‌ସନ୍' ଶବ୍ଦଟି କୌଣସି ଗୀର୍ଜା ଘର କାନ୍ଥରେ ଟଙ୍ଗା ହୋଇଥିବା ଯୀଶୁଙ୍କ ଫଟୋ ଭଳି। ତାହା ସାମ୍‌ନାରେ ଠିଆହେଲେ କଥା ଅଟକି ଯାଏ। କିନ୍ତୁ ତୋ ସହିତ କଥା କହିଲେ କଥା ଆଗକୁ ବଢ଼ିଚାଲେ ଅତି ସହଜ ଭାବରେ-ଯେଭଳି ଗୋଟିଏ ନିଃଶ୍ୱାସରୁ ଆଉ ଗୋଟିଏ ନିଃଶ୍ୱାସ ବାହାରି ଆସେ। ତୁ ହାଡ଼ ମାଂସର ଜୀବିତ ଯୀଶୁ।

ଅନ୍ୟ ଏକ ଦେଶରୁ ତୋତେ ଚିଠି ଲେଖିଲା ବେଳେ ମନେପଡ଼ିଗଲା, ଆଜି ଅଗଷ୍ଟ ପନ୍ଦର-ଆମ ଦେଶର ସ୍ୱାଧୀନତା ଦିବସ। କୌଣସି ମନୁଷ୍ୟକୁ ଗୋଟିଏ ତାରିଖର ପ୍ରତୀକ ଭାବରେ ଚିହ୍ନାଯାଏ, ତେବେ କହିବି, ତୁ ମୋର ପନ୍ଦର ଅଗଷ୍ଟ- ମୋର ଅସ୍ତିତ୍ୱ ଓ ମନର ଅବସ୍ଥାର ସ୍ୱତନ୍ତ୍ରତା ଦିବସ।

ଏକ ପ୍ରସଙ୍ଗ

୧୯୭୨ ଫେବୃୟାରୀ ୫ ତାରିଖ 'ଷ୍କେଚ୍‌ସ' ପତ୍ରିକାରେ ମୁଁ ଏକ ଲେଖା ଲେଖିଥିଲି- 'ଗୋଟିଏ ରୁମାନିଆନ୍ କବିତାରେ ଜଣେ କବି ତାଙ୍କର ପଡ଼ୋଶୀ- ମାନଙ୍କଠାରୁ ଚୌକି ସବୁ ମାଗିଆଣୁଥିଲେ ଏବଂ ସେଇ ଖାଲି ଚୌକି ଗୁଡ଼ିକୁ ନିଜର କବିତା ଶୁଣାଉଥିଲେ। ସେ ଭାବୁଥିଲେ ଖାଲି ଚୌକିଗୁଡ଼ିକ ସବୁଠାରୁ ଭଲ ଶ୍ରୋତା। କାରଣ ସେମାନେ କୌଣସି ଉତ୍ସାହ ଦେଖାଉ ନଥିଲେ କି କବିତାକୁ ସେନ୍‌ସର୍ କରୁନଥିଲେ। କିନ୍ତୁ ଏହି ପ୍ରକାର ଅହଂରୁ ବଞ୍ଚିତ ଆମର କେତେକ ଲେଖକ ଅଛନ୍ତି ଯେଉଁମାନେ କେବଳ 'ଚୌକି' ପଛରେ ଦୌଡ଼ୁ ଥାଆନ୍ତି। ସରକାରୀ ହଲ୍ ଘରେ 'କଲଚରାଲ୍ ଫର୍ନିଚର' ତିଆରି କରିବା ସେମାନଙ୍କ ଜୀବନର ଅନ୍ତିମ ଲକ୍ଷ୍ୟ ବୋଲି ମନେହୁଏ। ଏହି ଲେଖାରେ ପୁଣି ମୁଁ ଲେଖିଥିଲି-"କିନ୍ତୁ ପ୍ରକୃତରେ ଲେଖକ ଜିଇଁ ରହେ ପାଠକର ସ୍ୱପ୍ନର ରଙ୍ଗରେ ତା' ଜୀବନର ଅନ୍ଧାରି କୋଣରେ।"

ଏଇ ସବୁ କଥା ଲେଖିଲା ବେଳେ ଆଉ ଗୋଟିଏ ଗ୍ଲାନିକର ଘଟଣା ମନକୁ ଆସୁଛି। ଗୋଟିଏ ଦୁଇଟି ଅଧିକା ଭୋଟ୍‌ରେ ସାହିତ୍ୟ ଏକାଡେମୀ ଆୱାର୍ଡ ପାଇଁ ଏକ ସମସାମୟିକ ବହିକୁ ରେକମେଣ୍ଡ୍ କରାଯାଇଥିଲା। ସେହି ବହି ପଢ଼ି ମୋର ମନେହେଲା, ତାକୁ ଯଦି ଆୱାର୍ଡ ମିଳେ ତେବେ ସେ ଲେଖକ କିମ୍ବା ପଞ୍ଜାବୀ ସାହିତ୍ୟ କାହାରି ପ୍ରତି ନ୍ୟାୟ ହେବ ନାହିଁ। ସେଥିପାଇଁ ମୁଁ ମୋର ଶେଷ ଭୋଟଟି ଏ ବହିକୁ ଦେଲି ନାହିଁ। ଏହି କାରଣରୁ ସେ ଲେଖକ ମୋ ଉପରେ ଅସନ୍ତୁଷ୍ଟ ହୋଇ ଚଣ୍ଡୀଗଡ଼ରେ ଯେଉଁ ପେପର ପଢ଼ିଥିଲେ, ତହିଁରେ ମୋର ଉପନ୍ୟାସ ଓ କବିତା ଗୁଡ଼ିକୁ ନକଲି ବୋଲି କହି ଖୁବ୍ ନିନ୍ଦା କରିଥିଲେ।

ପୁଣି ସେହିବର୍ଷ ମଧ୍ୟଭାଗରେ ଏହି ଘଟଣାର ଆଉ ଗୋଟିଏ ହାସ୍ୟାସ୍ପଦ ରୂପ ଦେଖିବାକୁ ମିଳିଲା। ଜୁଲାଇ ମାସର ଶେଷ ସପ୍ତାହରେ ଦିନେ ସେହି ଲେଖକ ଅନ୍ୟ ଜଣେ ସମକାଳୀନ ଲେଖକଙ୍କ ଘରେ ମଦ୍ୟପାତ୍ର ହାତରେ ଧରି ଖୁବ୍ ଖୁସିରେ ନାଚି ଉଠି କହିଲେ-ଆସିଗଲା.....ବିବି ମୋ କବ୍‌ଜାକୁ ଆସିଗଲା। ତିନିବର୍ଷ ପାଇଁ ଆସିଗଲା ମୋ କବ୍‌ଜାକୁ ବିବି। ସେ ତାଙ୍କ ଲେଖକ ବନ୍ଧୁଙ୍କୁ କହିଲେ-"ମୁଁ ଭାରତୀୟ ଜ୍ଞାନପୀଠ କମିଟିର ମେମ୍ବର ହୋଇଛି। ଏବେ ତିନିବର୍ଷଯାଏ ବିବିକୁ ଆୱାର୍ଡ ଦିଆଇଦେବି ନାହିଁ।" ସେଠାରେ ତାଙ୍କ ପାଖରେ ବସିଥିବା ଅନ୍ୟଜଣେ ଲେଖକ ତାଙ୍କ ସ୍ୱର ସହିତ ସ୍ୱର ମିଳାଇ କହିଲେ-ଆସିଗଲା ବିବି ପାଞ୍ଚବର୍ଷଯାଏ ଆମ କବ୍‌ଜାକୁ ଆସିଗଲା ! ସେ ପୁଣି କହିଲେ, ସାହିତ୍ୟ ଏକାଡେମୀ ଏକ୍‌ଜିକ୍ୟୁଟିଭ ମେମ୍ବର ଭାବରେ ଅମୃତାର ଏହା ଶେଷବର୍ଷ। ଆସନ୍ତା ପାଞ୍ଚବର୍ଷ ପାଇଁ ନୂଆ ନିର୍ବାଚନ ହେବ। ଆମେ ଅମୃତାକୁ ଏକାଡେମୀର ପାଖ ମାଡ଼ିବାକୁ ଦେବୁନାହିଁ।

ମୁଁ ସେଠି ଯଦି ଥାଆନ୍ତି, ତେବେ ଜଣକୁ 'ଏକାଡେମୀ ମୁବାରକ୍' ଏବଂ ଅନ୍ୟଙ୍କୁ 'ଜ୍ଞାନପୀଠ ମୁବାରକ୍' ଜଣାଇଥାନ୍ତି। କିନ୍ତୁ ସେଠି କେବଳ ମୋହନ ସିଂ ଥିଲେ। ସେ ଏଭଳି ପିଲାଳିଆମି ଦେଖି ଦୁଃଖିତ ହୋଇ ତା'ପର ଦିନ ମୋ ଘରକୁ ଆସି, ମୋତେ ତାହା ଶୁଣାଇଥିଲେ।

ପ୍ରଶଂସା ଏବଂ ପୁରସ୍କାରର କୋଳାହଳ ଭିତରେ ଠିଆହୋଇ ଏହି ଲୋକମାନେ ଅକାରଣରେ ପବନରେ ଖଣ୍ଡା ବୁଲାଉଥାନ୍ତି। ମୁଁ ସେହି ଦଳରେ ନାହିଁ-କେବେ ନଥିଲି କି କେବେ ବି ରହିବି ନାହିଁ। ମୋର କେବଳ ଗୋଟିଏ ଆକାଂକ୍ଷା ଯେ ମୁଁ ମୋ ହୃଦୟ ଏବଂ ମୋର ପାଠକମାନଙ୍କ ହୃଦୟର ଗୋଟିଏ କୋଣରେ ରହିବି। ଯେତେ ବାଟ. ଯାଏ ଯାଇଛି, କେବଳ ସେଇଠିହିଁ ଅଛି।

ସେଇବର୍ଷ ଶେଷରେ ପୁଣି ଥରେ ଏଭଳି ଗୋଟିଏ ଦିନ ଆସିଲା, ଚଣ୍ଡୀଗଡ଼ରୁ

ଜଣେ ଲେଖକ ବନ୍ଧୁ, ଟେଲିଫୋନ୍ କରି ପଚାରିଲେ–"ଏଥର କେଉଁ ବହିକୁ ଭୋଟ୍ ଦେବାକୁ ହେବ ?"

"ଯେଉଁ ବହିଟି ଆପଣଙ୍କୁ ଆୱାର୍ଡ ପାଇବାର ଯୋଗ୍ୟ ମନେହେବ, ତାକୁହିଁ ଦିଅନ୍ତୁ।"

"ଯିଏ ଲେଲିନ୍‌ଙ୍କ ଉପରେ ବହି ଲେଖିଛନ୍ତି ତାଙ୍କୁ ଦେବା ?"

"ଲେଲିନ୍‌ଙ୍କ ଉପରେ ସେ ଲେଖିଥିବା ବହିଟି ଅତି ନିମ୍ନସ୍ତରର।"

"ହଁ ନିମ୍ନସ୍ତରର ସତ; କିନ୍ତୁ ସେ ବୁଢ଼ା ହୋଇଗଲେଣି, ତାଙ୍କୁ ଆୱାର୍ଡ ମିଳିଯିବା ଉଚିତ।" ସେ ମୋତେ ପଚାରିଲେ–ମୋ ଦୃଷ୍ଟିରୁ କାହାକୁ ଆୱାର୍ଡ ମିଳିବା ଉଚିତ ?

ତାଲିକାଭୁକ୍ତ ନ'ଟି' ବହି ଭିତରୁ ମୁଁ 'ତିନିରାତେଁ' ବହିଟିକୁ ମନୋନୀତ କରିଥିଲି। ଏହାର ପ୍ରଥମ ଭାଗରେ ପୁରାତନ ପରମ୍ପରାକୁ ଏକ ନୂତନ ଦୃଷ୍ଟିଭଙ୍ଗୀକୁ ଦର୍ଶାଯାଇଥିଲା ଏବଂ ଦ୍ୱିତୀୟ ଭାଗ ଆଜିର କାହାଣୀ ଏବଂ ଗଦ୍ୟର ଯଥାର୍ଥ ପ୍ରତିନିଧିତ୍ୱ କରୁଥିଲା। ସେହି ବିଚାରରେ ମୁଁ ଏ ବହିଟିକୁ ବାଛିଥିଲି ଏବଂ ତାହା ମୋର ଲେଖକ ବନ୍ଧୁଙ୍କୁ କହିଦେଲି।

ପରେ ଶୁଣିଲି, ତୃତୀୟ ବ୍ୟକ୍ତିଙ୍କଠାରୁ ପରାମର୍ଶ ମଗାଯିବ ଏବଂ ଏହି ଦୁଇଜଣଙ୍କ ମତକୁ ଗ୍ରହଣ କରି ମୋର ମତକୁ କାଟିଦିଆଯିବ।

ପୁସ୍ତକର ଯୋଗ୍ୟତା ସଂପର୍କରେ ଲୋକଙ୍କର ମତ ଭିନ୍ନ ହୋଇପାରେ। କିନ୍ତୁ ଏଠାରେ ଯୋଗ୍ୟତାର ପ୍ରଶ୍ନ ନଥିଲା, ଥିଲା ଜିଦିର। ତେଣୁ ଜିଦି ହାସଲ ହୋଇଗଲା ଏବଂ ସେ ଅନୁସାରେ ଆୱାର୍ଡର ବ୍ୟବସ୍ଥା ମଧ୍ୟ କରାଗଲା।

୧୯୭୩ ଜାନୁଆରୀ ଏକ ତାରିଖରେ ସାହିତ୍ୟ ଏକାଡେମୀର ଏକ୍‌ଜିକ୍ୟୁଟିଭ୍ ମେମ୍ବର ଭାବରେ ପାଞ୍ଚବର୍ଷ ରହିଲା ପରେ ମୁଁ ମୁକ୍ତ ହୋଇଗଲି। କୌଣସି ଦାୟିତ୍ୱରୁ ଅବ୍ୟାହତି ନେବାଟାକୁ ମୁକ୍ତି ବୋଲି କହିବା କଥା ନୁହେଁ। କିନ୍ତୁ ସେତେବେଳେ ମୋର ମୁକ୍ତି ପାଇବା ଭଳି ଅନୁଭୂତି ହୋଇଥିଲା।

ଏହି ପାଞ୍ଚବର୍ଷ ଭିତରେ କୌଣସି ସୁପାରିଶ୍ ପାଇଁ ଟେଲିଫୋନ୍ ଆସୁଥିଲେ କିମ୍ବା ଘରର ଘଣ୍ଟି ବାଜୁଥିଲେ ମୁଁ ଇମ୍‌ରୋଜ୍‌ଙ୍କୁ ମଜାରେ କହୁଥିଲି "ସମସ୍ତଙ୍କୁ କହିଦିଅ ଯେ ମୁଁ ପାଞ୍ଚବର୍ଷ ପର୍ଯ୍ୟନ୍ତ ଘରେ ନାହିଁ।" କିନ୍ତୁ ଏହି ଶେଷ ବର୍ଷ ସୁପାରିଶ୍‌ର ଅନୁରୋଧ ସହିତ କାହାରି କାହାରି ଧମକ୍ ବି ଆସୁଥିଲା ଯେ, ତାଙ୍କୁ ଯଦି ଏକାଡେମୀ ପୁରସ୍କାର ନମିଳିବ, ତେବେ ସେ ମୋ ବିରୁଦ୍ଧରେ ତୀବ୍ର ଭାବରେ ଲେଖିବେ।

ସେଥିପାଇଁ ମେମ୍ବରସିପ୍‌ର ଶେଷ ବର୍ଷ ଜାନୁଆରୀ ପହିଲାରେ ଯେତେବେଳେ ସରିଗଲା, ସେତେବେଳେ 'ମୁକ୍ତି'ର ଅନୁଭୂତି ହିଁ ହେଲା। ମନେହେଲା, ବର୍ଷର ପ୍ରଥମ ଦିନଟି ମୋର ଏ ମୁକ୍ତି ପାଇଁ ଏକ ବର୍ଷର ଶୁଭେଚ୍ଛା ଜଣାଉଛି।

ଏପରି ଘଟଣା ଗୁଡ଼ିକର ତାଲିକା ବହୁତ ଲମ୍ବା। ଯଦି କେବେ ପଞ୍ଜାବୀ କାହାଣୀ ବା କବିତା ନିର୍ବାଚନ କରିବାର ଦାୟିତ୍ୱ ପଡୁଥିଲା, ତେବେ ଧମକ ଶୁଣିବାକୁ ହେଉଥିଲା-"ଯଦି ଅମୁକଙ୍କ କବିତା କି କାହାଣୀ ନ ବାଛିବ, ତେବେ ଅମୁକ ପତ୍ରିକାର ଗୋଟିଏ ବିଶେଷାଙ୍କ ତୁମ ବିରୁଦ୍ଧରେ ବାହାର କରାଯିବ।" ବିଶେଷ ଅଙ୍କ ସମ୍ଭବ ହୋଇ ନଥିଲେ ବି ମୋ ବିରୁଦ୍ଧରେ ପ୍ରାୟ ଲେଖା ହେଉଥିଲା ଏବଂ ଛପା ହେଉଥିଲା।

ସେହିଭଳି ପଞ୍ଜାବର ଅନେକ ଲେଖକଙ୍କ ଭ୍ରମ ଧାରଣା ଯେ ଟେଲିଭିଜନରେ ଯାହା ସବୁ ହେଉଛି ତାହା ମୋତେ ପଚାରି ମୋର ପରାମର୍ଶରେ କରାଯାଉଛି। ସେମାନେ ଦି'ଚାରି ଥର ଟେଲିଫୋନ୍ କରି ସେମାନଙ୍କର କବିତା ଆସନ୍ତା ଥରକୁ ପଢ଼ାଯାଉ ବୋଲି କହନ୍ତି। ମୁଁ ସେମାନଙ୍କୁ ବୁଝାଇବାକୁ ଚେଷ୍ଟା କରେ ଯେ ଏହା ସହିତ ମୋର କୌଣସି ସଂପର୍କ ନାହିଁ। କିନ୍ତୁ ଦି' ତିନିମାସ ପରେ ଫୋନ୍ କରିଥିବା ଲୋକର ମୋ ବିରୁଦ୍ଧରେ କୌଣସି ଲେଖା ଖବର କାଗଜରେ ଦେଖିବାକୁ ଏବଂ ମନ୍ତ୍ରୀଙ୍କ ପାଖକୁ ଲେଖାହୋଇଥିବା ଚିଠି ବିଷୟ ଶୁଣିବାକୁ ମିଳିଥାଏ।

ଏଇଭଳି ଘଟଣା କେତେ ଯେ ଘଟିଛି, ହିସାବ କରି ପାରିବି ନାହିଁ। ସେଥିରୁ କେତେଗୁଡ଼ିଏ ଖୁବ୍ ବିଚିତ୍ର ଧରଣର। ଏସିଆନ୍ ରାଇଟର୍ସ କନ୍‌ଫରେନ୍‌ସର ସ୍ୱାଗତ ସମିତି ଅଧକ୍ଷା ଭାବରେ ମୋତେ ୧୯୭୦ରେ ମନୋନୀତ କରାଯାଇଥାଏ। ସେତିକି-ବେଳେ ଗୋଟିଏ ସ୍କ୍ରିନିଙ୍ଗ୍ କମିଟି ଗଠନ କରାଯାଇ ମୋ କବିତାରେ ପର୍ଣ୍ଣଗ୍ରାଫି ସଂପର୍କରେ ଯାଞ୍ଚ କରାଗଲା। ଶେଷରେ କୁହାଗଲା ଯେ ୧୯୬୮ରେ ଚେକସ୍ଲୋଭାକିଆ ଉପରେ ଯେଉଁ ସବୁ କବିତା ମୁଁ ଲେଖିଥିଲି, ସେ ଗୁଡ଼ିକ ପର୍ଣ୍ଣଗ୍ରାଫି। ପର୍ଣ୍ଣଗ୍ରାଫିର ଏପରି ବ୍ୟାଖ୍ୟା ବୋଧହୁଏ ବିଶ୍ୱସାହିତ୍ୟରେ ଆଉ କେଉଁଠି ମିଳିବ ନାହିଁ।

ସମ୍ବାଦପତ୍ରର ବିଚିତ୍ର ଟିପ୍‌ପଣୀ

୧୯୭୩ ମେ ୧୫ ତାରିଖ ଦିନ ଦିଲ୍ଲୀ ଇଉନିଭରସିଟି ମୋତେ ଅନରାରୀ ଡିଲିଟ୍ ଉପାଧି ପ୍ରଦାନ କରିଥିଲେ। ଯେଉଁମାନଙ୍କୁ ଏହି ଉପାଧି ମିଳିଥିଲା, ସେମାନଙ୍କୁ କିଛି କହିବା ପାଇଁ କୁହାଯାଉଥିଲା, ମୁଁ ମଧ୍ୟ କହିଲି। କିନ୍ତୁ ପରଦିନ ଟାଇମ୍‌ସ ଅଫ୍ ଇଣ୍ଡିଆରେ ମୋ ସମ୍ପର୍କରେ ଓ ଶୁଭଲକ୍ଷ୍ମୀଙ୍କ ସମ୍ପର୍କରେ ଗୋଟିଏ ଅଦ୍ଭୁତ କମେଣ୍ଟ ଲେଖା ହୋଇଥିଲା ଯେ ଆମେ ଦୁହେଁ ଖୁସିରେ ଉତ୍‌ଫୁଲ୍ଲ ହୋଇ ଗୀତ ଗାଇବାକୁ ଲାଗିଲୁ। ମୁଁ ଯାହା

କହିଥିଲି ଏବେ ବି ଆକ୍ଷରିକ ଭାବେ ମୋର ମନେଅଛି। କେବଳ ସେହି କମେଣ୍ଟର ଉତ୍ତର ଦେବା ପାଇଁ ଏଠାରେ ତାହା ଉଲ୍ଲେଖ କରୁଛି।

କିଛି ଦିନ ତଳେ 'ଅକ୍ଷର' ବୋଲି ଗୋଟିଏ କବିତା ଲେଖିଥିଲି। ସେଥିର କେତୋଟି ପଂକ୍ତି ଥିଲା-

ଏକ ଥିଲା ପଥର ନଗରୀ
ସୂର୍ଯ୍ୟ ଆଉ ଚନ୍ଦ୍ରଙ୍କ ସାମ୍ରାଜ୍ୟ
ସେମାନେ ରହୁଥିଲେ ସେଠି
ଆଉ କହୁଥିଲେ-
ଗୋଟିଏ ଥିଲା ଶିଳା,
ଏବଂ ଥିଲା ଏକ ପଥର
ସେଇ ନଗରୀରେ ହେଲା ସେମାନଙ୍କ ସଂଯୋଗ
ଦୁହେଁ ମିଶି ଚାଖିଥିଲେ
ଏକ ବର୍ଜିତ ଫଳ
ସେମାନେ ଥିଲେ ବୋଧହୁଏ
ଚକମକି ପଥର,
ସେଇ ପଥରର ଘର୍ଷଣରୁ
ଜନ୍ମ ନେଲି ମୁହିଁ, ଆଗ୍ନେୟ ଋତୁରେ,
ଏକ ଅଗ୍ନି ଭଳି
ପୁଣି ଚଳମାନ ହାୱା
ଯେଉଁଠିକି ନେଇଯାଏ ମୋତେ
ମୋ ଶରୀରରୁ ଝରିପଡ଼େ
ଗରମ ପାଉଁଶ।
ସେ ହାୱା ପୁଣି କେଉଁଠୁ ଧାଇଁଆସେ
ହାତରେ ଧରି କିଛି ଅକ୍ଷର
ଏବଂ କହିଯାଏ
"ଏହାକୁ କାଳିର କିଛି ଛୋଟ ଚିହ୍ନବୋଲି
ଭାବିବୁ ନାହିଁ,
ଏହି ଅଙ୍କାବଙ୍କା ଧାଡ଼ି ଗୁଡ଼ିକ
ଧରିରଖିବ ତୋ ଅଗ୍ନି।

ସେଇ ହାୱା ପୁଣି ବହିଯାଏ ଆଗକୁ
କହିଯାଏ,
ତୋର ଅଗ୍ନିର ବୟସ ଝରିଯାଉ
ଅକ୍ଷରଙ୍କ ଉପରେ।"

ମୋର ଜୀବନର ଅଗ୍ନିରୁ ଏହି ଅକ୍ଷର ଗୁଡ଼ିକରେ ନିଆଁ ଜଳିଉଠୁ ଏହାହିଁ କେବଳ ମୋ ଜୀବନର ଏକମାତ୍ର କାମନା। ଆଜି ଆପଣମାନେ ଦିଲ୍ଲୀ ଇଉନିଭରସିଟିରେ ଏହି ଅକ୍ଷରମାନଙ୍କୁ ଚିହ୍ନିଲେ, ଏହାର ଅଗ୍ନିକୁ ଚିହ୍ନିଲେ। ଆପଣମାନଙ୍କର ଏପରି ଚିହ୍ନିବା ଯୋଗୁ ଅକ୍ଷରମାନଙ୍କ ତରଫରୁ ଆପଣମାନଙ୍କୁ ମୁଁ ଧନ୍ୟବାଦ ଜଣାଉଚି।

ଧର୍ମଯୁଦ୍ଧ

କୌରବ ଓ ପାଣ୍ଡବମାନଙ୍କ ମଧ୍ୟରେ ଯୁଦ୍ଧ ଆରମ୍ଭ ହେବା ପୂର୍ବରୁ ଯୁଧିଷ୍ଠିର ଏକାକୀ ଶତ୍ରୁ ସେନା ଭିତରେ ପଶି ନିଜର ସଙ୍ଗୀ ଓ ଆତ୍ମୀୟମାନଙ୍କ ନିକଟରୁ ଯୁଦ୍ଧ କରିବାକୁ ଅନୁମତି ପ୍ରାର୍ଥନା କରିଥିଲେ। ମହାଭାରତର ଏହି ଅଂଶଟି ମୋତେ ସବୁଠାରୁ ମହାନ୍ ବୋଧ ହୁଏ।

ସେ ଶତ୍ରୁ ସେନା ମଧ୍ୟରେ ଠିଆହୋଇ ପିତାମହ ଭୀଷ୍ମଙ୍କୁ କହିଲେ-ମୋତେ ଆପଣଙ୍କ ସହିତ ଯୁଦ୍ଧ କରିବାକୁ ହେବ, ଯୁଦ୍ଧ କରିବାକୁ ଆଜ୍ଞା ଦିଅନ୍ତୁ ଏବଂ ବିଜୟ ଲାଭ କରିବାକୁ ଆଶୀର୍ବାଦ କରନ୍ତୁ।

ଭୀଷ୍ମ ପିତାମହ କହିଲେ, ଏ ଯୁଦ୍ଧରେ ମୋର ଶରୀର ତ ଦୁର୍ଯ୍ୟୋଧନଙ୍କ ସପକ୍ଷରେ ରହିବ, କାରଣ ମୁଁ ତାଙ୍କର ଅନ୍ନ ଖାଇଛି। କିନ୍ତୁ ଧର୍ମରେ ଯୁକ୍ତ ହୋଇଥିବା ମନ ତୁମ ତରଫରେ ରହିବ। ସେ ତୁମର ମଙ୍ଗଳ କାମନା କରିବ, ତୁମର ବିଜୟ କାମନା କରିବ।

ଯୁଧିଷ୍ଠିର ଏହିଭଳି ଗୁରୁ ଦ୍ରୋଣାଚାର୍ଯ୍ୟ, କୃପାଚାର୍ଯ୍ୟଙ୍କୁ ମଧ୍ୟ ପ୍ରଣାମ କରିଥିଲେ।

ମୋର ସମସାମୟିକ ଲେଖକମାନଙ୍କ ଲେଖାକୁ ସମ୍ମାନ ଜଣାଇ ମୁଁ ଏତିକି କହୁଛି ଯେ, ସେମାନଙ୍କ ବିଷୟରେ ଏ ପୁସ୍ତକରେ ଯାହା ମୁଁ ଲେଖିବାକୁ ଯାଉଛି ସେଥିପାଇଁ ସେମାନଙ୍କର ଶୁଭେଚ୍ଛା କାମନା କରୁଛି। ମୋର ଜୀବନକାଳ ଭିତରେ ସେମାନଙ୍କ ସହିତ ସିଦ୍ଧାନ୍ତର ଯେତେ ଲମ୍ବା ଲଢ଼େଇ ଲଢ଼ିଛି ତାହା ଏଠାରେ ଠିକ୍ ଭାବରେ ଉଲ୍ଲେଖ କରିପାରିବାର ଆଶା ରଖୁଛି।

ଯୁଦ୍ଧସ୍ଥଳୀର ମଧ୍ୟଭାଗରେ ଠିଆହୋଇ ଚାରିଆଡ଼କୁ ଚାହିଁ ଯୁଧିଷ୍ଠିର କହିଲେ- ଯେଉଁ ବୀର ମୋ ପକ୍ଷକୁ ଆସିବାକୁ ଚାହାନ୍ତି ମୁଁ ସେମାନଙ୍କୁ ସ୍ୱାଗତ କରୁଛି। ଏ କଥା ଶୁଣି ଦୁର୍ଯ୍ୟୋଧନର ସାନଭାଇ ଯୁଯୁତ୍ସ ଆଗକୁ ବାହାରିଆସିଥିଲେ। ଇତିହାସ ନିଜକୁ ଦୋହରାଇଥାଏ। ଆଜି ନୂଆ ଲେଖକଙ୍କ ପାଇଁ ମୁଁ ପୁଣି ସେଇ କଥାର ପୁନରାବୃତ୍ତି କରୁଛି-ଯେଉଁ ଲେଖକମାନେ ସିଦ୍ଧାନ୍ତର ଲଢ଼ାଇ ଲଢ଼ିବାକୁ ଚାହାନ୍ତି ସେମାନଙ୍କୁ ମୁଁ ସ୍ୱାଗତ ଜଣାଉଛି।

ଏହି ଯୁଦ୍ଧ ମୋ ପର୍ଯ୍ୟନ୍ତ ଏବଂ ମୋ ପରେ ବି ଚାଲୁରହିବ। କେବଳ ଆଜିର ନୁହେଁ, ଆସନ୍ତା କାଲିର ମଧ୍ୟ ଯେ କୌଣସି ଲେଖକ ସତ୍ୟର ସପକ୍ଷରେ ଲେଖନୀ ଚାଳନା କରିବ, ସମୟ ତାଙ୍କୁ ସ୍ୱାଗତ କରିବ।

ରୂପ କଥାରେ କେତେ ଚରିତ୍ର ଅଜ୍ଞାତ ରୂପ ଧାରଣ କରି ଅନ୍ୟକୁ ଛଳନା କରିଥାଆନ୍ତି। ଜୀବନରେ ମଧ୍ୟ ଅନେକ ବିଶ୍ୱାସ, ଅନେକ ଆଶା ଛଳନାରେ ପରିଣତ ହୋଇଯାଏ।

ସାହିତ୍ୟିକ ଜଗତରେ ସନ୍ତସିଂ ସେଖୋଁଙ୍କ ସମ୍ବନ୍ଧରେ ମୋର ମୂଳରୁ ଧାରଣା ଥିଲା ଯେ ଜଣେ ଆଲୋଚକ ଭାବରେ ସେ ଆଦୌ ଦାୟିତ୍ୱଶୀଳ ବା ସଚ୍ଚୋଟ ନୁହନ୍ତି। ସମୟ କ୍ରମେ ମୋର ଏହି ଧାରଣା ସତ୍ୟ ବୋଲି ପ୍ରମାଣିତ ହେବାକୁ ଲାଗିଲା। ମୋହନ ସିଂଜୀଙ୍କ ସମ୍ପର୍କରେ ମୋର ଧାରଣା ଥିଲା ଯେ, ସେ କେବଳ ଜଣେ ଭଲ କବି ନୁହନ୍ତି, ହୃଦୟବାନ୍ ବ୍ୟକ୍ତି ମଧ୍ୟ। କିନ୍ତୁ ସେ ଦୁର୍ବଳ, ମୂଲ୍ୟବୋଧ ପାଇଁ ଅଡ଼ି ବସିବାବାଲା ନୁହନ୍ତି। ମୋର ଏହି ବିଚାର ମଧ୍ୟ ପରବର୍ତ୍ତୀ ସମୟରେ ଠିକ୍ ବୋଲି ଜଣାଗଲା। କିନ୍ତୁ ନବତେଜ ସିଂହଙ୍କ ପାଇଁ ମୁଁ ଲେଖିଥିବା 'ମେରା ଦୋସ୍ତ-ମେରା ହମଦମ୍' ଏବଂ କର୍ତ୍ତାର ସିଂ ଦୁଗ୍‌ଗଲଙ୍କ ପାଇଁ ଲେଖିଥିବା 'ଠଣ୍ଡା ଦସ୍ତାନା'ରେ ସେମାନଙ୍କ ପ୍ରତି ମୋର ଆନ୍ତରିକତା ଚାହୁଁ ଚାହୁଁ ଭୁଲ୍ ବୋଲି ପ୍ରମାଣିତ ହୋଇଗଲା। ପ୍ରଥମଟି ଏକ ବିଶ୍ୱାସରେ ଏବଂ ଦ୍ୱିତୀୟ ଲେଖାଟି ଏକ ଆଶାର ସହିତ ମୁଁ ଲେଖିଥିଲି। କିନ୍ତୁ ମୋର ବିଶ୍ୱାସ ଓ ଆଶା, ଦୁହେଁଯାକ ମୋ ସହିତ ଛଳନା କଲେ।

ହରିଭଜନ ସିଂଙ୍କ ଉପରେ ବିଶେଷ ନ ହେଲେ ବି କିଛି ଆଶା ରଖିଥିଲି। ସେ ତାଙ୍କ ଅନୁରାଗୀମାନଙ୍କ ଦ୍ୱାରା ମୋ ସମ୍ପର୍କରେ କୁତ୍ସାମୂଳକ ଲେଖା ଲେଖାଇ ଯେତେବେଳେ ଏକ ପ୍ରକାର ଆନନ୍ଦ ପାଇବାକୁ ଲାଗିଲେ, ମୁଁ ବେଶି ଆଶ୍ଚର୍ଯ୍ୟ ହେଲି ନାହିଁ। କେବଳ ଦୁଃଖ ହେଲା ଯେ ସେ ଆପଣା ଅନ୍ତରର କବି ବ୍ୟକ୍ତିତ୍ୱଟିକୁ ନିଜ ହାତରେ ମଇଳା କରିଦେଇଛନ୍ତି।

ପୁଣି ସାଧୁସିଂ ହମଦର୍ଦ୍ଦ ବା ଅନ୍ୟ ଯେଉଁମାନେ ନିଜ ମନର ଦୁର୍ଗନ୍ଧ ଗଳିରେ

ବୁଲି ବୁଲି ଯାହା ସବୁ କରିଛନ୍ତି ସେଥିପାଇଁ ମୁଁ ଆଶ୍ଚର୍ଯ୍ୟ କି ଦୁଃଖିତ ହୋଇନାହିଁ - କାରଣ ସେମାନଙ୍କ ଉପରେ ମୋର କିଛି ବିଶ୍ୱାସ କି ଆଶା କେବେ ନଥିଲା। ଗୁରୁବଚନ ସିଂ ଭୁଲ୍ଲର୍ ମୋତେ ସମର୍ଥନ କରି ହରିଭଜନ ସିଂଙ୍କ ବିରୁଦ୍ଧରେ ଗୋଟିଏ କାହାଣୀ ଲେଖିଥିଲେ। ସଂପୂର୍ଣ୍ଣ ମିଥ୍ୟା ଉପରେ ଆଧାରିତ ଏହି କାହାଣୀ ଦେଖି ଗ୍ଲାନିରେ ମୋ ମୁଣ୍ଡ ନଇଁଗଲା। ଏହି କାହାଣୀ 'ପ୍ରୀତଲଡି'ର ମେ ୧୯୭୩ ସଂଖ୍ୟାରେ ପ୍ରକାଶିତ ହୋଇଥିଲା।

ସେଇ ମାସ ୧୫ ତାରିଖରେ ଦିଲ୍ଲୀ ବିଶ୍ୱବିଦ୍ୟାଳୟ ତରଫରୁ ମୋତେ ଅନରାରୀ ଡି. ଲିଟ୍ ଡିଗ୍ରୀ ମିଳିଲା। ବନ୍ଧୁ ଏବଂ ପାଠକମାନଙ୍କଠାରୁ ଅନେକ ଚିଠି ଆସିବାକୁ ଲାଗିଲା। ତାହା ଭିତରେ ଗୁରୁବକ୍ସ ସିଂଜୀଙ୍କ ଚିଠିଟିଏ ବି ଥିଲା।

ମୋର ସାହିତ୍ୟିକ ଜୀବନର ଆରମ୍ଭରେ ମୁଁ ଗୁରୁବକସ୍ ସିଂଜୀଙ୍କୁ ଆଦର୍ଶ ଭାବରେ ମାନିଥିଲି ଏବଂ ତାଙ୍କ ପ୍ରତି ମୋର ଗଭୀର ଆଦର ଥିଲା। ମୋର ଆଶା ଥିଲା ଯେ ମୂଲ୍ୟବୋଧକୁ ରକ୍ଷା କରିବାର ଦାୟିତ୍ୱ ସେ ନେବେ। ତାଙ୍କ ଭଳି ବରିଷ୍ଠ ବ୍ୟକ୍ତି ଥିଲେ, ମୋ ଭଳି ନୂଆ ସାହିତ୍ୟିକମାନଙ୍କ ପକ୍ଷରେ ନାଳ ନର୍ଦ୍ଦମା ପାରି ହୋଇଯିବା ସହଜ ହେବ। କିନ୍ତୁ ଦେଖିଲି, ଖୁବ୍ ଶୀଘ୍ର ସେ ଏ ସବୁଥିରୁ ଅଲଗା ହୋଇଗଲେ। ଠିକ୍ ଅଛି- ନିଜ ଗୋଡ଼ରେ ଆପଣ ରାସ୍ତାରେ ଚାଲିବି-ତେଣୁ ମୋର କିଛି ଅଭିଯୋଗ ବି ନଥିଲା। ଅଭିଯୋଗ ନଥିଲା-ଆଶା ବି ନଥିଲା। କିନ୍ତୁ ତାଙ୍କ ପ୍ରତି ମୋ ମନରେ ଶ୍ରଦ୍ଧାଭାବ ସବୁବେଳେ ରହିଥିଲା। ସେ ତାଙ୍କ ଜୀବନୀରେ ମୋ ବିଷୟରେ କିଛି ଭଲ କଥା ଲେଖିଥିଲେ। ତାହା ପଢ଼ି ମୁଁ ତାଙ୍କୁ ଚିଠିଟିଏ ଲେଖିଥିଲି- 'ଆପଣଙ୍କ ପଂକ୍ତି ଗୁଡ଼ିକ ମୁଁ ଶିରପା ଭଳି ଧାରଣ କରିଛି।' ତାଙ୍କଠାରୁ ମଧ୍ୟ ଏକ ମଧୁର ଉତ୍ତର ମୁଁ ପାଇଥିଲି।

'ପ୍ରୀତଲଡି'ରେ ମୋ ବିରୁଦ୍ଧରେ ଯେତେବେଳେ ଗପ ଛପାହେଲା ସେତେବେଳେ ଇମ୍ରୋଜଙ୍କ ମନରେ ଗୋଟିଏ ଭ୍ରମ ସୃଷ୍ଟି ହୋଇଥିଲା। ସେ ଭାବିଲେ- 'ଏଇ ଗପ ଛପା ହେବା ପୂର୍ବରୁ ଗୁରୁବକ୍ସ ସିଂ ହୁଏତ ଏହାକୁ ପଢ଼ି ନାହାନ୍ତି। ଛାପିବାର ନିଷ୍ପତ୍ତି ବୋଧହୁଏ କେବଳ ନବତେଜ ସିଂ କରିଛନ୍ତି।' ତେଣୁ ଦିନେ ସେ ଗୁରୁବକ୍ସ ସିଂଙ୍କୁ ଗୋଟିଏ ଚିଠି ଲେଖିଦେଲେ।

'କେବଳ ସରଦାର ଗୁରୁବକ୍ସ ସିଂଙ୍କୁ!

ମେ ମାସର ପ୍ରୀତଲଡୀ ପଢ଼ିଲି। 'କସବଚି' ନାମକ ଗଳ୍ପ ସେଥିରେ ଆପଣ ପ୍ରକାଶ କରିଛନ୍ତି ଦେଖି ଆଶ୍ଚର୍ଯ୍ୟ ହେଲି। କାହାଣୀ ଭାବରେ ତ ଏହା ନିମ୍ନ ସ୍ତରର, ପୁଣି ଯେଉଁପରି ଲେଖା ହୋଇଛି ତାହା ମଧ୍ୟ ଅତି ଅସୁନ୍ଦର କାହାଣୀ। ଏଭଳି କାହାଣୀ ଛପା ହେଲେ ଅମୃତାର କିଛି ଯାଏ ଆସେ ନାହିଁ।

କିନ୍ତୁ ଯେଉଁ ପତ୍ରିକାରେ ଏଭଳି ରଚନା ଛପା ହେଉଛି ସେଇ ପତ୍ରିକା ଏବଂ ତାର ସମ୍ପାଦକଙ୍କ ସମ୍ପର୍କରେ ଲୋକଙ୍କର ଦୃଷ୍ଟିକୋଣ ନିଶ୍ଚୟ ବଦଳି ଯିବ। ଏମିତି ତ ପଞ୍ଜାବର କେତେ ପତ୍ରିକା ପ୍ରତି ମାସରେ ଏଭଳି ରଚନା ଛାପି କାଗଜ ଏବଂ ଅକ୍ଷରକୁ ପୂର୍ବରୁ ମଇଳା କରୁଥିଲେ। ମନେହେଉଛି ଏ କାହାଣୀ ଛପା ହେବା ପୂର୍ବରୁ ଆପଣ ପଢ଼ି ନାହାନ୍ତି। ଯଦି ପ୍ରକୃତରେ ପଢ଼ି ନଥାନ୍ତି, ତେବେ ଆପଣ ଆମ ସହିତ ଓ ଆପଣଙ୍କ ପତ୍ରିକା ସହିତ ଅନ୍ୟାୟ କରିଛନ୍ତି। 'ପ୍ରୀତଲଡୀ'କୁ ମଧ୍ୟ ଗୋଟିଏ ନିମ୍ନସ୍ତରର ସ୍କାଣ୍ଡାଲ ପତ୍ରିକା ତାଲିକାଭୁକ୍ତ କରାଇ ଆପଣ ନିଜ ପ୍ରତି ଅନ୍ୟାୟ କରିଛନ୍ତି।

ଏକ ଅଭିଯୋଗ ଏବଂ ସମ୍ମାନର ସହ-

ଆପଣଙ୍କର

ଇମରୋଜ

ସୌଭଗ୍ୟକୁ ସେହିଦିନ ସଂଧ୍ୟାରେ ଲଣ୍ଡନରୁ ଫେରିଥିବା ଅବତାର ଜଣ୍ଡିଆଲଭୀଙ୍କୁ କନଟ୍‌ପ୍ଲେସରେ ଇମ୍‌ରୋଜଙ୍କର ଭେଟିବାର ଥିଲା। ଫୋନ୍‌ରେ ସାଢ଼େ ଛ'ଟା ସମୟ ଧାର୍ଯ୍ୟ କରାଯାଇଥିଲା। ମୋର ମଧ୍ୟ ସାତଟା ବେଳେ ହାଇଦ୍ରାବାଦରୁ ଆସିଥିବା ଲେଖିକା ଜିଲାନୀ ବାନୁଙ୍କୁ ୱ୍ୱେଷ୍ଟର୍ଣ୍ଣ କୋର୍ଟରେ ଦେଖାକରିବାର ଥିଲା। ସେଥିପାଇଁ ଇମ୍‌ରୋଜଙ୍କ ସହିତ ମୁଁ ବି ଚାଲିଗଲି। ଅବତାର ଜଣ୍ଡିଆଲଭୀ ଠିକ୍ ସମୟରେ ଆସି ପହଞ୍ଚିଲେ। କିନ୍ତୁ ତାଙ୍କ ସହିତ ହରିଭଜନ ସିଂ ମଧ୍ୟ ଥିଲେ। ଅବତାର ଚା ପିଇବାକୁ କହିବାରୁ ସେ, ମୁଁ, ଇମ୍‌ରୋଜ ଓ ହରିଭଜନ ଚାମ୍ବଲରେ ଯାଇ ଥଣ୍ଡା କଫି ପିଇଲୁ। ସମସ୍ତେ ଉପରଠାଉରିଆ ଭାବେ କଥାବାର୍ତ୍ତା କରୁଥାନ୍ତି। କଥାର ମୋଡ଼ ବଦଳାଇବା ପାଇଁ ମୁଁ ହରିଭଜନଙ୍କୁ କହିଲି-ଏଥର 'ପ୍ରୀତଲଡୀ' ବଡ଼ ସ୍ନେହରେ ଆପଣଙ୍କ ସମ୍ପର୍କରେ କାହାଣୀଟିଏ ଛାପିଛି।

ହରିଭଜନ ସିଂ ହସିଦେଇ କହିଲେ, 'ସେ ତ ଆପଣଙ୍କ ବିରୁଦ୍ଧରେ ବି।'

କହିଲି, 'ମୋ ବିରୁଦ୍ଧରେ ତ ନିଶ୍ଚୟ-କିନ୍ତୁ ଏମିତି ଲେଖା ପଢ଼ିବାଟା ଆଜିକାଲି ମୋର ଅଭ୍ୟାସ ହେଇଗଲାଣି। ମୁଁ ହରିଭଜନ ସିଂଙ୍କ ଆଡ଼େ ଚାହିଁଲି,- ଚାହିଁବାର ଅର୍ଥ ଥିଲା-ମୋ ଭିତରେ ଏହି ସହନ ଶକ୍ତି ସୃଷ୍ଟି କରିବାରେ ଆପଣଙ୍କର ବି ଅବଦାନ ଅଛି। ଆପଣଙ୍କୁ ବି ଧନ୍ୟବାଦ।

କିଛି ସମୟ ପରେ ହରିଭଜନ ସିଂ କହିଲେ-'କିନ୍ତୁ ନବତେଜ କ'ଣ ଭାବି ଏହାକୁ ଛାପିଲେ? ଅନ୍ତତଃ କାହାଣୀ ଦୃଷ୍ଟିରୁ ହେଲେ ଭଲ ହେଇଥାଆନ୍ତା! ପାଠକମାନଙ୍କୁ କ'ଣ ମିଳିଲା?'

ଉତ୍ତର ଦେଲି-ବିଚାରା ପାଠକମାନଙ୍କ ଉପରୁ ଦୁଇଜଣ ଫାଇଦା ଉଠାଇନେଲେ- ଜଣେ ଲେଖିଲାବାଲା, ଜଣେ ଛାପିଲାବାଲା।

କିଛି ସମୟ ଚୁପ୍ ରହି ହରିଭଜନ ସିଂ ହଠାତ୍ କହିଲେ-ଖାଲି ଦି' ଜଣ ନୁହେଁ, ମୁଁ ବି କିଛି ଲାଭ ପାଇଗଲି। କାରଣ, ଜଣାପଡ଼ିଲା ଯେ ଭୁଲ୍ଲର ଏବେ ଏମିତି ଖରାପ କାହାଣୀ ଲେଖକ ହୋଇଗଲେଣି।

"କିନ୍ତୁ ମୋର ଏଥିରେ ଦୁଃଖ ହେଉଛି। 'ଉପରା ମର୍ଦ' ଭଳି ସୁନ୍ଦର କାହାଣୀ ଲେଖୁଥିବା ଭୁଲ୍ଲର ଏଭଳି ଖରାପ ଲେଖିବା ନିଶ୍ଚୟ ଦୁଃଖର କଥା।" ମୋର ଯାହା ମନକୁ ଆସିଲ କହିଦେଲି।

ରମ୍ବାଲ୍‌ରୁ ଆସିଲ ପରେ ମୁଁ ଓ ଇମ୍‌ରୋଜ୍ ଯେତେବେଳେ କଥାବାର୍ତ୍ତା କଲୁ ସେ କହିଲା, ପ୍ରକୃତରେ ଏହି ଖରାପ ପଣିଆ ମୂଳରୁ ହିଁ ହରିଭଜନଙ୍କର। ଆଜି ସରଳ ଭାବରେ ସେ ଯାହା କହିଲେ, ସେଥିରୁ ତାଙ୍କର ଦ୍ୱିତୀୟ ବ୍ୟକ୍ତିତ୍ୱର ପରିଚୟ ମିଳିଗଲା। ଜଣେ ଭଲ ଲେଖକ ଏଭଳି ନିମ୍ନ ସ୍ତରକୁ ଖସିଆସିବାରୁ ସେ ଏକ ବିକୃତ ଆନନ୍ଦ ପାଉଛନ୍ତି। ଜଣେ ଲେଖକ ଏ ଭଳି ଭାବରେ ନଷ୍ଟ ହୋଇଯିବାରେ ତାଙ୍କ ମନରେ କୌଣସି ବେଦନା ଜାତ ହେଉନାହିଁ।

୧୯୬୦ରେ ଏକ ସମୟରେ ଇମ୍‌ରୋଜଙ୍କୁ ସାଥୀ ଭବରେ ବାଛିବା ବେଳେ ମୋ ମନରେ ଦ୍ୱନ୍ଦ୍ୱ ଉପୁଜିଥିଲା। ସେତେବେଳେ ମୋର ଜନ୍ମଦାତା, ଯିଏ ଆଉ ସଂସାରରେ ନଥିଲେ, ତାଙ୍କର ରୂପ ଧ୍ୟାନ କରୁଥିଲି। ସେହି ଆକୃତିକୁ ଗୁରୁବକ୍‌ସ ସିଂଜୀଙ୍କ ଚେହେରାରେ ଦେଖିବାକୁ ଚେଷ୍ଟା କରିଥିଲି। ତାଙ୍କୁ ଏକ ଚିଠି ଲେଖିଥିଲି- 'ଯେଉଁ ବ୍ୟକ୍ତିଙ୍କୁ ଦାର୍ ଜୀ ବୋଲି ଡାକୁଥିଲି, ସେ ଆଉ ଏ ସଂସାରରେ ନାହାନ୍ତି। ସେହି ସମ୍ବୋଧନ ଆଜି ମୁଁ ଆପଣଙ୍କୁ କରୁଛି। ମୁଁ ଏକ ମାନସିକ ଦ୍ୱନ୍ଦ୍ୱ ଭିତରେ ଗତି କରୁଛି। ଆପଣ ଦିନେ ଦୁଇଦିନ ପାଇଁ ମୋ ପାଖକୁ ଆସନ୍ତୁ।' ସେହି ଚିଠିର ଶବ୍ଦଗୁଡ଼ିକ ମୋର ଏବେ ଠିକ୍ ମନେନାହିଁ--କିନ୍ତୁ ଭାବ ଏହାହିଁ ଥିଲା। ଗୁରୁବକ୍‌ସ ସିଂଜୀ ପତ୍ର ପାଇ ଆସି ନଥିଲେ। ଶେଷରେ ମୋର ବେଦନା ହିଁ ମୋତେ ବଳ ଦେଇଥିଲା। ଏବଂ ମୁଁ ଏକୁଟିଆ ସେହି ସଂକଟକୁ ଅତିକ୍ରମ କରିଗଲି।

ଯଦି ବାଲ୍ୟଜୀବନରେ କାହାରି ବ୍ୟକ୍ତିତ୍ୱର ପ୍ରଭାବ ଗଭୀର ଭାବରେ ମନରେ ପଡ଼ିଥାଏ, ଯୌବନରେ ମଧ୍ୟ ସେହି ପ୍ରଭାବରୁ ଟିକିଏ ଗଳାରେ ହାର ଭଳି ମଣିଷ ଝୁଲାଇ ରଖିଥାଏ। ପୁଣି ବୟସ ବଢ଼ିବା ସାଙ୍ଗେ ସାଙ୍ଗେ ସେହି ଅତୀତକୁ ସେ ମନର ଗୋଟିଏ କୋଠରିରେ ସାଇତି ରଖେ। ମୋ ଉପରେ ଗୁରୁବକ୍‌ସ ସିଂଜୀଙ୍କର ଏହି ଭଳି ପ୍ରଭାବ ଯୋଗୁଁ ତାଙ୍କଠାରୁ କିଭଳି ଉତ୍ତର ପାଇବି, ତାହା କଳ୍ପନା କରି ନେଇଥିଲି।

ମୁଁ ଭାବୁଥିଲି, ସେ ଲେଖିବେ-ପ୍ରିୟ ଇମ୍‌ରୋଜ୍, ମୋର 'ପ୍ରୀତ୍‌ଲଡି'ରେ ଏପରି ଆଜେବାଜେ ଗପ ଛପା ହୋଇଥିଲେ ମଧ୍ୟ ତୁମର ମର୍ଯ୍ୟାଦା ଅକ୍ଷୁର୍ଣ୍ଣ ରହିଛି। ମୁଁ ସେହି ମର୍ଯାଦାକୁ ମୋର ସ୍ନେହ ଜଣାଉଛି। କାହାଣୀ ଛପା ହେବା ପୂର୍ବରୁ ମୁଁ ତାହା ପଢ଼ି ନଥିବା କଥା ତୁମେ ଯାହା ଭାବିଛ, ତାହା ଠିକ୍। ମୋ ଉପରେ ତୁମର ଯେଉଁ ବିଶ୍ୱାସ, ତାହା ସତ୍ୟ। ଏହି କାହାଣୀଟି ପଢ଼ିଥିଲେ ମୁଁ ତାକୁ ଛାପି ନଥାନ୍ତି।

ଏହି କଳ୍ପିତ ଚିଠିଠାରୁ କିନ୍ତୁ ବାସ୍ତବତା ଥିଲା ସଂପୂର୍ଣ୍ଣ ଭିନ୍ନ।

ମୋ ବିଚାରରେ ଜଣେ ଲେଖକର ପ୍ରଥମ ନିଷ୍ଠା ତା ଲେଖନୀର ମର୍ଯ୍ୟାଦା ପ୍ରତି ରହିବା ଉଚିତ। ପୁଅ-ଝିଅ ଯେତେ ପ୍ରିୟ ହେଲେ ବି ସେମାନଙ୍କ ପ୍ରତି ଦାୟିତ୍ୱଠାରୁ ଏହାର ସ୍ଥାନ ସ୍ୱତନ୍ତ୍ର। କିନ୍ତୁ ଗୁରୁବକ୍‌ସ ସିଂଜୀ ତାଙ୍କ ଲେଖନୀ ପ୍ରତି ନିଜର ନିଷ୍ଠା ରଖିଲେ ନାହିଁ। ସେହି କାହାଣୀ ଯୋଗୁ ମୋର ଦୁଃଖ ହୋଇନଥିଲା, ହୋଇଥିଲା ଗୁରୁବକ୍‌ସ ସିଂଜୀଙ୍କ ଲେଖନୀ ପ୍ରତି ନିଷ୍ଠାର ଅଭାବ ଯୋଗୁଁ।

ଗୁରୁବକ୍‌ସ ସିଂଜୀ ଇମ୍‌ରୋଜ୍‌ଙ୍କ ପତ୍ରର ଏପରି ଏକ ଦୁର୍ବଳ ଉତ୍ତର ଦେଲେ ଯେ, ତାଙ୍କ ପ୍ରତି ଥିବା ମୋର ସମ୍ମାନ ସେଥିରେ ଚହଲିଗଲା। ତାଙ୍କ ଚିଠିରେ ଟିକିଏ ମାତ୍ର ଦୁଃଖ ପ୍ରକାଶ ନକରି ସେ ଲେଖିଥିଲେ ଯେ, ମୁଁ ଆପଣଙ୍କୁ ଆଉ ଥରେ ସେ କାହାଣୀଟି ପଢ଼ିବାକୁ ପରାମର୍ଶ ଦେଉଛି।

ପ୍ରକୃତରେ କିନ୍ତୁ ସେହି କାହାଣୀର ଲେଖକ ସଂପାଦକଙ୍କୁ ପ୍ରଥମେ ପତ୍ର ଲେଖିଥିଲେ ଯେ କାହାଣୀଟି ଦୁଇଜଣ ସମସାମୟିକ ଲେଖକଙ୍କ ବିରୁଦ୍ଧରେ ଲେଖାହୋଇଛି- ଯଦି ସାହସ ଅଛି ତ ଛାପନ୍ତୁ। ସଂପାଦକ ସେହି ସାହସ ଦେଖାଇଦେଲେ।

ଜାଣିଶୁଣି କାହାଣୀଟି ଛାପିଥିବାରୁ ସେ କହିଲେ ଯେ ଏହା ଅମୃତା ବିରୁଦ୍ଧରେ ଲେଖାହୋଇନାହିଁ ଏବଂ ଆଉ ଥରେ ପଢ଼ିବା ପାଇଁ ମଧ୍ୟ ପରାମର୍ଶ ଦେଲେ।

ଅନ୍ୟ କୌଣସି ଭାଷାରେ ଏପରି ହୁଏ କି ନାହିଁ ମୁଁ ଜାଣେ ନାହିଁ, କିନ୍ତୁ ପଞ୍ଜାବୀ ପ୍ରେସ୍‌ରେ ନିଶ୍ଚିତ ଭାବରେ ମନରୁ ଗଢ଼ି ସଂବାଦ ଛପାଇଦିଆହୁଏ।

୧୯୭୫ ଜାନୁଆରିରେ ନାଗପୁରରେ ଯେଉଁ ବିଶ୍ୱହିନ୍ଦୀ ସମ୍ମିଳନୀ ହୋଇଥିଲା, ସେଥିରେ ୩୦ଟି ଦେଶରୁ ଆସିଥିବା ଶତାଧିକ ଲେଖକ ଭାଗ ନେଇଥିଲେ। ସେମାନଙ୍କୁ ସମ୍ମାନିତ କରିବା ସଙ୍ଗେ ସଙ୍ଗେ ଏହି ସମ୍ମିଳନୀ ତରଫରୁ ଭାରତର ପନ୍ଦରଟି ଭାଷାର ୧୫ ଜଣ ଲେଖକଙ୍କୁ ସମ୍ମାନିତ କରାଯାଇଥିଲା। ପଞ୍ଜାବୀ ଲେଖିକା ହୋଇଥିବାରୁ ମୁଁ ମଧ୍ୟ ସେମାନଙ୍କ ଭିତରୁ ଜଣେ ଥିଲି। ଏହି ଖବରରେ ଭୁଲ୍ ରହିବାର କିଛି କାରଣ ନଥିଲା। କିନ୍ତୁ ଗୋଟିଏ ପତ୍ରିକା ମୋତେ ସମ୍ବୋଧନକରି ଲେଖିଲା-ଆପଣ ନାଗପୁରର

ବିଶ୍ୱ ହିନ୍ଦୀ ସମ୍ମିଳନୀରେ ହିନ୍ଦୀ ଲେଖିକା ଭାବରେ ସମ୍ମାନିତା ହେଲେ, ଅଥଚ ଆପଣଙ୍କର ହିନ୍ଦୀରେ ପ୍ରକାଶିତ ସବୁ ରଚନା କେବଳ ଅନୁବାଦ। କିନ୍ତୁ ଆପଣ ଏହି ସତ୍ୟକୁ ଲୁଚାଇ ନିଜ ଭାଷା ପ୍ରତି ବିଶ୍ୱାସଘାତକତା କରିଛନ୍ତି।' ମଜାର କଥା ଯେ ଏହାର ଲେଖକ ଦିଲ୍ଲୀ ବିଶ୍ୱବିଦ୍ୟାଳୟର ଜଣେ ପ୍ରାଧ୍ୟାପକ। ଯଦି ଏପରି ଦାୟିତ୍ୱପୂର୍ଣ୍ଣ ସ୍ଥାନରେ ଥିବା ଜଣେ ଲୋକ ସତ୍ୟକୁ ଏଭଳି ଭାବରେ ବିକୃତ କରିପାରନ୍ତି ତେବେ ସାଧାରଣ ପ୍ରେସ୍‌ଠାରୁ କ'ଣ ଆଉ ଆଶା କରିବା ?

କମ୍ୟୁନିଷ୍ଟ ପ୍ରେସ୍‌କୁ ସାଧାରଣ ପ୍ରେସ୍‌ଠାରୁ ଉଚ୍ଚସ୍ତରର ବୋଲି ମନେକରିବାଟା ସ୍ୱାଭାବିକ। ଅଥଚ ଜନଆନ୍ଦୋଳନ ସହିତ ସଂପର୍କିତ ଗମ୍ଭୀର ଏବଂ ଚିନ୍ତାଶୀଳ ବୋଲି ଆଶା କରାଯାଉଥିବା ପ୍ରେସ୍‌ର ଏକ ଭୟଙ୍କର ରୂପ ମୁଁ ଦେଖିଛି। ଦୈନିକ ସମ୍ବାଦପତ୍ର 'ଲୋକ ଲହର'ରେ ୧୯୭୫ ଅଗଷ୍ଟ ୧ ତାରିଖରେ ଯେପରି ନିମ୍ନ ସ୍ତରର ଲେଖା ପ୍ରକାଶିତ ହୋଇଥିଲା, ମୋ ବିଚାରରେ ଦୁନିଆର ଅନ୍ୟ କୌଣସି ଖବରକାଗଜରେ ଏପରି ଲେଖା ଛାପାହେବା ସମ୍ଭବ ହୋଇନଥାନ୍ତା। ମୁଁ ପ୍ରକାଶ କରୁଥିବା ମାସିକ 'ନାଗମଣି' ପତ୍ରିକାକୁ ଏଥିରେ ଅଶ୍ଳୀଳ ଯୌନସର୍ବସ୍ୱ ବୋଲି ବର୍ଣ୍ଣନା କରାଯାଇଥିଲା। ସେଥିରେ କୁହାଯାଇଥିଲା ଯେ, ଚେକସ୍ଲୋଭାକିଆର ଦୁର୍ଘଟଣା ସମୟରେ ମୁଁ ଯେଉଁ କବିତା ସବୁ ଲେଖିଥିଲି, ସେଥିପାଇଁ ତିନିରାତି ଶୋଇପାରିନଥିଲି। ସବୁଠାରୁ ଦୁଃଖର କଥା ଯେ, ପଞ୍ଜାବୀ ଖବରକାଗଜରେ ଏଭଳି ଲେଖା ବିରୁଦ୍ଧରେ କେହି ସାମାନ୍ୟ ସ୍ୱର ଉତ୍ତୋଳନ କଲେନାହିଁ। ଯେତେବେଳେ ହୃଦୟ ଭାରାକ୍ରାନ୍ତ ହୋଇଯାଏ, ସେତେବେଳେ ଆଉ କିଛି ମୁଁ କରିପାରେ ନାହିଁ, କେବଳ କବିତା ଲେଖେ। ଏହିଭଳି ଏକ ସମୟରେ ଥରେ ଲେଖିଥିଲି-

ହେ ଛାୟାର ଶିକାରୀମାନେ,
ଛାତି ତଳେ ଜଳୁଥିବା ନିଆଁର ଯେ ଛାଇ ନାହିଁ!

ଏ ଗୁଡ଼ିକ ତ ସବୁ ଠିକ୍ କିନ୍ତୁ ଏହାହିଁ ସବୁ ନଥିଲା। ଯେଉଁ ହାତରେ ଲେଖନୀ ଅଛି, ସେ ପୃଥିବୀର ଯେପରି ସନ୍ତାନ, ସେହିଭଳି ଲେଖନୀର ବି! ସେଥିପାଇଁ ଯେଉଁମାନଙ୍କ ହାତରେ ଲେଖନୀ ଅଛି ସେମାନଙ୍କ ମଧ୍ୟରେ ଏକ ନିକଟ ସଂପର୍କ ରହିଛି। ଏଇଥିପାଇଁ ସନ୍ତି ଏବଂ ହରିଭଜନଙ୍କ ଲେଖନୀରେ ଯେଉଁ ଶକ୍ତି ଅଛି, ତାହା ମୋତେ ଆପଣାର ଲାଗେ। ପୁଣି ସେଥିପାଇଁ ବି ସେମାନଙ୍କ ପ୍ରତି ମୋର ବିରକ୍ତି ଭିତରେ ଏକ ବେଦନା ମିଶି ରହିଥାଏ।

ମୁଁ ଜାଣିଛି, ଲେଖନୀ ଯୋଗୁଁ ସେମାନଙ୍କ ପ୍ରତି ଜାତ ହୋଇଥିବା ମୋର ଏହି ଆପଣାର ଭାବକୁ ସେମାନେ ବୁଝିବେ ନାହିଁ। ଏହି ନୀତି ଏବଂ ମୂଲ୍ୟବୋଧର କୌଣସି

ଅର୍ଥ ସେମାନଙ୍କ ପାଖରେ ନାହିଁ। କିନ୍ତୁ ମୁଁ ଜାଣିଛି, କେବଳ ସେମାନେ ନୁହନ୍ତି, ବିଶ୍ୱର ଯେ କୌଣସି ସ୍ଥାନରେ ଯାହାଙ୍କ ହାତରେ କଲମ ଅଛି, ସେମାନେ ମୋର-ମୋର ଅତୀତ, ମୋର ଭବିଷ୍ୟତର ସେମାନେ ଅଂଶୀଦାର। ମୋ ମନର ଅବସ୍ଥା, ମୋ ଶରୀର ବା ସମୟର ସୀମାରେ ସୀମିତ ନୁହେଁ-ହଜାରେ ବର୍ଷ ପୂର୍ବରୁ ସେମାନେ ଜନ୍ମିଥାନ୍ତୁ ବା ହଜାରେ ବର୍ଷ ପରେ ମଧ୍ୟ।

କୌଣସି ସଂସ୍ଥା, ଶିକ୍ଷାମଣ୍ଡଳ ବା ମହାବିଦ୍ୟାଳୟର ମଞ୍ଚ ଯେଉଁମାନଙ୍କ ଅକ୍ତିଆରରେ ଅଛି, ସେମାନେ ଏଗୁଡ଼ିକୁ ନିନ୍ଦା ଭାଷଣ ପାଇଁ ମଧ୍ୟ ବ୍ୟବହାର କରୁଛନ୍ତି। ଏହା କିଛି ନୂଆ କଥା ନୁହେଁ। କିନ୍ତୁ ପଞ୍ଜାବର ପ୍ରସିଦ୍ଧ ଏବଂ ସରକାରଙ୍କ ଦ୍ୱାରା ସମ୍ମାନିତ ଲେଖକ ମୋହନ ସିଂ ଏ ବିଷୟରେ ଅଭିଯୋଗ କରିବାଟା ନୂଆ କଥା। ନୂଆ ଏବଂ ଦୁଃଖଦାୟକ। ରସୀଦ ଟିକଟ୍ ପଢ଼ିଲାପରେ ମୋହନ ସିଂ ଏକ ଇଣ୍ଟରଭ୍ୟୁରେ କେତେକ ଦାୟିତ୍ୱହୀନ କଥା କହିବା ସଙ୍ଗେ ସଙ୍ଗେ କହିଲେ ଯେ-ସୁନ୍ଦରୀ ସ୍ତ୍ରୀ ଲୋକଟିକୁ କ୍ଷମା କରିଦେବା ଉଚିତ। ଏ କଥା ଶୁଣି ମନେହେଲା ଯେ ଆମର ଚିନ୍ତା ଏବଂ ଜିହ୍ୱାର କିଛି ଅଂଶ ଆତ୍ମହତ୍ୟା କରୁଛି।

ଏହି କଥା ଗୁଡ଼ିକ ମୋହନ ସିଂ ବଞ୍ଚିଥିଲା ବେଳେ ମୁଁ ଲେଖିଥିଲି। କାରଣ ମାଙ୍କ ମୃତ୍ୟୁପରେ ତାଙ୍କ କଥାକୁ ଦାୟିତ୍ୱହୀନ ବୋଲି କହିବାର କିଛି ଅର୍ଥ ନାହିଁ।

ଦେଖିଥବା, ଶୁଣିଥିବା ଓ ଘଟିଥିବା ଘଟଣାମାନ

ଜୀବନରେ ଦେଖିଥିବା, ଶୁଣିଥିବା ଓ ଘଟିଥିବା ଘଟଣା ସବୁ କେତେବେଳେ ସଚେତନ ଅଥବା କେତେବେଳେ ଅଚେତନ ଅବସ୍ଥାରେ ଲେଖକର ରଚନାର ଏକ ଅଙ୍ଗ ହୋଇଯାଏ ତାହାର ହିସାବ ଦେବା ସମ୍ଭବ ନୁହେଁ।

ବିଶେଷତଃ ଅଜଣାତରେ ଯେଉଁ ଅନୁଭବ ଗୁଡ଼ିକ ରଚନାରେ ସନ୍ନିବେଶିତ ହୋଇଯାଏ ସେଗୁଡ଼ିକ ବେଳେ ବେଳେ ନିଜ ଆଖିକୁ ଅଦ୍ଭୁତ ଲାଗେ।

ରବୀନ୍ଦ୍ରନାଥଙ୍କ ସହ ଦେଖା ହେଲାବେଳେ ବହୁତ ଛୋଟ ଥିଲି। ସେତେବେଳେ ବି କବିତା ଲେଖୁଥିଲି-କିନ୍ତୁ ସେଗୁଡ଼ିକ ପିଲାଳିଆ। ସେ ଯେତେବେଳେ କବିତାଟିଏ ଶୁଣାଇବାକୁ କହିଲେ ଖୁବ୍ ସଙ୍କୋଚରେ ତାହା ତାଙ୍କୁ ଶୁଣାଇଥିଲି। କିନ୍ତୁ ସେ ଯେପରି ଆଦର ଏବଂ ଧ୍ୟାନର ସହିତ ଶୁଣିଲେ ତାହା କବିତାର ଗୁଣ ଯୋଗୁଁ ନୁହେଁ, ତାଙ୍କ ନିଜ ବ୍ୟକ୍ତିତ୍ୱର ବିଶାଳତା ଯୋଗୁଁ। ତାଙ୍କର ପ୍ରଭାବ ମୋ ଉପରେ

ଗଭୀର ଭାବରେ ପଡ଼ିଥିଲା। ପୁଣି ଯେତେବେଳେ ରବୀନ୍ଦ୍ରନାଥ ଜନ୍ମ ଶତାବ୍ଦୀ ପାଳନ କରାଯାଉଥିଲା ସେତେବେଳେ ମୁଁ ତାଙ୍କ ସଂପର୍କରେ କବିତାଟିଏ ଲେଖିବାକୁ ଇଚ୍ଛା କଲି। କିଛି ପଂକ୍ତି ଲେଖିଥିଲି ମଧ୍ୟ, କିନ୍ତୁ ମନ ମାନିଲା ନାହିଁ। ତା'ପରେ ମୁଁ ମସ୍କୋ ଚାଲିଗଲି। ସେଠାରେ ଯେଉଁ ହୋଟେଲରେ ରହୁଥିଲି ତା' ସାମନାରେ ମାୟାକୋଭସ୍କିଙ୍କର ପ୍ରତିମୂର୍ତ୍ତି ଥିଲା। ହୋଟେଲ ଯେଉଁ ଜାଗାରେ ଥିଲା ତା'ର ନାମ ଥିଲା ଗର୍କୀ ଷ୍ଟ୍ରୀଟ୍। ଗୋଟିଏ ରାତିର ଘଟଣା। ପ୍ରାୟ ଦଶଟା ବେଳ ହେବ। ମୁଁ ହୋଟେଲ ଝରକାରୁ ଦେଖିଲି ଯେ କେତେକ ଲୋକ ମାୟାକୋଭସ୍କିଙ୍କ ପ୍ରତିମୂର୍ତ୍ତି ତଳେ ରୁଣ୍ଡ ହୋଇଛନ୍ତି। ଶୁଣିଲି ଯେ କେତେକ ଯୁବ କବି ପ୍ରାୟ ରାତିରେ ସେଠାକୁ ଆସି ପ୍ରତିମୂର୍ତ୍ତିର ଚଉତରା ଉପରେ ଠିଆହୋଇ କେତେବେଳେ ମାୟାକୋଭସ୍କିଙ୍କର ଅଥବା କେତେବେଳେ ନିଜ ନିଜର କବିତା ଆବୃତ୍ତି କରନ୍ତି। ରାସ୍ତାରେ ଯାଉଥିବା ଲୋକମାନେ ସେଠାରେ ରୁଣ୍ଡ ହୋଇ କବିତା ଶୁଣନ୍ତି, ବେଳେ ବେଳେ ବିଭିନ୍ନ କବିତା ବୋଲିବାକୁ ଫରମାସି ବି କରନ୍ତି। ଏଭଳି ଭାବରେ ଏଇ ଉନ୍ମୁକ୍ତ କବି ସମ୍ମେଳନ ଅଧା ରାତି ଯାଏ ଚାଲେ, ବେଶୀ ଥଣ୍ଡା ପବନ ବହିଲେ ଲୋକମାନେ କୋଟ୍‌ର କଲାରକୁ ଉପରକୁ ଟେକିଦେଇ ଅଥବା ବର୍ଷାହେଲେ ମୁଣ୍ଡ ଉପରେ ଛତା ଟାଣିଦେଇ ସେଠାରେ ଠିଆ ହୋଇ ରହୁଥିଲେ। ମୁଁ ବି କୋଟ୍‌ଟି ପିନ୍ଧି କିଛି ସମୟ ପାଇଁ ଏହି ଖୋଲା କବି ସମ୍ମେଳନକୁ ଚାଲିଗଲି। ରୁଷ ଭାଷାର ଗୋଟିଏ ବି ଶବ୍ଦ ବୁଝିବା ମୋ ପକ୍ଷରେ ଯଦିଓ ସମ୍ଭବ ନଥିଲା, ତଥାପି ସେମାନଙ୍କ ସ୍ୱରର ଉଷ୍ଣତା ମୁଁ ସଂପୂର୍ଣ୍ଣ ଅନୁଭବ କରି ପାରୁଥିଲି। ଯେତେବେଳେ ସେଠାରୁ ମୁଁ ଫେରି ଆସିଲି ମୋ ସମ୍ମୁଖରେ ସେତେବେଳେ ରବୀନ୍ଦ୍ରନାଥ ଓ ଗର୍କୀଙ୍କ ରୂପ ଭାସିଉଠିଲା। ସବୁ ଚେହେରା ଗୋଳେଇ ମିଶି ଗୋଟିଏ ହୋଇଗଲା। ସେହି ରାତିରେ ରବୀନ୍ଦ୍ରନାଥଙ୍କ ଉପରେ ଲେଖୁଥିବା କବିତାଟି ମୁଁ ସଂପୂର୍ଣ୍ଣ କରିଦେଲି।

ମୋର 'ଆକ କେ ପତ୍ତେ' ଉପନ୍ୟାସର ନାୟକ ଯେତେବେଳେ ପ୍ରତି ସନ୍ଧ୍ୟାରେ ଷ୍ଟେସନକୁ ଯାଇ ସେଠାକୁ ଆସୁଥିବା ରେଳଗାଡ଼ି ଗୁଡ଼ିକରେ ତା'ର ହଜି ଯାଇଥିବା ଭଉଣୀକୁ ଖୋଜୁଥିଲା, ସେତେବେଳେ ଦିନେ ଅନାୟାସରେ ତା ପାଦ ଦୁଇଟା ତାକୁ ତାର ଗାଁକୁ ଯାଉଥିବା ଗାଡ଼ି ଭିତରକୁ ନେଇଯାଇଥିଲା। ଶୀତ ଦିନ। ତା ପାଖରେ କିଛି ଗରମ ଲୁଗା ନଥିଲା। ସେ ଗାଡ଼ି ଭିତରେ ରାତିଯାକ ଜାକିଜୁକି ହୋଇ ବସି ରହିଲା। ତା ମନ ଚିନ୍ତାରେ ପୂର୍ଣ୍ଣ ହୋଇଥିଲା। ସେ ନିଦରେ ବୁଡ଼ିଗଲା। ଗୋଟିଏ ଷ୍ଟେସନରେ ଗାଡ଼ି ଅଟକିଲା ବେଳେ ଚଢୁଥିବା, ଓହ୍ଲାଉଥିବା ଯାତ୍ରୀଙ୍କ କୋଳାହଳରେ ତା' ନିଦ ଭାଙ୍ଗିଗଲା। ସେ ଦେଖିଲା ତା' ଉପରେ ଗୋଟିଏ ରେଜେଇ ଘୋଡ଼େଇ ଦିଆ ହୋଇଛି। ପାଖରେ କୋମଳ ଚେହେରାର ବୁଢ଼ାଟିଏ ନିଜ ରେଜେଇକୁ ତାକୁ

ଦେଇ ନିଜେ ଚାଦରଖଣ୍ଡେ ଘୋଡ଼ି ହୋଇ ବସିଛି । ଦିନେ ଉପନ୍ୟାସର ଏହି ଅଂଶଟି ମୋ ଆଖିରେ ପଡ଼ିଲା । ମନେପଡ଼ିଲା ଏହି ଉପନ୍ୟାସ ଲେଖିବାର ଚାରିବର୍ଷ ପୂର୍ବରୁ ମୁଁ ଯେଉଁଦିନ ରୁମାନିଆରୁ ବୁଲ୍‌ଗେରିଆ ଯାଉଥିଲି ସେଦିନ ରାତିରେ ଖୁବ୍ ଥଣ୍ଡା ଥିଲା । ମୋ ପାଖରେ କୋଟ୍‌ଟିଏ ବ୍ୟତୀତ ଆଉ କିଛି ନଥିଲା । ମୁଁ ଆଣ୍ଠୁକୁ ଜାକି ବସି ରହିଥିଲି । ଯେତେବେଳେ କୋଟକୁ ଟିକିଏ ଗୋଡ଼ ଆଡ଼କୁ ଟାଣୁଥିଲି ମୁଣ୍ଡ ଆଉ କାନ୍ଧ ଥଣ୍ଡା ହେଇଯାଉଥିଲା, ପୁଣି ମୁଣ୍ଡ ଆଡ଼କୁ ଟାଣିଲେ ଗୋଡ଼... ! କେତେବେଳେ ମତେ ନିଦ ଲାଗିଯାଇଛି ଜାଣେ ନାହିଁ । ହଠାତ୍ ଲାଗିଲା ଦେହଟା ପୂରା ଗରମ ହେଇ ଯାଇଛି । ବାକି ରାତିଯାକ ଖୁବ୍ ଉଷୁମରେ ଶୋଇଲି । ସକାଳୁ ନିଦ ଭାଙ୍ଗିଲା ବେଳେ ଦେଖିଲି ମୋ ଡବାରେ ଯାଉଥିବା ଜଣେ ବୁଲ୍‌ଗେରିଆନ୍ ଲୋକ ତାଙ୍କ ଓଭରକୋଟ୍‌ଟି ମୋ ଉପରେ ରେଜେଇ ଭଳି ଘୋଡ଼ାଇ ଦେଇଛନ୍ତି ।

ଏହି ଘଟଣାଟି ମୁଁ ସଚେତନ ଭାବରେ ମୋ ଉପନ୍ୟାସରେ ଲେଖିନଥିଲି । କିନ୍ତୁ ଲେଖିବାର ଅନେକ ବର୍ଷ ପରେ ଆଉ ଥରେ ପଢ଼ିବାରୁ ମନେ ହେଲା ସେ ଦିନର ଉଷ୍ମତା ମୋର ଧମନୀରେ ଏକ ଅମାନତ ଭଳି ପ୍ରବାହିତ ହେଉଥିଲା ।

'ଯାତ୍ରୀ' ଉପନ୍ୟାସ ୧୯୬୮ରେ ଲେଖିଥିଲି । ସେଥିରେ ସୁନ୍ଦରାନ୍ ବୋଲି ଏକ ସଂପୂର୍ଣ୍ଣ କଳ୍ପିତ ଚରିତ୍ର ଥିଲା । ମୁଁ ଉପନ୍ୟାସର ମୁଖ୍ୟ ଚରିତ୍ରର ଜନ୍ମକଥା ଜାଣିଥିଲି । ତା' ବିଷୟରେ ଲେଖିଥିଲି- 'ନାୟକକୁ ଯେଉଁ ଦିନଠାରୁ ସାଧୁମାନଙ୍କ ଡେରାରେ ଭର୍ତ୍ତି କରି ଦିଆ ହୋଇଥିଲା ସେଇ ଦିନଠୁଁ ଜାଣିଥିଲି ତାକୁ । ବହୁତ ବର୍ଷ ତଳର ଘଟଣା, ତଥାପି ଆଜି ବି ଆଖି ଆଗରେ ଭାସି ଉଠେ ତାର ସେଇ ଉଦାସୀ ଶ୍ୟାମଳ ଚେହେରା ।' କିନ୍ତୁ ସୁନ୍ଦରାନ୍ କେବଳ ମୋର କଳ୍ପନା ଭିତରୁ ଏହି ଉପନ୍ୟାସର ପୃଷ୍ଠାକୁ ଓହ୍ଲାଇ ଆସିଥିଲା । କିନ୍ତୁ ସୁନ୍ଦରାନ୍‌ର ଚରିତ୍ର ବର୍ଣ୍ଣନା କଲାବେଳେ କାହିଁକି ଯେ ମୋ ଆଖି ଓଦା ହୋଇଯାଉଥିଲା, ବୁଝିପାରେନାହିଁ ।

ଉପନ୍ୟାସ ଲେଖିସାରି ପ୍ରଥମେ ଇମରୋଜଙ୍କୁ ଶୁଣାଇଥିଲି । ସୁନ୍ଦରାନ୍ କଥା ପଢ଼ି ଶୁଣାଇଲା ବେଳେ ମୋର ମନେହେଲା କିଏ ଯେମିତି ମୋ କଲିଜା କାଟି ଟିକି ଟିକି କରିଦେଉଛି । ଏହି ଉପନ୍ୟାସ ହିନ୍ଦୀରେ ଅନୁବାଦ ହେଲା । ଛପା ହେବା ପୂର୍ବରୁ ସବୁ ବହିର ଅନୁବାଦ ମୁଁ ନିଜେ ଶୁଣେ । ଏହାର ଅନୁବାଦ ଶୁଣୁ ଶୁଣୁ ସୁନ୍ଦରାନ୍ ପ୍ରସଙ୍ଗ ଆସିଲା ବେଳେ ମୁଁ ଅସ୍ଥିର ହୋଇ ପଡ଼ିଲି ।

ଉପନ୍ୟାସ ହିନ୍ଦୀରେ ଛପା ହୋଇଗଲା ୧୯୬୯ରେ । ପଞ୍ଜାବୀ ଭାଷାରେ ଦୁଇବର୍ଷ ପରେ ଏହି ଉପନ୍ୟାସର ପ୍ରୁଫ୍ ଦେଖୁ ଦେଖୁ ପୁଣି ସୁନ୍ଦରାନ୍ କଥା ପଢ଼ିଲା ବେଳେ ମୁଁ ବ୍ୟାକୁଳ ହୋଇ ପଡ଼ିଲି ।

ମୋ ମନରେ ଏପରି ପ୍ରତିକ୍ରିୟାର କାରଣ ମୁଁ ନିଜେ ମଧ୍ୟ ବୁଝିପାରୁ ନଥିଲି। କିନ୍ତୁ ୧୯୭୩ରେ ଯେତେବେଳେ ଏହି ଉପନ୍ୟାସର ଇଂରାଜୀ ଅନୁବାଦରେ ପୁଣି ସୁନ୍ଦରାନ୍‌କୁ ଦେଖିଲି ସେତେବେଳେ ମୋ ନିଜର ଗୋଟିଏ ଅଂଶ ମୋ ଆଖି ଆଗରେ ଭାସିଉଠିଲା।

ଲେଖକର ନିଜ ଜୀବନର ଘଟଣା ଗୁଡ଼ିକ କାହାଣୀ-ଉପନ୍ୟାସରେ ବହୁ ସମୟରେ ଫୁଟି ଉଠେ। ଏ ଗୁଡ଼ିକ ଛାତି ଭିତରୁ ଉଠି ଆସି କାଗଜ ଉପରେ ଓହ୍ଲେଇ ଯାଆନ୍ତି। କିନ୍ତୁ ଏହି ସୁନ୍ଦରାନ୍‌ଟି ଏକ ବିପରୀତ ଅନୁଭବ ଥିଲା। ସେ କାଗଜରୁ ଉଠି ଆସି ମୋ ଛାତି ଭିତରେ ଓହ୍ଲାଇ ପଡ଼ିଲା। ହଠାତ୍ ଘୋର ଅନ୍ଧକାର ମଧ୍ୟରେ ଗୋଟିଏ ଦୀପ ଜଳି ଉଠିଲା ଭଳି ମନେହେଲା ମୁଁ ହିଁ ଏହି ସୁନ୍ଦରାନ୍।

ମୋର 'ମୁଁ'କୁ ସଚେତନ ଭାବେ ସୁନ୍ଦରାନ୍ ଉପରେ ଆରୋପିତ କରି ନଥିଲି। ସେଥିପାଇଁ ଅନେକ ବର୍ଷ ଯାଏଁ ତାକୁ ଚିହ୍ନି ପାରି ନଥିଲି। ସେ ତାର ଅସ୍ତିତ୍ୱ ଭିତରେ ଭିତରେ ମୋ ସହିତ ସାମିଲ କରିଦେଇଥିଲା। ମୁଁ ମନ ଭିତରେ ଅଣ୍ଡାଳି ହେଉଥିଲି, ତଥାପି ଜାଣିପାରୁ ନଥିଲି। ପରେ ଯେତେବେଳେ ଜାଣି ପାରିଲି, ସେତେବେଳେ ମୋର ପ୍ରତିଟି ଚିନ୍ତାଧାରକୁ ବି ଚିହ୍ନି ପାରିଲି।

ସୁନ୍ଦରାନ୍ ଫୁଲ ଭରା ଡାଲା ନେଇ ଶିବ ପାର୍ବତୀଙ୍କ ମନ୍ଦିରକୁ ଯାଉଥିଲା। ଶିବ ପାର୍ବତୀଙ୍କ ପାଦରେ ଫୁଲ ଅଜାଡ଼ି ଦେଇ, ସେଇ ଫୁଲର ସ୍ତୂପ ଭିତରୁ ସେ ମୂର୍ତ୍ତିଙ୍କ ପାଦ ଛୁଇଁଲା ବେଳେ ସେମାନଙ୍କ ନିକଟରେ ଠିଆ ହୋଇଥିବା ତା' ପ୍ରେମାସ୍ପଦର ପାଦକୁ ମଧ୍ୟ ସମସ୍ତଙ୍କ ଦୃଷ୍ଟିର ଅଗୋଚରରେ ସ୍ପର୍ଶ କରୁଥିଲା। ମୋର ମନେହେଲା, ମୁଁ ହିଁ ସେହି। ବହୁ ବର୍ଷ ଯାଏଁ ଏହିଭଳି ମୋ ମନର ମଣିଷର ପାଦକୁ ଅଜସ୍ର ଅକ୍ଷର-ପୁଷ୍ପ ଡାଲା ଭିତରୁ ଦୁଇହାତ ବଢ଼ାଇ ଗୋପନରେ ମୁଁ ଛୁଇଁବାକୁ ବ୍ୟାକୁଳ ହୋଇପଡ଼ିଛି।

ସୁନ୍ଦରାନ୍ ଅନେକ ସମୟ ଯାଏଁ ନୀରବରେ ଫୁଲ ସବୁ ବାଛି ବାଛି ରଖୁଥିଲା ଏବଂ ସେଇ ଆଳରେ ନିଜ ପ୍ରିୟର ପାଦକୁ ଛୁଉଁଥିଲ। ମୁଁ ଅନେକ ବର୍ଷ ଯାଏଁ କବିତାରେ ଅକ୍ଷର ଯୋଡୁଥିଲି ଏବଂ ମୋ ପ୍ରିୟର ଅସ୍ତିତ୍ୱକୁ ଛୁଇଁଯାଉଥିଲି।

ସୁନ୍ଦରାନ୍‌ର ପ୍ରିୟ ଜୀବନ୍ତ ଥିଲା-କିନ୍ତୁ ଥିଲା ପଥରର ମୂର୍ତ୍ତି ଭଳି। ସୁନ୍ଦରାନ୍ ହୃଦୟର ଡାକ ସେ ଶୁଣିପାରୁ ନଥିଲା। ମୁଁ ବି ବହୁ ବର୍ଷ ଯାଏଁ ସୁନ୍ଦରାନ୍‌ର ଅବସ୍ଥାରେ ଥିଲି। ମୋ ମନର ଡାକ ବି କେଉଁଠି ପହଞ୍ଚୁ ନଥିଲା। ପଥର ଦେହରେ ବାଜିଲା ଭଳି ତାହା ମୋ ପାଖକୁ ପୁଣି ଫେରିଆସୁଥିଲା।

ସୁନ୍ଦରାନ୍ ବିବାହ ପରେ ବଧୂ ବେଶରେ ନାକରେ ନୋଥ ପିନ୍ଧି ଯେତେବେଳେ ନିଜର ପ୍ରିୟତମକୁ ଅନ୍ତିମ ପ୍ରଣାମ କରିବାକୁ ମନ୍ଦିରକୁ ଆସିଲା ସେତେବେଳେ ତା

ନୋଥ ଉପରେ କେତେ ବୁନ୍ଦା ଲୁହ ଲାଖିରହିଥିଲା-ଯେପରିକି ନୋଥର ଆଖିରୁ ବି ଲୁହ ଝରିପଡୁଛି। ମୋ ଆଖିରୁ ବି ଠିକ୍ ଏଇପରି ଲୁଚି ଲୁଚି ଲୁହ ଝରିପଡୁଥିଲା।

ହେ ଭଗବାନ, ମଣିଷ ନିଜଠାରୁ ନିଜେ ଏମିତି ଲୁଚି ଲୁଚି କେତେ ଦିନ ଯାଏଁ ବୁଲୁଥିବ! ଅଚେତନ ମନର ଏହି ରହସ୍ୟ କ'ଣ କେବେ ଉଦ୍‌ଘାଟିତ ହେବ ନାହିଁ!

ମୋ ମା'ଙ୍କ ମୃତ୍ୟୁ ବେଳକୁ ମୋତେ ଏଗାର ବର୍ଷ ପୂରି ନଥିଲା। ମା'ଙ୍କ ଜୀବନର ଶେଷ ଦିନଟି ମୋର ସଂପୂର୍ଣ୍ଣ ମନେଅଛି। ମୋର 'ଏକ ସବାଲ' ଉପନ୍ୟାସର ନାୟକ ଜଗଦୀପ ତା'ର ମୃତ୍ୟୁପଥ ଯାତ୍ରୀ ମା'ର ଶଯ୍ୟା ନିକଟରେ ଯେପରି ଠିଆ ହୋଇଥିଲା, ମୁଁ ମଧ୍ୟ ମୋ ମା'ଙ୍କ ଶଯ୍ୟା ନିକଟରେ ଠିକ୍ ସେହିପରି ଠିଆହୋଇଥିଲି ଏବଂ ଜଗଦୀପ ଭଳି ଏକାଗ୍ର ଭାବରେ ଭଗବାନଙ୍କୁ ପ୍ରାର୍ଥନା କରୁଥିଲି-'ମୋ ମା'ଙ୍କୁ ମାର ନାହିଁ।' ତା ଭଳି ମୋର ମଧ୍ୟ ବିଶ୍ୱାସ ହୋଇ ଯାଇଥିଲା ଯେ ମୋ ମା'ଙ୍କର ବର୍ତ୍ତମାନ ମୃତ୍ୟୁ ହେବ ନାହିଁ। କାରଣ ଈଶ୍ୱର ପିଲାମାନଙ୍କର ଡାକ ନିଶ୍ଚୟ ଶୁଣନ୍ତି। କିନ୍ତୁ ମା'ଙ୍କର ମୃତ୍ୟୁ ହୋଇଗଲା ଏବଂ ମୋର ମଧ୍ୟ ଜଗଦୀପ ଭଳି ଈଶ୍ୱରଙ୍କ ଉପରୁ ବିଶ୍ୱାସ ତୁଟିଗଲା।

ସେହି ଉପନ୍ୟାସରେ ଜଗଦୀପ ମା'ର ହାତ ତିଆରି ଦୁଇଟି ଶୁଖିଲା ରୁଟିକୁ ଡବାରେ ସାଇତି ରଖି ଯେପରି ଭାବୁଥିଲା-'ଏହି ରୁଟିକୁ ଖଣ୍ଡ ଖଣ୍ଡ କରି କିଛି ଦିନ ଯାଏଁ ଖାଇବି'-ସେଇଭଳି ମୁଁ ବି ଶୁଖିଲା ରୁଟିକୁ ଚୂରି ଗୋଟିଏ ଶିଶିରେ ରଖିଦେଇଥିଲି।

ଏସବୁ କଥା ମୁଁ ସଚେତନ ଭାବରେ ସେ ଉପନ୍ୟାସରେ ଲେଖିଥିଲି। କିନ୍ତୁ "ଯାତ୍ରୀ' ଉପନ୍ୟାସରେ ମହନ୍ତ କୃପାସାଗରଙ୍କୁ ବର୍ଣ୍ଣନା କଲାବେଳେ ସଚେତନ ଭାବରେ ମୋ ପିତାଙ୍କ କଥା କୌଣସି ସମୟରେ ମୋ ମନକୁ ଆସି ନାହିଁ। କେତେବର୍ଷ ପରେ ସେ ଉପନ୍ୟାସ ପୁଣି ପଢ଼ିଲାବେଳେ ମନେହେଲା ମହନ୍ତ କୃପାସାଗରଙ୍କ ମୃତ୍ୟୁ ପରେ ନାୟକ ତାଙ୍କର କଥାକୁ ଯେପରି ମନରେ ଧ୍ୟାନ କରୁଛି ମୁଁ ମଧ୍ୟ ସେହିପରି ମୋ ପିତାଙ୍କ କଥାକୁ ଧ୍ୟାନ କରୁଥିଲି। ତାଙ୍କ ସ୍ୱରରେ ଏପରି କିଛି ଥିଲା-ଯାହା ନଦୀର ଜଳ ଭଳି ହେଲେବି ବହୁତ ଓଜନଦାର ଏବଂ ନିଜ ଜୋର୍‌ରେ ହିଁ ସେ ବହିଯାଉଥିଲା। କୌଣସି ଗୋଡ଼ି, ପଥର, ପତ୍ର କି ହାତର ମଇଳା ସେଥିରେ ଫୋପାଡ଼ିଦେଲେ ବି କିଛି ପରବାଏ ନକରି ସେ ସେଗୁଡ଼ିକୁ ଭସାଇ ନେଉଥିଲା, କିମ୍ବା ତା ଉପର ଦେଇ ବହି ଚାଲି ଯାଉଥିଲା। ତାଙ୍କ କଥା ସବୁ ଏକମୁହାଁ ହୋଇ ଚାଲୁଥିଲା, ପାଖଆଖର କଥା ଶୁଣି ଅଟକି ଯାଉନଥିଲା। ସାଧୁମାନଙ୍କ ଡେରାରେ ବି ଗୃହୀ ଘର ଭଳି ସବୁବେଳେ କଳି କଜିଆ, ନିନ୍ଦା, ଚୁଗୁଲି ଲାଗିରହିଥାଏ। ସେମାନଙ୍କ ଘର କୋଣରେ ବି ଅଳନ୍ଧୁ

ଲାଗେ। କିନ୍ତୁ ତାଙ୍କର ସ୍ୱର ଏ ସବୁକୁ ନଦୀ ଭଳି ଭସାଇ ନେଇ ଯାଉଥିଲା! ଏହି ସ୍ୱର ଦୁଇ ପ୍ରକାରର ଥିଲା। ଗୋଟିଏ ଭରା, ଗଭୀର ଏବଂ ବେଗବତୀ; ଅନ୍ୟଟି ସୂକ୍ଷ୍ମ, ଉଦାସ ଓ ପବନ ଭଳି ପବନ ସହ ମିଶିଯାଏ।

ଉପନ୍ୟାସରେ କୃପାସାଗର ଯେଉଁ କଥାଟିକୁ ବାରମ୍ବାର ଦୋହରାଉଥିଲେ- ମୋର ମନେ ପଡ଼ିଲା-ମୋ ବାପାଙ୍କ ଓଠରେ ବି ସେହି କଥାଟି ଲାଗି ରହିଥିଲା 'ବନ୍ଧୁହୀନ ହୋଇ ରହିଅଛି ମୁଁ ଯୁଗ ଯୁଗ ଧରି।'

ମହନ୍ତ କୃପାସାଗରଙ୍କ କାହାଣୀର କିଛି ଅଂଶ ମୁଁ ସଚେତନ ଭାବେ ମୋ ପିତାଙ୍କର ଜଣେ ମିତ୍ର ସାଧୁଙ୍କ ଜୀବନରୁ ନେଇଥିଲି। କିନ୍ତୁ ମହନ୍ତ କୃପାସାଗରଙ୍କ ସ୍ୱଭାବ ବର୍ଣ୍ଣନା କଲାବେଳେ ଅଜାଣତରେ ମୋ ପିତାଙ୍କ ସ୍ୱଭାବ ବର୍ଣ୍ଣନା କରିଦେଲି।

ଦିଲ୍ଲୀ ବିଶ୍ୱବିଦ୍ୟାଳୟରୁ ଅନରାରୀ ଡି.ଲିଟ୍ ଡିଗ୍ରୀ ପାଇ ଯେତେବେଳେ ଘରେ ପହଞ୍ଚିଲି ଦେବିନ୍ଦର ତା ପକେଟରେ କିଛି ଗୋଟାଏ ଲୁଚାଇ ଦେଇ କହିଲା, 'ଦିଦି, ଆଜି ଟିକିଏ ମନ ଖୁସି କରିବାକୁ ଇଚ୍ଛା ହେଉଛି, ରାଗିବ ନାହିଁ।' ମୁଁ ହସିଦେଇ କହିଲି, 'ଭାଇ, ତୋ ମନ ଯାହା କରିବାକୁ ହେଉଛି ତାହା ନିଶ୍ଚୟ ଭଲ ହେଇଥିବ।' ଦେବିନ୍ଦର ପକେଟରୁ ଗୋଟିଏ ରେଶମ ରୁମାଲ, ମିଶ୍ରି ଓ ଏକୋଇଶ ଟଙ୍କା ବାହାର କରି କହିଲା- 'ଦିଦି, ତୁମର ବାପ କିମ୍ବା ଭାଇ ଥିଲେ ଆଜି କେତେ ଖୁସି ମନାଇ ଥାଆନ୍ତେ, ଏତକ ସେଇମାନଙ୍କ ତରଫରୁ ... ...'

ମୋର ଆଖି ଛଳ ଛଳ ହୋଇ ଉଠିଲା। ମନେ ପଡ଼ିଲା, 'ଏକ ସବାଲ' ଉପନ୍ୟାସରେ ନାୟକ ତାର ପିତାଙ୍କ ମୃତ୍ୟୁ ପରେ ନିଜର ନବଯୁବତୀ ସାବତ ମା'ର ବିବାହ ଅନ୍ୟ ଜଣକ ସହିତ କରାଇଦେଲା, ପରେ ସେହି ଯୁବତୀ ମା' ଥାଳିରେ ରୁଟି ବାଢ଼ି ଆଣି କହୁଛି-'ଆ, ମା ପୁଅ ଏକାଠି ଖାଇବା।' ନାୟକ ରୁଟିଖଣ୍ଡେ ପାଟିରେ ପୂରାଇ ପଚାରୁଛି-'ଆଗ କୁହ, ତୁମେ ମୋର କଣ ମା' ନା ଭଉଣୀ ନା ଝିଅ?' ଉପନ୍ୟାସର ଏହି ଅଂଶ ଲେଖିଲାବେଳେ ଦେବିନ୍ଦର ମୋ ମନରେ ନଥିଲେ। କିନ୍ତୁ ଚଉଦ ବର୍ଷ ପରେ ଦେବିନ୍ଦର ସେଇ ରୁମାଲ, ମିଶ୍ରି ଓ ଟଙ୍କା ମୋ ହାତରେ ଦେଲାବେଳେ ଠିକ୍ ସେଇ କଥା ମୋ ମନକୁ ଆସିଲା-'ଆଗ ତୁମେ କୁହ, ତୁମେ ମୋର କ'ଣ-ପିତା ନା ଭାଇ ନା ପୁତ୍ର?

୧୯୭୪ର ପ୍ରାରମ୍ଭରେ 'ପିଘଲତି ଚଟାଣ' ଗଳ୍ପଟି ମୁଁ ଲେଖିଥିଲି। ତାହା ମୋର କେଉଁ ଅଚେତନ ମନର ଅଭିବ୍ୟଞ୍ଜନା ଥିଲା ସେତେବେଳେ ବୁଝିପାରି ନଥିଲି। ଏହି ଗଳ୍ପର ପୃଷ୍ଠଭୂମି ଥିଲା ନେପାଳର ସ୍ୱୟମ୍ଭୂ ପର୍ବତ ଶିଖର ଉପରେ ଥିବା ଏକ ମନ୍ଦିର। ତାହା ଉପରକୁ ଚଢ଼ି ପ୍ରତି ରାତିର ଚତୁର୍ଥ ପ୍ରହରରେ ଯୁବତୀ ରାଜଶ୍ରୀ ଯାଉଥିଲା

ଏବଂ ଅନ୍ୟ ପଟର ଗଡ଼ାଣିରେ ବସିଗା ନଦୀ ବାଟ ଦେଇ ଓହ୍ଲାଇ ଆସୁଥିଲା। ପ୍ରାୟ ଦୁଇଶହ ବର୍ଷ ପୂର୍ବେ ତାଙ୍କ ବଂଶର ଜଣେ କୁମାରୀ ଜୀବନରୁ ମୁକ୍ତି ପାଇବା ପାଇଁ ଏହି ନଦୀର ଆଶ୍ରୟ ନେଇଥିଲା।

ରାଜଶ୍ରୀ ନିଜ ଅଜାଣତରେ ତାଙ୍କ ବଂଶର ଜଣେ କୁମାରୀ ଯେଉଁ ପଥରେ ଯାଇଥିଲା ତାହାକୁ ହିଁ ବାଛି ନେଇଥିଲା। ପୁଣି ମନେ ମନେ ସେ ଭାବୁଥିଲ-ଚାଲିବା ପାଇଁ ଏଇ ଗୋଟିକ ବାଟ କାହିଁକି ତିଆରି ହୋଇଛି ?

କାହାଣୀର ଅଗ୍ରଗତି ସହିତ ଗୋଟିଏ ଯୁଗ ଓଲଟି ଯାଇଛି। ସେ ନିଜକୁ ଚିହ୍ନି ପାରିଛି। ଜାଣିଯାଇଛି ଏକ ସମୟରେ ଯାହା ସତ୍ୟ ଥିଲା ତାହା ସବୁବେଳେ ସତ୍ୟ ହୋଇ ରହେନାହିଁ। ସେ ମୃତ୍ୟୁର ଗଡ଼ାଣି ପଥରୁ ପାଦ ଫେରାଇ ଜୀବନର ଉଠାଣି ରାସ୍ତାରେ ଆଗେଇ ଯାଇଛି।

ଦୁଇ ବର୍ଷ ବିତିଗଲା। ଏହି କାହାଣୀର ଚରିତ୍ର ସହିତ ନିଜକୁ ମିଶାଇ ମୁଁ କେବେ ବିଚାର କରିନାହିଁ। ଦିନେ ରାତିରେ ଅର୍ଦ୍ଧ ଜାଗ୍ରତ ଅବସ୍ଥାରେ ମୋ ଜୀବନର ସମୟ ଚକ୍ର ହଠାତ୍ ପଇଁତିରିଶ ବର୍ଷ ପଛକୁ ବୁଲିଗଲା। ମୁଁ ଦେଖିଲି, ମୋତେ ପ୍ରାୟ କୋଡ଼ିଏ ବର୍ଷ ବୟସ। ଗୁଜରାନବାଲା ଯାଇଛି। ସେଇ ଗଳି, ସେଇ ଘର ଦେଖିଛି ଯେଉଁଠି ମୋ ପିତାଙ୍କ ଭଉଣୀ 'ହାକୋ' ତାଙ୍କ ଚାଳିଶା ବ୍ରତ ପାଳନ କରୁ କରୁ ମରି ଯାଇଥିଲେ।

ପଇଁତିରିଶ ବର୍ଷ ତଳର ସେଇ ଆବାଜ୍ ମୋ କାନରେ ବାଜିଗଲା। 'ଜିବା' ନାମକ ଗଳିର ଜଣେ ନାରୀ ଯେଉଁଦିନ ମୋତେ ଚାହିଁଦେଇ ଗାଲରେ ହାତଦେଇ ପାଟିକରି ଉଠିଥିଲା "ଆହା, ମରିଯାଏଁଟି। ଅବିକଳ ସେଇ ଚେହେରା............ ଅବିକଳ ହାକୋ ତ.............."

ସେ ଗଳିରେ ମୋ ପିଉସୀ 'ହାକୋ'ଙ୍କ ସମୟର ସେଇ ଗୋଟିକ ସ୍ତ୍ରୀଲୋକ ଜୀବିତ ଥିଲା। ତା' କଥା ଶୁଣି ମୁଁ ଦର୍ପଣରେ ନିଜ ଚେହେରା ଦେଖି ପିଉସୀଙ୍କ ରୂପ କଳ୍ପନା କଲି। ମୋ ସହିତ ମୋ ପିଉସୀଙ୍କ ଚେହେରାର ସାମଞ୍ଜସ୍ୟ ରହିବା କିଛି ଅସ୍ୱାଭାବିକ କଥା ନୁହେଁ। କିନ୍ତୁ ମୋର ମନେହେଲା ଏହା ପ୍ରକୃତିର ଏକ ରହସ୍ୟ, କିଛି ଗୋଟାଏ ଘଟିବାର ସଙ୍କେତ। ମୁଁ ସେତେବେଳେ ଏକ ମାନସିକ ସଙ୍କଟ ଭିତରେ ଗତି କରୁଥିଲି। ବିବାହ ହୋଇଯାଇଥିଲା, କିନ୍ତୁ ମନ ସବୁବେଳେ ଆନ୍ଦୋଳିତ ହେଉଥିଲା। ନିଜ ଚେହେରାରେ ହାକୋଙ୍କ ପ୍ରତିଛାୟା ଦେଖି ମନେହେଲା ହାକୋଙ୍କ ଜୀବନର ସମାପ୍ତି ମୋର ହିଁ ସମାପ୍ତି।

ସେହି ସମୟରେ କିନ୍ତୁ ମରିବାକୁ ନୁହେଁ, ଜୀଇଁବାକୁ ଚାହୁଁଥିଲି। ବିବ୍ରତ ହୋଇ

ଭାବୁଥିଲି, 'ଚାଲିବା ପାଇଁ ଖାଲି ସେଇ ଗୋଟିକ ବାଟ କାହିଁକି ତିଆରି ହୋଇଛି ?' ପୁଣି ସେମିତି ବିବ୍ରତ ହୋଇ ଠିକ୍ କଲି-'ମୁଁ ହାକୋ ପରି ମରିବି ନାହିଁ-ବଂଚିବି।'

'ପିଘଳତି ଚଟ୍‌ଟାଣ' କାହାଣୀ ୧୯୭୪ରେ ଲେଖିଲା ବେଳେ କିନ୍ତୁ ମୋର ଏହି ନିଜସ୍ୱ ଅନୁଭୂତି ସଂପର୍କରେ ମୁଁ ସଚେତନ ନଥିଲି। ମୋର ଅବଚେତନ ମନ କେତେବେଳେ ଉପରକୁ ଉଠିଆସି ମୋତେ ଏହି ଗଳ୍ପ ଲେଖାଇ ଦେଇ ପୁଣି ଲୁଚି ଯାଇଥିଲା, ମୁଁ ଜାଣିପାରିନାହିଁ।

କେତେ ଗୁଡ଼ିଏ ଘଟଣା ଘଟିବାର ଅଳ୍ପ ସମୟ ଭିତରେ ରଚନାରେ ସ୍ଥାନ ପାଇ ଯାଆନ୍ତି, କିନ୍ତୁ ଆଉ କେତେକ ଘଟଣା କଲମ ମୁନରେ ପ୍ରତିଫଳିତ ହେବା ପାଇଁ ବର୍ଷ ବର୍ଷ ବିତିଯାଏ।

ପ୍ରଥମ ପ୍ରକାରର ଗୋଟିଏ ଘଟଣା କଥା ମନେପଡୁଛି। ୧୯୬୦ରେ ମୁଁ ନେପାଳ ଯାଇଥାଏ। ପାଞ୍ଚଦିନ କାଳ ପ୍ରାୟ ପ୍ରତ୍ୟେକ ସଂଧ୍ୟାରେ ସେଠାରେ କବି ସମ୍ମେଳନ ହେଉଥାଏ। ତେଣୁ ସବୁଦିନ କିଛି କିଛି ନେପାଳୀ କବିଙ୍କ ସହ ଭେଟ ବି ହେଇଯାଉଥାଏ। ସେମାନଙ୍କ ମଧ୍ୟରେ ଜଣେ ଯୁବ କବି ଥିଲେ। ଖୁବ୍ ଗମ୍ଭୀର ସ୍ୱଭାବର। ମୁଁ କେବଳ ଏତିକି ଜାଣିଥିଲି ଯେ ସେ ପ୍ରତିଦିନ ଖୁବ୍ ଧୀର ଭାବରେ ମୋର ଗୋଟିଏ ନିର୍ଦ୍ଦିଷ୍ଟ କବିତା ପଢ଼ିବା ପାଇଁ ଫରମାସି କରନ୍ତି। ଯେଉଁଦିନ ମୁଁ ଦିଲ୍ଲୀ ଫେରିଲି, ଅନ୍ୟ କେତେକ କବିଙ୍କ ସହ ସେ ମଧ୍ୟ ମୋତେ ବିଦାୟ ଦେବାକୁ ଏୟାରପୋର୍ଟକୁ ଆସିଥିଲେ। ପ୍ଲେନ୍ ସେଦିନ ଘଣ୍ଟାଏ ବିଳମ୍ବ ଥିଲା। ସେତକଯାକ ସମୟ ସେ ମୋର ଓଜନିଆ ଗରମ କୋଟ୍‌ଟିକୁ ଧରିଥାଆନ୍ତି। ପ୍ଲେନ୍ ଆସିଲାପରେ ମୁଁ ତାଙ୍କଠାରୁ କୋଟ୍‌ଟି ଆଣିବାକୁ ଗଲି। ସେ ଧୀର ସ୍ୱରରେ କହିଲେ, 'ଏହି ଯେଉଁ ଭାର ଦେଖାଯାଉଛି ତାକୁ ଆପଣ ନେଇଯାଆନ୍ତୁ, କିନ୍ତୁ ଯାହା ଦେଖାଯାଉନାହିଁ ତାକୁ ମୁଁ ବହନ କରି ନେଉଛି।' ଏ କଥା ଶୁଣି ମୁଁ ଚମକି ପଡ଼ିଲି। ଦିଲ୍ଲୀରେ ପହଂଚି 'ହୁକାରା' ବୋଲି ଗୋଟିଏ ଗପ ଲେଖିଲି। ସେଥିରେ ତାଙ୍କର ଉପରୋକ୍ତ ବାକ୍ୟଟି ସନ୍ନିବେଶିତ ହୋଇଯାଇଥିଲା।

ଆଉ ଦ୍ୱିତୀୟ ପ୍ରକାର ଯେଉଁ ଘଟଣା ଗଳ୍ପରେ ପ୍ରତିଫଳିତ ହେବାକୁ ବହୁ ବର୍ଷ ଲାଗିଯାଏ ତାହାର ଗୋଟିଏ ଉଦାହରଣ ହେଇ ମୋର ଗଳ୍ପ 'ଦୋ ଔରତ'। ଏଥିରେ ଜଣେ ନାରୀ ଶେଠାଣୀ ଏବଂ ଅନ୍ୟ ଜଣେ ବେଶ୍ୟା, ଶେଠଙ୍କ ରକ୍ଷିତା। ଏହାର ସମୁଦାୟ ଘଟଣା ଲାହୋରରେ ମୋ ଆଖି ଆଗରେ ଘଟିଥିଲା। ସେଠାରେ ଗୋଟିଏ ଧନୀଘର ପୁଅର ବିବାହ ହେଉଥିଲା। ଝିଅ ପଟରେ ସ୍ତ୍ରୀଲୋକମାନଙ୍କର ଗୀତ ବାଜା ଚାଲିଥାଏ। ସେହି ପରିବାର ସହିତ ମୋର ସମାନ୍ୟ ପରିଚୟ ଥିଲା ଏବଂ ମୁଁ ଶୁଣିଲି ଯେ ଲାହୋରର ପ୍ରସିଦ୍ଧ ଗାୟିକା ତମଞ୍ଚାଜାନ ସେଠାକୁ ଆସୁଛି। ଖୁବ୍ ଆଡ଼ମ୍ବରରେ

ସେ ଯେତେବେଳେ ଆସି ପହଞ୍ଚିଗଲା ଘରର ମାଲିକାଣୀଙ୍କ ଚେହେରା ସେତେବେଳେ ଫିକା ପଡ଼ିଗଲା। କିନ୍ତୁ ସେ ତ ପୁଅର ମା'-ତମଞ୍ଚାଜାନ ଗୀତ ଗାଇ ସାରିଲା ପରେ ଶେଠାଣୀ ଶହେଟଙ୍କିଆ ନୋଟ ତା କାନିରେ ବକ୍‌ସିସ୍ ଭାବରେ ପକାଇଦେଲେ। ତମଞ୍ଚା ଅପମାନ ବୋଧକଲା। ସ୍ତ୍ରୀଲୋକମାନଙ୍କର ସେହି ଭରା ସଭାରେ କହିଲା-ରଖ ଶେଠାଣୀ ଏ ଟଙ୍କା-ଏଇ ଘରର ଦାନା ତ ସବୁଦିନ ଖାଉଛି....। ଶେଠଙ୍କ ସହ ତାହାର ସମ୍ପର୍କକୁ ସେ ଏମିତି ଢଙ୍ଗରେ କହି ଶେଠାଣୀକୁ ଛୋଟ କରିଦେଲା। ମୁଁ ଦେଖିଲି, କ୍ଷଣକ ପାଇଁ ଶେଠାଣୀ ଟିକିଏ ବିଚଳିତ ହୋଇଗଲେ, କିନ୍ତୁ ପରେ ପରେ ଅବସ୍ଥାକୁ ସମ୍ଭାଳି ନେଇ ଅତି ବେପରୁଆ ଭାବରେ ତମଞ୍ଚାଜାନକୁ ନୋଟଟାକୁ ଦେଇ କହିଲେ-ଶୁଣ ଲୋ, ଶେଠଙ୍କଠାରୁ ତ ତୁ ସବୁବେଳେ ନେବୁ, କିନ୍ତୁ ମୋଠୁଁ ତ କେବେ କେମିତି ତତେ ମିଳିବ!

ଏଇ ଦୁଇ ନାରୀଙ୍କ ମଧ୍ୟରେ ଯେଉଁ ସଂଘର୍ଷ ତା ପଛରେ ଏକ ସାମାଜିକ ମୂଲ୍ୟ ଥିଲା। ତମଞ୍ଚା ଯେତେ ଯୁବତୀ, ସୁନ୍ଦରୀ, କଳାକାର ହେଇଥିଲେ ବି, ଆଉ ତା ନିକଟରେ ପ୍ରୌଢ଼ା, ମୋଟୀ ଏବଂ ସବୁ ଦିଗରୁ ଶେଠାଣୀ ନିରସା ଥିଲେ ମଧ୍ୟ, ଶେଠାଣୀଙ୍କ ନିକଟରେ ପତ୍ନୀ ଓ ମା' ହେବାର ଯେଉଁ ସମ୍ମାନ ତାହା ବଜାରର ସୁନ୍ଦରତାଠାରୁ ବହୁତ ଓଜନଦାର୍ ଥିଲା।

କିନ୍ତୁ ଏହି କାହାଣୀକୁ ମୁଁ ପୂରା ପଚିଶ ବର୍ଷ ପରେ ଲେଖିଥିଲି।

ମୋର 'ଧରତୀ, ସାଗର ଓ ସିପିଆଁ' ଉପନ୍ୟାସ ଉପରେ ଆଧାରିତ 'କାଦମ୍ବରୀ' ଚଳଚ୍ଚିତ୍ର ୧୯୭୫ରେ ତିଆରି ହେଉଥାଏ। ଏହାର ଡାଇରେକ୍ଟର ମୋତେ ଫିଲ୍ମ ପାଇଁ ଗୀତଟିଏ ଲେଖିବାକୁ କହିଲେ। କାହାଣୀର ଯେଉଁ ସ୍ଥାନରେ ଚେତନା ସମସ୍ତ ସାମାଜିକ ପ୍ରତିବନ୍ଧକକୁ କାଟି ମନପ୍ରାଣରେ ତାର ପ୍ରିୟତମକୁ ଗ୍ରହଣ କରୁଛି, ସେଇ ପୃଷ୍ଠଭୂମିରେ ଗୀତଟି ଲେଖା ହେବାର କଥା। ଯେତେବେଳେ ମୁଁ ଗୀତ ଲେଖିବାକୁ ଆରମ୍ଭ କଲି ସ୍ୱତଃ ମୋ ମନରେ ସେତେବେଳେ ୧୯୬୦ରେ ପ୍ରଥମେ ଇମରୋଜଙ୍କୁ ଭେଟିବା ସମୟରେ ଯେଉଁ କବିତା ଲେଖିଥିଲି ତାହା ହିଁ ଆସିଗଲା। ମୋର ମନେହେଲା ମୁଁ ଯେଉଁ ଅନୁଭୂତି ଭିତର ଦେଇ ଗତିକରୁଥିଲି, ଚେତନାର ଠିକ୍ ସେହିଭଳି ଅବସ୍ଥା ହୋଇଛି। ତେଣୁ ସେହି ଗୀତ ଅପେକ୍ଷା ଆଉ ଅଧିକ ବା ଭଲ କିଛି ମୋ ମନରେ ଉଦୟ ହୋଇନଥିଲା। ପନ୍ଦର ବର୍ଷ ପୂର୍ବର ଲେଖା ସେଇ ପଞ୍ଜାବୀ ଗୀତକୁ ମୁଁ ହିନ୍ଦୀରେ ଅନୁବାଦ କରିଦେଲି-

ଆଜି ଆମେ ଆକାଶର ବିଶାଳ ବକ୍ଷରୁ ବାଦଲର ପିଆଲାରେ ଚନ୍ଦ୍ରିକାର ମଧୁ ପିଉଥିଲୁ।

ମୋର 'ଆଲ୍‌ନା' ଉପନ୍ୟାସରେ ନୀନା ଏକ ସଂପୂର୍ଣ୍ଣ କାଳ୍ପନିକ ଚରିତ୍ର ଥିଲା। କିନ୍ତୁ ଏହି ଚରିତ୍ରଟି ମୋ ମନରେ ଏପରି ପ୍ରଭାବ ବିସ୍ତାର କରିଥିଲା ଯେ ଦିନେ ସ୍ୱପ୍ନରେ ତାକୁ ଦେଖିଲି। ପ୍ରଥମେ ସେ ଖୁବ୍ ରାଗିଯାଇ ମୋ ପାଖକୁ ଆସି କହିଲା, "ତୁମେ ମୋ ଜୀବନକୁ ଏପରି ଦୁଃଖାନ୍ତ କାହିଁକି କରିଛ ? ମୁଁ ଜୀବିତ ଥିଲେ ତୁମର କ'ଣ କ୍ଷତି ହୋଇଯାଉଥିଲା ? ତୁମେ କାହିଁକି ମୋତେ ମରିବାକୁ ଦେଲ...କାହିଁକି ? ମୁଁ ବଂଚିବାକୁ ଚାହୁଁଥିଲି..।"

ଉପନ୍ୟାସର ଗୋଟିଏ ଅଂଶରେ ନୀନା କହୁଛି, 'ମୋ ମା' ବି ସୁଖୀ ହୋଇ ପାରିଲା ନାହିଁ। ସେ ବୋଧହୁଏ ମୁଁ ଥିଲି ପୂର୍ବଜନ୍ମରେ, ପୁଣି ଏବେ ପରଜନ୍ମରେ ବି ମୁଁ ସୁଖୀ ହୋଇ ପାରିଲି ନାହିଁ। ବୋଧହୁଏ ତୃତୀୟ ଜନ୍ମରେ ମୋ ଝିଅ ଭାବରେ ହୁଏତ ସୁଖୀ ହୋଇପାରିବି। ଜନ୍ମାନ୍ତରରେ ବିଶ୍ୱାସ କରୁଥିବା ଯୋଗୁଁ ମୁଁ ଏଭଳି ଲେଖି ନଥିଲି- କେବଳ ତିନୋଟି ପିଢ଼ିର କଥାକୁ ପ୍ରତୀକାତ୍ମକ ରୂପରେ ଲେଖିଥିଲି। କିନ୍ତୁ ମୋର ପାଠିକାମାନଙ୍କ ମଧ୍ୟରୁ ଜଣକ ମନରେ ଏ କଥାଟି ଗଭୀର ଛାୟା ପକାଇଥିଲା। ସେ ନିଜକୁ ନୀନା ବୋଲି ଭାବିବାକୁ ଆରମ୍ଭ କଲା ଏବଂ ବିଶ୍ୱାସ କରିବାକୁ ଲାଗିଲା ଯେ ସେ ମରି ତୃତୀୟ ଜନ୍ମରେ ସୁଖୀ ହୋଇପାରିବ। ସେ ନିଜର ନାମ ଠିକଣା ନଦେଇ ମୋ ପାଖକୁ ଗୋଟିଏ ଚିଠିରେ ଲେଖିଥିଲା, 'ମୁଁ ଆପଣଙ୍କ ଉପନ୍ୟାସର ନୀନା।' ମୁଁ ତାକୁ କେବଳ ଗୋଟିଏ ଭ୍ରାନ୍ତିରୁ ମୁକ୍ତ କରିବାକୁ ଚାହୁଁଥିଲି ଯେ। ନୀନାର ଭାଗ୍ୟକୁ ସେ ନିଜର ଭାଗ୍ୟ ବୋଲି ନ ବିଚାରୁ। କିନ୍ତୁ ତା ଠିକଣା ତ ମୋ ପାଖରେ ନଥିଲା ! ଜାଣେନା ତା ଜୀବନରେ କ'ଣ ପ୍ରକୃତରେ ଘଟିଲା।'

ଏହିଭଳି ଭାବରେ ଉପନ୍ୟାସ ଓ କାହାଣୀର ଚରିତ୍ରମାନେ ପାଠକମାନଙ୍କ ପାଖରେ ଏତେ ଜୀବନ୍ତ ହୋଇ ଯାଉଥିଲେ ଯେ ସେମାନେ ଜଣଜଣକ ସହ ନିଜକୁ ସାମିଲ କରି ମୋତେ ଚିଠି ଲେଖୁଥିଲେ।

'ଏକ ଥୀ ଅନୀତା' ଉପନ୍ୟାସ ଉର୍ଦ୍ଦୁରେ ଛପା ହେବା ପରେ ହାଇଦ୍ରାବାଦରୁ ବେଶ୍ୟା ସଂପ୍ରଦାୟର ଜଣେ ମହିଳା ମୋ ପଖକୁ ଲେଖିଥିଲା ଯେ ସେଇଟି ତା'ର କାହାଣୀ। ତାହାର ଆତ୍ମା ସେଇଭଳି ପବିତ୍ର, ତା'ର ଜିଜ୍ଞାସା ମଧ୍ୟ ଠିକ୍ ସେଇଭଳି- କେବଳ ଘଟଣାଗୁଡ଼ିକ ଭିନ୍ନ। ସେ ତାର ନାମ ଓ ଠିକଣା ଜଣାଇ ଲେଖିଥିଲା ଯେ ମୁଁ ଯଦି ତା' କାହାଣୀ ଲେଖିବାକୁ ଚାହେଁ ତେବେ ସେ କିଛି ଦିନ ପାଇଁ ଦିଲ୍ଲୀ ଆସିବାକୁ ରାଜି ଅଛି। ମୁଁ ତା ପାଖକୁ ଚିଠି ଲେଖିଥିଲି କିନ୍ତୁ ଆଉ କିଛି ଉତ୍ତର ପାଇ ନାହିଁ। ଏଭଳି ସଂବେଦନଶୀଳ ନାରୀଟିର କଣ ହେଲା ଜାଣି ପାରିଲି ନାହିଁ।

ଅବଶ୍ୟ 'ଏରିଏଲ' ବଡ଼ ଗଳ୍ପର ମୁଖ୍ୟ ପାତ୍ରୀ ମୋ ପାଖରେ ପ୍ରାୟ ଦେଢ଼ମାସ

କାଳ ଆସି ରହିଥିଲା । ତା ସଂପର୍କରେ ମୁଁ କାହାଣୀ ଲେଖିବାକୁ ସେ ଚାହୁଁଥିଲା । ଗଳ୍ପଟି ଲେଖିସାରି ପ୍ରଥମେ ତାକୁ ପଢ଼ି ଶୁଣାଇଲି । ଶୁଣୁ ଶୁଣୁ ତା ଆଖି ସନ୍ତୋଷରେ ଛଳ ଛଳ ହୋଇ ଯାଉଥିଲା । ଏଭଳି କୌଣସି ବ୍ୟକ୍ତିବିଶେଷଙ୍କ ଉପରେ କାହାଣୀ ଲେଖିଲା ପରେ ସେଇମାନଙ୍କ ସନ୍ତୋଷ ମୋ ପକ୍ଷରେ କାହାଣୀ ଛପା ହେବା ଠାରୁ ଅଧିକ ଜରୁରୀ ହୋଇଯାଏ । ମୋର ବିଶ୍ୱାସ, ରଚନା ଅଧ୍ୟୟନ ପାଇଁ ହୋଇଥାଏ, କାହାରିକୁ ଦୁଃଖ ଦେବା ବା କେତେକ ପଞ୍ଜାବୀ ଲେଖକଙ୍କ ଭଳି କାହାରି ସଂପର୍କରେ କୁତ୍ସା ରଟନା କରିବା ପ୍ରକୃତ ରଚନାର ଉଦ୍ଦେଶ୍ୟ ହୋଇନପାରେ ।

ବମ୍ବେର ପ୍ରସିଦ୍ଧ କଳାକାର ଫଏଜଙ୍କ ଜୀବନୀ ଉପରେ ମୁଁ 'ବୁଲଓ୍ୱା' ନଭେଲ୍‌ଟେ ଲେଖିଥିଲି । ସେ ରେସ୍‌ର ଘୋଡ଼ା ଉପରେ ଖାଲି ଯେ ପଇସା ଲଗାଉଥିଲେ ତା ନୁହେଁ, ନିଜ ଜୀବନକୁ ଲଗାଇ ଦେଇଥିଲେ । ତାଙ୍କର କଳା ଏବଂ ଏହି ଆତ୍ମଘାତୀ ଆମୋଦ, ପରସ୍ପରର ବିରୋଧୀ ଥିଲା । ତାଙ୍କ ଜୀବନର ଏହି ଦୋ ଟଣା ସମୟ ବିଷୟରେ ଲେଖିବାକୁ ଚେଷ୍ଟା କରିଥିଲି । ଲେଖିସାରି ତାଙ୍କୁ ହିଁ ପ୍ରଥମେ ମୁଁ ଏହା ଶୁଣାଇଥିଲି ଏବଂ ତାଙ୍କଠାରୁ ଅନୁମତି ନେଇ ପ୍ରେସ୍‌କୁ ଦେଇଥିଲି ।

ଏଇଭଳି ଅନେକ ଗୁଡ଼ିଏ କାହାଣୀ ଅଛି । କୌଣସି ଏକ ରାଷ୍ଟ୍ରଦୂତଙ୍କ ସୁନ୍ଦରୀ ଅଥଚ ଦୁଃଖିନୀ ପତ୍ନୀଙ୍କ ସଂପର୍କରେ ଥରେ ଗୋଟିଏ ଗପ ଲେଖିଥିଲି । ପ୍ରଥମେ ତାକୁ ଇଂରାଜୀରେ ଅନୁବାଦ କରି ତାଙ୍କ ପାଖକୁ ପଠାଇଥିଲି ଏବଂ ତାଙ୍କ ଅନୁମତି ପାଇଲା ପରେ କେବଳ ତାହା ଛାପିଥିଲି । ଦୁଇ ତିନୋଟି କାହାଣୀ ମୋର ଜଣେ ଅତି ଘନିଷ୍ଠ ବନ୍ଧୁଙ୍କ ଜୀବନ ବିଷୟରେ ଲେଖିଥିଲି । ସେ ଗୁଡ଼ିକ ସେ ଶୁଣିସାରି ଚରିତ୍ର ଓ ସ୍ଥାନର ନାମଗୁଡ଼ିକ ବଦଳାଇ ଦେବାକୁ କହିଥିଲେ, ଯାହା ଫଳରେ ତାଙ୍କର ଅତି ନିକଟ ଆତ୍ମୀୟ ବି ତାଙ୍କୁ ଚିହ୍ନି ପାରିବ ନାହିଁ ।

ଜଣେ ବିଦେଶୀ ମହିଳାଙ୍କ ବିଷୟରେ ଥରେ ଲେଖିଥିବା କାହାଣୀର ଶେଷାଂଶକୁ ବଦଳାଇବାକୁ ପଡ଼ିଥିଲା । କାହାଣୀରେ ତାଙ୍କର ମୃତ୍ୟୁ ହୋଇ ଯାଇଥିଲା । କିନ୍ତୁ କେତେବର୍ଷ ପରେ ମୁଁ ଯେତେବେଳେ ପୁଣି ସେ ଦେଶକୁ ଗଲି ସେ ଆନନ୍ଦରେ ମୋତେ କୁଣ୍ଢେଇ ପକାଇଲେ । ତାଙ୍କର ପ୍ରଥମ କଥା ଥିଲା, 'ଦେଖ, ମୁଁ ଏବେ ବି ବଂଚିଛି । କାହାଣୀରେ ମରିଯାଇ ମଧ୍ୟ ବଂଚି ରହିଛି ।' ସେଇଦିନ ଆମ ଦୁହିଁଙ୍କର ଏକାଠି ଫଟୋ ଉଠାଗଲା ଏବଂ ସେ ତାଙ୍କ ଦେଶର କେତୋଟି ସ୍ମାରକ କିଣି ମୋତେ ଦେଲେ ।

ପ୍ରକୃତରେ ମୋ ଚରିତ୍ରମାନଙ୍କର ମୋ ପ୍ରତି ସ୍ନେହ ହିଁ ମୋର ସବୁଠାରୁ ବଡ଼ ସଂପଦ । ଯେଉଁ ଲେଖକମାନେ ନିଜର ଚରିତ୍ର ମନରେ କଷ୍ଟ ଦେଇ କାହାଣୀ ବୁଣନ୍ତି ସେମାନଙ୍କୁ ଜୀବନରେ କ'ଣ ମିଳେ ମୁଁ ବୁଝିପାରେନାହିଁ ।

ମୋର 'ଜେବ୍‌କତରେ' ଉପନ୍ୟାସରେ, ଗୋଟିଏ ଚରିତ୍ର ତନବୀର ଜେଲରେ କବିତାଟିଏ ଲେଖି କୌଣସି ପ୍ରକାରେ ବାହାରକୁ ପଠାଇ ଦେଇଛି। କବିତା ତଳେ ନିଜ ନାମ ବଦଳରେ ଲେଖିଛି-କଏଦୀ ନମ୍ବର ୬୮୬/୯୧

ଏହି ନମ୍ବରଟି ଲେଖି ସାରିଲା ପରେ ମୋର ମନେପଡ଼ିଲା ଯେ ବନ୍ଦୀ ଥିଲାବେଳେ ଗର୍କୀଙ୍କର ନମ୍ବର ଏହାହିଁ ଥିଲା। ଅଥଚ ଲେଖିଲା ବେଳେ ମୁଁ ସେ ସଂପର୍କରେ ସଚେତନ ନଥିଲି। ମସ୍କୋରେ ଗର୍କୀ ସ୍ମାରକ ପୀଠ ପରିଦର୍ଶନ କଲାବେଳେ ଏହି ନମ୍ବରଟି ମୋ ଡାଏରୀରେ ଟିପିଆଣିଥିଲି।

ଚେତନ ଓ ଅଚେତନ ରଚନା ଗୁଡ଼ିକ ଏହିପରି କେତେବେଳେ କେଉଁଠି ଗୋଳେଇ ମିଶି ହୋଇଯାଆନ୍ତି, ଜାଣି ହୁଏନାହିଁ।

'ଜେବ୍‌କତରେ' ଉପନ୍ୟାସଟି ମୋ ପୁଅର କୈଶୋର ଜୀବନ ଉପରେ ଆଧାରିତ। ଏହା ପୂର୍ବରୁ 'କହାନୀ ଦର କହାନୀ' ନାମକ ଗପଟିଏ ଲେଖିଥିଲି। ସେହି କାହାଣୀରେ ମୋ ପୁଅ ଛୁଟିରେ ଘରକୁ ଆସିବା ପୂର୍ବରୁ ତାର ଜଣେ ବଙ୍ଗୀୟା ବନ୍ଧୁକୁ ଗୋଟିଏ ଚିଠି ଲେଖିବା କଥା ବର୍ଣ୍ଣିତ ହୋଇଛି। ସେ ଲେଖିଛି ଯେ-ଏହିକ୍ଷଣି ମୋ ରୁମ୍‌ରେ ମୁଁ ଅଛି ଏବଂ ଅଛି ବିଥୋଭାନ୍‌ଙ୍କ ସଙ୍ଗୀତ, ସେତିକି ବେଳେ ତୁମକୁ ଏ ଚିଠି ଲେଖୁଛି, ଏବଂ ତୁମକୁ ଚିଠି ଲେଖି ନିଜ ଘରର କବାଟ ଖଟ୍ ଖଟ୍ କରିବା ସଙ୍ଗେ ସମାନ। ଏହାର ଅତି ସାଧାରଣ ଏକ ଉତ୍ତର ସେ ଝିଅଟି ଦେଇଥିଲା। ସନ୍ଧ୍ୟାର ଅନ୍ଧକାରରେ ଖଣ୍ଡିଏ କାଗଜ ନେଇ ସେ ମୋ ରୁମ୍‌କୁ ଆସିଲା। ସେତେବେଳଯାଏଁ ମୁଁ ତା'ର ଚିଠି ବା ସେ ପାଇଥିବା ଉତ୍ତର ବିଷୟରେ କିଛି ଜାଣି ନଥିଲି। ସେ କହିଲା, 'ମୁଁ ଗୋଟିଏ ଝିଅକୁ ଚିଠି ଲେଖିଥିଲି- କିନ୍ତୁ ସେ କିଛି ବୁଝି ପାରିଲା ନାହିଁ। ତୁମକୁ ସେଇଟି ପଢ଼ି ଶୁଣାଇବି କି ?'

ସେ ଚିଠିଟି ପଢ଼ି ଶୁଣାଇଲା। ଚିଠିର ରଫ୍ କପି ତା' ପାଖରେ ଥିଲା। ସେ ପୁଣି କହିଲା, 'ଯେଉଁ ଉତ୍ତରଟି ଆସିଛି ତାହା ପାଣିପାଗର ଖବର ଭଳି ହୋଇଛି।' ମୁଁ ପଚାରିଲି, 'ଯା' ପରେ ଆଉ କ'ଣ ତାକୁ ଚିଠି ଲେଖିବାକୁ ଚାହୁଁଛୁ ?' ସେ କହିଲା, 'ନା, ତା ଚିଠି ଏତେ ସାଧାରଣ ଯେ, ମୋର ମନେହେଲା ମୁଁ ସାମନା ଦ୍ୱାର ଦେଇ ଭିତରକୁ ଗଲି ଏବଂ ପଛ ଦ୍ୱାର ବାଟେ ବାହାରକୁ ବାହାରି ଆସିଲି।' କିଛି ଦିନ ପରେ ଏହି ଛୋଟ ଘଟଣାଟିକୁ ଭିତ୍ତି କରି ମୁଁ ଗପଟିଏ ଲେଖିଥିଲି। କିନ୍ତୁ ଉପନ୍ୟାସ ଲେଖିଲା ବେଳେ କ୍ଷେତ୍ର ବହୁତ ବିସ୍ତୃତ ହୋଇଗଲା। ସେଥିରେ ୟୁନିଭରସିଟି ହଷ୍ଟେଲର ବାତାବରଣ, ମୋ ପୁଅର ସାଙ୍ଗ ସାଥୀ, ଯୌବନର ସ୍ୱପ୍ନରେ ଚମକ, ନିଜ ନିଜ ଦୃଷ୍ଟିକୋଣରୁ ଜୀବନକୁ ଦେଖିବା ତଥା ନିଜର ଅନୁଭୂତିର ପୀଡ଼ାକୁ ଆଦରି ନେବାର ସବୁ କଥା ବର୍ଣ୍ଣନା କରିଥିଲି।

ମୂଳ ଘଟଣାଗୁଡ଼ିକ ତ ମୋ ପୁଅ ଓ ତା'ର ବନ୍ଧୁ ବିଷୟରେ ଥିଲା। କିନ୍ତୁ ମୋର ଦାୟିତ୍ୱ ଥିଲା ଆଗାମୀ ବଂଶଧରଙ୍କୁ ଠିକ୍ ଭାବରେ ବୁଝିବାର। ଏଥିରେ ମୁଁ ନିଜକୁ ଏକ ଦର୍ଶକ ରୂପରେ ରଖିଥିଲି; କିନ୍ତୁ ଅଜାଣତରେ ଅନେକ ସମୟରେ ସେମାନଙ୍କ ଚିନ୍ତାଧାରାରେ ମୁଁ ସାମିଲ ହୋଇଯାଉଥିଲି। ଲେଖା ସରିଲା ପରେ ମୁଁ ଉପନ୍ୟାସଟି ମୋ ପୁଅକୁ ପଢ଼ିବାକୁ ଦେଲି। ସେ ପଢ଼ିବା ପୂର୍ବରୁ ତା ସାଙ୍ଗ ସେଇଟି ପଢ଼ିଦେଲା। ପଢୁ ପଢୁ ସେ ନିଜକୁ ତା ଭିତରେ ଆବିଷ୍କାର କରି ମତେ ପ୍ରଶଂସା କରିବାକୁ ଲାଗିଲା। ମୋ ପୁଅ ଯେତେବେଳେ ପଢ଼ିଲା କେତେକ ସ୍ଥାନରେ ମୋତେ ପ୍ରଶଂସା ଅବଶ୍ୟ କଲା, କିନ୍ତୁ ଶେଷରେ କହିଲା, 'ଯଦି ଏହି ଉପନ୍ୟାସ ମୁଁ ଲେଖିଥାଆନ୍ତି ତେବେ ଅନ୍ୟ ପ୍ରକାରରେ ଲେଖିଥାଆନ୍ତି।' ସେ ଠିକ୍ କହିଲା କାରଣ ଆଗାମୀ ପିଢ଼ିକୁ ବୁଝିବା ପାଇଁ ମୁଁ ଏକ ସେତୁ ନିର୍ମାଣ କରିବାକୁ ଚେଷ୍ଟା ଅତିକ୍ରମ କରିବ ମୋରି ପାଦ ଦୁଇଟା! ସେଥିପାଇଁ ମୋ ସମୟର ଆଦର୍ଶବାଦ ଏହା ସହିତ ମିଶିଯାଇଥିବାଟା ସ୍ୱାଭାବିକ।

ଏହି ଉପନ୍ୟାସରେ ଯେଉଁ ସବିତା ଓ ରବିଙ୍କ ବିବାହ ବିଷୟ ମୁଁ ବିସ୍ତାରିତ ଭାବରେ ଲେଖିଛି, ଉପନ୍ୟାସ ଛପା ହେବାର କେତେ ବର୍ଷ ପରେ ସେମାନେ ମୋ ପୁଅକୁ ଦେଖା କରିବାକୁ ଆସିଥିଲେ। ମୋ ସହିତ ମଧ୍ୟ ସାକ୍ଷାତ୍ ହେଲା। ସେମାନେ ବହିରେ ସେମାନଙ୍କ ବିବାହର ବର୍ଣ୍ଣନା ପଢ଼ି ହସିବାକୁ ଲାଗିଲେ। ମୁଁ ମୋର ଚରିତ୍ରମାନଙ୍କୁ ଲକ୍ଷ୍ୟ କରିବାରେ ଲାଗିଲି। ସେମାନଙ୍କର ସୁନ୍ଦରିଆ ପିଲାଟିଏ ବି ଥିଲା।

ନିଜ ବହିର ଚରିତ୍ରମାନଙ୍କୁ ଏହିଭଳି ଆଖି ଆଗରେ ଦେଖିବା ଗୋଟିଏ ସୁନ୍ଦର ଅନୁଭୂତି ନିଶ୍ଚୟ! ମୁଁ ଉପନ୍ୟାସ ଲେଖିବା ସମୟର କଥା କହୁଥିଲି। ମୋ ପୁଅ ହଷ୍ଟେଲ୍‌ରୁ ଯେଉଁ ପତ୍ର ମୋତେ ଲେଖିଥିଲା ତାହା ସହିତ ଏହାର ଅନେକ ସଂପର୍କ ଅଛି। ଉପନ୍ୟାସର ପଞ୍ଚମ ପରିଚ୍ଛେଦର ଆରମ୍ଭରେ ଏହି ପତ୍ର ବିଷୟରେ ଉଲ୍ଲେଖ ଅଛି। ସେଠାରେ ଉପନ୍ୟାସର ମୁଖ୍ୟ ଚରିତ୍ର କପିଳ ଏହି ପତ୍ରକୁ ସମାଚାର ପତ୍ର ଭାବରେ ଦେଖୁଛି ଏବଂ ଏହାର ନାମ ରଖୁଛି 'ଦି ଟାଇମ୍‌ସ ଅଫ୍ କପିଳ'। ନିଜର ଜନ୍ମ ତାରିଖକୁ ସେ ଏହି ସମାଚାର ପତ୍ରର ପ୍ରଥମ ପ୍ରକାଶନ ତାରିଖ ବୋଲି ଲେଖୁଛି ଏବଂ ତା' ମା' ଯେଉଁ ସହରରେ ରହେ ସେହିଠାରେ ଏ କାଗଜ ସବୁଠାରୁ ଅଧିକ ବିକ୍ରୀ ହୁଏ ବୋଲି ଉଲ୍ଲେଖ କରୁଛି। ସମାଚାର ପତ୍ରଟିରେ ଖବର ଢାଞ୍ଚାରେ ସେ ତା' ମା'କୁ ଚିଠି ଲେଖୁଛି।

ମୋ ପୁଅର ନାଁ ନବରାଜ। ତାକୁ ଆଦରରେ 'ସୈଲୀ' ବୋଲି ମଧ୍ୟ ଡାକନ୍ତି। ମୋ ପାଖରେ ତାର ସେଇ ଚିଠି 'ଦି ଟାଇମ୍‌ସ ଅଫ୍ ସୈଲୀ' ଏବେ ମଧ୍ୟ ରହିଛି।

ସେ ଯେତେବେଳେ ହଷ୍ଟେଲ୍‌ରୁ ଘରକୁ ଆସୁଥିଲା, ସେଠାର ଅନେକ କଥା

ବିସ୍ତାରିତ ଭାବରେ ମୋତେ ଶୁଣାଉଥିଲା। ସେଇ ଚିଠି ପରେ ସେ ପୁଣି ଯେତେବେଳେ ଆସିଲା, ଉପନ୍ୟାସ ଲେଖିବା ଉପରୁ ତାକୁ ପାଖରେ ବସାଇ ମୁଁ ତା'ଠାରୁ ନୋଟସ୍ ନେବା ଆରମ୍ଭ କଲି।

ଉପନ୍ୟାସ ଆରମ୍ଭ କଲା ପରେ ସେ ଥରେ ମତେ କହିଲା, 'ମାମା, ତୁମେ ତୁମ ଜୀବନକୁ ଏକ ନୂଆ ମୋଡ଼ ଦେଲ। କିନ୍ତୁ ତୁମେ କ'ଣ ଜାଣିଛ, ଏଥିପାଇଁ ଆମେ ଦୁଇ ପିଲା କେତେ ମେଣ୍ଟାଲି ସଫର୍ କରିଛୁ?'

ଘର ଭାଙ୍ଗିଗଲା ବେଳେ ପିଲାମାନେ ଭଙ୍ଗା ଘରେ ଇଟା ପଥରକୁ କେମିତି ଛାତିରେ ଜାକି ଧରି କଷ୍ଟ ପାଆନ୍ତି ତାହା ମୁଁ ଜାଣିଥିଲି। କହିଲି, 'ଯେମିତି ଗରିବ ମା'ଘରେ ଜନ୍ମ ହେଇଥିବା ପିଲାକୁ ମା'ର ଗରିବୀ ଭୋଗିବାକୁ ପଡ଼େ, ସେମିତି ମନର ପୀଡ଼ାରେ ଭୋଗୁଥିବା ମା'ର ପିଲାଙ୍କୁ ସେଇ ପୀଡ଼ା ବି ଭୋଗିବାକୁ ପଡ଼େ।'

ମୁଁ ଜାଣିଥିଲି ମୋର ପିଲାମାନଙ୍କୁ ଏହି ଯନ୍ତ୍ରଣା ଭୋଗିବାକୁ ପଡୁଛି। କିନ୍ତୁ ମୋ ଝିଅର ସହାନୁଭୂତି କେବେହେଲେ ମୋ ପାଇଁ କମି ନାହିଁ। କିନ୍ତୁ ମୋ ପୁଅର ସହାନୁଭୂତି କେତେବର୍ଷ ପର୍ଯ୍ୟନ୍ତ ମୁଁ ପାଇନଥିଲି। ଜଣେ ପୁଅ ଏବଂ ଜଣେ ଝିଅ ଭିତରେ ଏହାହିଁ ବୋଧହୁଏ ଫରକ୍। ଆଜି ବି ମୋର ସେଇ ଛୋଟ ଝିଅଟିର ଗୁଲୁଗୁଲିଆ କଥା କାନରେ ବାଜିଯାଏ। ଯଦି କୌଣସି ସମୟରେ ନବରାଜର ଉଦାସ ଭାବ ଦେଖି ମୋର ମନ ଦୁଃଖ ହୋଇଯାଉଥିଲା, ସେତେବେଳେ କନ୍ଦଳା ମୋତେ ସାନ୍ତ୍ୱନା ଦେଉଥିଲା-'ମାମା, ତୁମେ ଏତେ ଚିନ୍ତାକର ନାହିଁ। ସୈଲୀ ବଡ଼ ହୋଇଗଲେ ନିଜେ ସବୁ ବୁଝିଯିବ।'

ସେଦିନ ମୋ ପୁଅ କହିଲା, 'ମାମା, ମା-ବାପାଙ୍କ ଘର ଭାଙ୍ଗିଗଲା ପରେ ସେମାନଙ୍କ ପିଲା ଯେଉଁ ଯନ୍ତ୍ରଣା ଭୋଗକରେ, ତୁମର ଏଇ ଉପନ୍ୟାସରେ ସେ କଥା ତୁମେ ଲେଖିପାରିବ?'

'ହଁ ସଂପୂର୍ଣ୍ଣ ଭାବରେ।' - ମୁଁ ଉତ୍ତର ଦେଲି। ଉପନ୍ୟାସର ଶେଷ ଭାଗରେ କପିଲର 'ମିଡ୍‌ନାଇଟ ଭିଜନ' ରୂପରେ ମୁଁ ଏହି ଯନ୍ତ୍ରଣାକୁ ବର୍ଣ୍ଣନା କରିବାକୁ ଚେଷ୍ଟା କରିଛି।

ଯେଉଁମାନଙ୍କର ମୋ ଜୀବନ ସହ କୌଣସି ସଂପର୍କ ନାହିଁ ସେହିମାନେ କେବଳ ମୋ ମନରେ ଦୁଃଖ ଦେଇଛନ୍ତି। ସେମାନଙ୍କ ସହିତ ମୋର ଏକମାତ୍ର ଦୁଃଖାନ୍ତ ସଂପର୍କ ଥିଲା, ମୁଁ ସେମାନଙ୍କର ସମକାଳୀନ ଲେଖିକା। ମୋର ପାଠକେ ଅଥବା ଯେଉଁମାନେ ମୋ ସହିତ ପୀଡ଼ା ଭୋଗିଛନ୍ତି, ସେମାନଙ୍କଠାରୁ ମୁଁ କେବେ ଦୁଃଖ ପାଇନାହିଁ।

ଏହା ପୁସ୍ତକର ନୁହେଁ, ଜୀବନର ପୃଷ୍ଠା। ଏଥିରେ ଯାହା ଲେଖାହୋଇଛି, ତାହା ସେହି କେବଳ ବୁଝିପାରିବେ ଯିଏ ଜୀବନର ବୈଚିତ୍ର୍ୟକୁ ନିଜ ଶରୀରରେ ଅନୁଭବ କରିଛନ୍ତି ଏବଂ ହାତର ଶକ୍ତିକୁ ନିଜ ମନ ଭିତରୁ ପାଇଛନ୍ତି।

ବାସୁ ଭଟ୍ଟାଚାର୍ଯ୍ୟ ମୋର ଏବଂ ଇମରୋଜଙ୍କର ଅତି ପ୍ରିୟ ବନ୍ଧୁ। ଏକଦା ସେ ଅତି ଦୈନ୍ୟ ଅବସ୍ଥାରେ ଦିନ କଟାଉ ଥିବା ବେଳେ, ନିଜ ଜୀବନର ଏକ ସୁନ୍ଦର ବାସ୍ତବ କୋଠରିରେ ନିଜ ପତ୍ନୀ ରିଙ୍କିକୁ ବସାଇଥିଲେ। ସେ ସିନେମା ଜଗତର ବହୁତ ବଡ଼ ନିର୍ମାତା ବିମଳ ରାୟଙ୍କ ଝିଅ। ସମସ୍ତଙ୍କୁ ବିରୋଧ କରି ବାସୁ ତାକୁ ବିବାହ କରି ଘରକୁ ଆଣିଥିଲେ। ସେତେବେଳେ ଘର ବାହାରେ, ଦାଣ୍ଡ ଅଗଣାରେ ସେ ଦାରିଦ୍ର୍ୟକୁ ବସାଇଦେଇଥିଲେ। ସେହି ସମୟର କଥା, ଥରେ ସେ କହୁଥିଲେ- 'ଦାରିଦ୍ର୍ୟ ଥିଲା କିନ୍ତୁ ମୁଁ ତାକୁ ଭିତରକୁ ଆସିବାକୁ ଦେଉନଥିଲି, ସେ ବାହାରେ ବସିରହିଥିଲା। ଘର ମୋର, ମୁଁ ସିନା ତାକୁ ଡାକିଲେ ସେ ଭିତରକୁ ପଶିବ, ନହେଲେ ଆସିବ କିମିତି ?

ଜୀବନର 'ଅଛି' କଥାଟି କେତେବେଳେ 'ଥିଲା' ହୋଇଯାଏ, ଜାଣିହୁଏ ନାହିଁ। ଏହି ରସିଦି ଟିକଟର ପ୍ରଥମ ସଂସ୍କରଣ ଛପା ହେଲାବେଳେ ମୋ ପିଲା ଦୁହିଁଙ୍କର ବିବାହର ସମ୍ଭାବନା ଥିଲା। ବର୍ତ୍ତମାନ ତୃତୀୟ ସଂସ୍କରଣ ବେଳକୁ ତାହା ବାସ୍ତବ ହୋଇଗଲାଣି।

ସେ ସମୟରେ ଯାହା ଲେଖିଥିଲି ଆଜି ତାକୁ ଦୋହରାଇ କିଛି ଲାଭ ନାହିଁ। କେବଳ ଏତିକି କହିବି, ଆଜି ପିଲାମାନେ ନିଜ ବଳରେ ଜୀବନର ଦୁଃଖ ଓ ଅସୁନ୍ଦରତାକୁ ଘରର ଦରଜା ବାହାରେ, ଦାଣ୍ଡ ଅଗଣାରେ ରଖିବାକୁ ଚେଷ୍ଟା କରୁଛନ୍ତି।

ଆଜି ମୋ ମନର ଭିତରଟା ମୁଁ କାଗଜ ଉପରେ ଉତାରି ଦେଇଛି। ଯେଉଁମାନେ ସଂସାରର ପରମ୍ପରା ଓ କଷ୍ଟକୁ ଦାଣ୍ଡ ଦରଜା ବାହାରେ ବସାଇ ଦେଇ ମନର ସତ୍ୟକୁ ଜାଣିବାକୁ ସାହସ କରିପାରିବେ ସେଇମାନେ କେବଳ ଏହାକୁ ବୁଝି ପାରିବେ।

କଳ୍ପନାର ଯାଦୁ

ଏମିତି ଗୋଟିଏ ସମୟ ବି ଜୀବନରେ ଆସିଥିଲା ଯେତେବେଳେ ସବୁ ବିଚାର ଉପରେ ମୋ କଳ୍ପନାର ଯାଦୁ ଲାଗି ଯାଉଥିଲା।

ପିଲାଦିନେ ଗପ ଶୁଣିଲା ବେଳେ ଯାଦୁ ଶବ୍ଦଟି ବେଳେ ବେଳେ କାନରେ

ପଡ଼ିଥିଲା। କିନ୍ତୁ ଦିନେ ସେ ମୋରି ଗର୍ଭ ଭିତରେ ପଶିଯାଇ ମୋ ଶରୀରର ରକ୍ତ ମାଂସରେ ବଢ଼ିବାକୁ ଲାଗିଲା।

ଏହା ୧୯୪୬ର ଶେଷ ବେଳର କଥା-ସେତେବେଳେ ମୋ ପୁଅ ମୋ ଶରୀର ଅଂଶ ହୋଇଯାଇଥାଏ।

ବହିପତ୍ରରେ ପଢ଼ିଥିଲି ଯେ, ଆସନ୍ନପ୍ରସବା ମା'ର ଘରେ ଯେଉଁ ଫଟୋ ଲାଗିଥିବ, ଅଥବା ସେ ଯେଉଁ ଲୋକର ଚେହେରା ମନରେ କଳ୍ପନା କରୁଥିବ ତାର ପିଲାର ରୂପ ସେହିପରି ହୋଇଯିବ। ସେତିକିବେଳେ ମୋର କଳ୍ପନା ତୁନିକରି ମୋ କାନରେ କହିଲା, ମୁଁ ସାହିର୍‌ଙ୍କ ଚେହେରା ଯଦି ସବୁବେଳେ ଧ୍ୟାନ କରିବି ତାହେଲେ ମୋ ପିଲାର ରୂପ ତାଙ୍କରି ପରି ହୋଇଯିବ।

ଜୀବନରେ ଯାହା ପାଇ ନଥିଲି, ଏହିଭଳି ଭାବରେ ତାହା ପାଇଯିବା ପାଇଁ ମୁଁ ଅଦ୍ଭୁତଭାବରେ ଚେଷ୍ଟା କରୁଥିଲି।

ଈଶ୍ୱରଙ୍କ ଭଳି ସୃଷ୍ଟି କରିବାର ଚେଷ୍ଟା...........

ଶରୀରର ଏହା ଥିଲା ଏକ ସ୍ୱତନ୍ତ୍ର କର୍ମ, ଯାହା କେବଳ ସଂସ୍କାରଠାରୁ ସ୍ୱତନ୍ତ୍ର ନଥିଲା, ରକ୍ତ ମାଂସର ବାସ୍ତବତାଠାରୁ ମଧ୍ୟ ଥିଲା ସ୍ୱତନ୍ତ୍ର।

ଏଭଳି ଏକ ବିଚିତ୍ର ମାନସିକ ଅବସ୍ଥାରେ ଯେତେବେଳେ ୧୯୪୭ ଜୁଲାଇ ୩ ତାରିଖରେ ମୋର ପୁଅ ଜନ୍ମ ହେଲା, ସେତେବେଳେ ପ୍ରଥମେ ତା ମୁହଁ ଦେଖିଲାକ୍ଷଣି ସାହିରଙ୍କ ମୁହଁହିଁ ମନେପଡ଼ିଗଲା।

ଅବଶ୍ୟ ଏଭଳି ଏକ ମୋହଗ୍ରସ୍ତ ଅବସ୍ଥାରେ ସବୁବେଳେ ରହିବା ସମ୍ଭବ ନୁହେଁ। ପାଦ ରଖିବା ପାଇଁ ତଳେ କଠିନ ମାଟିର ପ୍ରୟୋଜନ। ସେଥିପାଇଁ ପରବର୍ତ୍ତୀ ସମୟରେ ଏହାକୁ ଏକ ପରୀ କଥା ଭଳି ମୁଁ ବର୍ଣ୍ଣନା କରୁଥିଲି।

ଥରେ ହସି ହସି ସାହିରଙ୍କୁ ମୁଁ ଏ କଥାଟି ଶୁଣାଇଥିଲି। ତାଙ୍କ ତରଫରୁ କିଛି ପ୍ରତିକ୍ରିୟା ପ୍ରକାଶ ପାଇଲା ନାହିଁ। କେବଳ ସେ ହସି ହସି କହିଲେ-ଭେରି ପୁଅର୍ ଟେଷ୍ଟ !

ସାହିରଙ୍କ ଜୀବନର ସବୁଠାରୁ ବଡ଼ କମ୍ପ୍ଲେକ୍ସ ହେଉଛି ଯେ ସେ ସୁନ୍ଦର ନୁହଁନ୍ତି। ସେଥିପାଇଁ ସେ ମୋର ପୁଅର୍ ଟେଷ୍ଟ କଥା କହିଲେ।

ଏହା ପୂର୍ବରୁ ଆଉ ଗୋଟିଏ ଘଟଣା ଘଟିଥିଲା। ଦିନେ ସେ ମୋ ଝିଅକୁ କୋଳରେ ବସାଇ କହିଲେ, ତୋତେ ଗୋଟିଏ କାହାଣୀ ଶୁଣାଇବି। ମୋ ଝିଅ କାହାଣୀ ଶୁଣିବା ପାଇଁ ପ୍ରସ୍ତୁତ ହୋଇ ବସିଲାରୁ ସେ ଆରମ୍ଭ କଲେ-ଗୋଟିଏ କାଠ କଟାଳି ଥିଲା। ସେ ଦିନରାତି ଜଙ୍ଗଲରେ କାଠ ହାଣୁଥିଲା। ଦିନେ ଜଙ୍ଗଲରେ ସେ

ଗୋଟିଏ ସୁନ୍ଦରୀ ରାଜକୁମାରୀକୁ ଦେଖିଲା । କାଠକଟାଳି ସେଇ ରାଜକୁମାରୀକୁ ନେଇ ପଳେଇଯିବାକୁ ଭାବିଲା ।

'ତା ପରେ ?' ମୋ' ଝିଅ ଖୁବ୍ ମନଦେଇ କାହାଣୀ ଶୁଣୁଥିଲା ଏବଂ ତା ଭିତରେ ଉତ୍ସୁକତା ଭରିରହିଥିଲା ।

ମୁଁ ସେମାନଙ୍କ କଥାବାର୍ତ୍ତାରେ ନପଶି କେବଳ ହସୁଥିଲି ।

ସେ କହିଲେ-ସେ'ତ କାଠକଟାଳି ଥିଲା-ସେଥିପାଇଁ ଦୂରରୁ କେବଳ ଠିଆ ହୋଇ ରାଜକୁମାରୀକୁ ଦେଖୁଥିଲା ଏବଂ ମନ ଦୁଃଖରେ ପୁଣି ହାଣିବାରେ ଲାଗୁଥିଲା । ସତ କାହାଣୀ ନା ?

'ହଁ ମୁଁ ବି ଦେଖିଚି ।' ଜାଣେ ନାହିଁ, କାହିଁକି ମୋ' ଝିଅ ଏ ଭଳି କହିଲା ।

ସାହିର୍ ହସି ହସି ମୋ ଆଡ଼କୁ ଚାହିଁଲେ-'ଦେଖ, ୟେ ବି ଜାଣିଚି । ତାପରେ ସେ ଝିଅକୁ ପଚାରିଲେ-ତୁ ସେଠି ଜଙ୍ଗଲରେ ଥିଲୁ ନା ?

ଝିଅ ମୁଣ୍ଡ ହଲାଇ ହଁ କହିଲା ।

ସାହିର୍ ଝିଅକୁ ସେମିତି କୋଳରେ ବସାଇ ପଚାରିଲେ-ତୁ ସେ କାଠକଟାଳିକୁ ଦେଖିଚୁ ନା ? ସେ କିଏ ?

ସତେ କି ଦୈବୀ ବାଣୀ ଭଳି ଝିଅ କହିଲା-ଆପଣ !

ସାହିର ପଚାରିଲେ-ଆଉ ସେ ରାଜକୁମାରୀ କିଏ ?

ଝିଅ ହସି ହସି କହିଲା-ମାମା ।

ସାହିର ମୋତେ କହିଲେ-ଦେଖ ପିଲାମାନେ ସବୁକଥା ଜାଣିପାରନ୍ତି ।

କେତେ ବର୍ଷ ବିତିଗଲା । ୧୯୬୦ରେ ମୁଁ ବମ୍ବେରେ ଥିଲାବେଳେ ରାଜେନ୍ଦ୍ର ସିଂ ବେଦୀଙ୍କ ସହିତ ଖୁବ୍ ବନ୍ଧୁତା ହୋଇଥିଲା । ଆମର ପ୍ରାୟ ଦେଖା ସାକ୍ଷାତ ହୁଏ । ଦିନେ ସନ୍ଧ୍ୟା ବେଳେ କଥାବାର୍ତ୍ତା କରୁ କରୁ ସେ ହଠାତ୍ ପଚାରିଲେ-ପ୍ରକାଶ ପଣ୍ଡିତଙ୍କଠାରୁ ଶୁଣିଥିଲି ଯେ ନବରାଜ ସାହିରଙ୍କ ପୁଅ ।

ସେଦିନ ସନ୍ଧ୍ୟାରେ ମୁଁ ବେଦୀ ସାହାବଙ୍କୁ ମୋର ସେହି ମୋହଗ୍ରସ୍ତ ଅବସ୍ଥାର କଥା ଶୁଣାଇଥିଲି । କହିଥିଲି-ଏହା କଳ୍ପନାରେ ସତ୍ୟ; କିନ୍ତୁ ବାସ୍ତବରେ ନୁହେଁ । ସେହି ସମୟରେ ନବରାଜର ବୟସ ବାର-ତେର ବର୍ଷ ହୋଇଥିଲା । ଦିନେ ସେ କହିଲା-ମାମା ଗୋଟିଏ କଥା ପଚାରିବି-ମୋତେ ସତ କହିବ ।

-'ହଁ ।'

-'ମୁଁ କଣ ସାହିର୍ ଅଙ୍କଲ୍‌ଙ୍କର ପୁଅ ?'

-'ନା' ।

-'ଯଦି ହୋଇଥାଏ, ତାହେଲେ ମୋତେ କହିଦିଅ। ମୋତେ ସାହିର ଅଙ୍କଲ୍ ବହୁତ ଭଲଲାଗନ୍ତି।'

-'ହଁ ବାବା, ମୋତେ ବି ଭଲଲାଗନ୍ତି। କିନ୍ତୁ ଏକଥା ସତ ହୋଇଥିଲେ ମୁଁ ତୋତେ ନିଶ୍ଚୟ କହିଦିଅନ୍ତି।'

ସତ୍ୟର ଏକ ନିଜସ୍ୱ ବଳ ଅଛି-ତେଣୁ ମୋ ପୁଅ ବିଶ୍ୱାସ କରିଗଲା।

ମୋର ମନେହୁଏ, କଳ୍ପନାର ସତ୍ୟ ଛୋଟ ନୁହେଁ। କିନ୍ତୁ ତାହା କେବଳ ମୋରି ପାଇଁ ହିଁ ସତ୍ୟ ଥିଲା। ଏପରି କି ସାହିରଙ୍କ ପାଇଁ ବି ନଥିଲା।

ଲାହୋରରେ ଯେତେବେଳେ ସାହିର ଦେଖା କରିବାକୁ ଆସୁଥିଲେ, ସେତେବେଳେ ମନେହେଉଥିଲା, ମୋ ଭିତରର ନୀରବତାର ଗୋଟିଏ ଅଂଶ ଚଉକି ଉପରେ ବସୁଥିଲେ ଏବଂ ଉଠି ଚାଲିଯାଉଥିଲେ।

ସେ ଚୁପ୍‌ଚାପ୍ ବସି ସିଗାରେଟ୍ ପିଅନ୍ତି, ବେଳେବେଳେ ଅଧା ସିଗାରେଟ୍ ପିଇ ପାଉଁଶ ଦାନୀରେ ଲିଭାଇ ପୁଣି ନୂଆଟିଏ ଜଳାନ୍ତି। ସେ ଯିବା ପରେ ସିଗାରେଟ୍‌ର ବଡ଼ ବଡ଼ ଟୁକୁଡ଼ା ସବୁ କେବଳ ଘରେ ରହିଯାଏ।

କେବେ କେବେ ତାଙ୍କ ହାତ ଛୁଇଁବା ପାଇଁ ଇଚ୍ଛା ହୁଏ। କିନ୍ତୁ ମୋ ସାମ୍ନାରେ ମୋ ସଂସ୍କାର ଠିଆହୋଇଯାଇ ଏହା କରାଇଦିଏ ନାହିଁ।

ସେତେବେଳେ ବି କଳ୍ପନାର କରାମତିର ସାହାଯ୍ୟ ନେଉଥିଲି।

ସେ' ଯିବା ପରେ ସିଗ୍ରେଟ ଟୁକୁଡ଼ା ଗୁଡ଼ିକ ମୁଁ ଯତ୍ନରେ ଆଲମାରୀରେ ରଖି ଦେଉଥିଲି। ଖଣ୍ଡେ ଖଣ୍ଡେ ଟୁକୁଡ଼ା ଜଳାଉଥିଲି। ଦୁଇ ଆଙ୍ଗୁଠି ମଝିରେ ଏହି ଟୁକୁଡ଼ାକୁ ଧରି ତାଙ୍କର ଆଙ୍ଗୁଠି ସ୍ପର୍ଶ କରୁଛି ବୋଲି କଳ୍ପନା କରୁଥିଲି।

ସିଗ୍ରେଟ ପିଇବାର ଅଭ୍ୟାସ ମୋର ସେତିକିବେଳେ ଆରମ୍ଭ ହେଲା। ପ୍ରତିଟି ସିଗ୍ରେଟ୍ ଜଳାଇଲା ବେଳେ ମନେହେଉଥିଲା ଯେ ସେ ପାଖରେ ଅଛନ୍ତି! ସିଗ୍ରେଟ୍‌ର ଧୂଆଁ ଭିତରୁ ସତେ ଯେପରି ସେ ପ୍ରକଟ ହୋଇଯାଉଥିଲେ।

କେତେବର୍ଷ ପରେ ମୋର ଏଇ ଅନୁଭୂତିକୁ ମୁଁ 'ଏକ୍ ଥୀ ଅନିତା' ଉପନ୍ୟାସରେ ଲେଖିଥିଲି। କିନ୍ତୁ ମୋର ସିଗ୍ରେଟ୍ ଏଇ ଇତିହାସ ହୁଏତ ଏ ପର୍ଯ୍ୟନ୍ତ ବି ସାହିର୍‌ଙ୍କୁ ଜଣାନାହିଁ।

କଳ୍ପନାର ଏହି ଦୁନିଆ ଯେ ସୃଷ୍ଟି କରେ ତାହା କେବଳ ତାହାରି-ସେଠାରେ ସୃଷ୍ଟିକର୍ତ୍ତା ଈଶ୍ୱର ମଧ୍ୟ ସଂପୂର୍ଣ୍ଣ ଏକୁଟିଆ।

କୋଟି କୋଟି ବର୍ଷ ତଳେ ସୃଷ୍ଟିର ଆଦିକାଳରେ ଯେତେବେଳେ ପୃଥିବୀ ଏକ ଜ୍ୱଳନ୍ତ ଅଗ୍ନି ପିଣ୍ଡୁଳା ଥିଲା, ସେଥିରେ ସମସ୍ତ ଦୋଷକୁ ଭସ୍ମକରି ଯେଉଁ ଜୀବଟି

ବାହାରି ଆସିଲା, ସେ ଥିଲା ଏକୁଟିଆ। ଏକାକୀ-ପଣିଆର ଭୟ ତାର ନଥିଲା କି ଆନନ୍ଦ ବି ନଥିଲା। ସେ ନିଜର ଶରୀରକୁ ଚିରିଦେଇ ଅଧକରେ ପୁରୁଷ, ବାକୀ ଅଧକରେ ସ୍ତ୍ରୀ ଗଢ଼ିଲା। ଏଇଥିରୁ ହିଁ ସେ ସୃଷ୍ଟି ରଚିଲା।

ସଂସାରର ଏହି ଆଦି କର୍ମ କେବଳ ମିଥ୍ ନୁହେଁ ବା ଅତୀତର ଇତିହାସ ନୁହେଁ- ଏହା ସବୁ ସମୟର ଇତିହାସ। ଛୋଟ ଛୋଟ ମଣିଷଙ୍କର ଛୋଟ ଛୋଟ ଇତିହାସ। ମୋର ବି.........

ଜଣେ ଲେଖକର ସତ୍ୟତା

ନେପାଳର ଲେଖକ ସାୟମୀ ଧୂସଓ୍ୱାନ୍ ତାଙ୍କ ଏମ୍ବାସୀର କଲ୍‌ଚରାଲ୍ ସେକ୍ରେଟେରୀ ହୋଇ ଦିଲ୍ଲୀ ଆସିଥିଲେ। ତାଙ୍କ ସହ କେତେଥର ଦେଖା ହେବା ପରେ ମୋର ମନେହେଲା ଯେ ତାଙ୍କ ଭିତରର ଲେଖକ ତାଙ୍କର ଡିପ୍ଲୋମାଟିକ ରୂପଠାରୁ ଅନେକ ବଡ଼। ତାଙ୍କ ଅନ୍ତରର ଏହି ବିରୋଧାଭାସ ତାଙ୍କ ପାଇଁ ସୁଖକର ନଥିଲା। ଜଣେ ବନ୍ଧୁ ଭାବରେ ଏହି କଥା ଏବଂ ତାଙ୍କର ଅନ୍ୟାନ୍ୟ ସମସ୍ୟା ସବୁ ସେ ମୋତେ କହୁଥିଲେ। ଖୁବ୍ ବ୍ୟସ୍ତ ଲାଗିଲେ ସେ ମୋ ପାଖକୁ ଚାଲିଆସୁଥିଲେ କିମ୍ବା ମୋ ସହିତ ଫୋନ୍‌ରେ କଥାବାର୍ତ୍ତା କରୁଥିଲେ। ଥରେ ତାଙ୍କର ନିଜସ୍ୱ ଏକ ସମସ୍ୟା ବିଷୟରେ 'ଅଦାଲତ' ବୋଲି ଗୋଟିଏ କାହାଣୀ ମୁଁ ଲେଖିଲି। ସେଇ ସମୟରେ ମୁଁ ମୋ କାହାଣୀ ଗୁଡ଼ିକର ଏକ ହିନ୍ଦୀ ସଙ୍କଳନ ପ୍ରସ୍ତୁତ କରୁଥିଲି-'ପଂଜାବ ସେ ବାହାରକେ ପାତ୍ର'। ସେଇ ସଙ୍କଳନ ପାଇଁ ଯେଉଁ ଅଠରଟି କାହାଣୀ ମୁଁ ବାଛିଥିଲି ତାହା ଭିତରେ ଏଇ 'ଅଦାଲତ'ଟି ବି ଥିଲା। ବହିଟି ପ୍ରେସକୁ ଚାଲିଗଲା। ଧୂସଓ୍ୱାନ୍ ସାହାବ୍‌ଙ୍କୁ ବି ମୁଁ ଏଇ ଖବରଟି ଦେଇଦେଲି। ସବୁ କାହାଣୀରେ ପାତ୍ର ପାତ୍ରୀମାନେ ଯେଉଁ ଦେଶର ଲୋକ, ତଳେ ସେଇ ଦେଶର ନାଁ ଲେଖିଥିଲି। ତେଣୁ 'ଅଦାଲତ' କାହାଣୀରେ ପାତ୍ର ନେପାଳର ବୋଲି ଲେଖା ହୋଇଥିଲା। ଧୂସଓ୍ୱାନ୍ ସାହେବ ସେଇ କାହାଣୀ ତଳେ ନେପାଳ ନାଁଟି ନଦେବାକୁ ମୋତେ କହିଲେ, କାରଣ ଡିପ୍ଲୋମାଟ ହୋଇଥିବା ଯୋଗୁ ସେଥିରେ ତାଙ୍କର ଅସୁବିଧା ହେବାର ସମ୍ଭାବନା ଥିଲା। ତାଙ୍କର କୌଣସି ପ୍ରକାର ଅସୁବିଧା କରିବାକୁ ମୁଁ ଚାହୁଁ ନଥିଲି। ତେଣୁ ନେପାଳ ନାଁଟି କାଟିଦେଇ ସେଠାରେ ଆସାମ ଲେଖିଦେଲି। ବହି ଛପା ହୋଇଗଲା। ସେ ବି ଦେଖିଲେ ଏବଂ ତା'ପରେ ଗୋଟିଏ ନୋଟ୍ ଲେଖି ସେ ମୋ ପାଖକୁ ପଠାଇଲେ। ସେଥିରେ ଲେଖିଥିଲେ ଯେ ମୁଁ ମୋର

ଜୀବନୀ ଲେଖିଲାବେଳେ ସେହି ନୋଟ୍‌ଟି ମଧ୍ୟ ଯେପରି ସେଠାରେ ନିଶ୍ଚୟ ଉଦ୍ଧାର କରିବି। ସେ ନୋଟ୍‌ରେ ଲେଖାଥିଲା-ଏହି କାହାଣୀ ଧୂସ୍‌ଓ୍ୱାନ୍‌ଙ୍କର, କିନ୍ତୁ ଜଣେ ଉଚ୍ଚପଦସ୍ଥ ସାଂସ୍କୃତିକ ସହକାରୀ ଏତେ ଭୀରୁ ଏବଂ କାପୁରୁଷ ଯେ ଏହି କାହାଣୀର ପାତ୍ରକୁ କେହି ନଜାଣନ୍ତୁ ବୋଲି ସେ ନିଜ ଦେଶ ନେପାଳକୁ ଭାରତର ଏକ ରାଜ୍ୟ ଆସାମ ବୋଲି ଲେଖାଇ ଦେବାକୁ ରାଜି ହୋଇଗଲେ।

ସେଦିନ ଧୂସ୍‌ଓ୍ୱାନ୍ ମୋ ଦୃଷ୍ଟିରେ ଆହୁରି ଉଚ୍ଚକୁ ଉଠିଗଲେ। ଏହା ତାଙ୍କ ଲେଖକ ହୃଦୟର ସତ୍ୟତା ଥିଲା। ମୁଁ ଶ୍ରଦ୍ଧାରେ ମୁଣ୍ଡ ନୁଆଁଇ ଦେଲି।

ଏହି କାହାଣୀ ତାଙ୍କ ଉପରେ ଗଭୀର ପ୍ରଭାବ ପକାଇଥିଲା। ସେ ଏଇ କାହାଣୀକୁ ତାଙ୍କ ପତ୍ନୀଙ୍କୁ ଏବଂ ନାରୀ ବନ୍ଧୁଙ୍କୁ ମଧ୍ୟ ଶୁଣାଇଥିଲେ। ସେ ବାରମ୍ବାର ଏହି କାହାଣୀଟିକୁ ପଢୁଥିଲେ। ତିନିଥର ପଢ଼ିସାରିଲା ପରେ ସେ ଏକ ଅଦ୍ଭୁତ ସ୍ୱପ୍ନ ଦେଖିଲେ ଏବଂ ତାହା ଲେଖି ମୋ ପାଖକୁ ପଠାଇଦେଲେ। ସେ ଲେଖିଥିଲେ- ସକାଳ କି ସନ୍ଧ୍ୟା ହୋଇଥିଲା ଜାଣେ ନାହିଁ। ଆକାଶରେ ଆଲୋକ ଓ ଅନ୍ଧାରର ସମ୍ମିଶ୍ରଣ ଘଟିଥିଲା। ମୁଁ ଏକ ନଦୀ ଆଡ଼କୁ ଆଗେଇ ଯାଉଥିଲି। ସବୁଦିନ ମୁଁ ସେଇ ନଦୀ ପାର ହୋଇ ଯାଉଥିଲି। କିନ୍ତୁ ସେଦିନ ନଦୀ ତଟରେ ମୁଁ ମୋର ପ୍ରେମିକାକୁ ଦେଖିଲି। ସେ ଥିଲା ବିବାହିତା ଏବଂ ସନ୍ତାନର ଜନନୀ। ତାକୁ ଦେଖି ମୁଁ ଘାବରେଇ ଗଲି ଏବଂ ନଦୀ ପାରି ହେବାକୁ ମୋର ସାହସ ହେଲା ନାହିଁ। ଅବଚେତନ ମନରେ ବୁଡ଼ିଯିବାର ଆଶଙ୍କା ଜାତ ହେଲା। ମୁଁ ନଦୀ କୂଳେ କୂଳେ ଚାଲିବାକୁ ଲାଗିଲି। ଚାରିଆଡ଼େ ମୋତେ ଦେଖା ଯାଉଥିଲା କେବଳ ବିସ୍ତୃତ ବାଲୁକାରାଶି। ସେହି ବାଲୁକାରାଶି ଭିତରେ ଗୋଟିଏ ତମ୍ବୁ ଟଣା ହୋଇଥିଲା। ମୋ ଆଖି ଆଗରେ ତମ୍ବୁ ଭିତରର ଦୃଶ୍ୟ ଭାସି ଉଠିଲା। ମୁଁ ଦେଖିଲି, ସେଠାରେ ଜଣେ ପୁରୁଷ ଅଛି ଯାହାକୁ ମୁଁ ଖୁବ୍ ଭଲ ଭାବରେ ଚିହ୍ନେ। ତା' ଭିତରର ସମସ୍ତ ଭାବନା ଓ ବିଚାର ମୋ ଅନ୍ତରରେ ଯନ୍ତ୍ର ଭଳି ଟ୍ରାନ୍‌ସମିଟ୍ ହୋଇଯାଉଥିଲା। ତା' ସାମନାରେ ତିନି ପ୍ରକାର ବସ୍ତ୍ର ପିନ୍ଧି ଗୋଟିଏ ଚେହେରାର ତିନୋଟି ଯୁବତୀ ଠିଆହୋଇଛନ୍ତି। ପୁରୁଷଟି ବ୍ୟସ୍ତ ହୋଇ ପଡ଼ିଲା। କାରଣ ସେମାନଙ୍କ ଭିତରୁ ଜଣେ ତାର ପ୍ରେମିକା ଥିଲା। ଇଏ କି ଛଳନା ? ସେ ଏହି ଚିନ୍ତାରେ ବୁଡ଼ିଗଲା। ତାକୁ ଏଭଳି ଆଶ୍ଚର୍ଯ୍ୟ ହେବାର ଦେଖି ସେମାନଙ୍କ ମଧ୍ୟରୁ ଜଣକର ଆଖି କଂପି ଉଠିଲା ଏବଂ ସେ ଆଗକୁ ଚାଲିଆସି ସେହି ପୁରୁଷ ପାଖରେ ନିଜକୁ ସମର୍ପଣ କଲା। ଠିକ୍ ସେତିକିବେଳେ ଅନ୍ୟ ଗୋଟିଏ ତମ୍ବୁରୁ ଜଣେ ପୁରୁଷ ଅତି କ୍ରୋଧାନ୍ୱିତ ହୋଇ ବାହାରି ଆସିଲା ଏବଂ ସେହି ଯୁବତୀଟିକୁ ଗାଳି ଦେଇ କହିଲା- 'ତୁ ଏଇ ବନ୍ଧନରେ କାହିଁକି ବାନ୍ଧି ହେଉଛୁ ? ଏଇ ପୁରୁଷ ତ ବିବାହିତ ! ସେ ଗୋଟିଏ ଭ୍ରମର।' ଝିଅଟି

ସଙ୍ଗେ ସଙ୍ଗେ ଉତ୍ତର ଦେଲା-ମୁଁ ଏସବୁ କଥା ଜାଣେ-ତା ସତ୍ତ୍ୱେ ତାକୁ ଆପଣାର କରିନେଇଛି। ଏତିକିବେଳେ ଦେଖିଲି ଅନ୍ୟ ତମ୍ବୁରୁ ଆସିଥିବା ଲୋକଟିର ମୁଣ୍ଡ ଗଣ୍ଡିରୁ ଅଲଗା ହୋଇଗଲା। ପ୍ରଥମ ପୁରୁଷଟି ଝିଅଟିକୁ ଅତି ଉତ୍ସାହରେ ନିଜ ବାହୁରେ ଭିଡ଼ି ଧରିଲା। ସେତେବେଳେ ମୋର ମନେହେଲା, ଅଦୃଶ୍ୟ ହୋଇ ରହିଥିବା ମୁଁ, ଯେଉଁ ଲୋକଟିର ମୁଣ୍ଡ ତା ଦେହରୁ ଅଲଗା ହୋଇ ଯାଇଥିଲା ଏବଂ ସେଇ ଯେଉଁ ପୁରୁଷ ପୂର୍ଣ୍ଣ ରୂପରେ ସେଠାରେ ଥିଲା, ତିନିଜଣଯାକ ମୋ ଭିତରେ ଏକାକାର ହୋଇଯାଉଛୁ। ହଠାତ୍ ଆଖି ଖୋଲିଯିବାରୁ ଦେଖିଲି ଅମୃତା ପ୍ରୀତମଙ୍କ କାହାଣୀ ସଂଗ୍ରହ 'ଗୋଟିଏ ସହରର ମୃତ୍ୟୁ' ମୋ ପାଖରେ ଖୋଲା ହୋଇ ପଡ଼ିଛି। ସେଥିରେ ଥିବା 'ଅଦାଲତ' ଗଳ୍ପଟି ମୁଁ ତୃତୀୟ ଥର ପାଇଁ ପଢ଼ି ପଢ଼ି ଶୋଇପଡ଼ିଥିଲି।

ମୁଁ ସାଧାରଣତଃ ମୋର ଚରିତ୍ରମାନଙ୍କ ସହ ଏତେ ଏକାତ୍ମ ହୋଇଯାଏ ଯେ ସେମାନଙ୍କ ଦୁଃଖ କଷ୍ଟ ମୋ ନିଜର ବୋଲି ମୋର ଅନୁଭବ ହୁଏ। ସେମାନଙ୍କ ସହିତ ମୋର ଏକ ସମ୍ପର୍କ ପ୍ରତିଷ୍ଠା ହୋଇଯାଏ। କିନ୍ତୁ ଧ୍ରୁବସ୍ୱାମୀନଙ୍କ ଭଳି ଚରିତ୍ର ମୋ ଭିତରେ କେବଳ ଶ୍ରଦ୍ଧା ଓ ସହାନୁଭୂତି ସୃଷ୍ଟି କରନ୍ତି ନାହିଁ, ନିଜ ପାଇଁ ସମ୍ମାନ ମଧ୍ୟ ଜାଗ୍ରତ କରନ୍ତି।

ଗଭୀର କଳାମେଘ

ଦିନେ ହଠାତ୍ କବିତାଟିଏ ଲେଖିହୋଇଗଲା-

ଆଜି ମୋ ଥାକରେ ଥିବା ବହିମାନେ
ଆଉ ଯେତେ ଖବରକାଗଜ
ଏକ ଆରେକର ପତ୍ର ଛିଣ୍ଡାଇ, ଫୋପାଡ଼ି
ଲଢ଼ିବାରେ ଲାଗିଲେ ଏପରି ଯେ
ପରସ୍ପର ସଙ୍ଗେ
ମୋ ଭାବନାର 'ଦର୍ପଣ' ଫାଟିଗଲା
ଖଣ୍ଡ ଖଣ୍ଡ ହୋଇ।
ପୃଥିବୀର ମାନଚିତ୍ରରେ
ଥିଲା ଯେତେ ସୀମାରେଖା

ଜଣେ ଆରେକର
ହାତ ପାଦ ମୋଡ଼ିମାଡ଼ି ଫୋପାଡ଼ିଲା
ଦୁନିଆରେ ଥିଲା ଯେ
ବାଦ ଓ ବିଶ୍ୱାସ
ଜଣେ ଅନ୍ୟଟିର ଗଳା ଟିପିଦେଲା ।
ଯୁଦ୍ଧର ଘନଘଟା
ବହିଲା ରକ୍ତର ନଈ...
କିନ୍ତୁ କି ଆଚମ୍ବିତ ଘଟଣା
ଥିଲେ କିଛି ଏପରି ବହି, କାଗଜ, ବାଦ ଓ ଚିତ୍ର ଯେ
ସେମାନଙ୍କ ଶରୀରରୁ
ଶୁଦ୍ଧ ଲହୁ ବହିଲାନି, ବହିଗଲା କଳା ବିଷ ।

ମନେହେଉଥିଲା ଯେପରି ବିନ୍ଦୁ ବିନ୍ଦୁ ଦୁଃଖ ଏକତ୍ରିତ ହୋଇ ଜମାଟ ବାନ୍ଧି ଯାଉଛି । ମୋ ମୁଣ୍ଡ ଉପରେ ସତେକି ଘୋର କଳାମେଘ ଛାଇଯାଇଛି । ସେଇ ମେଘ ମୋ ମୋ ସମୟର ଶସ୍ତା ସାମ୍ପ୍ରଦାୟିକତାଠାରୁ ଆରମ୍ଭ କରି ଧର୍ମ, ରାଜନୀତି, ମତବାଦ ଏବଂ ସଙ୍ଗଠନମାନଙ୍କ ଉପରେ ତାର ଛାୟା ବିସ୍ତାର କରି ସେମାନଙ୍କ ଶିରା ପ୍ରଶିରାରୁ ଲାଲ ରକ୍ତ ବଦଳରେ କଳା ବିଷ ଝରାଉଥିଲା ।

ଏଭଳି ତୀବ୍ର ଯନ୍ତ୍ରଣା ପାଇବାର କାରଣ ବୋଧହୁଏ ଥିଲା ଯେ, ମୁଁ ସେତେବେଳେ ସବୁରି ଉପରେ ଏହି ଲିଖିତ କାଗଜକୁ ରଖିଥିଲି । ଚୀନାମାନେ ୭୫୧ ଖ୍ରୀ:ଅ:ରେ ଯେତେବେଳେ ସମରକନ୍ଦ ଆକ୍ରମଣ କରି ଆରବମାନଙ୍କ ଦ୍ୱାରା ପରାସ୍ତ ହେଲେ ଏବଂ ଆରବମାନେ ସେମାନଙ୍କଠାରୁ କାଗଜ ତିଆରି କୌଶଳ ଶିଖିଲେ, ସେତେବେଳେ ସେଇ ପ୍ରଥମ କାଗଜ ଉପରେ ଯିଏ ପ୍ରଥମ କବିତା ଲେଖିଥିଲେ, ତାଙ୍କ ହାତର ଶିହରଣ ମୋ ହାତକୁ ସଂଚରିଗଲା ! ହେ ଭଗବାନ !

ଆଉ ଏକ ତିକ୍ତ ଅନୁଭୂତି

ବନ୍ଧୁ ଏବଂ ପରିଚିତମାନଙ୍କୁ ଧୀରେ ଧୀରେ ଦୂରେଇଯାଉଥିବାର ଦେଖିବା ଏବଂ ନିଜେ ସେମାନଙ୍କ ପ୍ରତି ଉଦାସୀନ ହେଉଥିବା, ଏକ କଠୋର ଅନୁଭୂତି । କିନ୍ତୁ ଜୀବନରେ ଏପରି ରାସ୍ତାରେ ବି ଚାଲିବାକୁ ହୁଏ- ମୁଁ ବି ଚାଲିଛି ।

ଶବ୍ଦର ବୃକ୍ଷରୁ ଧୀରେ ଧୀରେ ଅର୍ଥର ପତ୍ର ଝଡ଼ିଲା ଭଳି ଯେଉଁ ସମସାମୟିକ ଲେଖକମାନଙ୍କ ସଂପର୍କରେ ବାରମ୍ବାର ଏକ ପ୍ରକାରର ଅନୁଭୂତି ହୋଇଥିଲା, ସେମାନଙ୍କ ମଧ୍ୟରେ ଦିଲୀପ ଟିବାନା ନଥିଲେ।

ବହୁତ ବର୍ଷ ପୂର୍ବେ ଯେବେ ବି ତାଙ୍କ ସଙ୍ଗେ ଦେଖା ହେଉଥିଲା, ସେତେବେଳେ ଖୁସି ଲାଗୁଥିଲା; କିନ୍ତୁ ତା ସହିତ ମଧ୍ୟ ମନେହେଉଥିଲା ଯେ ଅନ୍ତରରେ କୌଣସି ଆଦାନ ପ୍ରଦାନ ଚାଲୁ ନାହିଁ। କିନ୍ତୁ କେବେ କେମିତି ତାଙ୍କର ଚିଠି ଆସିଲେ, ମନେହେଉଥିଲା ସେ ଚିଠି ଯେମିତି ମୁଠାଏ କିଛି ଦେଇଯାଉଛି ଏବଂ ମୁଠାଏ କିଛି ନେଇ ବି ଯାଉଛି। କେବେ କେବେ ସାକ୍ଷାତ୍ ବି ହେଉଥିଲା। ସେତେବେଳେ ଲାଗୁଥିଲା ସମ୍ମୁଖରେ ଯାହା ରହିଛି ତାହା ସବୁବେଳେ ରହିବ, କିନ୍ତୁ ଦୂରରେ।

ଭାବୁଥିଲି, ଏହାହିଁ ଯଥେଷ୍ଟ। ଯଦି କୌଣସି ଜିନିଷ ଦୂରରେ ଅଛି ତାହା ସେହିଭଳି ସବୁବେଳେ ରହିପାରିଲେ ବି ଯଥେଷ୍ଟ ହେବ। ପାଖକୁ ନ ଆସିଲେ ମଧ୍ୟ ଚଳିବ।

କିନ୍ତୁ ଦିନେ ହଠାତ୍ ଦିଲୀପଙ୍କଠାରୁ ଚିଠିଟିଏ ଆସିଲା ଏକ ରହସ୍ୟର ଜାଲ ଘେରା ହୋଇ-'ଗୋଟିଏ କଥା ଅଛି, ମୁଁ ଚାହୁଁଛି ଆଜିକୁ ତିନି ଦିନ ପରେ ବୁଧବାର ଦିନ ଆପଣ ମୋ ପାଖରେ ଥିବେ। ସକାଳର ପ୍ରଥମ ଗାଡ଼ିରେ ଆସନ୍ତୁ, ମୁଁ ଷ୍ଟେସନରୁ ନେଇଆସିବି।' ମୁଁ ଚିଠି ପଢ଼ି ସୁଟ୍‌କେଶରେ ଲୁଗା ସଜାଡ଼ି ଦେଲି। କିଛି ପଚାରିବାର ସମୟ କି ଆବଶ୍ୟକତା ନ ଥିଲା। ପୁଣି ମଙ୍ଗଳବାର ଦିନ ତାଙ୍କଠାରୁ ଗୋଟିଏ ଏକ୍‌ସପ୍ରେସ୍ ଚିଠି ଆସିଲା-"ବର୍ତ୍ତମାନ ଆସିବାର ଆବଶ୍ୟକତା ନାହିଁ, ପୁଣି ଦରକାର ହେଲେ ଲେଖିବି।" ମୁଁ ଚିଠି ପଢ଼ି ସୁଟ୍‌କେଶରୁ ଲୁଗାପଟା କାଢ଼ିନେଲି।

ଆଉ କେବେ ଚିଠି ଲେଖି ସେ ଏହି ରହସ୍ୟ ମୋଚନ କରି ନାହାନ୍ତି। କିଭଳି ବୁଧବାର ଥିଲା, ସେଦିନ କଣ ହେବାର ଥିଲା ଏବଂ ମୋର କଣ ଆବଶ୍ୟକତା ଥିଲା ମୁଁ ଆଉ ଜାଣି ପାରିଲି ନାହିଁ। କିନ୍ତୁ ମନ ଭିତରେ ଏତିକି ବୁଝିଲି ଯେ ସେଭଳି ବୁଧବାର ଯଦି ପୁଣି କେବେ ଆସେ ଏବଂ ମୋର ଆବଶ୍ୟକତା ପଡ଼େ ତେବେ ମୁଁ ଆଉଥରେ ସୁଟ୍‌କେଶ୍ ଲୁଗା ସଜାଡ଼ିନେବି।

ଦିଲୀପ ଟିବାନାଙ୍କ କାହାଣୀରେ କିଛି ବିଶେଷତ୍ୱ ଥିଲା ଭଳି ମୋତେ ଲାଗେ ନାହିଁ। ତାଙ୍କର ପ୍ରେମ କାହାଣୀ ଗୁଡ଼ିକ ମୋତେ କେବଳ କାଗଜକୁ ସମ୍ଭାଳି ରଖୁଥିବା ଗୋଲ ପେପରୱେଟ ଭଳି ଲାଗୁଥିଲା। ସେଗୁଡ଼ିକର କାଗଜକୁ ଫୁଟାଇ ଦେବା ଭଳି କିଛି ଶକ୍ତି ନଥିଲା। ସେହି କାହାଣୀରେ ଗଳାରୁ ପଥରଟିକୁ ତଳକୁ ଖସାଇ ଦେବା ଭଳି କୌଣସି ଦରବ ନଥିଲା। କିନ୍ତୁ ମୋର ବିଶ୍ୱାସ ଥିଲା ଯେ, କାଗଜରେ ଯିଏ ନିଜକୁ ପ୍ରକାଶ କରୁଛନ୍ତି ସେ ପ୍ରକୃତ ଦିଲୀପ ନୁହନ୍ତି, ତାଙ୍କର ଏକ ଛାୟା।

ଯେତେବେଳେ ତାଙ୍କର ଉପନ୍ୟାସ 'ୟହ ହମାରା ଜୀବନ' ଛପା ହେଲା ସେତେବେଳେ ମୋର ଅନୁମାନ ମିଥ୍ୟା ନୁହେଁ ବୋଲି ବୁଝିଲି। ସେଥିରେ ଜାକିଜୁକି ହୋଇ ବସିଥିବା ଦିଲୀପଙ୍କ ସ୍ୱରୂପ, ତାଙ୍କ ପାଦର ବିବଶତା, ଆଖିର ଲୁହ, ଛାତିର ରୋଷ, ସବୁ ପ୍ରକାଶିତ ହୋଇଥିଲା।

ଦିନେ ପୁଣି ତାଙ୍କର ଚିଠି ଆସିଲା ଇମ୍‌ରୋଜଙ୍କ ପାଖକୁ। ସେ ଲେଖିଥିଲେ- ନାଗମଣିରେ ତୁମେ ଯେଭଳି ଝିଅଟିଏ ଗଢ଼ିଛ ମୁଁ ପର ଜନ୍ମରେ ସେଇପରି ଝିଅଟିଏ ହେବା ପାଇଁ ଈଶ୍ୱରଙ୍କୁ ପ୍ରାର୍ଥନା କରୁଛି।' ସେହି ପତ୍ରରେ ମୁଁ ଦିଲୀପଙ୍କ ଓଠ ସ୍ପର୍ଶ କଲି ଏବଂ ମୋର ମନେହେଲା ସେଠାରୁ ଏକ ଫୁଲର ପାଖୁଡ଼ା ଖସିପଡୁଛି।

ତାଙ୍କର କଥା ଓ ନୀରବତା ଉଭୟ ମୋତେ ଭଲଲାଗୁଥିଲା।

ରାତିକ ପାଇଁ ସେ ଥରେ ଦିଲ୍ଲୀ ଆସିଥିଲେ। ଖୁବ୍ ଅନ୍ଧାର ରାତି ଥିଲା। ସେ ମୋ ରୁମ୍‌ରେ ବିଛଣା ପକାଇ ବସିଥିଲେ। ମୁଁ ତାଙ୍କ ସାମ୍ନାରେ ରେଜେଇ ଘୋଡ଼େଇ ହୋଇ ବସିଥିଲା ବେଳେ ସେ ହଠାତ୍ କହିଲେ- କେତେ ଲୋକଙ୍କୁ ଭଗବାନ କେଉଁଠି ରଖିଥାଆନ୍ତି, ଭୁଲିଯାଆନ୍ତି। ମୁଁ କିନ୍ତୁ ନିଜକୁ କେଉଁଠି ରଖିଛି ନିଜେ ଭୁଲିଯାଇଛି। ମୁଁ ଏବେବି ଜାଣିପାରୁ ନାହିଁ କେଉଁଠି ଅଛି। ଇଚ୍ଛା ହୁଏ, କେହି ମୋତେ ଖୋଜି କରି ଆଣି ଦେଇ ଯାଆନ୍ତା।

ମୁଁ ସେଦିନ ତାଙ୍କ ଭିତରେ ଏକ ବିଶ୍ୱାସ ଦେଖିଲି। ମନେହେଲା, ତାଙ୍କ ଉପନ୍ୟାସର ସଫଳତା ତାଙ୍କୁ ଏଇ ବିଶ୍ୱାସ ଦେଇଛି।

ସେ କହିଲେ-"ଭଗବାନ ଯେତେବେଳେ ତାଙ୍କ ଭଣ୍ଡାର ବାଣ୍ଟୁଥିଲେ ହୁଏତ ସେତେବେଳେ ମୋ ଭାଗର ଥାଳିଟି ମୋ ସାମନାରେ ରଖିବାକୁ ଭୁଲିଗଲେ ଅଥବା ମୋ ଥାଳିଟି ମୋ ଆଗରୁ ଆଉ କିଏ ଜଲଦି ଉଠାଇ ନେଇଗଲା-ମୁଁ ଭୋକରେ ରହିଗଲି। ମୁଁ ତେଣୁ ଭାବିଲି-ମୁଁ ସବୁବେଳେ ଭୋକରେ ରହିବି କିମ୍ବା ନିଜ ଭାଗ ଥାଳିରୁ ଖାଇବି-ଅନ୍ୟ କାହାରି ଥାଳିରୁ ମୁଁ ଖାଇ ପାରିବି ନାହିଁ।

ମୁଁ ତାଙ୍କ ମୁହଁକୁ ଚାହିଁବାରୁ ସେ ହସିଦେଲେ। -"ମୋ ମା'ଙ୍କର ପାଞ୍ଚ ଝିଅ ହେଲେ। ମୁଁ ସବୁଠୁ ଆଗ। ମୁଁ ମା'ଙ୍କୁ କହୁଥିଲି ଯେ ତୁମେ ମୋତେ ଜନ୍ମ ଦେଇ ଝିଅ ଗଢ଼ିବା ଶିଖିଗଲ-କାରଣ ବାକି ଚାରିଭଉଣୀଯାକ ମୋଠାରୁ ସୁନ୍ଦର।

ସେ ହସୁଥିଲେ, କିନ୍ତୁ ମୋତେ ହସ ମାଡୁ ନ ଥିଲା। କହିଲି-କିନ୍ତୁ ଗୋଟିଏ ଢଙ୍ଗରେ ସେ ଥରେ ମାତ୍ର ଗଢ଼ିପାରିଲେ, ଆଉ କେବେ ପାରିଲେ ନାହିଁ।

ମୋର ଦୃଷ୍ଟି ତାଙ୍କର ମାନସିକ ସୌନ୍ଦର୍ଯ୍ୟ ପ୍ରତି ଥିଲା, କିନ୍ତୁ ତାଙ୍କର ଥିଲା ଶାରୀରିକ ସୌନ୍ଦର୍ଯ୍ୟ ପ୍ରତି। କିନ୍ତୁ କିଛି ସମୟ ପରେ ତାଙ୍କର ଦୃଷ୍ଟି ସେଠାରୁ ଅପସରି ଯାଇ ନିଜ

ଅନ୍ତରରେ ନିବଦ୍ଧ ହେଲା ଏବଂ ସେ କହିଲେ-ଏକାକିନୀ ନାରୀକୁ ଲୋକେ ବେମାଲିକ ଖେତ ଭଳି ବିଚାରନ୍ତି। ଗାଈ ବଳଦ ଯାହା ପାରନ୍ତି ଚରାଇ ଦେବାକୁ ଚାହାନ୍ତି।

ତାଙ୍କର ହସରେ ରୋଷ ମିଶିଗଲା-"କୌଣସି କୌଣସି ଲୋକଙ୍କୁ ଦେଖିଲେ ମୋର ମନେହୁଏ ଯେପରି ଏକ୍ଷଣି ମେଣ୍ଢା କି ମାଙ୍କଡ଼ରୁ ମଣିଷ ପାଲଟି ଯାଇଛନ୍ତି। ନିଜ ସ୍ୱାମୀ ବା ସ୍ତ୍ରୀ ପାଖରେ ଗୋଟିଏ ପ୍ରକାରର ଏବଂ ଅନ୍ୟମାନଙ୍କ ନିକଟରେ ଆଉ ଏକ ପ୍ରକାରର। ମଣିଷ ଏଠି କାହାନ୍ତି? ଏକବାରେ ହିପୋକ୍ରାଟ୍ସ। ବନ୍ଧୁତା କରିବା ପାଇଁ ଖୁସାମତ କରନ୍ତି, ପୁଣି ଭାବନ୍ତି ଯେ ଏଥିପାଇଁ କୌଣସି ସାମାଜିକ ମୂଲ୍ୟ ଦେବାକୁ ନପଡୁ। ମୁଁ ଅଇଁଠା ଥାଳିରୁ କିଛି ଖାଇ ପାରିବି ନାହିଁ। ଭୋକରେ ପଛେ ରହିବି, କିନ୍ତୁ ଅଇଁଠା ଥାଳିରୁ ଖାଇବି ନାହିଁ।"

ଦିଲୀପଙ୍କ ଚେହେରାର ରଙ୍ଗ ବଦଳି ଗଲା। ସେ ତାଙ୍କ ଉପନ୍ୟାସରେ ନିଜ ସଙ୍କୁଚିତ କାୟାକୁ ବିସ୍ତାର କରିଦେଇଥିଲେ, କିନ୍ତୁ ବର୍ତ୍ତମାନ ନିଜେ ସଂପୂର୍ଣ୍ଣ ରୂପେ ମନର ନଦୀରେ ଗାଧୋଇ ବାହାରି ଆସିଲେ। ସେଦିନ କଥାବାର୍ତ୍ତା କରି, ଚା' ପିଇ ରାତି କଟାଇ ଦେଲୁ। ସେ ରାତିର ଅନୁଭୂତି 'ଫ୍ରି ଜୋନ୍ ମେଁ ଏକ ରାତ୍' ଶୀର୍ଷକ କାହାଣୀରେ ପରେ ମୁଁ ଲେଖିଛି।

ମୁଁ ଜାଣିଥିଲି ଯେ ଛୋଟ ଥିଲାବେଳେ ସେ ଯେଉଁ ସ୍ୱପ୍ନ ବୁଣୁଥିଲେ, ଜୀବନ ତାଙ୍କ ହାତରୁ ସେଇ ସିଲେଇଟି ଟାଣି ନେଇ ଯାଇଥିଲା। ସ୍ୱପ୍ନ ସବୁ ଉଜୁଡ଼ିଗଲା। କିନ୍ତୁ ୧୯୭୨ରେ ମନେହେଲା, ଜୀବନ ତ'ର କୃପଣ ବର୍ଷ ଗୁଡ଼ିକର ଉଧାର ସୁଝିବା ପାଇଁ ବହୁତ ଉଦାର ହୋଇଗଲା। ତାଙ୍କ ହାତ ଧରିବା ପାଇଁ ଏକାଥରକେ ତିନିଟି ହାତ ଲମ୍ବି ଆସିଲା। ଗୋଟିଏ ହାତ ତାଙ୍କୁ ଏକାଡେମୀ ପୁରସ୍କାର ଦେଇ ଆନନ୍ଦିତ ହେଲା। ଅନ୍ୟ ଦୁଇଟି ପୁରୁଷଙ୍କ ହାତ ତାଙ୍କ ସାଥୀ ହେବାକୁ ଚାହିଁଲେ।

ଦିଲୀପଙ୍କଠାରୁ ମୁଁ ପଟିଆଲା ଗଲି। ଦେଖିଲି ଜୀବନର ଏହି ଉଦାରତାର ହାତକୁ ଛୁଇଁବା ପାଇଁ ସେ ହାତ ବଢ଼ାଉ ଥିଲେ ବି ସେଇ ହାତ କଂପି ଉଠୁଛି।

ସେ ଦୁଇଜଣଙ୍କ ଭିତରୁ ଦଲୀପ ଜଣଙ୍କୁ ଅନେକ ବର୍ଷ ହେଲା ଜାଣିଥିଲେ ଏବଂ ଅନ୍ୟ ଜଣଙ୍କୁ ଜାଣିଥିଲେ ଅଳ୍ପ କେତେ ମାସ ଆଗରୁ। ଯାହାଙ୍କୁ ସେ ବହୁ ପୂର୍ବରୁ ଜାଣିଥିଲେ ତାଙ୍କୁ ମୁଁ ବି ଅଳ୍ପେ ବହୁତେ ଜାଣିଥିଲି। କିନ୍ତୁ ଯାହାଙ୍କୁ ସେ ଅଳ୍ପଦିନ ହେଲା ଜାଣିଥିଲେ ତାଙ୍କୁ ମୁଁ ଆଦୌ ଚିହ୍ନି ନଥିଲି। କିନ୍ତୁ ଏଇ ଦ୍ୱିତୀୟ ବ୍ୟକ୍ତି ଆଡ଼କୁ ହିଁ ତାଙ୍କର ହାତ ଆଗେଇଯାଉଥିଲା।

ମୁଁ ଥରେ ଅଧେ ମନର ସ୍ୱଚ୍ଛତା ପାଇଁ ଦଲୀପଙ୍କ ସହ ତର୍କ କଲି। କିନ୍ତୁ ଦେଖିଲି ତର୍କଠାରୁ ଆହୁରି ଅଧିକ କିଛି ଦଲୀପଙ୍କୁ ରାତି ଦିନ ଆଚ୍ଛନ୍ନ କରି ରଖିଛି। ସେ

ମନ୍ତ୍ରମୁଗ୍ଧ ଥିଲା ଭଳି ମନେହେଉଥିଲେ ଏବଂ କୌଣସି ତର୍କ ଯେପରି ତାଙ୍କ କାନରେ ପ୍ରବେଶ କରୁ ନ ଥିଲା ! ମୁଁ ନୀରବରେ କେବଳ ତାଙ୍କ ପାଖରେ ଠିଆ ହେଲି। ଏହା କିଛି ଆଉ କହିବାର ସମୟ ନ ଥିଲା।

ସେ କହିଲେ-ଗୋଟିଏ ଛୋଟ ବନ୍ଧୁ ମିଳନ କରିବାକୁ ଭାବୁଛି-କିନ୍ତୁ ପଟିଆଲାରେ ନୁହେଁ।

ଉତ୍ତରରେ ଯେପରି କହିବାର କଥା କହିଲି-ତୁମ ଘର ଖାଲି ପଟିଆଲାରେ ନୁହେଁ, ଦିଲ୍ଲୀରେ ବି ଅଛି।

ସେଦିନ ସେ ତାଙ୍କ ଘରୁ ମୋ ସହିତ ୟୁନିଭର୍ସିଟି ପର୍ଯ୍ୟନ୍ତ ଆସିଲେ। ଯାହାଙ୍କ ସ୍ୱପ୍ନରେ ସେ ବିଭୋର ଥିଲେ ସେଠାରେ ତାଙ୍କ ସହିତ ଦେଖା ହେବାର ଥିଲା। ମୋର ମଧ୍ୟ ସେହିଠାରୁ ଦିଲ୍ଲୀ ଫେରିବା କଥା।

ୟୁନିଭର୍ସିଟିର ବାହାର ଗେଟ୍ ପାଖରେ ପହଂଚି ସେ ହଠାତ୍ ସଙ୍କୋଚରେ ଲାଲ ହୋଇଗଲେ। ତାଙ୍କ ମନ ଭିତରେ ହଠାତ୍ ବୋଧହୁଏ କୌଣସି ଆଶଙ୍କା ଉପୁଜିଲା ଏବଂ ସେ ବ୍ୟସ୍ତ ହୋଇ କହିବାକୁ ଲାଗିଲେ-"ନା, ମୁଁ ଏକ୍ଷଣି ଯେମିତି ଅଛି, ସେମିତି ରହିବା ଭଲ। ବହୁତ ଡେରି ହେଇଗଲାଣି...... ସେ ବୟସରେ ମୋଠାରୁ ଛୋଟ।"

କିନ୍ତୁ ସେ ଯେତେବେଳେ ଭିତରକୁ ଯାଇ ତାଙ୍କୁ ବାହାରକୁ ଡାକି ଆଣିଲେ ସେତେବେଳକୁ ତାଙ୍କ ଚେହେରା ପୁଣି ବଦଳିଗଲା।

ସେ ମୁଣ୍ଡବାଳକୁ ଏକାଠି କରି ଖୁବ୍ ଜୋର୍‌ରେ ବାନ୍ଧୁଥିଲେ। କିନ୍ତୁ ସେଦିନ ତାଙ୍କର ମୁକ୍ତ କେଶ ପବନରେ ଉଡୁଥିଲା। ଗୋଟିଏ ହାତରେ ସେ ଉଡୁଥିବା ବାଳକୁ ସମ୍ଭାଳୁଥିଲେ ଏବଂ ଅନ୍ୟ ହାତରେ ଜୀବନର ଏହି ନୂତନତ୍ୱକୁ।

ସେଠାରୁ ଧୀରେ ଧୀରେ ଗାଡ଼ି ଚଳାଇ, କଥାବାର୍ତ୍ତା କରି କରି ଆମେ ରାଜପୁରାରେ ପହଂଚି ଗଲୁ। ବାଟସାରା ସେ ଦଲୀପର ହାତରୁ ନିଜ ହାତରେ ଧରି ବସିଥିଲେ। ମୁଁ ହସି ଦେଇ କହିଲି-"ସେମିତି ବସିଥାଅ-ଆଉ ଚାରିଘଣ୍ଟାରେ ଆମେ ଦିଲ୍ଲୀରେ ପହଂଚିଯିବା।"

ଦଲୀପ ଚମକି ପଡ଼ିଲେ। "ନା ଆଜି ନୁହେଁ-ଦଶ ପନ୍ଦର ଦିନ ପରେ ଯେତେବେଳେ ମୁଁ ଆଓ୍ୱାଡ୍ ଆଣିବାକୁ ଯିବି..... ସେତେବେଳେ.....।"

ସେମାନେ ଦି'ଜଣ ରାଜପୁରାରେ ଓହ୍ଲାଇ ଗଲେ। ମୁଁ ଦିଲ୍ଲୀ ଆସିଲି। ଦିଲ୍ଲୀରେ ମୁଁ ଏକୁଟିଆ ଥିଲି। ତର୍କ କରିବାକୁ ଦଲୀପ ସେଠାରେ ନଥିଲେ। ସେଥିପାଇଁ ସେ ଯୁକ୍ତି ସବୁ ମୋତେ ଘେରିଗଲେ ଏବଂ ମୁଁ ବ୍ୟସ୍ତ ହୋଇ ଭାବିଲି ଆଉଥରେ ଦଲୀପ ଆଗରେ ଏ ଯୁକ୍ତି ଗୁଡ଼ିକ ବାଢ଼ିବି।

ଦଲୀପଙ୍କ ଜଣେ ପଡ଼ୋଶୀଙ୍କ ଫୋନ୍ ନମ୍ବର ମୋ ପାଖରେ ଥିଲା। ରାତିରେ ସେଇ ନମ୍ବରରେ ଦଲୀପଙ୍କୁ ଡାକି କହିଲି-'ଆଉ ଥରେ ଭଲ କରି ଭାବି ଦେଖ, ଦଲୀପ-ସେଇ ଦ୍ୱିତୀୟ ବ୍ୟକ୍ତି...'

ମନେହେଲା ମୋ ସ୍ୱର ତାଙ୍କ କାନକୁ ଛୁଇଁ ପୁଣି ମୋ ପାଖକୁ ଫେରି ଆସୁଛି। ସେ କହିଲେ, 'ଆଚ୍ଛା, ଭାବିବି।' କିନ୍ତୁ ମୁଁ ବୁଝିଗଲି ଯେ ଯାହା ସ୍ଥିର କରିଛନ୍ତି ତାକୁ ଆଉ ପରିବର୍ତ୍ତନ କରିବେ ନାହିଁ।

ମୁଁ ଭାବିଲି, ଦ୍ୱିତୀୟ ବ୍ୟକ୍ତିଙ୍କୁ ମୁଁ ନିଜେ ଜାଣିଥିବାରୁ ବୋଧହୁଏ ତାଙ୍କ ସପକ୍ଷରେ ଏପରି ଯୁକ୍ତି ବାଢ଼ିଲି।

ସେଥିପାଇଁ ଦଲୀପ ଯାହା ସ୍ଥିର କରିଛନ୍ତି ତାହା ହିଁ ଠିକ୍ ବୋଲି ମାନିନେଲି।

ମାର୍ଚ୍ଚ ୩୦ ତାରିଖରେ ଦଲୀପଙ୍କୁ ଆୱାର୍ଡ ମିଳିବାର କଥା। ତାହା ତାଙ୍କ ବିବାହକୁ ଆହୁରି ମଧୁର କଲା। ସନ୍ଧ୍ୟା ସମୟଟି ପୂଜା ଓ ହୋମର ଗନ୍ଧରେ ଭରି ଉଠିଲା। ଇମରୋଜ କନ୍ୟା ଦାନ କଲେ ଏବଂ ଭାଇର ସ୍ଥାନ ମୋ ପୁଅ ପୂରଣ କଲା।

ଦଲୀପଙ୍କର ଏକଥା ମନେଥିଲା। ମୋ ପୁଅର ବିବାହ ସମୟରେ ଗୁଜରାଟୀ କନ୍ୟାର ପିତା ସ୍ଥାନ ଇମ୍‌ରୋଜ ପୂରଣ କଲାବେଳେ ଦଲୀପ ତାଙ୍କୁ 'ଅଜନ୍ମା କନ୍ୟାର ପିତା' କହି ସିଧାସଳଖ ତା' ସହିତ ନିଜର ସଂପର୍କ ଯୋଡ଼ିଦେଲା।

ତିନିଦିନ ପରେ ଦଲୀପକୁ ତା ପତି ସହିତ ପଠାଇ ଦେଲାବେଳେ ତା'ର ନିଜ ମା' ବା ଭଉଣୀ ଭଳି ମୁଁ ବ୍ୟଥା ଅନୁଭବ କରିଥିଲି। ଯେତେବେଳେ ସେ ଠିକ୍ କହିଲେ, 'ବର୍ତ୍ତମାନ ଆଉ ଆପଣମାନେ ଚିନ୍ତା କରନ୍ତୁ ନାହିଁ-ସେତିକିବେଳେ ତାଙ୍କୁ ଏକ ପ୍ରକୃତରେ ତଗଡ଼ା ପୁରୁଷ ଭଳି ମୋର ମନେହେଲା ଏବଂ ସେ ଦଲୀପଠାରୁ ବୟସରେ ଅନେକ ବଡ଼ ଭଳି ଜଣା ପଡ଼ିଲେ।

ଦଲୀପର ଚେହେରା ବି ସେଦିନ ଏମିତି ଦିଶୁଥିଲା, ଯେମିତି ସେ ତା ଜୀବନର ଏଇ ସଇଁତ୍ରିଶ ଅଠତିରିଶ ବୟସ 'ମାଇୟେଁ'[୧] ହୋଇ ରହିଛି ଏବଂ ବର୍ତ୍ତମାନ ରଙ୍ଗ ବେରଙ୍ଗର ବସ୍ତ୍ର ପିନ୍ଧି ଲୋକ-ଗୀତର ଗୋରୀ ଭଳି ଦେଖାଯାଉଛି।

ପୁଣି ଏକ ଅଦ୍ଭୁତ ସମୟ ଆସିଲା। ମୋ ପାଇଁ ନଦୀର ଗୋଟିଏ ଧାରରେ ବରଫ ଭଳି ଥଣ୍ଡା ପାଣି ଏବଂ ଅନ୍ୟ ଧାରରେ ଫୁଟନ୍ତା ଗରମ ପାଣି ବହିବାକୁ ଲାଗିଲା। ଯାହାଙ୍କୁ ଦଲୀପ ସାଥୀ ରୂପେ ବାଛିଲା ନାହିଁ ତାଙ୍କର ଉଦାସୀ ପଣିଆ ମୁଁ ଦେଖିଲି ଏବଂ ମନର ନିଆଁରେ ମଧ୍ୟ ଶୁଣିଲି।

---

(୧) ପଞ୍ଜାବରେ ଏକ ପ୍ରଥା ଅଛି ଯେ ବିବାହର ପ୍ରାୟ ପନ୍ଦର ଦିନ ପୂର୍ବରୁ କନ୍ୟା ଭଲ ଲୁଗାପଟା ପିନ୍ଧିବ ନାହିଁ କି ତେଲ ଇତ୍ୟାଦି ଇଗାଇବ ନାହିଁ।

ସେ ତାଙ୍କ ପ୍ରେମର ଭାଗ୍ୟକୁ ସ୍ୱୀକାର କରିନେଇଥିଲେ ସତ, କିନ୍ତୁ ତାଙ୍କ ଅନ୍ତର ବୀତସ୍ପୃହ ହୋଇପଡ଼ିଥିଲା। ସେ କେବେ କେମିତି ମୋ ପାଖକୁ ଚିଠି ଲେଖିଲାବେଳେ ଦେଖୁଥିଲି ସେଥିରେ କେବଳ ମୃତ୍ୟୁ କାମନା ରହିଛି।

ମୁଁ ତାଙ୍କର ଦୁଃଖରେ ଦୁଃଖୀ ହେଉଥିଲେ ମଧ୍ୟ ଦଲୀପକୁ ସୁଖୀ ଦେଖିବାକୁ ଚାହୁଁଥିଲି। ସେଥିପାଇଁ ଦଲୀପକୁ ତାଙ୍କ କଥା କେବେ କହୁ ନଥିଲି। ସେ ମଧ୍ୟ ଦଲୀପକୁ ସୁଖୀ ଦେଖିବାକୁ ଚାହୁଁଥିଲେ। ସେଥିପାଇଁ ତାଙ୍କୁ ଜୀବନର ସବୁ ରାସ୍ତାରେ ଦଲୀପର ଚେହେରା ଦିଶି ଯାଉଥିଲେ ବି ସେ ତା' ରାସ୍ତାକୁ କେବେ ବି ଆସୁ ନଥିଲେ।

ମୁଁ ଜାଣିଥିଲି ଯେ ଦଲୀପର ମନରେ ସେ ନ ଥିଲେ- ଥିଲା ତା ଅନ୍ତରର ଯାଦୁ। ସେଇ ଯାଦୁ ଯେତେବେଳେ କଲମକୁ ଓହ୍ଲାଇ ଆସୁଥିଲା ସେତେବେଳେ ତାହା କବିତା ହୋଇଯାଉଥିଲା।

ତାଙ୍କର ଗୋଟିଏ ପତ୍ର ଏବେବି ମୁଁ ସାଇତି ରଖିଛି। ସେ ଲେଖିଥିଲେ-'ଦିଲ୍ଲୀକୁ ଆସିଲା ଦିନୁ ଆପଣଙ୍କ ପାଖକୁ କିଛି ଲେଖି ନାହିଁ। ଲେଖିବାକୁ ଯେତେବେଳେ ଇଚ୍ଛା ହୁଏ, ଆଖିରେ ଲୁହ ଜମିଯାଏ। ଜାଣେ ନାହିଁ କାହିଁକି ସବୁବେଳେ ମଦ ପିଇବାକୁ ଇଚ୍ଛା ହେଉଛି। ଆପଣଙ୍କ ଉପନ୍ୟାସ 'ଦିଲ୍ଲୀ କି ଗଲିୟାଁ' କଣ ସେଇଠି ଶେଷ ହୋଇ ପାରି ନ ଥାନ୍ତା, ଯେଉଁଠି ଅନେକ ବର୍ଷ ପରେ ସୁନୀଲ କାମିନୀକୁ ତା ଅଫିସରେ ଭେଟିବାକୁ ଆସୁଛି ଚାରିଟାବେଳେ, ପାଞ୍ଚଟାବେଳେ ଆଉଥରେ ଆସିବ ବୋଲି କହି ଯାଉଛି, ଆଉ ସେତିକିବେଳେ କାମିନୀ ନାସିରକୁ ଫୋନ୍ କରି ସବୁ କଥା କହି ଦେଉଛି। ନାସିର ତାକୁ କହୁଛି ଯେ ତୁମେ ତା ସହିତ ଯିବା ଉଚିତ। ନାସିର ଯିଏବି ହେଉ ସେ ଏହାହିଁ କହିଥାଆନ୍ତି। ନାସିରମାନେ ସବୁବେଳେ ଏହି କଥା କହିଛନ୍ତି ଏବଂ କହିବେ ମଧ୍ୟ। ଆଉ ନାସିର କେବେ ବି କାମିନୀର ହେବ ନାହିଁ। କିନ୍ତୁ ଆପଣ କାହାଣୀରେ କାହିଁକି ନାସିର ହାତରେ କାମିନୀର କବାଟ ବାଡ଼େଇଛନ୍ତି? କାହିଁକି? ନାସିର୍‌ର ଭାଗ୍ୟରେ ଏହା ଘଟେ ନାହିଁ। ତାର ନିୟତି ହେଉଛି ସେ ସବୁ ରାସ୍ତାରେ ଚାଲିବ, ସବୁ ପ୍ରକାରେ ବଂଚିବ। ମୁଁ ଆଜିକାଲି ପଟିଆଲା, ଚଣ୍ଡିଗଡ଼, ଲୁଧିଆନା କି ଗାଁ କେଉଁଠି ବି ରହୁନି। ହଁ, ଏଇ ସହରଗୁଡ଼ିକୁ ମିଶାଉଥିବା ସଡ଼କରେ ବୁଲୁଛି। କିନ୍ତୁ ଏମିତି କହିଲେ ମୁଁ ଦୟାର ପାତ୍ର ହୋଇଗଲା ଭଳି ଲାଗୁଛି... ଆପଣଙ୍କର ନିଜର, ଯାହାର ଆଜି କୌଣସି ଠିକଣା ନାହିଁ।

ମୁଁ ଏଇ ଚିଠି ଦଲୀପକୁ କେବେ ଶୁଣାଇ ନାହିଁ। କିନ୍ତୁ ଶୁଣିଛି, ତା' ଘରର ଠିକଣା ବି ସେ ହଜାଇଦେଇଛି।

ଦଲୀପ ନୁହେଁ, ତା' ମା କହିଲେ, 'ସବୁ ପୂର୍ବ ଜନ୍ମର ହିସାବ କିତାବ ହୁଏ ଝିଅ!'

ଦଲୀପକୁ ଚିଠି ଲେଖି ତା' ଖବର ପଚାରିଲେ ସେ ସବୁବେଳେ ଏଡ଼ାଇ ଦିଏ। ଲେଖେ-'ଆପଣ ମୋ ପାଇଁ ଚିନ୍ତା କରନ୍ତୁ ନାହିଁ। ଶକ୍ତି କମି ଯିବା ଭଳି ମନେ ହେଉଛି। ଜର ହେଉଥିଲା-କିନ୍ତୁ ଆପଣ ଚିନ୍ତା କରିବେ ନାହିଁ। ମୃତ୍ୟୁର ନିକଟତର ହେଉଥିବା ଭାବନା ବି ବଡ଼ ଅଦ୍ଭୁତ। ପୁଣି ଜର ଆସିଲଣି। ଆପଣ ଚିନ୍ତା କରନ୍ତୁ ନାହିଁ।'

ସବୁ ଚିଠିରେ ଏହି 'ଚିନ୍ତା କରନ୍ତୁ ନାହିଁ' ବାକ୍ୟଟି ବାରମ୍ବାର ଲେଖିବା ତାର ଅଭ୍ୟାସ ହେଇ ଯାଇଛି। ପାଗଳୀଟା ଏତିକି ବୁଝିପାରୁ ନ ଥିଲା ଯେ ଚିନ୍ତା ନ କରିବାକୁ କହିବା ଫଳରେ ମୋର ଚିନ୍ତା ଅଧିକ ହୋଇଯାଉଥିଲା।

ଥରେ ସେ ଗୋଟିଏ ଚିଠିରେ ଲେଖିଥିଲା-'ଆପଣ ଗୋଟିଏ କବିତାରେ ଲେଖିଥିଲେ-ଫୁଲର ଏକ ଶୋଭାଯାତ୍ରା ମରୁସ୍ଥଳୀ ଭିତରେ ଯାଉଥିଲା।' ମୋର ଆଜି ଇଚ୍ଛା ହେଉଛି, ମୁଁ ଗୋଟିଏ ଉପନ୍ୟାସ ଲେଖିବି ଯାହାର ଆରମ୍ଭ ଓ ଶେଷରେ ଏଇ କଥା ଥିବ।

ଏଇ ଚିଠିଟି ବହୁତ କଥା କହିଦେଲା ପରେ ସେ ଅନେକ ଦିନ ଅନ୍ତରରେ କେବେ ପଦେଅଧେ ଲେଖୁଥିଲା।

ଥରେ ଗୋଟିଏ ଚିଠିରେ ଲେଖିଲା-'ଆଜି ଅଜନ୍ମା ଝିଅର ବାପା ମନେ ପଡ଼ିଯିବାରୁ ଚିଠି ଲେଖି ବସିଲି। ଆପଣ କହିଥିଲେ ନିଜ ବନ୍ଧୁ ଉପରୁ ବିଶ୍ୱାସ ନହରାଇବାକୁ।'

ବହୁ ଦିନ ପରେ ଦଲୀପ ସାଙ୍ଗରେ ଯେବେ ଦେଖା ହେଲା, ତାକୁ କହିଲି, 'ତୁମର ପ୍ରକାଶିତ ପୁସ୍ତକର ସମର୍ପଣରେ ତମେ ଲେଖିଛ-'ଇତିହାସ କେବଳ ଇତିହାସ ବହିରେ ଲେଖା ହୋଇ ନ ଥାଏ-ବହିରେ ଲେଖା ହେବାର ବହୁ ପୂର୍ବରୁ, ଇତିହାସ ଲୋକଙ୍କ ଶରୀରରେ ଲେଖା ହୋଇଯାଏ। ଏହି ପୁସ୍ତକ ମୁଁ ସେଇ ଲୋକମାନଙ୍କୁ ସମର୍ପଣ କଲି, ଯାହାଙ୍କ ଦେହରେ ଇତିହାସ ଲେଖା ହୋଇ ଯାଇଛି।' ଗୋଟିଏ ଦିଗରୁ ଦେଖିଲେ ବହିଟି ତୁମେ ନିଜେ ନିଜକୁ ସମର୍ପଣ କରିଛ।

ସେ କହିଲା, 'ଆପଣ ଯଦି କହୁଛନ୍ତି ତେବେ ତାହାହିଁ ହୋଇଥିବ।'

'ତା' ହେଲେ ସେଭଳି ଲୋକର ଇତିହାସ ଲେଖ ଯାହା ତୁମ ଉପରେ ବିତି ଯାଇଛି।' - ମୁଁ କହିଲି।

ସେ ଧୀର ସ୍ୱରରେ କହିଲା, 'ସବୁ କଥା କଣ ଶବ୍ଦରେ ପ୍ରକାଶ କରିହୁଏ?'

ମୁଁ ପଚାରିଲି, 'ଥରେ ତୁମ ବିଷୟରେ ଗପଟିଏ ଲେଖି ତା' ନାଁ ରଖିଥିଲି 'ଫ୍ରିଜୋନ୍ ମେଁ ଏକ ରାତ'। କିନ୍ତୁ ଆଜିର କଥା ଯଦି ଲେଖିବି ତେବେ ସେ ଗପର ନାଁ କଣ ଦେବି?'

କହିଲା, 'ଫ୍ରି ଜୋନ୍‌ର ଓଲଟା ଶବ୍ଦ କଣ? ଯାହା ହୋଇଥିବ ସେଇଆ ଲେଖି ଦିଅନ୍ତୁ।'

ମୋ ଆଖି ଜକେଇଆସିଲା।

ଭାବିଲି, ଜୀବନ ରାସ୍ତାର ଇଏ ହୁଏତ ଏକ ମୋଡ଼। ଏଇ ମୋଡ଼ ପୁଣି ବଦଳି ଯାଇ ତାକୁ ସେଇ ପୁରୁଣା ରାସ୍ତାରେ ଯେ ନ ପହଂଚାଇ ଦେବ, ସେ କଥା କିଏ କହିବ?

କିନ୍ତୁ ବନ୍ଧୁର ଦୁଃଖ ଦେଖିବା ବଡ଼ କଷ୍ଟକର ଅନୁଭୂତି।

ଏକ ପ୍ରଣତି

ଅଗଷ୍ଟ ଅଠର ତାରିଖ ୧୯୭୩ ମସିହାରେ ଅଶୋକା ହୋଟେଲରୁ ଗୋଟିଏ ଟେଲିଫୋନ୍ ଆସିଲା-'ପାକିସ୍ଥାନରୁ ଆସିଥିବା ଶାନ୍ତି ପ୍ରତିନିଧି ଦଳର ମୁଁ ଜଣେ ମେମ୍ବର କହୁଛି।'

ଖାଉଥିଲି, ହାତର ଗ୍ଲାସ ହାତରେ ରହିଗଲା। ହୃଦୟରେ ଏକ ତୃପ୍ତିର ଆଭାସ ପାଇଲି। ଅଧଘଣ୍ଟାଏ ପରେ ସେହି ଭଦ୍ରବ୍ୟକ୍ତି ସଜ୍ଜାଦଙ୍କ ପାଖରୁ ଆଣିଥିବା ଏକ ଚିଠି ଓ ବହି ମୋତେ ଦେବାକୁ ଆସିବେ ବୋଲି କହିଲେ।

ଠିକ୍ ସମୟରେ ସେ ଆସି ପହଂଚିଲେ ଏବଂ ଲ୍ୟାମ୍ପଶେଡ୍ ଉପରେ ଲେଖା ଫୟଜଙ୍କ କବିତା ଏବଂ ଲାଇବ୍ରେରୀ କବାଟରେ ଲେଖା ହୋଇଥିବା କାସ୍‌ମିଙ୍କ କବିତାର ପଂକ୍ତି ପଢ଼ିଲେ। ତା'ପରେ ମୁଁ କଥାବାର୍ତ୍ତା ଆରମ୍ଭ କଲି। କହିଲି-'ଏଥର ଆପଣମାନେ ସବୁ ଠିକ୍‌ଠାକ୍ କରି ଯାଆନ୍ତୁ। ଯେଉଁ ଦେଶ କବିମାନଙ୍କ କବିତା ଏ ଦେଶ ଲୋକଙ୍କ ଘରର କାନ୍ଥରେ ଲେଖା ରହୁଛି, ସେ ଦେଶ ସହିତ ଶତ୍ରୁତାର ମାନେ କ'ଣ?'

ସେ ସଙ୍ଗେ ସଙ୍ଗେ ଉତ୍ତର ଦେଲେ-ଆଲ୍ଲା ଚାହିଁଲେ ନିଶ୍ଚୟ ଶାନ୍ତି ପ୍ରତିଷ୍ଠା ହେବ!

ସେହି ଭଦ୍ରବ୍ୟକ୍ତି ଯିବା ପରେ ଚିଠି ଖୋଲିଲି। ମନେହେଲା କଳା ସ୍ୟାହିରେ ଗାଧୋଇ ଅକ୍ଷର ଗୁଡ଼ିକ ସୁନେଲୀ ହୋଇଯାଇଛନ୍ତି। 'ଏମି. ତୁମକୁ ଚିଠି ଲେଖିବାର କୌଣସି ସୁଯୋଗକୁ ମୁଁ ହରାଏ ନାହିଁ। ଯେତେବେଳେ ବି କୌଣସି ଭଦ୍ରବ୍ୟକ୍ତି ସୀମା ଅତିକ୍ରମ କରନ୍ତି, ସେତେବେଳେ ମୁଁ ଏ ସୁଯୋଗ ନିଏ। ଆମର ପ୍ରଥମ ପ୍ରେସିଡେଣ୍ଟଙ୍କ ସାଙ୍ଗରେ ଯାଇଥିବା ଜଣେ ବନ୍ଧୁ ତୁମକୁ ମୁଁ ରୋମରୁ ଲେଖିଥିବା ଚିଠିଟିକୁ ପୋଷ୍ଟ

କରିଦେଇଥିଲେ। ମୁଁ ଆଶା କରୁଛି ତୁମେ ତାହା ପାଇଥିବ। ଏ ଚିଠିଟି ମଧ୍ୟ ତୁମେ ନିଶ୍ଚୟ ପାଇବ ବୋଲି ମୋର ବିଶ୍ୱାସ। ପତ୍ରବାହକ ମୋର ଜଣେ ପ୍ରିୟ ବନ୍ଧୁ। ସେ ତୁମ ସହିତ ଦେଖା କରିବାକୁ ମଧ୍ୟ ଚାହିଁବେ। ମୁଁ ତୁମକୁ ଦେଖିବାକୁ ଏତେ ବ୍ୟାକୁଳ ଯେ ମୋର ଏଇ ବନ୍ଧୁଙ୍କ ଆଖିରେ ବି ଟିକିଏ ଦେଖିଦେଲେ ଖୁସି ହେବି। ମୁଁ ତାଙ୍କୁ କହିଛି ଯେ ଦେଖା ହୋଇପାରିବ କି ନାହିଁ ଫୋନ୍ କରି ପଚାରିବେ। ଯଦି ହୋଇଯାଏ ତେବେ ସେ ଫେରିବା ପରେ ତାଙ୍କୁ ମୁଁ ଅନେକ ପ୍ରଶ୍ନ ପଚାରିବି-ସେ କେମିତି ଲାଗିଲା ? କିଭଳି ଲୁଗା ସେ ପିନ୍ଧିଥିଲା ? ସେ କଣ ହସିଥିଲା ? ମୋ ବିଷୟରେ ସେ କଣ କହିଲା ? ସେ କଣ ଏବେବି ସେଇଭଳି ଅଛି ? ଶହେ ପ୍ରଶ୍ନ ପଚାରିବି। ସେ ଭାରି ଭାଗ୍ୟବାନ୍। ମୁଁ କେବଳ ମୁହୂର୍ତ୍ତକ ପାଇଁ ବି ଯଦି ତୁମକୁ ଦେଖି ପାରନ୍ତି !

ଖଲିଲ ଜିବ୍ରାନ ଲେଖିଥିଲେ-'ଜୀବନର ଲକ୍ଷ୍ୟ ହେଉଛି ତାହାର ଗୋପନୀୟତାକୁ ଉଦ୍‌ଘାଟନ କରିବା। ଏଥିପାଇଁ ପାଗଳାମୀ ହିଁ ଏକମାତ୍ର ରାସ୍ତା।' ମୁଁ ଭବିଲି ସଜ୍ଜାଦ ହିଁ ସେତେବେଳେ ଥିଲା ମୋର ଖଲିଲ ଜିବ୍ରାନ।

ମୁଁ ମୋର ପାଗଳାମୀ ପାଇଁ ଗର୍ବ ଅନୁଭବ କରୁଥିଲି। କିନ୍ତୁ ଆଜି ସଜ୍ଜାଦ ପାଖରେ ତାହା ମଧ୍ୟ ମୁଣ୍ଡ ନୁଆଇଁ ପ୍ରଣତି ଜଣାଇଲା।

ଈଶ୍ୱରଙ୍କ ଭଳି ଭରସା

ଜୀବନରେ ଏମିତି ଅନେକ ଦିନ ଆସିଛି ଯେତେବେଳେ ହାତରେ ଅଟକି ଯାଇଥିବା କଲମକୁ ମୁଁ ଗଳାରେ ଲଗାଇ କାନ୍ଦିଛି।

କେତେବେଳେ କିଏ ଆସି ତୁମକୁ ଭଗବାନଙ୍କ ଭଳି ସାହାଯ୍ୟ କରେ, ଏକଥା କହିବା କଠିନ।

ମୋର କଲମ ଏକ ଜାଗ୍ରତ ଦେବତା ଭଳି। ତାକୁ ମୁଁ ଆଖିରେ ଦେଖିପାରେ, ହାତରେ ଛୁଇଁପାରେ, ପୁଣି ଏକ ଅଲେଖା କାଗଜ ଭାବରେ ଛାତିରେ ଜାକି ଧରେ।

ତା'ର ଓ ମୋର ସମ୍ପର୍କକୁ ଏକ କବିତାରେ ତୋଳି ଧରିଥିଲି।

ବିଗତ ଅର୍ଦ୍ଧ ଶତାବ୍ଦୀ ଭିତରେ ମୋର ଅନେକ ବିଷୟରେ ଆଗ୍ରହ ଜାତ ହୋଇଛି। ପ୍ରଥମେ ଫଟୋଗ୍ରାଫିରେ ଥିଲା। ବାପା ଘରେ ଗୋଟିଏ ଡାର୍କ-ରୁମ୍ କରିଥିଲେ। ସେଥିପାଇଁ ଫିଲ୍ମ ଧୋଇବା ଶିଖି ନେଇଥିଲି। ନେଗେଟିଭ୍‌ରୁ ପଜେଟିଭ୍ କଲାବେଳେ ଖାଲିକାଗଜ ଉପରେ ଯେତେବେଳେ ଚକ୍‌ମକ୍ ଚେହେରା ଫୁଟି

ଉଠେ, ମୁଁ ରୋମାଞ୍ଚିତ ହୋଇଯାଏ। ଅନେକ ଦିନ ଯାଏଁ ଏହି କାମରେ ମୁଁ ମଜ୍ଜି ରହିଥିଲି। ତାପରେ ନୃତ୍ୟ ଆଡ଼କୁ ମୋ ମନ ଟାଣି ହୋଇଗଲା। ଲାହୋରରେ ତାରା ଚୌଧୁରୀଙ୍କ ଠାରୁ ପ୍ରାୟ ଛ' ସାତ ମାସକାଳ ଶିଖିଲି। ଯେତେବେଳେ ତାରା ଷ୍ଟେଜରେ ତାଙ୍କ ସହିତ କାମ କରିବାକୁ ଡାକିଲେ, ଘରୁ ସେତେବେଳେ ଅନୁମତି ମିଳିଲା ନାହିଁ। ସଉକ ମଉଳିଗଲା। ଏହା ଶୁଖିଲା ପତ୍ର ପରି ତଳେ ଝଡ଼ି ପଡ଼ି ସେଥିରୁ ଆଉ ଏକ ନୂଆ ଅଙ୍କୁର ଜାତ ହେଲା-ସୀତାର ବଜାଇବାର ସଉକ। ଭାରତବର୍ଷର ବିଭାଜନ ପର୍ଯ୍ୟନ୍ତ ଏହି ସଉକ ଖୁବ୍ ଜୋର୍‌ରେ ରହିଥିଲା। ଲାହୋର ରେଡ଼ିଓ ଷ୍ଟେସନରେ କେତେଥର ସୀତାର ବଜାଇଛି। ମାଷ୍ଟର ରାମରଖା, ସିରାଜ ଅହମଦ ଓ ଦିନା ସିତାରିଆ ମୋର ଓସ୍ତାଦ ଥିଲେ। ଏଥି ସହିତ ଟେନିସ ଖେଳରେ ମଧ୍ୟ ଆଗ୍ରହ ଥିଲା। ଲାହୋରର ଲରେନ୍‌ସ ଗାର୍ଡେନ ପଛପଟ ଲନ୍‌ରେ ଯାଇ ଟେନିସ ଶିଖୁଥିଲି। କିନ୍ତୁ ଦେଶ ବିଭାଜନ ହେବା ସଙ୍ଗେ ସଙ୍ଗେ ମୋର ଏହି ସବୁ ସଉକ ଭାଙ୍ଗିଗଲା।

ଏହି ସବୁ ସଉକ ପାଇଁ ଜୀବନରେ ଆଉ ଅବସର କି ସୁଯୋଗ ରହିଲା ନାହିଁ। ବଂଚି ରହିବା ପାଇଁ ସଂଗ୍ରାମ ଆରମ୍ଭ ହୋଇଗଲା। ଦୈବାତ୍ ଏମ୍. ଏସ୍. ରନଧାୱାଙ୍କ ସହ ସାକ୍ଷାତ୍ ହେଲା। ସେ ଦିଲ୍ଲୀ ରେଡ଼ିଓ ଷ୍ଟେସନକୁ ଚିଠିଟିଏ ଲେଖି ମୋ ପାଇଁ ଗୋଟିଏ ଚାକିରି ଯୋଗାଡ଼ କରିଦେଲେ। ବାରବର୍ଷ ଏଇ ଚାକିରି କଲି।

ପ୍ରଥମେ କିଛି ବର୍ଷ ଏ ଚାକିରି ଦୈନିକ କଣ୍ଟ୍ରାକ୍ଟ ଭାବରେ ଥିଲା। ଦିନକୁ ପାଞ୍ଚ ଟଙ୍କା। ଯେଉଁଦିନ ବେମାର ହେଉଥିଲି କିମ୍ବା ଛୁଟି ନେଉଥିଲି ସେଦିନର ପାଞ୍ଚ ଟଙ୍କା କଟି ଯାଉଥିଲା। ସେଥିପାଇଁ ବେମାର ହେବାର ଅଧିକାର ଶରୀରକୁ ଦେଉନଥିଲି। ଯଦି କେବେ ଶର୍ଦ୍ଦି ଅଣ୍ଡାରୁ ଗଳା ଖରାପ ହୋଇ ଯାଉଥିଲା ତେବେ ଭାରି ମୁସ୍କିଲରେ ପଡ଼ିଯାଉଥିଲି ଓ ମନେ ପଡୁଛି-ମୋ ସେକସନ୍‌ରେ କୁମାର ବୋଲି ମୋର ଜଣେ ସହକର୍ମୀ ଥିଲେ। ଏଭଳି ଅବସ୍ଥା ଉପୁଜିଲେ ସେ ମୋ ଜାଗାରେ ଆନାଉନ୍‌ସ କରିଦେଉଥିଲେ। ବଡ଼ ଆନାଉନ୍‌ସମେଣ୍ଟ ଗୁଡ଼ିକ ସେ କରି ଦେଉଥିଲେ ଏବଂ ଛୋଟ ଗୁଡ଼ିକ ମୋତେ କରିବାକୁ ଦେଉଥିଲେ। କାରଣ ଏହା ଫଳରେ ରିପୋର୍ଟରେ କିଛି ଭୁଲ ହେବ ନାହିଁ ଏବଂ ମୋର ପାଞ୍ଚଟଙ୍କାଟା ମଧ୍ୟ ମିଳିଯିବ।

ଦେଖିଲି, ଜୀବନର ସବୁ ଉତ୍ତରଣ-ଅବତରଣ ସମୟରେ ମୋ ସାଙ୍ଗରେ ରହିଛି କେବଳ ମୋର ଲେଖନୀ। ମୋ ନିଜ ଜୀବନରେ କୌଣସି ଘଟଣା ଘଟୁ ଅଥବା ଦେଶ ବିଭାଜନ ଭଳି ସମୟରେ ଲକ୍ଷ ଲକ୍ଷ ଲୋକଙ୍କ ଜୀବନରେ ଅଘଟଣ ଘଟିଯାଉ, ସବୁବେଳେ ମୋର ଗୋଟିଏ ଅଙ୍ଗ ଭଳି ଲେଖନୀ ମୋ ସହିତ ରହିଛି।

ଜୀବନ ବୋଧହୁଏ ଏହାହିଁ ମୋ ପାଇଁ ନିଷ୍ପତ୍ତି କରିଥିଲା। ଅନ୍ୟ ସବୁ ପ୍ରକାର ସଉକ ଖତ ହୋଇ ତାହାରି ଭିତରେ ମିଶିଯାଇଛି।

ଜୀବନକୁ ସୁଗନ୍ଧମୟ କରିବା ପାଇଁ କେତେ କଣ ଯେ ଖତ ହୋଇଯାଏ, କୁହା ଯାଇ ପାରିବ ନାହିଁ। ସାହିର ଓ ସଜ୍ଜାଦଙ୍କ ବନ୍ଧୁତ୍ୱ ବି ବୋଧହୁଏ ସେହିଭଳି ଖତ ହୋଇ ଇମ୍‌ରୋଜଙ୍କ ବନ୍ଧୁତ୍ୱ ସହିତ ମିଶିଯାଇ ତାକୁ ଅଧିକ ଉର୍ବର କରିଦେଉଛି।

ଦୁଇ ତିନି ବର୍ଷ ପୂର୍ବେ ସାହିରଙ୍କ ସହ ଯେତେବେଳେ ଦେଖାହେଲା ସେ ତାଙ୍କ ଘରେ ଦିନେ-ଦୁଇଦିନ ରହିବା ପାଇଁ ଜିଦି କଲେ। ସେଠାରୁ ଫେରି ଆସି ଦୁଇଟି କବିତା ଲେଖିଥିଲି।

"ବହୁ ବର୍ଷ ପରେ
ହଠାତ୍ ଏ ଭେଟ ଆମ ଦୁହିଁଙ୍କର
ଦୁହେଁ ଯାକ କଂପିଉଠିଲୁ
କବିତାର ଏକ ପଂକ୍ତି ଭଳି।'

ଏହି କଂପନ ସହିତ ମୁଁ ଇମ୍‌ରୋଜଙ୍କ ଦୁରବସ୍ଥା ବି ଦେଖିଲି। ସେ କହି ପକାଇଲେ, '୧୯୬୦ର ଅପରାଧ ମୁଁ ସ୍ୱୀକାର କରୁଛି। କିନ୍ତୁ ତାହା ମୋର ଯୌବନର ଅପରାଧ।' ତାଙ୍କର ସେହି ସ୍ୱୀକାରୋକ୍ତିର ବେଦନାରେ ମୁଁ 'ଜନମ କଲା' ଭଳି କବିତା ଲେଖିଥିଲି। କିନ୍ତୁ ଆଜି ସହଜ ମନରେ କହିବି-'ତୁମର ଓ ମୋର ଅପରାଧ କଣ ଭିନ୍ନ ଭିନ୍ନ?'

ଏହା 'ଆଜି' ଜାଣେ ନାହିଁ ଏଥିପାଇଁ କେତେ 'କାଲି' ଖତ ହୋଇଯାଇଛି।

ଏହି 'ଆଜି'ଟି ମୋର ସମଗ୍ର ଜୀବନକୁ ବ୍ୟାପିଯାଉ ବୋଲି ମୁଁ ଚାହେଁ। ଏହା ଯଦି କେବେ 'ଆସନ୍ତା କାଲି' ହେବାକୁ ନ ଚାହିଁବ, ତେବେ ବି କହିବି 'ତୁମର ଓ ମୋର ଅପରାଧ ଭିନ୍ନ ନୁହେଁ।'

ଇମ୍‌ରୋଜ ମୋଠାରୁ ସାଢ଼େ-ଛ' ବର୍ଷ ଛୋଟ। ମୁଁ ଖରାବର୍ଷା ସହିପାରୁନାହିଁ, କିନ୍ତୁ ତାଙ୍କର ସେ ସବୁକୁ ଖାତିରି ନାହିଁ। କେତେ ଥର ହସି ହସି କହିଛି, 'ଭଗବାନ ତ ସମସ୍ତଙ୍କୁ ଗୋଟିଏ ଯୌବନ ଦିଅନ୍ତି, କିନ୍ତୁ ମୋତେ ଦୁଇଟି ଦେଇଛନ୍ତି। ମୋର ଯୌବନ ଚାଲିଗଲା ପରେ ଇମ୍‌ରୋଜ ରୂପରେ ସେ ପୁଣି ମୋତେ ଆଉ ଥରେ ଦେଇଦେଲେ। ମୋର ଯେତେବେଳେ ଦୁଇଟି 'ଆଜି' ଅଛି ସେତେବେଳେ ଆସନ୍ତା କାଲି ପାଇଁ ମୁଁ କାହିଁକି ଭୟ କରିବି?'

'ରୋଜୀ' କବିତାରେ ଲେଖିଥିଲି-
ଯାହା ମୁଁ ଅର୍ଜୁଛି

ଖାଉଅଛି ତାହା,
କାଲିର ବାସି ନୁହେଁ
ଅଥବା
ରଖୁନାହିଁ କିଛି ଆସନ୍ତା କାଲି ପାଇଁ

ମୋର 'ଆଜି' ମୋ ଦେହରେ ଅନେକ ଦାଗ ପକାଇଛି। ଓଠରେ ଦାନ୍ତ ଚାପି ତାହା ଗ୍ରହଣ କରି ନେଇଛି।

ଆଜି ମନର ଅବସ୍ଥା ସହଜ ହୋଇଯାଇଛି।

ଏବେ ଯେକୌଣସି ସମୟରେ ସବୁଥିରୁ ବିଦାୟ ନେବାକୁ ହେଲେ ମଧ୍ଧ ସହଜ ମନରେ ଯାଇ ପାରିବି। କେବଳ ଏତିକି ନୁହେଁ ଯେ, ମୋର ରହିବା ବଂଚିବା ସହିତ ଯେଉଁମାନଙ୍କର କୌଣସି ସଂପର୍କ ନଥିଲା, ମୋର ମରଣ ସହିତ ବି ସେମାନଙ୍କର କିଛି ସଂପର୍କ ନରହୁ। ଯେଉଁ ଲୋକମାନେ ଜୀବନରେ କେବେବି ପାଖରେ ଠିଆ ହୋଇ ନଥା'ନ୍ତି ସେଇମାନେ ଏମିତି ସମୟରେ ଆସି ଚାରିପଟେ ଖୁବ୍ ଭିଡ଼ ଲଗାଇ ଦିଅନ୍ତି। ଭିଡ଼ ସହିତ ମୋ ଜୀବନର କିଛି ସମ୍ପର୍କ ନାହିଁ ଏବଂ ମୋର ଇଚ୍ଛା ଯେ ମୋ ମୃତ୍ୟୁ ସହିତ ବି ଏହାର କିଛି ସମ୍ପର୍କ ନରହୁ। ସେହି ଲୋକମାନେ 'ଭୋଗ୍' ବା ଶୋକସଭା ନାମରେ ମୋ ସମ୍ପର୍କରେ ସତମିଛ କହିବାର କଷ୍ଟ ନକରନ୍ତୁ।

ପଞ୍ଜାବର ଏମିତି କୌଣସି ଖବର କାଗଜ ନାହିଁ ଯାହାକୁ ଖୋଲିଲେ ମୁଁ ବୁଝି ନପାରିବି ଯେ ମୋ ବିରୁଦ୍ଧରେ ସେଥିରେ କଣ ଲେଖା ହୋଇଛି। ମୋ ଆଗରୁ ସେମିତି କାଗଜ ଇମରୋଜଙ୍କ ଆଖିରେ ପଡ଼ିଲେ ତାକୁ ସେ ଲୁଚାଇ ଚିରି ଦେଉଥିଲେ। ଏ ସମ୍ପର୍କରେ ମୋର ଉପନ୍ୟାସ 'ଦିଲ୍ଲୀ କି ଗଲିୟାଁ'ରେ ମୁଁ ଲେଖିଛି ଏବଂ ଇମ୍‌ରୋଜଙ୍କୁ ସେଥିରେ ନାସିର ରୂପରେ ବର୍ଣ୍ଣନା କରିଛି। ମୋର ମୃତ୍ୟୁପରେ ସେଇ ସଂବାଦପତ୍ରମାନଙ୍କର ଶୋକପ୍ରକାଶ ଅତି ବଡ଼ ମିଥ୍ୟା ହେବ। ମୋର ମନେହୁଏ କୌଣସି ଶବ ନିକଟରେ କେହି ଫୁଲପତ୍ର ହୁଏତ ନ ରଖିପାରେ, କିନ୍ତୁ ମିଥ୍ୟା ଭଳି ଜିନିଷ ରଖିବାର କାହାରି ଅଧିକାର ନାହିଁ। ଇମ୍‌ରୋଜ୍ ଯଥାଶକ୍ତି ମୋତେ ଏହି ମିଥ୍ୟା ନିକଟରୁ ବଂଚାଇଛନ୍ତି। କେବଳ ତାଙ୍କୁ ହିଁ କହିବି ଯେ ମୋ ଶବ ନିକଟକୁ କୌଣସି ମିଥ୍ୟା ଆସିବା ପାଇଁ ସେ ଯେପରି-ଅନୁମତି ନ ଦିଅନ୍ତି।

ଇମ୍‌ରୋଜ ଓ ମୋର ପିଲାମାନଙ୍କ ଦ୍ୱାରା ହିଁ ମୋର ଶେଷକୃତ୍ୟ ହେବ-ତାହା ସେହିମାନଙ୍କର ହିଁ ପ୍ରାପ୍ୟ।

ଏକ ସମୟରେ ମୃତ ବ୍ୟକ୍ତିର ଶବ ନିକଟରେ ଲୋକମାନେ ପାଣି କଳସୀ ଏବଂ ସୁନା ରୁପା ପ୍ରଭୃତି ରଖୁଥିଲେ। ଏଭଳି କୌଣସି ବିଷୟରେ ମୋର ଆସ୍ଥା

ନାହିଁ। କିନ୍ତୁ ସବୁ ବ୍ୟବସ୍ଥାରେ ଆସ୍ଥା ରହିବାର ବି କୌଣସି ଆବଶ୍ୟକତା ନାହିଁ। ମୋ ଶବ ନିକଟରେ ଇମ୍‌ରୋଜ ମୋର କଲମ ରଖିଦେଉ, ଏହାହିଁ ମୁଁ ଚାହେଁ।

ଏରିଫ୍ ହୋଫରଙ୍କ ଭାଷାରେ, 'ମନୁଷ୍ୟ ଈଶ୍ୱରଙ୍କର ଏକ ଅସଂପୂର୍ଣ୍ଣ ସୃଷ୍ଟି। ତାଙ୍କର ଅସମ୍ପୂର୍ଣ୍ଣ କାର୍ଯ୍ୟକୁ ପୂର୍ଣ୍ଣ କରିବା ପାଇଁ ମନୁଷ୍ୟ ଅନବରତ କାମ କରୁଥାଏ।' ମୋର 'ଯାତ୍ରୀ' ଉପନ୍ୟାସରେ ଠାଏ ଲେଖିଥିଲି, 'ଏହା ନିଜ ଆଗରୁ ନିଜ ପର୍ଯ୍ୟନ୍ତ ପହଂଚି ଯିବାର ଯାତ୍ରା।' ଆଜି ଏରିଫ୍ ହୋଫରଙ୍କୁ ପଢ଼ିଲାବେଳେ ମନେହେଲା- 'ନିଜ ପୂର୍ବରୁ ନିଜ ପାଖରେ ପହଂଚି ଯିବାର ଚେଷ୍ଟା ହିଁ ସେହି ଅସମ୍ପୂର୍ଣ୍ଣ କାମକୁ ସଂପୂର୍ଣ୍ଣ କରିବାର ଏକ ଉଦ୍ୟମ। ସେଥିପାଇଁ ଯେଉଁ ଲେଖନୀ ଏହି ସଂପୂର୍ଣ୍ଣ ରାସ୍ତାରେ ମୋ ସହିତ ରହିଛି ଜୀବନ ଶେଷରେ ବି ସେ ମୋ ସହିତ ରହୁ ବୋଲି ମୁଁ ଇଚ୍ଛା କରେ।

ଛୋଟ ସତ୍ୟ, ବଡ଼ ସତ୍ୟ

ପ୍ରତିଦିନ ସକାଳେ ଗଛ ପତ୍ରରେ ପାଣି ଦେବା ମୋର ଅନ୍ୟତମ ପ୍ରିୟ କାମ। ସକାଳେ ଯେତେ ସମୟ ମୁଁ ପାଣି ଦେଉଥାଏ ସେତେ ସମୟ ଯାଏଁ ଇମ୍‌ରୋଜ ମୋ ସହିତ ଚାଲି ଚାଲି ଖବରକାଗଜ ପଢ଼ି ମୋତେ ଶୁଣାଉଥାନ୍ତି। ପ୍ରଥମେ ଘର ସାମନା ଗଛ, ତା'ପରେ ପଛ ପଟର ଅଗଣା ଓ ଶେଷରେ ମଝି ଅଗଣାର ଗଛରେ ମୁଁ ପାଣି ଦିଏ। ଦିନେ ଗୋଟିଏ ମନିପ୍ଲାଣ୍ଟରେ ପାଣି ଦେଉ ଦେଉ ଇମ୍‌ରୋଜଙ୍କୁ କହିଲି, 'ଦେଖ, ଏ ମନିପ୍ଲାଣ୍ଟ କେତେ ବଢ଼ିଗଲାଣି!' ସେ କହିଲେ, 'ତୁମେ ତ ପାଣି ଦେଇ ଦେଇ ଓ୍ୱାରିସ ଶାହାଙ୍କ ଚାରା ଗଛଟିକୁ ଦ୍ରୁମ କରିଦେଲ, ଏ ତ ଛାର ମନିପ୍ଲାଣ୍ଟ!'

କେବେ କେବେ ଆନନ୍ଦ ଓ ଦୁଃଖ ଏକସଙ୍ଗରେ ଅନୁଭବ ହୁଏ। କହିଲି, 'ଓ୍ୱାରିଶ ଶାହାଙ୍କ ଚାରାକୁ ହୃଦୟର ଜଳ ଏବଂ ଚକ୍ଷୁର ଲୋତକରେ ପ୍ଲାବିତ କରିଥିଲି। ତୁମର ମନେଅଛି ଯେତେବେଳେ ତୁମ ସହ ପ୍ରଥମ ଦେଖାହେଲା, ସେ ଖବର ଚାରିଆଡ଼େ ବ୍ୟାପିଗଲା।' ଜଳନ୍ଧରର କୌଣସି ଏକ ସମ୍ମିଳନୀର ଚେୟାରମ୍ୟାନ୍ ପାଇଁ ମୋ ନାମ ପ୍ରସ୍ତାବ କରାଯାଇଥାଏ। ଜଣେ କମ୍ୟୁନିଷ୍ଟ ନେତା ଏହାର ଖୁବ୍ ବିରୋଧ କଲେ-'ନା ତାଙ୍କୁ ଆମେ ଡାକିବା ନାହିଁ। ତାଙ୍କର ବଦ୍‌ନାମୀ ଯୋଗୁଁ ଆମ ସଙ୍ଘର ବଦନାମ ହୋଇଯିବ।

ଦିଲ୍ଲୀ ୟୁନିଭରସିଟିରୁ ମୋତେ ଡିଲିଟ୍ ମିଳିଥିବା ଯୋଗୁଁ ସେହିଦିନ ସନ୍ଧ୍ୟାରେ ଦିଲ୍ଲୀର ଖାଲସା କଲେଜ ମୋତେ ସମ୍ବର୍ଦ୍ଧିତ କରିଥିଲେ। ସକାଳର କମ୍ୟୁନିଷ୍ଟ ନେତାଙ୍କ

କଥା ମନେଥିଲା। ସଭାରେ କହିଲି, 'ନିନ୍ଦା ମିଳୁ ଅଥବା ପ୍ରଶଂସା, ଲେଖକ ସବୁବେଳେ ଲେଖକ ହୋଇ ରହିବ।'

ସମୟକ୍ରମେ ମୁଁ ପ୍ରଶଂସା, ନିନ୍ଦା, ଅବହେଳାକୁ ଜୀବନର ବିଭିନ୍ନ ଋତୁ ରୂପରେ ଦେଖି ପାରିଛି। ସବୁ ଋତୁ ମୋ ଜୀବନରେ ବିତିଛି। କିନ୍ତୁ ପ୍ରଥମେ ପ୍ରଥମେ ଏହା ଭିତର ଦେଇ ଅତିକ୍ରମ କରିବା ଖୁବ୍ କଠିନ ମନେହେଉଥିଲା।

ଇମ୍ରୋଜଙ୍କ ସହିତ ଜୀବନ ମଧ୍ୟ ସମତଳ ରାସ୍ତାରେ ବହି ନାହିଁ। ଅନେକ ଉଠାଣି, ଗଡ଼ାଣି ଭିତରେ ଯିବାକୁ ପଡ଼ିଛି। ଦୁଇଟି ବ୍ୟକ୍ତିତ୍ୱ ଏଥିରେ ନଦୀର ପାଣି ଭଳି ମିଳିତ ହେଉଥିଲେ ପୁଣି ବିପରୀତ ପାହାଡ଼ ଚୂଡ଼ା ଭଳି ସଂଘର୍ଷ କରୁଥିଲେ। କିନ୍ତୁ ଚଉଦ ବର୍ଷର (ରାମ ବନବାସ ଯେପରି ଚଉଦବର୍ଷ) ଅନୁଭୂତିରୁ ଏତିକି କହିବି ଯେ, ଏହି ରାସ୍ତାର ଯେତକ ଗଡ଼ାଣି ସବୁ ଛୋଟ ସତ୍ୟ, ଯେତକ ବଡ଼ ସତ୍ୟ।

ଇମ୍ରୋଜଙ୍କର ବ୍ୟକ୍ତିତ୍ୱ ନଦୀର ସ୍ରୋତ ଭଳି। ନଦୀ ଏକ ସୀମା ମାନି ନିଏ, କିନ୍ତୁ କେନାଲ ଭଳି ପକ୍କା ବନ୍ଧ ମାନେ ନାହିଁ। ଇଚ୍ଛା କଲେ ସେ ବନ୍ଧ ଭାଙ୍ଗି ତାର ଗତିପଥ ବଦଳାଇ ଦିଏ। କୌଣସି ସମ୍ପର୍କ ଯେ ପର୍ଯ୍ୟନ୍ତ ବନ୍ଧନ ନୁହେଁ ସେ ପର୍ଯ୍ୟନ୍ତ ଇମ୍ରୋଜ ସେ ସମ୍ପର୍କକୁ ସ୍ୱୀକାର କରେ। ସବୁବେଳେ ସମ୍ପର୍କ ସ୍ୱାଭବିକ ରୂପରେ ହୋଇପାରେନାହିଁ। ସାମାଜିକ କର୍ତ୍ତବ୍ୟ ଏବଂ ଆଇନ ମଧ୍ୟ ରହିଛି। କିନ୍ତୁ ଇମରୋଜଙ୍କ ମତରେ-'ତୁମେ ଯଦି ତୁମର ରାସ୍ତା ବାଛି ନେବ ତେବେ ଆଇନ କାହିଁକି ସେଥିରେ ବାଧା ଦେବ? ସବୁ ଆଇନ ପହରାଦାରି କରେ। ଏଭଳି ଆଇନ ପାଖରେ ନିଜକୁ ସମର୍ପଣ କରି ଦେବାର ଅର୍ଥ, ନିଜର ପାଦ ଏବଂ ଚଲାପଥକୁ ଅପମାନ କରିବା।'

ତାଙ୍କ ସହିତ ମୋର ପ୍ରଥମେ ଦେଖାର ପ୍ରଭାବ ମୋ ଦେହରେ ଜ୍ୱରର ଉତ୍ତାପ ବଢ଼ାଇବା ରୂପରେ ହିଁ ହୋଇଥିଲା। ମନରେ କିଛି ଭାବନା ଆସିଲା ଓ ସେଇଦିନ ମୋର ଜର ଖୁବ୍ ବଢ଼ିଗଲା। ସେଦିନ ସେ ପ୍ରଥମେ ମୋ କପାଳ ଛୁଇଁ ପଚାରିଲେ, 'ବହୁତ ଜର ଅଛି ନା? ଏ କଥା ପରେ ସେ କେବଳ ଆଉ ଗୋଟିଏ ବାକ୍ୟ କହିଥିଲେ-'ଆଜି ଦିନକରେ ମୋର ବୟସ ଅନେକ ବର୍ଷ ବଢ଼ିଗଲା।'

ଇମ୍ରୋଜ ମୋଠାରୁ ସାଢ଼େ-ଛ' ବର୍ଷ ସାନ। କିନ୍ତୁ ସେଦିନ ସେ ହଠାତ୍ ଏତେ ବଡ଼ ହୋଇଗଲା ଯେ ମୋର ଏକାକୀତ୍ୱକୁ ସଂପୂର୍ଣ୍ଣ ଭାବରେ ଉପଲବ୍ଧି କରି କହିଲା-'ନାହିଁ, ଆଉ କେହି ନାହିଁ, ତୁମେ ମୋର ଝିଅ, ମୁଁ ତୁମର ପୁଅ।'

ଅନେକ ଛୋଟ ଛୋଟ କାରଣରୁ ବନ୍ଧୁତ୍ୱର ଗଡ଼ାଣି ରାସ୍ତାରେ ଆମେ ଯାଇଛୁ। ସେ ହଠାତ୍ ରାଗିଯାଆନ୍ତି ଏବଂ ସେଇ ଦୁଇ-ତିନି ଘଣ୍ଟା ମୁଁ ଅତ୍ୟନ୍ତ ଦୁଃଖ ପାଏ। ଯେତେବେଳେ ସତ୍ୟ ପ୍ରକାଶ ପାଏ। ସେତେବେଳେ ଦେଖାଯାଏ ଯେ ଏହାର କାରଣ

ଖାଲି ସିଗାରେଟ୍ ପ୍ୟାକେଟ୍ ଡିଭାନ୍ ଉପରେ କାହିଁକି ରହିଛି ? ଅଠା ଶିଶି ଯେଉଁ ଟେବୁଲରୁ ଉଠାଇଥିଲି ସେଠାରେ ନରଖି ଅନ୍ୟ ଘର ଟେବୁଲରେ କାହିଁକି ରଖିଛି ? କାର୍ ଯଦି ବାହାରକୁ କଢ଼ା ହୋଇଥିଲା ତେବେ ଗ୍ୟାରେଜର ସଟର୍ କାହିଁକି ବନ୍ଦ କରାହୋଇ ନାହିଁ ? ଏଭଳି ଅବସ୍ଥା ହୁଏ ଯେ, ହାତର ଗ୍ଲାସ ହାତରେ ଅଟକିଯାଏ' ଥାଳିର ରୁଟି ଥାଳିରେ ପଡ଼ିରହେ । ଘଡ଼ିର କଣ୍ଟା ସତେ ଅବା ଗୋଟିଏ ଜାଗାରେ ଅଟକି ଯାଏ । ନୀରବତା ଘୋଟିଯାଏ । ଯେତେବେଳେ ଇମ୍‌ରୋଜ ନିଜ ଘରର କବାଟ ଖୁବ୍ ଜୋର୍‌ରେ ପିଟି ବନ୍ଦ କରନ୍ତି, ସେତିକିବେଳେ କେବଳ ସେହି ନୀରବତା ଉପରେ କ୍ଷଣକ ପାଇଁ ଏକ ଆଘାତ ହୁଏ ।

ଏହିଭଳି ପ୍ରାୟ ତିନି ଘଣ୍ଟା ବିତିଯାଏ ଏବଂ ମନେହୁଏ ସମୟର ବି ନିଃଶ୍ୱାସ ପ୍ରଶ୍ୱାସ ବନ୍ଦ ହୋଇଯାଇଛି । ତା'ପରେ ଇମ୍‌ରୋଜଙ୍କର ସୁନ୍ଦର ଶବ୍ଦରେ ସେଇ ନୀରବତା ଅପସରିଯାଏ-'ମୁଁ ତୁମର ଶୀର୍ଷାସନ, ତୁମେ ମୋର ପ୍ରାଣାୟମ ।'

ସେଥିପାଇଁ ଏଇ ସବୁ ଗଡ଼ାଣି ଗୁଡ଼ିକ ଛୋଟ ସତ୍ୟ ଏବଂ ଇମ୍‌ରୋଜଙ୍କ ଅସ୍ତିତ୍ୱ ବଡ଼ ସତ୍ୟ ।

ହିନ୍ଦୀ କବି କୈଳାସ ବାଜପେୟୀଙ୍କର ଜ୍ୟୋତିଷ ଶାସ୍ତ୍ରରେ ଗଭୀର ଜ୍ଞାନ ଅଛି । ଦିନେ କୈଳାସ କହିଲେ, 'ଅମୃତା ! ତୁମ ଜନ୍ମ ସମୟରେ ଚନ୍ଦ୍ର ତୁମ ଭାଗ୍ୟ ଘରେ ଥିଲେ ।' ମୁଁ ହସି ହସି କହିଲି, 'ସେ ତ ଦି' ଘଡ଼ି ବସି ଚାଲିଯାଇଥିବେ ।' ପାଖରେ ବସି ଇମ୍‌ରୋଜ କହିଲେ, 'ସେ କଣ ଇମ୍‌ରୋଜ ହେଇଛନ୍ତି ଯେ ଆଉ କୁଆଡ଼େ ନଯାଇ ସେଇଠି ବସିଥିବେ ? ସେ ପରା ଚନ୍ଦ୍ରମା-ଆସିଲେ, ବସିଲେ ପୁଣି ଟହଲ ମାରିଲେ । ଚନ୍ଦ୍ରମାକୁ ଘର ଘର ବୁଲିବାକୁ ପଡ଼େ ତ...'

ମନେପଡୁଛି, ଥରେ ଅସୁସ୍ଥ ଥିଲାବେଳେ ଇମ୍‌ରୋଜକୁ କହିଲି, 'ମୁଁ ଏ ଦୁନିଆରୁ ଚାଲିଗଲେ, ତୁମେ ଏକୁଟିଆ ରହିବ ନାହିଁ । ଦୁନିଆ ଦେଖିବ, ଦୁନିଆର ସୌନ୍ଦର୍ଯ୍ୟ ଦେଖିବ ।'

ସେ ଉତ୍ତର ଦେଲେ, 'ମୁଁ ପାର୍ସୀ ନୁହେଁ ଯେ ମୋ ଶବକୁ କୁଆ ଶାଗୁଣାଙ୍କୁ ଦେଇଦିଆଯିବ । ତୁମେ ମୋ ସହିତ ଆଉ ଦଶ ବର୍ଷ ବଂଚିବାର ଜବାବ କର । ମୋର ଆଉ ଗୋଟିଏ ଇଚ୍ଛା ବାକି ଅଛି । ମୁଁ ଗୋଟିଏ ଭଲ ଫିଲ୍ମ ବନାଇବି । ତା'ପରେ ଦୁହେଁ ସାଙ୍ଗ ହୋଇ ଦୁନିଆରୁ ଯିବା ।'

ଯେତେବେଳେ ଏଇ କଥା କୁହାଗଲା ସେତେବେଳେ ଏହାଠାରୁ ଆଉ ବଡ଼ ସତ୍ୟ କିଛି ନଥିଲା । ସେଥିପାଇଁ ଜୀବନର ସବୁ କଷ୍ଟ ଛୋଟ ସତ୍ୟ ଏବଂ ଇମ୍‌ରୋଜଙ୍କ ବନ୍ଧୁତ୍ୱ ବଡ଼ ସତ୍ୟ ବୋଲି ମୁଁ ମନେକରେ ।

ଏହି ବଡ଼ ସତ୍ୟ ଥିଲା ତାମସା ଭିତରେ ବି କେତେବେଳେ ଛୋଟ ହୋଇଯାଇ ନାହିଁ। ଥରେ ଇମ୍‌ରୋଜଙ୍କର ଓ ମୋର ଚା' ପିଇବାର ଇଚ୍ଛା ହେଲା। ଇମ୍‌ରୋଜ କହିଲେ, 'ତୁମେ ଗ୍ୟାସ୍‌ରେ ଚା' ପାଇଁ ପାଣି ରଖ, ମୁଁ ଆଜି ଚା' ତିଆରି କରିବି।' 'ମୁଁ ବିଛଣା ଉପରେ ବସିଥିଲି। ଉଠିବାକୁ ଇଚ୍ଛା ହେଉ ନଥିଲା। କହିଲି, 'ମୋର ତ ସଂସାରରେ ଆଉ ବେଶୀ ଦିନ ରହିବାର ନାହିଁ। ଯେତିକି ଦିନ ରହିବି, ଏମିତି ରହିବାକୁ ଚାହେଁ ଯେମିତି କି ମୁଁ ଈଶ୍ୱରଙ୍କ ବିବାହ ଉତ୍ସବକୁ ଆସିଛି।' ଇମ୍‌ରୋଜ କେତେ ମିନିଟ୍ ଯାଏଁ ଚୁପ୍ ରହିଲେ। ତା'ପରେ କହିଲେ, 'ମୁଁ ବି ଈଶ୍ୱରଙ୍କ ବିବାହକୁ ଆସିଛି।' ମୋତେ ହସ ଲାଗିଲା। କହିଲି, 'ହଁ ହଁ, କିନ୍ତୁ ତୁମେ କନ୍ୟା ପକ୍ଷର, ମୁଁ ବର ତରଫର।' ସେଇ ଦିନଠାରୁ ଗୋଟିଏ ମଜା କଥା ସବୁବେଳେ ଚାଲିଲା। ଇମ୍‌ରୋଜ କଥା କଥାକେ କହି ଦିଅନ୍ତି, 'ଆଜ୍ଞା ହଁ, ଏ କାମଟା ବି ମୁଁ କରିଦେଉଛି। ଆପଣ ପରା ବର ପକ୍ଷର, ମୁଁ ତ କନ୍ୟା ପକ୍ଷର। ବରପକ୍ଷବାଲା, ଆପଣ ବସି ଥାଆନ୍ତୁ।'

ପ୍ରକୃତରେ ଇମ୍‌ରୋଜଙ୍କ ବନ୍ଧୁତ୍ୱରେ ମୁଁ ଈଶ୍ୱରଙ୍କ ବିବାହ ଦେଖିଛି, ବିବାହରେ ବନ୍ଧୁବାନ୍ଧବଙ୍କ ଭିତରେ ଯେଉଁ ଝଗଡ଼ା ହୁଏ ତାହା ବି ଦେଖିଛି।

ରୋଷେଇଆ ବ୍ୟତୀତ ମୋର ଚଳୁନଥିଲା। ଯଦି ତାକୁ କେବେ ଜର ହୋଇ ଯାଉଥିଲା ମୁଁ ଘାବରାଇ ହୋଇଯାଉଥିଲି। ଈଶ୍ୱରଙ୍କୁ କହୁଥିଲି, ମତେ ପଛେ ଜର ହେଉ, ରୋଷେଇଆର ଜର ଛାଡ଼ି ଯାଉ। କିନ୍ତୁ ଗତ ଷୋଳ-ସତର ବର୍ଷ ହେଲା ରୋଷେଇଆ ମୋର ଆଉ ଦରକାର ହେଉ ନାହିଁ। ପଂଜାବୀ ଶିଳ୍ପୀ ଶୋଭା ସିଂଜୀଙ୍କ ସହିତ ଆନ୍ଦ୍ରେଟାରେ ଭେଟ ହେବା ପରଠାରୁ ମୁଁ ନିଜ ହାତରେ ରୋଷେଇ କରୁଛି। ଆମେ ତାଙ୍କୁ ଭେଟିବାକୁ ଗଲାବେଳେ ତାଙ୍କର ବୃଦ୍ଧା ପତ୍ନୀ ଆମ ପାଇଁ ରନ୍ଧାବଢ଼ା କରିବାର ବ୍ୟବସ୍ଥା କଲେ। ଆମ ଦୁହିଁଙ୍କୁ ଏହା ଭଲ ଲାଗିଲା ନାହିଁ। ମୁଁ ରାନ୍ଧିବାକୁ ଚେଷ୍ଟା କଲି, କିନ୍ତୁ କାଠ ଚୁଲି ଜଳାଇ ପାରିଲି ନାହିଁ। ଇମ୍‌ରୋଜ ସେତେବେଳେ ଫୁଙ୍କ ଲଗାଇ ଚୁଲି ଜଳାଇ ଦେଲେ ଏବଂ ମୁଁ ରୁଟି ତିଆରି କରି ଦେଲି। ଘରକୁ ଫେରିଲା ପରେ ଆଉ ଚାକରର ଆବଶ୍ୟକତା ଅନୁଭବ କଲୁନାହିଁ।

ଷୋଳ-ସତର ବର୍ଷ ହେଲା ମୁଁ ନିଜେ ରାନ୍ଧୁଛି। ଗୋଟିଏ ପାର୍ଟ-ଟାଇମ୍ ଲୋକ ଘର ଝଡ଼ା ପୋଛା ଓ ବାସନ ମଜା କାମ କରିଦେଉଛି। ଏହାଠାରୁ ଅଧିକ ମୋର ଆଉ ଚାକରର ଆବଶ୍ୟକତା ନାହିଁ। ଏହି ପାର୍ଟ-ଟାଇମ୍ ବାଲା କେବେ ଅସୁସ୍ଥ ହେଲେ କି ଛୁଟି ନେଲେ, ବାସନକୁସନ ବି ନିଜେ ସଫା କରି ଦିଏଁ। ସେତେବେଳେ ଇମ୍‌ରୋଜ ମୋ ପାଖରେ ଠିଆ ହୋଇ ଗରମ ପାଣି ଢାଳନ୍ତି ଓ ମୁଁ ବାସନ ଧୋଇ ନିଏ। କିନ୍ତୁ ସେ ଯଦି କେତେବେଳେ ଷ୍ଟୁଡ଼ିଓରେ ପେଣ୍ଟ କରୁଥାଆନ୍ତି ତେବେ ତାଙ୍କୁ ମୁଁ ଉଠିବାକୁ ଦିଏ

ନାହିଁ। ନିଜେ ବାସନ କୁସନ ସଫା କରି ଡାକପକାଏ, 'ହେ କନ୍ୟାପକ୍ଷ, ଦେଖ, ଆଜି ତ ବରପକ୍ଷ ବି ବାସନ ମାଜିଦେଲେଣି।'

ଏହି ଥଟ୍ଟା ପରିହାସ ଆମ ଜୀବନର ଗୋଟିଏ ଅଙ୍ଗ ହୋଇଗଲା। ସେଇଭଳି ଗୋଟିଏ ଉତ୍ସାହ ମଧ୍ୟ ଆମେ ନିଜ ପାଇଁ ସୁରକ୍ଷିତ କରିଦେଲୁ। ଇମ୍‌ରୋଜଙ୍କ ବ୍ୟବସାୟ ଓ ରଙ୍ଗ ବହୁତ ମହଙ୍ଗା। ତାଙ୍କର ଯେତେବେଳେ ନୂଆ କ୍ୟାନ୍‌ଭାସ କିଣିବାକୁ ପଇସା ନଥାଏ ସେତେବେଳେ ମୁଁ ତାଙ୍କୁ କହେଁ, ତୁମର ପୂର୍ବର ପେଣ୍ଟିଙ୍ଗ୍ ମୁଁ କିଣିନେଲି, ହେଇ ପଇସା ନିଅ, ଆଉ ନୂଆ କ୍ୟାନ୍‌ଭାସ କିଣି ଆଣି ପୁଣି ପେଣ୍ଟିଙ୍ଗ କର।' ପୁଣି ମୋତେ ଯେତେବେଳେ ମୋ ବହିର ପଇସା ଠିକ୍ ସମୟରେ ନ ମିଳିବାରୁ ମୁଁ ମନଦୁଃଖ କରି ବସିଥାଏ ସେତେବେଳେ ସେ କହନ୍ତି, 'ଚାଲ, ଆଜି ମୁଁ ତୁମର ଅମୁକ କାହାଣୀ ଉପରେ ଫିଲ୍ମ ତିଆରି କରିବାର ଅଧିକାର କିଣିନେଲି। ଦସ୍ତଖତ କରିସାରି ଏହି ଟଙ୍କା ତୁମେ ନିଅ ଏବଂ ଏହାକୁ ଫିଲ୍ମ କରିବାର ଅଧିକାର ମୋତେ ବିକିଦିଅ।'

ତାଙ୍କ ପାଖରେ ବା ମୋ ପାଖରେ ଯେତିକି ପରିମାଣ ଟଙ୍କା ରହେ ତାହାହିଁ ଯେ ଆମ ପାଖରେ ଥିବା ସମୁଦାୟ ଅର୍ଥ, ଏକଥା ଆମେ ଜାଣିଥିଲୁ। କିନ୍ତୁ ଏଭଳି କଥାବାର୍ତ୍ତା ଫଳରେ ଆମେ ନିଜ ନିଜ ଭିତରେ ଉତ୍ସାହ ସୃଷ୍ଟି କରୁଥିଲୁ ଏବଂ ଆମର କଠିନ ଦିନଗୁଡ଼ିକ ସହଜରେ ଅତିବାହିତ କରିପାରୁଥିଲୁ। ଏଗୁଡ଼ିକ ସବୁ ଏତେ ବଡ଼ ସତ୍ୟ ହୋଇଯାଇଥିଲା ଯେ, ତା ପାଖରେ ପଇସାର ଅଭାବ ଛୋଟ ସତ୍ୟ ବୋଲି ମନେହେଉଥିଲା।

ମୁଁ କେବଳ ମନରେ ନୁହେଁ, ଟ୍ରଙ୍କ୍, ଆଲମାରୀ ପ୍ରଭୃତିରେ ବି ଛୋଟ ଛୋଟ ଜିନିଷ ସାଇତି ରଖୁଥିଲି। କାହାର ଜନ୍ମ ଦିନରେ କିଛି ଉପହାର ଦେବା ଦରକାର ହେଲେ ମୋ ବାକ୍ସ ବା ଆଲମାରୀରୁ କିଛି ନା କିଛି ଜିନିଷ ବାହାରି ପଡୁଥିଲା। ହଠାତ୍ ଯଦି କିଛି କିଣିବା ଦରକାର ହେଉଥିଲା ତେବେ ବ୍ୟାଙ୍କ୍‌ର କୌଣସି ଗୋଟିଏ ଏକାଉଣ୍ଟରୁ ସେ ପଇସା ମଧ୍ୟ ମିଳିଯାଉଥିଲା। ସେତେବେଳେ ଭୋକ ହେଲେ ବି ଫ୍ରିଜରୁ କିଛି ନା କିଛି ଖାଦ୍ୟ ମିଳିଯାଉଥିଲା। ଇମ୍‌ରୋଜ ଏକଥାରେ ବହୁତ ହସନ୍ତି। ଥରେ ହସି ହସି କହିଲେ, 'ତୁମେ ଆସନ୍ତା ଜନ୍ମରେ କାମରେ ଲାଗିବ ବୋଲି ମୋର ବି କୌଣସି ଅଂଶକୁ ସଂଚୟ କରି ରଖିଛ... ।'

ପରଜନ୍ମରେ କଣ ହେବ, ସେ କଥା ଜାଣି ନାହିଁ। କିନ୍ତୁ ପୂର୍ବ ଜନ୍ମରେ ନିଶ୍ଚୟ ମୁଁ କିଛି ସଞ୍ଚୟ କରି ରଖିଥିଲି ଯେଉଁଥିପାଇଁ ଆଜି ଜୀବନ ମରୁଭୂମିରେ ଚାଲିଲାବେଳେ ମୋତେ ତାହା ପାଣି ଗିଲାସ ଭଳି ମିଳିଯାଉଛି। ଈଶ୍ୱର କରନ୍ତୁ, ତାଙ୍କ କଥା ଠିକ୍ ହେଉ। ତାଙ୍କର କିଛି ଅଂଶ ସତକୁ ସତ ମୁଁ ପରଜନ୍ମ ପାଇଁ ସାଇତି ରଖେଁ...।

ଏକ କବିତାର ବ୍ୟାଖ୍ୟା

୧୯୭୩ ମସିହା ସେପ୍‌ଟେମ୍ବର ୫ ତାରିଖର ରାତି। ସାଢ଼େ-ଦଶ ବାଜିଥାଏ। ମୁଁ କାଜାନଟ୍‌ଜାକିସ୍‌ଙ୍କ 'ରକ୍ ଗାର୍ଡେନ' ପଢୁଥିଲି। ସେତିକିବେଳେ ଟେଲିଫୋନ୍ ବାଜିଲା। ଗୋଟିଏ ୟୁନିଭରସିଟିର ଭାଇସ-ଚାନ୍‌ସଲାର କହିଲେ, 'ସକାଳେ ସିନେଟର ବୈଠକ ଅଛି। ସେଠାରେ ତୁମ କାହାଣୀ 'ଏକ ସହରର ମୃତ୍ୟୁ' ବିରୁଦ୍ଧରେ ପ୍ରସ୍ତାବ କରାଯିବାର କଥା ରହିଛି। ମୁଁ ତୁମ ପିତାଙ୍କର ବନ୍ଧୁ ଥିଲି, ତାଙ୍କୁ ସମ୍ମାନ କରୁଥିଲି। ସେଥିପାଇଁ ତୁମକୁ ଟେଲିଫୋନ୍ କରି ଜଣାଉଛି ଯେ 'ଏକ ସହରର ମୃତ୍ୟୁ' ସହିତ ତୁମ ଲେଖାର ମଧ୍ୟ ମୃତ୍ୟୁ ହୋଇଗଲା।'

ଭାଇସ୍-ଚାନ୍‌ସଲାର ପ୍ରକୃତରେ ଏହି ମୃତ୍ୟୁ ପାଇଁ ଦୁଃଖିତ ହେଉଥିଲେ। ତାଙ୍କର ସହାନୁଭୂତି ପାଇଁ ଧନ୍ୟବାଦ ଜଣାଇ କହିଲି, 'ଆପଣ ଏହି କାହାଣୀ ପଢ଼ିଛନ୍ତି।'

'ନା, ମୁଁ ସାହିତ୍ୟ ବିଷୟରେ ବେଶୀ କିଛି ଜାଣେ ନାହିଁ। ମୁଁ ବିଜ୍ଞାନର ଲୋକ।'

'ଆପଣଙ୍କୁ ସାହିତ୍ୟ ବିଷୟରେ ଜଣାନାହିଁ, ତଥାପି ଆପଣଙ୍କ ବିଦ୍‌ବତ୍ତା ଉପରେ ଭରସା କରି କହୁଛି, ଆପଣ ଥରେ ନିଶ୍ଚୟ ନିଜେ ଏ କାହାଣୀଟି ପଢ଼ନ୍ତୁ।'

'ମୋ ପାଖକୁ ତାର ସିନପସିସ ଆସିଛି। ସେଇଟା ବହୁତ ଖରାପ।'

'ହୁଏତ ସିନପସିସ୍ ଠିକ୍ ଲେଖା ହୋଇନଥିବ।'

'ସିନପସିସ୍ କିପରି ଭୁଲ ହେବ?'

'ଯଦି କେହି ଉଦେଶ୍ୟ ରଖି ଲେଖିଥିବ, ତେବେ ଭୁଲ ହେବାର ସମ୍ଭାବନା ଅଛି।'

'ହଁ, ସେ କଥା ଠିକ୍ କିନ୍ତୁ...'

'ଯଦି କାହାଣୀଟି ଅଛି, ତେବେ କଷ୍ଟ କରି ସେଇଟି ପଢ଼ି ଦିଅନ୍ତୁ।'

'ମୋର କୌଣସି ଲୋକ ହୁଏତ ରେଜିଷ୍ଟ୍ରାର, ଦିଲ୍ଲୀ ଆସିପାରନ୍ତି। ତାଙ୍କୁ ସମୟ ଦେବ ଏବଂ ତାଙ୍କ ସହିତ କାହାଣୀ ବିଷୟରେ ଆଲୋଚନା କରିନେବ।'

'ଯଦି ଆପଣ ନିଜେ ପଢ଼ିବାକୁ ଚାହାନ୍ତି ତେବେ ମୋତେ ଟେଲିଫୋନ୍ କରିଦେବେ, ମୁଁ ଆପଣଙ୍କ ସହିତ କାହାଣୀଟି ଆଲୋଚନା କରିବାକୁ ପ୍ରସ୍ତୁତ ଅଛି।'

'ଆଚ୍ଛା, ଆସନ୍ତା ସପ୍ତାହରେ ଫୋନ୍ କରିବି। ପ୍ରକୃତରେ ମୁଁ ତୁମ ବାପାଙ୍କୁ

ବହୁତ ସମ୍ମାନ କରୁଥିଲି, ସେ ଅତି ଉଚ୍ଚ ବିଚାରର ଲୋକ ଥିଲେ। ତୁମକୁ ବି ସମ୍ମାନ କରିବାକୁ ଚାହେଁ।'

'କିନ୍ତୁ ମୋ ଲେଖା ନ ପଢ଼ିଲେ ଆପଣ ତାହା କରି ପାରିବେ ନାହିଁ?'

'ତୁମେ ଏପରି ଲେଖା ଲେଖ ଯାହା ଫଳରେ ଆମେ ତୁମକୁ ସମ୍ମାନ କରି ପାରିବୁ।'

'ଚିନ୍ତା କରନ୍ତୁ ନାହିଁ, ଯେ ପର୍ଯ୍ୟନ୍ତ ମୋ ଦୃଷ୍ଟିରେ ମୋର ସମ୍ମାନ ଅଛି, ସେ ପର୍ଯ୍ୟନ୍ତ ମୋର ସମ୍ମାନରେ ଆଞ୍ଚ ଆସିବ ନାହିଁ।'

ମୋ ଭଳି ମୋ ସମ୍ମାନ ମଧ୍ୟ ଜୀବନ ସାରା କାହାରି ଉପରେ ଆଶ୍ରିତ ହୋଇ ରହି ନାହିଁ। ଫୋନ୍ ବନ୍ଦ ହୋଇଗଲା ପରେ ମଧ୍ୟ ସେ ମୋରି ଭଳି ହସୁଥିଲା। ଚାରିହାତ ଦୂରରେ ଠିଆ ହୋଇ ଇମ୍‌ରୋଜ ଫୋନ୍‌ର କଥାବାର୍ତ୍ତା ଶୁଣୁଥିଲେ। ଜୋର୍‌ରେ ହସିଦେଇ କହିଲେ; 'କାମ କରିବା ପାଇଁ ରିଜଲ୍ୟୁସନ ହୋଇଥିଲା, ଏମାନେ ରିଜଲ୍ୟୁସନକୁ କେଉଁ କାମରେ ଲଗାଇ ଦେଲେ? ଏଭଳି ରିଜଲ୍ୟୁସନ ପାଶ କଲେ ତ ଶବ୍ଦର ଅର୍ଥ ବିକୃତ ହୋଇଯିବ। ତୁମର କ'ଣ ଯାଏ ଆସେ?'

ସେହି ସମୟରେ କେତେକ ବଛା ବଛା ଭାରତୀୟ ଗଳ୍ପର ଏକ ସଂକଳନ ପାଇଁ ସୁରେଶ କୋହଲି ଉକ୍ତ କାହାଣୀଟିକୁ ଇଂରାଜୀରେ ଅନୁବାଦ କରୁଥିଲେ। ଭାରତୀୟ ଜ୍ଞାନପୀଠ ତରଫରୁ ମୋର ଯେଉଁ ସିଲେକ୍‌ଟେଡ୍ ଓ୍ୱାର୍କସ ଛପା ହେଉଥାଏ, ସେଥିରେ ମଧ୍ୟ ଏହି କାହାଣୀଟି ସ୍ଥାନ ପାଇଥାଏ। ରାଜପାଲ ଏଣ୍ଡ ସନ୍‌ସ ମଧ୍ୟ 'ପଞ୍ଜାବ ସେ ବାହାର କେ ପାତ୍ର' ନାମକ ମୋର ଯେଉଁ କାହାଣୀ ପୁସ୍ତକ ଛାପୁଥିଲେ ସେଥିରେ ସେଥିରେ ଏଇଟି ମୁଖ୍ୟ କାହାଣୀ ଥିଲା। ଏସବୁ କୌଣସି କଥା ନ ହୋଇଥିଲେ ବି, ମୁଁ ଜାଣିଥିଲି ଯେ ଏଇଟି ମୋର ଭଲ ଗପମାନଙ୍କ ମଧ୍ୟରୁ ଗୋଟିଏ। ଏହି ଗଳ୍ପଟି ଲେଖି ମୁଁ ଯେଉଁ ସନ୍ତୋଷ ଲାଭ କରିଥିଲି, ୟୁନିଭରସିଟିର କୌଣସି ରିଜଲ୍ୟୁସନ ତାକୁ କେବେ ବି ନଷ୍ଟକରି ପାରିବ ନାହିଁ।

ଏଥିପାଇଁ ଦୁଃଖ ହେଉ ନଥିଲେ ବି ମନ ଉଦାସ ଥିଲା। ଦୁଃଖର ଥିଲା ଏକ ଲମ୍ବା କାହାଣୀ। ଯେଉଁ ଦିନଠାରୁ କଲମ୍ ଧରିଲି ସେହି ଦିନଠାରୁ ଏଇ ଦୁଃଖ ମୋ ସହିତ ଚାଲିବାରେ ଲାଗିଛି।

ସେତିକିବେଳେ ମୋ ସଂପର୍କରେ ଦେବେନ୍ଦ୍ର ସତ୍ୟାର୍ଥୀଙ୍କର ସବୁଥର ଭଳି ଗୋଟିଏ ସ୍କାଣ୍ଡାଲ ଲେଖା ବାହାରିଥାଏ। ସତ୍ୟାର୍ଥୀ ସାହେବ ଜୀବନରେ କେବେ ବି ମୋର ବିଶେଷ ପରିଚିତ ନଥିଲେ। କିନ୍ତୁ କେଜାଣି କାହିଁକି ମୋ ସମ୍ପର୍କରେ ଲେଖିଲାବେଳେ ତାଙ୍କର ଏପରି ଏକ ମାନସିକ ସଙ୍କଟ ହୁଏ। ପଞ୍ଜାବରେ ଏମିତି

ଜଣେ ନୁହେଁ, କେତୋଟି ଦେବେନ୍ଦ୍ର ସତ୍ୟାର୍ଥୀ ଥିଲେ। କେବଳ ସେହି ଲେଖାଟି ନୁହେଁ, ସେହିପରି ଆଉ କେତେ ଗୁଡ଼ିଏ ଲେଖା ମୋ ମନରେ ବିଷାଦ ଭରି ଦେଇଥିଲା। ବ୍ୟସ୍ତ ହୋଇପଡ଼ି ମୁଁ ଗୋଟିଏ କବିତା ଲେଖିଥିଲି- 'ବିଦାୟ'।

କୌଣସି କବିତାକୁ ବ୍ୟାଖ୍ୟା କରିବା ଦରକାର ପଡ଼େ ନାହିଁ। କିନ୍ତୁ ମୁଁ ଭାବୁଛି, ଏଇ କବିତାର ଏକ ବ୍ୟାଖ୍ୟା ଦରକାର। କାରଣ ଏ କବିତା ଏତେ ପରୋକ୍ଷ ଯେ ବାହାରୁ କେବଳ ଜଣେ ବ୍ୟକ୍ତି ସହିତ ସଂପୃକ୍ତ ବୋଲି ପ୍ରତୀତ ହେବ। କିନ୍ତୁ ଏହାର ଭିତରର ଚେହେରା ଜଣେ ବ୍ୟକ୍ତିର ନୁହେଁ, ସମଗ୍ର ପଞ୍ଜାବର।

ପଞ୍ଜାବର ଚେହେରା ମୋ ପାଇଁ ଏକ ପ୍ରିୟତମର ରୂପ ଭଳି, କିନ୍ତୁ ସେଇ ପ୍ରିୟତମକୁ ଘେରି ରହିଛନ୍ତି ଏକ ସ୍ୱାର୍ଥାନ୍ୱେଷୀ ଅସହିଷ୍ଣୁ ଜନତା।

ମୁଁ ଲେଖିଥିଲି-

ହେ ପ୍ରଭୁ, ତୁମର ସ୍ଥାଣୁତା
ତୁମ ପାଇଁ ତୁମର କବିତା
ମୋ ପାଖରେ ଯତି ନାହିଁ
ନାହିଁ ବି ତ କବିତାର ଛନ୍ଦ
ତୁମ କବିତାର ସାଥେ
ତାଳ ଦେବା ପାଇଁ
ଅତି ନୀରବରେ
ଶବ୍ଦରୁ ବାହାରି ଆସେ
ଅର୍ଥ ଯେଉଁ ଭଳି।
ଅର୍ଥ, ସେ ତ ଦୁର୍ଭାଗ୍ୟକୁ
ବହିଯାଏ ଖାଲି
ଆଜି ଯଦି ଜୀବନର ମାନେ କିଛି ଥାଏ
କାଲି ତାକୁ ଦେଇ ହେବ
ଅନ୍ୟ କିଛି ମୂଲ୍ୟହୀନ ମାନେ
କିନ୍ତୁ, କବିତା ତ ବର୍ତ୍ତିଯାଇପାରେ
ଏଇ ଜଞ୍ଜାଳରୁ
ତେଣୁ ପ୍ରଭୁ, ତୁମ ପରମାୟୁ
ତୁମ ପାଇଁ ତୁମରି କବିତା
ସହ ଲମ୍ବି ଲମ୍ବି ଯାଉ।

ମୋର ଅସ୍ତିତ୍ୱ ପାଇଁ ମୁଁ ଗର୍ବିତା । ପଞ୍ଜାବର ମାଟି ଯଦି ଏକ କବିତା ହୁଏ, ତେବେ ମୁଁ ସେଇ କବିତାର ଅର୍ଥ । ଅର୍ଥ ବାହାର କରାଯାଏ । ଆଜି ଯଦି ଗୋଟିଏ ଅର୍ଥ ବାହାରିଛି, କାଲି ଆଉ ଗୋଟିଏ ବାହାରେ । ଯେଉଁ ସୀମିତ ବୁଝାମଣା ଅଛି ତା'ଠାରୁ ଅଧିକ ଆଉ କିଛି ମୁଁ ଚାହେଁ ନାହିଁ । ଏକ କବିତା ଭଳି ପଞ୍ଜାବ ବଂଚି ରହୁ । ମୁଁ ନୀରବରେ ତାହାର ଏକ ଅର୍ଥ ଭଳି ବାହାରି ଯିବାକୁ ଚାହେଁ । ଯାହା ଲେଖିବାର ମୁଁ ଲେଖିଦେଇଛି ଏବଂ ଶେଷରେ 'ବିଦାୟ' ବି ମାଗିନେଇଛି ।

ଫୋନିକ୍ସ ସାମ୍ରାଜ୍ୟ

ଇତିହାସରୁ ଜଣାଯାଏ ଯେ ଫୋନେସିଆନ୍‌ମାନେ ନିଜର ନାମକୁ ଫୋନିକ୍ସ ଦ୍ୱାରା ଚିହ୍ନିତ କରାଇଛନ୍ତି । ଫୋନିକ୍ସ ନିଜର ପାଉଁଶରୁ ବାରମ୍ବାର ଉଦ୍ଭବ ହୁଏ । ଯେଉଁ ମନୁଷ୍ୟ ଜାତି ଧ୍ୱଂସ ମୁଖରୁ ପୁଣି ନୂତନ ଶକ୍ତି ନେଇ ଜାଗିଉଠେ ସେ ମୃତ ବା ମୃତ୍ୟୁମୁଖୀକୁ ବି ବଳ ଦିଏ । ଏହାହିଁ ଫୋନିକ୍ସ କାହାଣୀର ବୈଶିଷ୍ଟ୍ୟ ।

ଯେଉଁ ସୂର୍ଯ୍ୟ ପ୍ରତିଦିନ ବୁଡି ଯାଏ ଏବଂ ପୁଣି ସକାଳୁ ଉଠି ଆସେ ସେହି ସୂର୍ଯ୍ୟ ପୂଜା ସହିତ ଫୋନିକ୍ସ କାହାଣୀ ସମ୍ବନ୍ଧିତ । ଫୋନେସିଆନମାନଙ୍କ ଉତ୍ପତ୍ତି ସ୍ଥାନ ସମ୍ପର୍କରେ ଇତିହାସ ଆଜିଯାଏଁ ନୀରବ । ତେବେ କୁହାଯାଏ ଯେ, ସେମାନଙ୍କ ଆଦିସ୍ଥାନ ଇଜିପ୍ଟର ମଧ୍ୟଭାଗଠାରୁ ଭାରତବର୍ଷ ମଧ୍ୟରେ ହୋଇପାରେ । ଏମାନେ ସର୍ବଦା ସୂର୍ଯ୍ୟପୂଜାହିଁ କରନ୍ତି । ସୂର୍ଯ୍ୟଙ୍କର ଅନ୍ୟ ଏକ ନାମ 'ଓନ୍' । ସେମାନେ ୟୁରୋପରେ ବସତି ସ୍ଥାପନ କରିବା ପାଇଁ ବାହାରି ଯେଉଁଠାରେ ପହଂଚିଲେ ତାହାର ନାମ ଦେଲେ 'ଏଲ-ଓନ-ଡୋନ୍' (ସୂର୍ଯ୍ୟଙ୍କ ସହର) । ପରେ ଏହା ଲଣ୍ଡନ ନାମରେ ପରିଚିତ ହେଲା ।

ଇସ୍ରାଇଲର ଯେଉଁ ବାରୋଟି ଗୋଷ୍ଠୀ କାଳକ୍ରମେ ପୃଥିବୀର ବିଭିନ୍ନ ସ୍ଥାନରେ ବସବାସ କରିବାକୁ ଚାଲିଗଲେ ସେମାନଙ୍କ ମଧ୍ୟରେ ବି କିଛି ଫୋନେସିଆନ ଥିଲେ । କାରଣ 'ଇଂଲଣ୍ଡ' ଶବ୍ଦର ଉତ୍ପତ୍ତି ହିବ୍ରୁ ଭାଷାରୁ । ଜୋଷେଫ ଏବଂ ତାଙ୍କ ବଂଶର ଚିହ୍ନ ଥିଲା ବୃଷଭ । ହିବ୍ରୁ ଭାଷାରେ ବୃଷଭକୁ ଆଂଗେଇ କୁହାଯାଏ । ସେମାନେ ତାଙ୍କର ନୂତନ ଦେଶକୁ ଆଂଗେଇ ଲ୍ୟାଣ୍ଡ ନାମରେ ନାମିତ କଲେ । ଯାହା ଆଜି ହୋଇଛି ଇଂଲଣ୍ଡ ।

ଏଭଳି ଏକ ଇତିହାସର କଥା ଏଠାରେ ଉତ୍‌ଥାପନ କରିବାରେ ମୋର ଏକମାତ୍ର ଉଦ୍ଦେଶ୍ୟ ହେଉଛି ଯେ ଫୋନିକ୍ସ ସହିତ ମୋର ଏକ ନିକଟ ଏବଂ

ଗଭୀର ସମ୍ପର୍କ ରହିଛି ବୋଲି ମୋତେ ମନେହୁଏ। ପଞ୍ଜାବୀରେ ଆମେ ଫୋନେସିଆନ୍‌ଙ୍କୁ 'କକ୍‌ନୁସୀ' ବୋଲି କହୁ। ଦୁନିଆଁର ସବୁ ସଚ୍ଚୋଟ ଲେଖକ 'କକ୍‌ନୁସୀ' ଜାତିର ବୋଲି ମୁଁ ମନେକରେ। ସେମାନେ ରଚନାତ୍ମକ କ୍ରିୟାର ଅଗ୍ନିରେ ଜଳିଯାଆନ୍ତି ଏବଂ ନିଜର ପାଉଁଶ ଭିତରୁ ପୁଣି ରଚନା ରୂପରେ ଜନ୍ମ ନିଅନ୍ତି।

ବହୁତ ବର୍ଷ ତଳେ 'ସୂର୍ଯ୍ୟ ଓ ଜାଡା' ଶୀର୍ଷକ ଏକ ଲେଖାରେ ମୁଁ ଲେଖିଥିଲି- ଅସ୍ତଗାମୀ ସୂର୍ଯ୍ୟ ସହିତ ପ୍ରତିଦିନ ମୋର କିଛି ଅଂଶ ଡୁବି ଯାଏ ଏବଂ ସୂର୍ଯ୍ୟ ଉଦୟ ହେଲେ କିଛି ଅଂଶ ଆକାଶକୁ ଉଠିଯାଏ। ରାତି, ମୋ ପାଇଁ ସବୁବେଳେ ଏକ ଅନ୍ଧକାର ଟନେଲ୍ ସଦୃଶ। ଏହାର ଅପର ପାର୍ଶ୍ୱରେ ସୂର୍ଯ୍ୟ ଅଛି ବୋଲି ପ୍ରତିଦିନ ମୁଁ ଏହାକୁ ଅତିକ୍ରମ କରିଯିବାକୁ ଚେଷ୍ଟାକରେ। 'ସୂର୍ଯ୍ୟ ଓ ଜାଡା'ରେ ପୁଣି ମୁଁ ଲେଖିଥିଲି- 'ଏହା ସବୁ ସଚେତନ ଅବସ୍ଥାରେ ଘଟି ନାହିଁ। କେବେ ହୋଇଛି, କାହିଁକି ହୋଇଛି, ଜାଣେ ନାହିଁ। ମୁଁ କେବଳ ଏହାକୁ ସଚେତନ ଭାବରେ ବୁଝିବାକୁ ଚେଷ୍ଟା କରିଛି। ମୋର ମନେ ଅଛି, ଅତି ପିଲାଦିନେ ସୂର୍ଯ୍ୟ ବୁଡ଼ିଗଲାବେଳେ ମୁଁ ହଠାତ୍ କାନ୍ଦି ଉଠୁଥିଲି। ମା' କେତେବେଳେ ସ୍ନେହରେ, କେବେ ବା ଚିଡ଼ିଉଠି ଅଥବା ଥାପୁଡ଼େଇ ଦେଇ କହୁଥିଲେ, 'ବାସ୍, ଆଖି ବନ୍ଦ କର। ଏଥର ସୂର୍ଯ୍ୟ ଉଠିବ।' ତଥାପି ସବୁଦିନ ମୁଁ ସେଇ ଗୋଟିଏ କଥା ପଚାରୁଥିଲି, 'ସୂର୍ଯ୍ୟ କାହିଁକି ନିତି ଡୁବିଯାଏ ?'

ମୋ କବିତାରେ ବାରମ୍ବାର ସୂର୍ଯ୍ୟ ବିଷୟରେ ଉଲ୍ଲେଖ କରାଯାଇଛି। ୧୯୭୩ରେ ମୁଁ ମୋର ରଚନାବଳୀର ଏକ ପର୍ଯ୍ୟାଲୋଚନା କଲାବେଳେ ଏହାର ଗୋଟିଏ ନିର୍ଦ୍ଦିଷ୍ଟ ଧାରା ଆଖିରେ ପଡ଼ିଲା।

୧୯୪୭ର ଦେଶ ବିଭାଜନ ବେଳେ ଏକ ଧର୍ଷିତା ନାରୀର ଅବାଂଛିତ ସନ୍ତାନ କଣ୍ଠରେ ସୂର୍ଯ୍ୟର ପ୍ରଥମ ଓ ସବୁଠାରୁ ଶକ୍ତିଶାଳୀ ବର୍ଣ୍ଣନା ମୁଁ କରିଛି-

ମଣିଷ ଉପରେ ପଡୁଥିବା
ଧିକ୍‌କାର ମୁଁ
ଜନ୍ମ ମୋର ସେହି ମୁହୂର୍ତ୍ତରେ
ଖସି ପଡୁଥିଲେ ଯେବେ
ଏକ ପରେ ଅନ୍ୟ ଏକ ତାରା
ଏବଂ ସୂର୍ଯ୍ୟ ଯାଇଥିଲେ ଲିଭି।

ସେହି ବର୍ଷ ଦେଶର ସ୍ୱାଧୀନତା ସହିତ ଅନେକ ସ୍ୱପ୍ନକୁ ସଂଯୋଗ କରି 'ମୁଁ ହିନ୍ଦ୍‌ର ଇତିହାସ' ବୋଲି ଏକ କବିତା ଲେଖିଥିଲି। ପୁଣି ସ୍ୱାଧୀନତା ସଂପର୍କରେ ଲେଖିଥିଲି-

ଚନ୍ଦ୍ରମା ଆସିଛି ନଇଁ ଅମ୍ବରରୁ
କରିବାକୁ ତୁମକୁ ପ୍ରଣାମ
ସୂର୍ଯ୍ୟ ହୋଇଛି ନତ
କରିବାକୁ ତୁମକୁ ସଲାମ।

୧୯୫୩ରେ ମୋର ଆତ୍ମପ୍ରେମର ଏକ ତୀକ୍ଷ୍ଣତା ମୁଁ ଲକ୍ଷ୍ୟ କରିଥିଲି। ସେ ସମୟରେ ସୂର୍ଯ୍ୟଙ୍କର ବର୍ଣ୍ଣନା ବି ମୁଁ କରିଥିଲି।

ଚନ୍ଦ୍ରମାଠାରୁ ବି ଶ୍ୱେତ
ଏ ପୃଥିବୀର ଶରୀର
ଆଣିଛି ସୂରୁଯଠାରୁ ସବୁ ରଙ୍ଗ ଟାଣି।

ସୂର୍ଯ୍ୟକୁ ଗୋଳିଦେଇ ଧରଣୀକୁ ରଙ୍ଗାଇଛୁ ଆମେ
ପ୍ରାଚୀରାଣୀ ଦୁଧର ପିଆଲାରେ
ଗୋଳି ଦେଇ କେଶରକୁ
ଆକାଶର ଓଢ଼ଣୀକୁ ଖୋଲି
ରଙ୍ଗାଇଛି ଗେରୁଆ ରଙ୍ଗରେ।

ସୂର୍ଯ୍ୟ ଆଜି ମେହେନ୍ଦୀକୁ ଗୋଳି
ରଙ୍ଗାଇଛି ହାତ ତାର
ସତେ ଅବା ରଙ୍ଗାଇଛି ଆମର ଭାଗ୍ୟକୁ।

ମୁଁ ପ୍ରଥମଥର ପାଇଁ ସୂର୍ଯ୍ୟକୁ କେଶର ଗୋଳା ହୋଇଥିବା ଦୁଧର ପିଆଲା ଭଳି ଏବଂ ତାର ନାଲି ରଙ୍ଗକୁ ମେହେନ୍ଦୀ ଭଳି, କେବଳ ସେତିକିବେଳେ ଦେଖିଥିଲି। ଧୀରେ ଧୀରେ ତାହାର ବର୍ଣ୍ଣନା ଫିକା ହୋଇଗଲା।

ପଶ୍ଚିମରେ ଲହରୀ ଉଠିଲା,
ଚହଲିଲା ସୂର୍ଯ୍ୟଙ୍କର ନାଆ
ଗଣ୍ଠିଲି ପୁଟୁଳି ବାନ୍ଧି
ମାଡ଼ିଆସେ ସଞ୍ଜ ଆମ ଆଡ଼େ।

ସୂର୍ଯ୍ୟ ସବୁ ଜାଳି ଦେଲି
ଚନ୍ଦ୍ର ଦେହେ ଲଗାଇଲି ନିଆଁ

ଆକାଶରୁ ଆଣି ଦେଲି
ରୁପା ରଙ୍ଗୀ ତାରା।
କେହି ଆସି ଜ୍ୱାଳିଲେନି ଦୀପ
ବୁଡ଼ିଗଲା ଜୀବନଟା କଳା ଅନ୍ଧକାରେ
ଜୀବନର ନିଆଁ ତାକୁ
ପୋଛି ଦେବା ଯାଏଁ।

ପୂର୍ବରୁ ଉଠଇ ଝଡ଼
ଛାଇଗଲା ସାରା ଆକାଶରେ
ସତେ ଅବା ଢାଙ୍କି ଦେଲା
ଉଦୟ ଭାନୁକୁ,
ସୂର୍ଯ୍ୟ କିନ୍ତୁ ଅନ୍ଧକାରକୁ
ଖଣ୍ଡ ଖଣ୍ଡ କରି
ବାହାରି ଆସିଲା
ଉଜ୍ଜ୍ୱଳ କିରଣ ତା'ର ବିଚ୍ଛୁରିତ ହେଲା।
ପୂର୍ବ ଜଳାଇଲା ଚୁଲି
ପବନ ତହିଁରେ ଫୁଙ୍କ ମାରୁଥିଲା
ଅଗ୍ନି ଶିଖା ପରି
ଉପରକୁ ଉଠୁଥିଲା ସୂର୍ଯ୍ୟର କିରଣ।

ସୂର୍ଯ୍ୟ ବସାଇଛି ହାଣ୍ଡ
କିରଣ ଚକଟେ ଅଟା
ଖେତର ସବୁଜିମା
ବିଛଣା ବିଛାଇଛି ପରା
ହେ ପରଦେଶୀ, ଆସ ଆଜି
କିଏ ଜାଣେ କାଲି ହେବ କିସ !

ସୂର୍ଯ୍ୟ ବୁଲାଇଲା ପିଠି
ଫଗୁଣ ବି ବାନ୍ଧିଲଣି ତା ଗଣ୍ଠିଲି

ବିତିଗଲା ଏହିଭଳି
ତିନି ଶହ ପଅଁଷଠି ଦିନ।

ମୋ ନିଜର ଅଗ୍ନି ପାଇଁ
ନିଜକୁ ମୁଁ ବଧାଇ ଜଣାଏ
ସୂର୍ଯ୍ୟ ଆସିଛି ମୋ ଦ୍ୱାରକୁ
ମୋଠାରୁ ନିଆଁ ଟିକେ ମାଗି
ଜଳାଇବା ପାଇଁ ତା' ନିଜକୁ।
ହୃଦୟର ନରମ ଦେହରେ
କିରଣର ଛୁଂଚି ଗଳିଯାଏ
ସ୍ମୃତିର ଏ ଦାବାନଳ
ଛୁଇଁଗଲା ମୋ ପଣତ କାନି।

ଚନ୍ଦ୍ର ସୂର୍ଯ୍ୟ ଆଜି କରନ୍ତି
ପ୍ରାଣର ବାଣିଜ୍ୟ
ସେମାନଙ୍କ କିରଣରେ ଭରା
ତରାଜୁର ଡାଲା
ତୁମେ କିଆଁ ମନେପଡ଼ ଆଜି
ଲକ୍ଷେ ଇଚ୍ଛା ଜାଗି ଉଠେ
ପୁଣି ଲିଭିଯାଏ।

ହେ ଜୀବନ, ଦ୍ୱାର ତୋର ବନ୍ଦ କରନାହିଁ
କାମ ମୋର ସରି ନାହିଁ
ସୂର୍ଯ୍ୟ ବି କିରଣ ଦିଏ
ପୃଥିବୀ ତା ଗନ୍ଧ ବୁଣିଯାଏ।
ନିଦର ଓଠରୁ ଆସିଲା ଭଳି ସ୍ୱପ୍ନର ମହକ
ପ୍ରଥମ କିରଣ ଦିଏ ରାତିର ମଥାରେ
ଲଗାଇ ତିଳକ
ମୋ ଇଚ୍ଛାର ସୂତାରେ ମୁଁ ବୁଣୁଛି ଓଢ଼ଣୀ

ବିରହର ବେଦନାରେ ଶୁଣୁଛି ମୁଁ ଶାହାନାଇ ଆଜି ।

ରାତିର ଚୁଲିକୁ କିଏ ଜାଳିଥିଲା
ସୂର୍ଯ୍ୟ ତାର ଢାଙ୍କୁଣୀକୁ ଖୋଲିଦେଲା
ସୂର୍ଯ୍ୟର ବୃକ୍ଷ ଛିଡ଼ାହୋଇଥିଲା
କିରଣ ଶାଖା ତା'ର କିଏ ଭାଙ୍ଗିଦେଲା
ଚାଦର ଫଳକୁ ଝାଡ଼ିନେଲା ଆକାଶରୁ ।

ସୂର୍ଯ୍ୟଙ୍କ ଅଶ୍ୱର ହ୍ରେସା ଧ୍ୱନିରେ
କିରଣର କାଠି ଝଡ଼ିଗଲା
ବୟସର ଫସଲ ହିସାବ କରୁ କରୁ
ଧରିତ୍ରୀର ପଥିକ କାନ୍ଦି ଉଠିଲା...
ଅମ୍ବର ଦେହରେ ସିନା ଜଳାଇବି ସୂର୍ଯ୍ୟ
ମନର ଏ ସୁଉଚ୍ଚ ଧାପରେ
ଦୀପ କିନ୍ତୁ ଜାଳିବି କିମିତି ?...
ଆଖିରେ ଓଢ଼ଣୀ ଦେଇ
କାହା ପଦଧୂଳି ଚୁମିବାକୁ
ସୂର୍ଯ୍ୟଙ୍କୁ ପରିକ୍ରମା କରୁ କରୁ
ଅଟକି ଗଲା ଏ ଧରିତ୍ରୀ...

ଦୃଷ୍ଟିର ଆକାଶରୁ ମୋ ସୂର୍ଯ୍ୟ ଗଲା କାହିଁ
ଏବେବି ତଥାପି ଚାନ୍ଦ ଢାଳେ ତା ମହକ...

ସୂର୍ଯ୍ୟ ଆଜି ଘବରାଇ
ଖୋଲିଦେଲା କିରଣର ଏକ ଝରକା
ବାଦଲର ଏକ ଝରକା ବନ୍ଦ କରି
ଓହ୍ଲାଇଗଲା ଅନ୍ଧାରର ଶିଢ଼ିରେ
ଆକାଶ ଏକ ପ୍ରେମିକ,
ଆରାମରେ ବସି ପିଉଅଛି ହୁକ୍କା

ସୂର୍ଯ୍ୟର କୋଇଲାରୁ ରେଖା ଟାଣିନେଇ
କାହା ପଥ ଚାହିଁ ବସିଅଛି...

ପୂର୍ବର ଖଟିଆ ଆଜି ଶୂନ୍ୟ
ସକାଳ ଆସିନାହିଁ ବସିବାକୁ ସେଠି
ପାଗଳ ଅମ୍ବର ତାକୁ ଖୋଜି ବୁଲେ
ଧରିତ୍ରୀ ଗହ୍ୱରେ
ମୁହଁରେ ତା' କଥା ନାହିଁ
କଳା ଚିଲ ଭଳି, ରାତି
ଉଡୁଅଛି ଆକାଶ ବକ୍ଷରେ।

ସୂର୍ଯ୍ୟ ଗୋଟିଏ ନାବ ଯେ ପଶ୍ଚିମ ଲହରୀରେ ବୁଡ଼ିଗଲେ। ସୂର୍ଯ୍ୟ ତୂଳାର ଏକ ସ୍ତୂପ, ତାକୁ ଝଡ଼ ଭିଣିଦେଇଗଲା। ସୂର୍ଯ୍ୟ ଏକ ସବୁଜ ଜଙ୍ଗଲ, ଯେ ଶୁଖି ଶୁଖି ଜଳିଯାଉଛି। ସୂର୍ଯ୍ୟର ଅନ୍ତରରେ ଅଗ୍ନି ନାହିଁ, ସେ ମୋ ହୃଦୟରୁ ଅଗ୍ନି ନେଇ ତା ଅଗ୍ନିକୁ ଜଳାଉଛି। ସୂର୍ଯ୍ୟ ଛୁଂଚିର ଏକ ପୁଟୁଳା, ସେ ମୋ ଦେହରେ ଆର ପାରିକୁ ଫୁଟିଯାଇଛି। ସୂର୍ଯ୍ୟ ଏକ ବୃକ୍ଷ, ଯାହା ଦେହରୁ କେହି କିରଣ ତୋଳି ନେଇଛି। ସୂର୍ଯ୍ୟ ଏକ ଦୀପ ଯାହାକୁ ଆକାଶର ରୁଖାରେ ରଖି ଜାଳିହେବ। ସୂର୍ଯ୍ୟ ମୋ ହୃଦୟ ଭଳି, ଯେ ଘାବରା ହୋଇ ଅନ୍ଧାର ଶିଢ଼ିରେ ଓହ୍ଲାଇ ଯାଉଛି। ସୂର୍ଯ୍ୟ ଏକ ଲିଭିଲା ଅଙ୍ଗାର ଯେ ଆକାଶରେ ହୁକ୍‌କା ଟାଣି କାହାର ପଥ ଚାହିଁ ବସିଛି। ସୂର୍ଯ୍ୟ ଏକ ପ୍ରତ୍ୟୟ, ଯାହା ବିନା ଆକାଶର ଛାତିରେ କଳା ଚିଲ ଭଳି ରାତି ଉଡୁଥିବ।

ସୂର୍ଯ୍ୟର ଏହିଭଳି ଅନେକ ରୂପ ଦେଖିଛି। ଏଥିରେ ଚେତନାର ରୂପ ମଧ୍ୟ ଅଛି।

ଦିନର ଅଗଣାରେ ନଇଁ ଆସେ ରାତି
ଏ ଦାଗକୁ ପୋଛିବି କିପରି
ହୃଦୟର ଛାତରେ ସୂର୍ଯ୍ୟ ଆସେ ଉଠି
ଏ ଦାଗକୁ ଲୁଚାଇବି କିପରି
ଏବେ ଭୋର ହେଲା
ଛାତି ଚିରି ଛାତ ଉପରେ ସୂର୍ଯ୍ୟର କିରଣ ପଡ଼ିଲା।

ଜୀବନ ସୂର୍ଯ୍ୟଠାରୁ ଆରମ୍ଭ ହୋଇ, ସବୁ ଗ୍ରହ ଅତିକ୍ରମ କରି ଶେଷରେ ସୂର୍ଯ୍ୟ ପାଖକୁ ଫେରିଯାଏ। ଏହି ପ୍ରକ୍ରିୟାଟିକୁ ଅଚେତନ ଭାବରେ ଲେଖିଥିଲି। ଆଜି ତାକୁ ସଚେତନ ଭାବେ ଦେଖୁଛି।

ହୃଦୟର ଜଳରେ ଉଠିଛି ଲହରୀ
ଲହରୀ ପାଦରେ ବନ୍ଧା ଅଛି ଯାତ୍ରା
ଆଜି ଆସିଛନ୍ତି କିରଣମାନେ
ଡାକିବାକୁ ମୋତେ
ଚାଲ ଏବେ ଫେରିଯିବା ସୂର୍ଯ୍ୟର ଘରକୁ।

ନିଜ ବିଷୟରେ କବିତା ବ୍ୟତୀତ ଅନ୍ୟ କବିତାରେ ମଧ୍ୟ ସୂର୍ଯ୍ୟର ଉଲ୍ଲେଖ ରହିଛି। ହୋଚିମିନଙ୍କ ସହିତ ମୋର ସାକ୍ଷାତ୍ ସମ୍ପର୍କରେ ଏକ କବିତାରେ ଲେଖିଥିଲି-

ଭିଏତନାମର ମାଟିର ପବନ ବି ଆଜି ପଚାରେ
ଇତିହାସ କପୋଳରୁ ଲୁହ କିଏ ପୋଛିଲା ?
ଗତ ରାତିରେ ଧରଣୀ ଦେଖିଲା ଏକ ସବୁଜ ସ୍ୱପ୍ନ
ଆକାଶ କ୍ଷେତକୁ ଯାଇ ସୂର୍ଯ୍ୟ କିଏ ପୋତିଲା ?

ଯୁଦ୍ଧର ଭୟଙ୍କାରିତାରୁ ମୁକ୍ତ ସେଇ ମାଟିର ଆକାଂକ୍ଷା ବିଷୟରେ ବି କବିତା ଲେଖିଥିଲି-

ଧରଣୀ ଆଜି ପଚାରିପଠାଇଛି
ଭବିଷ୍ୟତର କବିତା କିଏ ଲେଖିବ
କହୁଛନ୍ତି, କିରଣର ଗର୍ଭରୁ ଆଶା ଏକ ଜନ୍ମ ନେଇଛି।

ପୂର୍ବ ଆଜି ବାନ୍ଧିଅଛି ଦୋଳି
ତା' ଅନନ୍ତ ଦୋଳି
ରାତ୍ରି ଆଜି ଗର୍ଭବତୀ ସୂର୍ଯ୍ୟକୁ ଜଠରେ ଧରି।

ଧାତ୍ରୀ ଧରଣୀ ତା'ର ପ୍ରାର୍ଥନା ଜଣାଏ
ରାତି କେବେ ବନ୍ଧ୍ୟା ନ ହେଉ
ପୀଡ଼ା ବି ନହେଉ ବନ୍ଧ୍ୟା।

ଏହି ସବୁ କବିତା ଗୁଡ଼ିଏ ୧୯୪୭ରୁ ୧୯୫୯ ମଧ୍ୟରେ ଲେଖାହୋଇଥିଲା। ଏହାପରେ ତେର ବର୍ଷ ବିତି ଯାଇଛି। ସେହି ସମୟ ମଧ୍ୟରେ ଲେଖା ହୋଇଥିବା କବିତା ଗୁଡ଼ିକରେ ମଧ୍ୟ ସୂର୍ଯ୍ୟର ଉଲ୍ଲେଖ ରହିଛି।

ମନେ ଅଛି ସେହି ବେଳ
ସୂର୍ଯ୍ୟର ଅଙ୍ଗୁଳି-କିରଣ ଟିକିଏ ଧରି

ଅନ୍ଧାରରର ମେଳା ମେଳା ଦେଖୁ ଦେଖୁ
ଭିଡ଼ରେ ହଜିଗଲା...
ଗଳିର ଆବର୍ଜନା ପାରିହୋଇ
ତୁ ଯଦି ଆସିବୁ ଆଜି
ମୁଁ ଧୋଇଦେବି ତୋର ପାଦ
ତୋର ସୂର୍ଯ୍ୟର ଆକୃତି
କମ୍ବଳ ସଜାଡ଼ି ଦେଇ ହାତ ପାଦ ଉଷୁମ କରିବି
ଗିନାଏ କିରଣକୁ ମୁଁ ଢୋକିଦେବି ଥରକରେ
ଆଉ ଟୋପାଏ କିରଣକୁ ମୋ ଗର୍ଭରେ ସାଇତିବି
ମୁଁ ପ୍ରତିଦିନ ଜନ୍ମଦିଏ ସୂର୍ଯ୍ୟକୁ
ପ୍ରତିଦିନ ସୂର୍ଯ୍ୟ ଅନାଥ ହୁଏ।

ଏ ସହରରେ ବି ସ୍ୱପ୍ନ ଆସେ
ଯେତେବି ବିଚାରର ଦ୍ୱାର ବନ୍ଦ କଲେ
ଆସିଯାଏ ଭିତରକୁ।
କହିଯାଏ କେଉଁଠାରେ ଶଙ୍ଖମର୍ମରର ଘାଟି,
ଶୁଣୁ ଶୁଣୁ ଶୋଇପଡ଼େ ସମଗ୍ର ସହର
ପୁଣି ରାସ୍ତାରେ ତା ଧକ୍କା ହୁଏ ସୂର୍ଯ୍ୟର ସହିତ।

ସୂର୍ଯ୍ୟର ସବୁ ହତ୍ୟା ମାଫ ହୁଏ
ଦୁନିଆର ପ୍ରତି ଲୋକକୁ
ସେ ରୋଜ
'ଦିନଟିଏ' ହତ୍ୟାକରେ।

ଅନ୍ଧାରର ସମୁଦ୍ରରେ ମୁଁ ଜାଲ ପକାଇଥିଲି
କିଛି କିରଣ, କିଛି ମାଛ ଧରିବା ପାଇଁ
କିନ୍ତୁ ଜାଲରେ ଉଠି ଆସିଲା ସମଗ୍ର ସୂର୍ଯ୍ୟଟା।

ସେହି ସମୟରେ ଲେନିନ୍ ଓ ଗୁରୁ ନାନକଙ୍କ ଭଳି ବ୍ୟକ୍ତିଙ୍କ ବିଷୟରେ ଯେଉଁ ସବୁ କବିତା ଲେଖିଥିଲି ସେଗୁଡ଼ିକରେ ମଧ୍ୟ ସୂର୍ଯ୍ୟର ଉଲ୍ଲେଖ ଅଛି।

ତୁ ମୋ ଇତିହାସର କିଭଳି ଚରିତ୍ର ?
ମୋ କାନ୍ଥର କ୍ୟାଲେଣ୍ଡର୍ ବାହାରି
ତୁ ତାହାର ତାରିଖ ବଦଳାଇ ଦେଉ
ଆଉ ଭେଟୁ ମୋତେ ଏକ ନୂଆ ଦିନ ଭଳି।
କ୍ୟାଲେଣ୍ଡର୍‌ରୁ ବାହାରି ଆସି
ତୁ ସଡ଼କରେ ଚାଲୁଛୁ
ଆଉ ଖରା ପଡ଼ିଯାଉଛି।
ଅପକ୍ୱ ଗର୍ଭର ଦିନ
ଦଧି ମନ୍ଥନ କରୁକରୁ ଲହୁଣୀ ଆସିଲା
ଠେକିରେ ମୁଁ ହାତ ବୁଡ଼ାଇଲି
ମୋ ହାତରେ ବାହାରିଲା ସୂର୍ଯ୍ୟର ପେଡ଼ା।

ଗୁରୁ ନାନକଙ୍କ ପତ୍ନୀ ସୁଲଖାନୀ ଭାବରେ ଯେଉଁ କବିତାଟି ଲେଖିଥିଲେ ତାହା ମଧ୍ୟ ସୂର୍ଯ୍ୟରେ ପୂର୍ଣ୍ଣ ଥିଲା।

ମୁଁ ଛାୟା ଥିଲି-ଏକ ଛାୟା
ସୂର୍ଯ୍ୟର ଯାତ୍ରା ସହ ମୁଁ ଯାହା କରିଛି
ସୂର୍ଯ୍ୟର କିରଣ ପିଇଛି
ଓ କିରଣର ନଦୀରେ ସ୍ନାନ କରିଛି
ଏହା ସୂର୍ଯ୍ୟ-ପରୀକ୍ଷାର ସମୟ ଥିଲା
ସୂର୍ଯ୍ୟ ପରୀକ୍ଷାର ଅନ୍ତ ମଧ୍ୟ ନଥିଲା
ଛାୟାର ଏହି ଗର୍ଭ ପ୍ରତି ହୁକୁମ ଥିଲା
ଯେ ନିଜର ଅନ୍ଧକାର ଭିତରୁ
ଜନ୍ମ ଦେବ କିରଣକୁ
କିରଣର ଜନ୍ମପୀଡ଼ା ସହିବାକୁ ହେବ
ଛାୟାର ଛାତିରୁ ତାକୁ
ପିଆଇବାକୁ ହେବ କ୍ଷୀର
ସୂର୍ଯ୍ୟ ଯେତେବେଳେ ଘୂରିବ ଚତୁର୍ଦ୍ଦିଗ
ବହୁତ ଦୂରକୁ ଯିବ
ଛାୟା ପଛରେ ରହି
ସେହି ବିଚ୍ଛୁରିତ କିରଣକୁ ଆଦର କରିବ।

ସୂର୍ଯ୍ୟକୁ ମୁଁ ବହୁତ ରୂପରେ କଳ୍ପନା କରିଛି। ଏପରିକି ତା ସହିତ ଭୋଗ ମଧ୍ୟ କଳ୍ପନା କରିଛି।

ଗିନାଏ ଖରାକୁ ମୁଁ ପିଇଦିଏ ଗୋଟାଏ ଢୋକରେ
ବିନ୍ଦୁଏ ଖରାକୁ ମୁଁ ରଖିନେବି ଆପଣା ଗର୍ଭରେ।

ସୂର୍ଯ୍ୟ ଔରସରୁ ଜାତ ସୂର୍ଯ୍ୟକୁ ଜନ୍ମ ଦେଲାବେଳେ-କୋଠରିରୁ କୋଠରିରେ ଜନ୍ମଦିଏ ମୁଁ ସୂର୍ଯ୍ୟକୁ।

ମୁଁ ସୂର୍ଯ୍ୟକୁ ପୂଜା କଲାଭଳି କେବେ ପୂଜା କରିନାହିଁ। କିନ୍ତୁ ତା ପ୍ରତି ମୋର ଏଭଳି ଆକର୍ଷଣ ଯେ ମୁଁ ତାକୁ ମୋ ଗର୍ଭର ଅନ୍ଧକାରକୁ ମଧ୍ୟ ଟାଣିନେଇଛି।

ମୋର ଏହି ଚିନ୍ତାଧାରାକୁ ମୁଁ ସୁଲଖାନାଙ୍କ ବିଚାରଧାରାରେ ବି ପ୍ରବେଶ କରାଇ ଦେଇଛି।

ମନେହୁଏ, ମୋ ଭଳି କେତେକ ଲୋକ, ସେମାନେ ଯେଉଁ ଦେଶ ବା ଯେଉଁ ଶତାବ୍ଦୀର ହୁଅନ୍ତୁ ନା କାହିଁକି, ଫୋନିକ୍ସ ଜାତିର ଅଟନ୍ତି।

କୁହାଯାଏ, ଫୋନିକ୍ସ ପକ୍ଷୀ ଲମ୍ବା ଚଉଡ଼ାରେ ଚିଲ ଆକାରର। ତାହାର ପକ୍ଷ ଉଜ୍ଜ୍ୱଳ ଓ ସୁନେଲୀ। ତା'ର ସ୍ୱର ସଙ୍ଗୀତମୟ ଓ ସେ ସବୁବେଳେ ଏକୁଟିଆ ଥାଏ। ତାହାର ପରମାୟୁ ଅତି କମ୍‌ରେ ପାଞ୍ଚଶହ ବର୍ଷ। କେତେକ ଐତିହାସିକ ଏହାର ଆୟୁ ଏକ ହଜାର ଚାରିଶ ଏକଷଠି ବର୍ଷ ବୋଲି କହନ୍ତି। କେହି କେହି ପୁଣି ଏହାର ଆୟୁ ସତାନବେ ହଜାର ଦୁଇଶହ ବର୍ଷ ବୋଲି କହିଥାନ୍ତି। ତାହାର ଆୟୁ ଶେଷ ହୋଇ ଆସିବା ସମୟରେ ସେ ସୁଗନ୍ଧ ବୃକ୍ଷର ଡାଳ ପତ୍ର ଏକତ୍ରିତ କରେ ଓ ତାହାରି ଉପରେ ବସି ଗୀତ ଗାଏ। ସେହିଥିରୁ ଅଗ୍ନି ଉତ୍ପନ୍ନ ହୁଏ ଏବଂ ସେଇ ଅଗ୍ନିରେ ଡାଳପତ୍ର ସହ ସେ ଜଳିଯାଏ। ତାହାରି ପାଉଁଶରୁ ଏକ ନୂଆ ଫୋନିକ୍ସ ଜନ୍ମ ନିଏ ଏବଂ ସେ ସବୁଯାକ ସୁଗନ୍ଧିତ ପାଉଁଶକୁ ଏକାଠି କରି ସୂର୍ଯ୍ୟ ମନ୍ଦିରକୁ ନେଇଯାଇ ସେଠାରେ ତାହା ଅର୍ପଣ କରିଦିଏ।

ଆଉ କେତେକ ଇତିହାସକାର ଅନ୍ୟ ପ୍ରକାର ବର୍ଣ୍ଣନା କରିଛନ୍ତି। ସେମାନେ କହନ୍ତି ଯେ ଯେତେବେଳେ ସେ ତାହାର ଅନ୍ତିମ ସମୟ ଆସିଯିବାର ଆଭାସ ପାଏ, ସେତେବେଳେ ନିଜେ ସୂର୍ଯ୍ୟ ମନ୍ଦିରକୁ ଉଡ଼ିଯାଇ ହୋମର ଅଗ୍ନିରେ ବସିଯାଏ। ନିଆଁରେ ପୋଡ଼ି ସେ ସଂପୂର୍ଣ୍ଣ ପାଉଁଶ ହୋଇଗଲା ପରେ ସେଇ ପାଉଁଶରୁ ନୂଆ ଫୋନିକ୍ସ ଜନ୍ମ ନିଏ।

ମିଶରର ପୁରୁଣା ଇତିହାସରେ ସୂର୍ଯ୍ୟ ଯେଉଁଠାରୁ ଉଦୟ ହୁଏ ପକ୍ଷୀର ଘର ବୋଲି ବର୍ଣ୍ଣିତ ଅଛି। ସେଥିପାଇଁ ଐତିହାସିକମାନେ ଏହି ପକ୍ଷୀର ଆଦି ବାସସ୍ଥାନ

ଆରବ କିମ୍ବା ଭାରତବର୍ଷ ବୋଲି ମନେକରନ୍ତି। ସୁବାସିତ ବୃକ୍ଷର ବର୍ଣ୍ଣନା ହୋଇଥିବାରୁ ଏହା ଭାରତବର୍ଷ ହୋଇପାରେ ବୋଲି ଅନୁମାନ କରାଯାଏ।

ଜଣେ ଲାଟିନ୍ କବି ଫୋନିକ୍ସକୁ ରୋମାନ୍ ରାଜ୍ୟ ସହ ସମ୍ବନ୍ଧିତ କରିଛନ୍ତି। କେତେକ ପାଦ୍ରୀ ଏହାକୁ ଯୀଶୁଖ୍ରୀଷ୍ଟଙ୍କ ମୃତ୍ୟୁ ଓ ପୁନରୁତ୍ଥାନ ବାର୍ତ୍ତା ସହ ସମ୍ପର୍କିତ କରିଛନ୍ତି। କେତେକ ମଧ୍ୟ ଏହାକୁ କୁମାରୀ ମାତା ଗର୍ଭରୁ ଜାତ ଖ୍ରୀଷ୍ଟଙ୍କ ସହ ସମ୍ବନ୍ଧିତ କରନ୍ତି। ସେ ଯେଉଁ ଦେଶ ବା ଯେଉଁ ଶତାବ୍ଦୀର ହୁଅନ୍ତୁ ନା କାହିଁକି, ପ୍ରତ୍ୟେକ ସଚ୍ଚୋଟ ଲେଖକଙ୍କ ସହ ମୁଁ ଏହାକୁ ତୁଳନା କରିବାକୁ ଚାହେଁ।

ଡାଏରୀରୁ କିୟଦଂଶ

ଡାଏରୀ ଲେଖିବାଟା ମୋର ଅଭ୍ୟାସ ନୁହେଁ। ଅନେକଥର ଚେଷ୍ଟା କରିଛି, କିନ୍ତୁ ଦୁଇ-ଚାରି ଦିନ ପରେ ସେହି ନିୟମ ମୁଁ ରକ୍ଷା କରିପାରି ନାହିଁ। ବୋଧହୁଏ ଏହାର ଏକ ବିଷାଦପୂର୍ଣ୍ଣ ପୃଷ୍ଠଭୂମି ଅଛି। ତାହା ସଚେତନ ଭାବରେ ନୁହେଁ, ଅଚେତନ ଅବସ୍ଥାରେ ସବୁବେଳେ ମୋ ସାମନାରେ ଆସି ଠିଆହୋଇଯାଏ।

ପୃଷ୍ଠଭୂମି ମୋର ମନେଅଛି। ସେତେବେଳେ ସାନ ଥିଲି। ଯେବେବି ଡାଏରୀ ଲେଖେ, ତାଲା ବନ୍ଦକରି ରଖେ। କିନ୍ତୁ ଆଲମାରି ଖୋପରେ ସେ ଚାବିକୁ ମୁଁ ଏତେ ହୁସିଆରରେ ରଖୁଥିଲି ଯେ ସେଇ ହୁସିଆରଟା ବୋଧହୁଏ କେହି ଦେଖି ପକାଇଲା। (ଏହା ବିବାହ ପରର କଥା)। ଦିନେ ଲୁଚେଇ କରି ସେଇ ଆଲମାରିର ଖୋପ ଖୋଲାହେଲା ଏବଂ ମୋର ଡାଏରୀ ପଢ଼ାଗଲା। ପୁଣି ସେଥିରୁ କେତେ ଗୁଡ଼ିଏ ପଂକ୍ତିକୁ ବିସ୍ତାରିତ ଭାବରେ ବ୍ୟାଖ୍ୟା କରିବାକୁ ମୋତେ କୁହାଗଲା। ସେଇ ଦିନ ମୁଁ ସେଇ ଡାଏରୀ ଚିରିଦେଲି ଏବଂ ଆଉ କେବେ ଡାଏରୀ ଲେଖିବି ନାହିଁ ବୋଲି ମନେ ମନେ ସ୍ଥିର କଲି।

ଆଉ ଟିକିଏ ବଡ଼ ହେଲା ପରେ ମୋର ଏଇ ପ୍ରତିଜ୍ଞା ମୋତେ ପିଲାଳିଆମି ଭଳି ମନେହେଲା। ଏଇ ପ୍ରତିଜ୍ଞା ଭାଙ୍ଗି ପୁଣି ଡାଏରୀ ଲେଖିବାକୁ ସ୍ଥିର କଲି। କେତେଦିନ ଯାଏଁ ଲେଖି ଚାଲିଲି। ଦିନେ ହଠାତ୍ ସେ ଡାଏରୀ ମୋ ରୁମ୍‌ରୁ ଚୋରି ହୋଇଗଲା। ଜଣେ ସାଧାରଣ ଚୋରର ଏହା ଯେ ଆବଶ୍ୟକ ହୋଇ ନଥିବ, ଏ କଥା ସ୍ପଷ୍ଟ ବୁଝାଗଲା। ଏହା କେବଳ କୌଣସି ବିଶିଷ୍ଟ ବ୍ୟକ୍ତିଙ୍କର ଆବଶ୍ୟକ ହେବା ସମ୍ଭବ। ଅନେକ ବର୍ଷ ପର୍ଯ୍ୟନ୍ତ ମୁଁ ଏଥିପାଇଁ ପଶ୍ଚାତ୍ତାପ କଲି। ଆଜି ବି ସେଇ ସ୍ମୃତି ମୋ

ମନରେ ରହିଛି। ଯେଉଁ 'ଶାନ୍ତି ବିବି' ଏହାକୁ ଚୋରି କରିଥିଲେ ବୋଲି ସନ୍ଦେହ ହୋଇଥିଲା, ଆଜି ଚାହିଁଲେ ମଧ୍ୟ ସେଥିପାଇଁ ମୁଁ କିଛି କରିପାରିବିନି।

ଏହି ଦୁଇଟି ଘଟଣା ଯୋଗୁଁ ମୁଁ ଆଉ ନିୟମିତ ଭାବରେ କେବେ ଡାଏରୀ ଲେଖି ପାରିଲି ନାହିଁ। ହଁ, କେବେ କେବେ ମନରେ ଭାବନାର ଢେଉ ଉଠେ, ବର୍ଷେ କି ଛ' ମାସ କିଛି ଲେଖି ପକାଏ। ବିଭିନ୍ନ ତାରିଖରେ ଏଣେ ତେଣେ କେତେଗୁଡ଼ିଏ ପଂକ୍ତିକୁ ମୁଁ ଏଠାରେ କ୍ରମାନ୍ୱୟରେ ସଜାଡ଼ିବାକୁ ଚେଷ୍ଟା କରୁଛି। ଯେତିକି ଏକତ୍ରିତ କରିଛି ତାହା ଏହିପରି-ମୋର ବହୁତ ସମସାମୟିକ ଅଛନ୍ତି, କିନ୍ତୁ ମୁଁ କେବଳ ମୋର ସମସାମୟିକ ନୁହେଁ।

ଏହା ଥିଲା ଏକ ଅସମାପ୍ତ କବିତାର ପ୍ରଥମ ପଂକ୍ତି। କିନ୍ତୁ ଏହାପରେ ଆଉ ମୁଁ କିଛି ଲେଖି ନାହିଁ। କିନ୍ତୁ ମୁଁ ଜାଣିଥିଲି ଯେ ଏତିକିରେ ମୁଁ ନିଜେ ନିଜ ସହିତ କଥାବାର୍ତ୍ତା କରୁଛି। ଏହା ସହିତ ମେଳ ଖାଉଥିବା ଆଉ କେତେଗୁଡିଏ ପଂକ୍ତି ଥିଲା। ତାହା ମୁଁ କାଗଜରେ ଲେଖି ନଥିଲେ ମଧ୍ୟ ଚହଲୁଥିଲା।

ମୁଁ ଛଡ଼ା ମୋ ଜନ୍ମ
ପୁଣ୍ୟର ଥାଳିରେ ଅପରାଧର ଏକ ସମର୍ପଣ

୨୨ ଅଗଷ୍ଟ ୧୯୬୮

ସମ୍ବାଦପତ୍ରର ପ୍ରଥମ ପୃଷ୍ଠାରେ ମୋର ଚକ୍ଷୁ ସ୍ଥିର ହୋଇଗଲା। 'ସୋଭିଏଟ୍ ସୈନ୍ୟବାହିନୀର ଚେକୋସ୍ଲୋଭାକିଆ ଦଖଲ... ଲିବରେସନ୍ ଡ୍ରାଇଭକୁ ଧ୍ୱଂସ କରିବା ପାଇଁ ଅଚାନକ ଆକ୍ରମଣ... ଦୁବଚେକ୍‌ଙ୍କ ଭାଗ୍ୟ ଅନିଶ୍ଚିତ... ଏ ପର୍ଯ୍ୟନ୍ତ ଯେଉଁ 'ସ୍ୱୟଂ' କେବଳ ମୋର ଥିଲା ତାହା ଅଗଣିତ 'ସ୍ୱୟଂ'ରେ ବିଲୀନ ହୋଇଗଲା। ଫାସିଜିମର ଭୟାବହତା ମୁଁ ଭୋଗ କରି ନଥିଲି, କେବଳ ଶୁଣିଥିଲି। ଯେଉଁ ଦେଶ ସବୁ ଏହାର ଭୟାବହତାର ଶିକାର ହୋଇଥିଲେ ସେଠାରେ ବୁଲିଲାବେଳେ ଏହାର କିଛି ଚିହ୍ନ ଦେଖିଥିଲି। ତଥାପି ମଧ୍ୟ ଏହାର କଳ୍ପନା ଭୟାବହ ଥିଲା। ସେଥିପାଇଁ ସମାଜବାଦ ଥିଲା ମୋର ସ୍ୱପ୍ନ। ସମାଜବାଦୀ ଦେଶମାନେ ଯାହା ହାସଲ କରିଥିଲେ ତାହା ମୋତେ ଅଜଣା ନଥିଲା। କିନ୍ତୁ ତା'ପରେ ଯାହା ହେଲା ତାହାହିଁ ମୋତେ କଷ୍ଟ ଦେଉଥିଲା।

ତାହାରି ତରଳ ରୂପ କେବେ କେବେ ଏକ ବଡ଼ ଶାସକର କଠୋର ଚେହେରାରେ ଉଚ୍ଚ ହୋଇଯାଉଥିଲା। ସେତେବେଳେ ଓଠ ଉପରକୁ ଯେଉଁ ଶବ୍ଦମାନେ ଆସୁଥିଲେ ସେମାନେ ଆତ୍ମହତ୍ୟା କରି ଦେଉଥିଲେ। ମନେହେଉଥିଲା ଯେ ସେମାନେ ଯଦି ଆତ୍ମହତ୍ୟା ନକରି କାଗଜ ଉପରେ ରୂପ ନିଅନ୍ତି ତେବେ ସେମାନଙ୍କୁ ହତ୍ୟା କରାଯିବ।

କବିତା ମୋ ଚାରିପଟେ ଘୂରି ଘୂରି କୁଆଡ଼େ ଉଭେଇ ଯାଉଥିଲା । କାଗଜ ଉପରେ ସେ ଖାଲି ତା'ର ପାଦଚିହ୍ନ ଛାଡ଼ିଦେଇ ଗଲା-

ବନ୍ଧୁକର ଗୁଳି
ଥରେ ଯଦି ହାନୋଇରେ ବାଜେ ମୋ ଦେହରେ
ଆଉ ଥରେ ବାଜିଯାଏ ପୁଣି ପ୍ରାଗ୍‌ରେ
ପବନରେ ଘୂରିବୁଲେ ଧୂଆଁ ଏକ
ଅସମୟରେ ଜନ୍ମିଥିବା ଶିଶୁ ଭଳି
ମରିଯାଏ ମୋର 'ମୁଁ' ।

ଅଗଷ୍ଟ ୩୧, ୧୯୬୮

Mr. Crenik said, 'Go away and urge the best brains of the country to get out whilst they can... ମୋ ଜନ୍ମଦିନରେ ଦୁନିଆ ତରଫରୁ ଇଏ କିଭଳି ଉପହାର ?

ଆର୍ଥର କୋଏସଲର ନିଜର ଜନ୍ମପତ୍ରୀ ତିଆରି କରିବା ପାଇଁ, ଯେଉଁ ଦିନ ସେ ଜନ୍ମ ହୋଇଥିଲେ ସେ ଦିନର ଖବରକାଗଜ ଖୋଜିଥିଲେ । ଯେଉଁଦିନ ସେ ଜନ୍ମ ହୋଇଥିଲେ ସେଦିନ ପୃଥିବୀରେ କି କି ଘଟଣା ଘଟିଥିଲା ତାହା ସେ ଜାଣିବାକୁ ଚାହୁଁଥିଲେ । ଜାଣିବାକୁ ଚାହୁଁଥିଲେ-କେଉଁ କେଉଁ ଜାହାଜ ସେଦିନ ବୁଡ଼ିଥିଲା, କେଉଁ ବ୍ୟାଙ୍କରେ ଡକାୟତି ହୋଇଥିଲା, କେଉଁ କେଉଁ ଦେଶମାନଙ୍କ ଭିତରେ ସନ୍ଧି ହୋଇଥିଲା । ମୁଁ ଲେଖିଥିଲି, 'ସବୁ ଜନ୍ମପତ୍ରୀ ମଣିଷ ଜନ୍ମର ଏକ ମିଥ୍ୟା ସାକ୍ଷ୍ୟ ଦିଏ । ଆର୍ଥର କୋଏସଲରଙ୍କ ବିଚାର ଭଳି କେବଳ କୌଣସି ଜନ୍ମପତ୍ରୀର କଳ୍ପନା କରାଯାଇପାରେ । ମୋ ଜନ୍ମଦିନରେ ମୁଁ ଇଏ କି ଭୟଙ୍କର ସମ୍ବାଦ ଶୁଣିଲି !

ସେତିକିବେଳେ ଏକ ବିଚିତ୍ର କବିତା ଲେଖିଥିଲି-କାନ୍ଥରେ ଝୁଲିଛି ଏକ ଫାମିଲି ଫଟୋଗ୍ରାଫ ।

ସେପ୍ଟେମ୍ବର ୬, ୧୯୬୮ ।

ପ୍ରାୟ ଅଧରାତିରେ ଗୁଲଜାରଙ୍କ ଟେଲିଫୋନ୍ ଆସିଲା-'ଏତେ ରାତିରେ ଟେଲିଫୋନ୍ କରୁଥିବାରୁ ଭୟ ଲାଗୁଛି ।'

ମୁଁ ହସିଦେଇ କହିଲି-'ଭଦ୍ରଲୋକ, ଡରିବାର କଣ ଅଛି ? ମୁଁ ଷ୍ଟାଲିନିଷ୍ଟ ନୁହେଁ ।'

ସେ ବି ହସିଦେଲେ । କହିଲେ-'ହଉ ତେବେ, ଜଣେ ଷ୍ଟାଲିନିଷ୍ଟଙ୍କ ସହ କଥାବାର୍ତ୍ତା କର । ସେ ଏଇଠି ବସିଛନ୍ତି । ସେ ହିଁ ମୋତେ ଫୋନ୍ କରାଇଲେ ।'

ତା'ପରେ ସନ୍ତସିଂହ ସେଖୋଁଙ୍କ ସ୍ୱର ଶୁଭିଲା, 'କଣ ଖବର, ମହାରାଜ?'

ସେଖୋଁଙ୍କ ଭିତରେ ଗୋଟିଏ ଦିଲ୍‌ଦାରିଆ ଜାଠ୍ ହୃଦୟ ବି ଥିଲା। ସେଥିପାଇଁ ମୁଁ ହସି ହସି କହିଲି, 'ଖବର ପଚାରୁଛ ନା ଜେକ୍‌ମାନଙ୍କୁ ବନ୍ଧୁତ୍ୱ ଡିକ୍‌ଟେଟ୍ କଲାଭଳି, ଖବର ଡିକ୍‌ଟେଟ୍ କରୁଛ?'

ସେଖୋଁ ହସିଲେ।

'ଏଭଳି ଆକ୍ରମଣରେ ବ୍ୟସ୍ତ ହେବା ଉଚିତ ନୁହେଁ।' ଗୁରୁ ରୂପ ପରିବର୍ତ୍ତନ କରିଦେଲେ ମଧ୍ୟ ଶିଷ୍ୟଙ୍କ ଆସ୍ଥା ତାଙ୍କ ଉପରୁ ତୁଟେ ନାହିଁ।

ଏହା ଗତ ରାତି, ୩୧ ଅଗଷ୍ଟ ୧୯୬୮ ରାତିର କଥା। ଆଜି ସକାଳେ ହଙ୍ଗେରୀର ଡଃ ଇସ୍ତଭାନଙ୍କୁ ଭେଟିବା ପାଇଁ ମୁଁ କେତେକ ପଞ୍ଜାବୀ ଲେଖକଙ୍କୁ ନିମନ୍ତ୍ରଣ କରିଥିଲି। ସେଖୋଁ ମଧ୍ୟ ଥିଲେ ସେମାନଙ୍କ ଭିତରୁ ଜଣେ। ସେ ମୋ ପାଖରେ ବସି ବର୍ତ୍ତମାନର ରାଜନୀତିକ ଘଟଣା ଉପରେ ଏକ କବିତା ଲେଖିଲେ। ଏଥିରେ ସମାଜବାଦ ଏକ କୁମାରୀ ରୂପବତୀ ଜନତାକୁ ଧର୍ଷଣ କରୁଛି। ପ୍ରଥମେ ଏହି କୁମାରୀର ଆଖିରେ ଭରିଯାଇଛି ଅଶ୍ରୁ, କିନ୍ତୁ ପରେ ପରେ ତା' ଓଠରେ ଫୁଟି ଉଠିଛି ହସ।

ଏହି କବିତା ପଢ଼ି ହୃଦୟ ମୋର ବିଷାଦରେ ପୂରିଗଲା। ଭାବିଲି, କବି ସମାଜବାଦର ଇଏ କି ରୂପ କଳ୍ପନା କରୁଛନ୍ତି! ଜନତାର ହୃଦୟକୁ ଜୟ ନକରି ସେ ତାକୁ ଧର୍ଷଣ କରୁଛି, ବଳିପକାଉଛି! ଏହି ସମାଜବାଦ ଜନତାର କିଭଳି ପ୍ରେମିକ! ବିଚରା ଜନତା...

ସେପ୍ଟେମ୍ବର ୧୨, ୧୯୬୮

ଆଜି ଚେକୋସ୍ଲୋଭାକିଆର ଲୋକମାନେ ସେମାନଙ୍କ ଘର, ଗଳି, ରାସ୍ତା ବଜାର ଇତ୍ୟାଦିର ନଗର ସବୁ ଲିଭାଇ ଦେଇଛନ୍ତି। ଏହି ସମ୍ପର୍କରେ ମୁଁ ଏକ କବିତା ଲେଖିଲି–ମୋ ଠିକଣା।

ଆଜି ମୁଁ ମୋ ଘରର ନମ୍ବର ଲିଭାଇ ଦେଲି
ଗଳି ମୁଣ୍ଡେ ଲାଗିଥିବା ଫଳକରୁ
ପୋଛିଦେଲି ନାଆଁ
ସବୁ ସଡ଼କକୁ ବାଟ ବତାଉଥିବା
ଚିହ୍ନକୁ ବି ଲିଭାଇ ଦେଲି
କିନ୍ତୁ ତୁମେ ଯଦି ପ୍ରକୃତରେ ମୋତେ ଭେଟିବାକୁ ଚାହଁ
ତେବେ ସବୁ ଦେଶର, ସବୁ ଗଳିର
ସବୁ ଦୁଆରରେ ଆବାଜ୍ ଦିଅ

ଏହା ଏକ ଅଭିଶାପ, ଅଥଚ ବରଦାନ ବି,
ଯେଉଁଠି ତୁମେ ଦେଖିବ ଏକ ମୁକ୍ତ ଆତ୍ମା
ଜାଣିନେବ ସେଇ ମୋର ଘର।

ସେପ୍ଟେମ୍ବର ୬, ୧୯୬୮

ପି. ସି. ଜୋସି ଏକ ଚମତ୍କାର ବିଶ୍ଳେଷଣାତ୍ମକ ପ୍ରବନ୍ଧ ଲେଖିଥିଲେ। ତାହା ପଢ଼ି ସାରିବା ପରେ ତାଙ୍କ ସହ କଥା କହିବାକୁ ଇଚ୍ଛା ହେଲା। ପଚରାଉଚୁରା କରି ତାଙ୍କର ଟେଲିଫୋନ୍ ନମ୍ବର ବୁଝିନେଲି। ତାଙ୍କ ସହିତ କଥା ହେଲାବେଳେ ଦେଖିଲି ତାଙ୍କର ସ୍ୱର ବି ତାଙ୍କ ପ୍ରବନ୍ଧ ଭଳି ଫ୍ରାଙ୍କ୍ ଏବଂ ବୋଲଡ୍। ସେ କହିଲେ ଏହି ପ୍ରବନ୍ଧ ଯୋଗୁଁ ବନ୍ଧୁମାନେ ତାଙ୍କ ଉପରେ ଅସନ୍ତୁଷ୍ଟ ହୋଇଛନ୍ତି-ବିଶେଷତଃ ଅରୁଣା ଆସଫ ଅଲୀ। ପୁଣି ସେ କହିଲେ, ତୁମର ଓ ମୋର ଦୁଃଖର କାରଣ ହେଉଛି ଯେ କେବଳ ପଲଟିକାଲ ନେତାମାନେ ନୁହଁନ୍ତି, ଲେଖକମାନେ ବି ଅନ୍ୟର ହାତବାରିସି ହୋଇ ଯାଉଛନ୍ତି।

କାଲି ଗୁରୁବକ୍ସ ସିଂଙ୍କ ଲେଖା ପଢ଼ିଥିଲି। ମୁଁ ତ ବୁଝିପାରୁ ନାହିଁ, ଆମର ଏ ପଞ୍ଜାବୀ ଲେଖକମାନଙ୍କର ହେଇଛି କଣ?

ଅର୍ଥର ନଗ୍ନତା ଢାଙ୍କିବା ପାଇଁ
ମୁଁ ତାଙ୍କ ଗଳାରେ ଛନ୍ଦିଦେଲି ଶବ୍ଦର ବାହୁ
ଏ ଶବ୍ଦମାନଙ୍କର ବି କିଛି ମର୍ଯ୍ୟାଦା ନାହିଁ?
ଆଜି ସେଇ ଶବ୍ଦମାନେ ଫେରିଆସିଲେ
ଅର୍ଥକୁ ରେପ୍ କରି
ଆଉ ଲଜ୍ଜାରେ ମୁଣ୍ଡ ଟେକି
ମୋତେ ପାରିଲେନି ଚାହିଁ।

୭ ସେପ୍ଟେମ୍ବର, ୧୯୬୮

ପ୍ରତିଦିନ ସକାଳ ହେଲେ ସହରର ସବୁ ସାହି ପରସ୍ପର ଉପରକୁ ଭୁକିଉଠନ୍ତି।

ଏମାନଙ୍କ ଭିତରେ ଥାଆନ୍ତି କେତେ ଗୁଡ଼ିଏ ପୋଷା କୁକୁର। ପ୍ରତିଦିନ ରୁଟି ଦୁଧ ଆଉ ମାଂସ ଭାତ ଖାଇ ଏବଂ ସାବୁନରେ ଗାଧୋଇ ସେମାନେ ଚିକ୍‌କଣ ଦିଶୁଥାଆନ୍ତି।

ବାକି ଗୁଡ଼ିକ ଧୂଳି ମଇଳାରେ ଲଟପଟ ହେଇ ରହିଥାଆନ୍ତି। ଖଣ୍ଡେ ହାଡ଼ କେଉଁ ପାଇଗଲେ ଦିନସାରା ତାକୁ ହିଁ ବସି ରେକଟୁ ଥାଆନ୍ତି। ରୁମ ଉଠା କୁକୁର ଗୁଡ଼ାକ ଦିନସାରା ନିଜ ଗୋଡ଼ରେ ଦିହକୁ କୁଣ୍ଡାଉଥାଆନ୍ତି।

ସମସ୍ତେ କିନ୍ତୁ ଖୁବ୍ ଜୋର୍‌ରେ ଭୁକନ୍ତି। ଖାଲି ଝୁଂପୁଡ଼ିରେ ରହୁଥିବା ଲୋକେ ଛୁଆ କୁକୁର ଭଳି ଟାଏଁ ଟାଏଁ କରୁଥାଆନ୍ତି, କାମୁଡ଼ିବାକୁ ଦଉଡ଼ି ଆସି ପାରନ୍ତି ନାହିଁ।

ପୁଣି ସବୁ ସାହିରେ ପ୍ରତି ରାତିରେ ସମସ୍ତେ ନିଜ ନିଜ ଘା'କୁ ଚାଟନ୍ତି।

ହଁ, ପ୍ରକୃତରେ ଏମାନେ ସମସ୍ତେ ଜଣେ ଅନ୍ୟ ଜଣକୁ କାମୁଡ଼ିବାକୁ ଆସନ୍ତି। ବିଶେଷତଃ ଭୋଟବେଳେ ଯଦି କେହି ଏମାନଙ୍କ ଆଗରେ ବାସି ବଳକା ରୁଟି ଖଣ୍ଡେ ଅଧେ କି ପଲଉରୁ ମୁଠାଏ ଫୋପାଡ଼ି ଦିଅନ୍ତି, ତେବେ ସେମାନେ ଲାଞ୍ଜ ବି ହଲାନ୍ତି।

ଜନ୍ମ ହୋଇଥିଲି ଗୁଜ୍‌ରନ୍‌ୱାଲାରେ। କିନ୍ତୁ ଜୀବନଟା ବିତାଇଛି ଦୁଇଟି ସହରରେ। ଅଧେ ଲାହୋରରେ, ବାକି ଅଧକ ଦିଲ୍ଲୀରେ। ଅଧେ ବିତାଇଛି ପରାଧୀନ ଭାରତରେ ଓ ଆଉ ଅଧେ ସ୍ୱାଧୀନ ଭାରତରେ।

କିନ୍ତୁ ଯଦି କୌଣସି ସହରର ରୂପକଳ୍ପର ପ୍ରଶ୍ନ କେବେ ଉଠେ, ତେବେ ଲାହୋରକୁ ଯେମିତି ଦେଖିଥିଲା ଦିଲ୍ଲୀ ବି ସେମିତି ଦେଖାଯାଏ।

୨୧ ଅଗଷ୍ଟ ୧୯୭୦

ବହୁତ ସିଗାରେଟ ପିଉଛି। କେବେ କେମିତି ହ୍ୱିସ୍କି ବି ମତେ ଭଲ ଲାଗେ। ପ୍ରତିଦିନ ଅଭ୍ୟାସ କରି ମୁଁ ପିଏ ନାହିଁ। କିନ୍ତୁ କେବେ କେମିତି ହଠାତ୍ ପିଇବାକୁ ଇଚ୍ଛା ହୁଏ। ମୁଁ ଜାଣିଛି ଏ ଦୁଇଟି ଜିନିଷର ନାମ ଯଦି କୌଣସି ନାରୀ ସହିତ ଜଡ଼ିତ ହୋଇଥାଏ ତେବେ ଲୋକେ ତାକୁ ଖୁବ୍ ସମ୍ମାନର ସହିତ ଗ୍ରହଣ କରନ୍ତିନାହିଁ।

ଏ ସମ୍ପର୍କରେ ଏକ ବିଚିତ୍ର ତୁଳନା ମୋ ମନକୁ ଆସୁଛି। ଶିଖ ଘରେ ତ ଜନ୍ମହେଇଛି, ତେଣୁ ତୁଳନା ଦେବାବେଳେ ଧର୍ମର କେତେଟା କଥା ମନକୁ ଆସିଯିବା ସ୍ୱାଭାବିକ। ମିଠା ହାଲୁଆ ତିଆରି କରି ଗୁରୁ ଗ୍ରନ୍ଥ ସାମନାରେ ତାକୁ ବଡ଼ ପରାତରେ ରଖି ସେଥିରେ ତଲବାର ଚଳାଇ ଦେଇ ପରେ ତାହା 'କଡାହ ପ୍ରସାଦ'ରେ ପରିଣତ ହୋଇଯାଏ। ସେହିଭଳି ମୋ ଆଙ୍ଗୁଠିର ସିଗାରେଟ ଏବଂ ଗ୍ଲାସର ହ୍ୱିସ୍କି ଭିତରେ ଯେତେବେଳେ ମୋ ଭାବନାର ତୀବ୍ରତା ଓ ବିଶାଳତା ତଲବାର ଭଳି ସଂଚରିଯାଏ ସେତେବେଳେ ତାହା ପବିତ୍ର ହୋଇଯାଏ ଏବଂ ସାଧାରଣ ହାଲୁଆର ସେହି ମୁହୂର୍ତ୍ତରେ ତାହା ପ୍ରସାଦ ହୋଇଯାଏ।

ଅଗଷ୍ଟ ୩୧, ୧୯୭୨

ଆଜି ସମ୍ବାଦପତ୍ରରେ ବାହାରିଛି, ରାମଧାରୀ ସିଂ ଦିନକର ଆଉ ନାହାନ୍ତି। ଏକ ସପ୍ତାହ ହୋଇ ଗଲାଣି। ଆଜି ପଚିଶ ତାରିଖ, ଆଉ ସେଦିନ ଥିଲା ୧୬ ତାରିଖ। ଷ୍ଟାର ବୁକ୍‌ର ଉତ୍ସବରେ ଦିନକରଙ୍କ ସହ ଦେଖା ହୋଇଥିଲା। ମୁଁ ହଲ୍‌ରୁ ବାହାରକୁ ଆସୁଥିଲି। ସେ ବାହାରି ଆସି ତାଙ୍କ କାର୍‌ରେ ବସିସାରିଥିଲେ। ଦୂରରୁ

ଦେଖିପାରି ହାତ ଠାରି ସେ ମୋତେ ପାଖକୁ ଡାକିଲେ। ଦେବିନ୍ଦର ମଧ୍ୟ ମୋ ସାଙ୍ଗରେ ଥିଲେ। ମୁଁ କାର୍ ପାଖରେ ପହଂଚିବା ପରେ ସେ ଗାଡ଼ି ଝରକାର କାଚ ତଳକୁ ଖସାଇ ଦେଇ ହାତଟି ବାହାରକୁ ବଢ଼ାଇ ଦେଲେ। ମୋ ହାତ ଧରି ପକାଇ କହିଲେ, 'ଦେଖ, ମରିଯିବ ନାହିଁ। ତୁମେ ମରିଗଲେ ଏ ଦେଶର ସବୁଜିମା ମରିଯିବ। ମୁଁ ଜାଣିଥିଲି, ସେ ଅସୁସ୍ଥ ଅଛନ୍ତି। ମନଟା ଉଦାସ ହୋଇଗଲା। କହିଲି, 'କିନ୍ତୁ ଆପଣ ଜୀବିତ ଅଛନ୍ତି ଏକଥା କହିବା ପାଇଁ। ଆପଣଙ୍କ ବ୍ୟତୀତ ଏମିତି କଥା କେହି କହି ପାରିବେ ନାହିଁ।'...

ମୋ ମନ ଆନ୍ଦୋଳିତ ହୋଇଗଲା। ଦେବିନ୍ଦରଙ୍କର ମନ ମଧ୍ୟ। ସେ କହିଲେ, 'ଦିଦି, ଆମ ସାହିତ୍ୟରେ ଏପରି ଲୋକ କାହିଁକି ଜନ୍ମ ହେଉ ନାହାନ୍ତି ?'

ଆଜି ଦିନକର ଚାଲିଗଲେ। କେବଳ ହିନ୍ଦୀ ଭାଷା ପାଖରୁ ନୁହେଁ, ହିନ୍ଦୁସ୍ଥାନରୁ ବି ହଜିଗଲେ...ଆଖିରେ ଲୁହ ଭରିଉଠିଲା।

ଏପ୍ରିଲ ୨୫, ୧୯୭୪

ଆଜି 'ସାରିକା'ର କମଲେଶ୍ୱରଙ୍କ ନିକଟରୁ ଚିଠି ଆସିଛି। କେତେ ବର୍ଷ ତଳେ 'ସାରିକା'ରେ ଛପା ହୋଇଥିବା 'ମେରେ ହମଦମ୍, ମେରେ ଦୋସ୍ତ' ଶୀର୍ଷକ ଲେଖାକୁ ସେ ପୁସ୍ତକ ଆକାରରେ ସଂଗ୍ରହ କରିବାକୁ ଚାହାନ୍ତି। ମୋର ଲେଖାକୁ ସେହି ସଂଗ୍ରହରେ ସନ୍ନିବେଶ କରିବାକୁ ସେ ଅନୁମତି ମାଗିଛନ୍ତି। ସେଇ ଲେଖାଟିକୁ କିଛି ବର୍ଷ ପୂର୍ବେ ମୁଁ ନବତେଜ ସିଂହଙ୍କ ବିଷୟରେ ଲେଖିଥିଲି। କିନ୍ତୁ ସେତେବେଳେ ଯାହା ସତ୍ୟ ଥିଲା, ଆଜି ଆଉ ତାହା ସତ୍ୟ ବୋଲି ମୁଁ ଭାବୁ ନାହିଁ। ସମୟକ୍ରମେ ତାହା ଭୁଲ ବୋଲି ଜଣାଯାଇଛି। ସେହି ଲେଖାଟିକୁ ପୁସ୍ତକରେ ନଛାପିବା ପାଇଁ ମୁଁ ସଙ୍ଗେ ସଙ୍ଗେ କମଲେଶ୍ୱରଙ୍କୁ ପତ୍ର ଲେଖି ଜଣାଇଦେଇଛି-କାରଣ ମୋର ବର୍ତ୍ତମାନ କେହି ବନ୍ଧୁ କି ସାଥୀ ନାହାନ୍ତି-ସେହି ପୁସ୍ତକରେ ଲେଖାଟି ପ୍ରକାଶିତ ହୋଇଥିଲେ ମୋତେ ଶହେ ଟଙ୍କା ମିଳିଥାଆନ୍ତା - କିନ୍ତୁ ତାହା ଅସତ୍ୟର ରୋଜଗାର ହେଇଥାନ୍ତା। ମୋର ଏଭଳି ମିଥ୍ୟାର ରୋଜଗାର ଦରକାର ନାହିଁ।

ମେ ୯, ୧୯୭୪

ଗୋଟିଏ ରାତି

କେତେ ଅଦେଖା କଥା ମଣିଷର। ବେଳେ ବେଳେ ଅତି ଆପଣାର ହୋଇଯାଇ ତା'ର ହାଡ଼ ମାଂସରେ ମିଶିଯାଏ। ଦିନେ ରାତିରେ ମହାଭାରତ ପଢୁ

ପଢୁ ଶୋଇପଡ଼ିଛି। ସ୍ୱପ୍ନ ଦେଖିଲି-ଗୋଟିଏ କପୋତ ଉଡ଼ି ଉଡ଼ି ଆସି ମୋ କୋଳରେ ଆଶ୍ରୟ ନେଇଛି। ତା' ପଛରେ ଗୋଟିଏ ଛଂଚାଣ ବି ଉଡୁଥିଲା। ସେ ମୋତେ କପୋତଟିକୁ ମାଗୁଥିଲା। କପୋତଟି ନିଜର ଜୀବନ ଭିକ୍ଷା କରି ମୋ ଦେହରେ ଲେପଟି ହୋଇ ରହିଥିଲା। ଛଂଚାଣ କହିଲା-'ଯଦି କପୋତଟିକୁ ଦେବ ନାହିଁ, ତେବେ ତା'ରି ଓଜନର ମାଂସ ତୁମ ଦେହରୁ କାଟି ମୋତେ ଦେଇଦିଅ।' ମୁଁ ମୋ ଦେହରୁ ମାଂସ କାଟି ଦେବାକୁ ଚାହିଁଲି। କିନ୍ତୁ କପୋତଟିର ଓଜନ ଏତେ ବେଶୀ ହେଲା ଯେ ମୁଁ ମୋ ଜୀବନ ଦେବାକୁ ପ୍ରସ୍ତୁତ ହୋଇଗଲି। ସଙ୍ଗେ ସଙ୍ଗେ କାନରେ ଏକ ଗୁଞ୍ଜନ ଶୁଣିଲି ଏବଂ ମୋର ମନେହେଲା, ଏହି କପୋତ ମୋ ଲେଖନୀର ପ୍ରତୀକ ଏବଂ ଏକ ବିରୋଧ ଏହାକୁ ଜୀବନରେ ମାରିଦେବାକୁ ଏହା ପଛରେ ଗୋଡ଼ାଇଛି।

ମୁଁ କପୋତକୁ ଆହୁରି ଜୋର୍‌ରେ ଜାକିଧରିଲି। ସେତିକିବେଳେ ମୋର ଆଖି ଖୋଲିଗଲା। ସାମନାରେ ମହାଭାରତର ଦ୍ୱାଦଶ ଅଧ୍ୟାୟ ଖୋଲା ହୋଇ ପଡ଼ିଥିଲା। ସେଇଥିରେ ଲେଖା ହୋଇଛି, ଅଗ୍ନିଦେବତା କପୋତ ବେଶରେ ରାଜା ଉଶୀନରଙ୍କ ଶରଣ ନେବାକୁ ଆସିଥିଲେ। ଉଶୀନର ତା' ବଦଳରେ ନିଜ ଦେହର ମାଂସ ଦେବା ପାଇଁ ପ୍ରସ୍ତୁତ ହୋଇଗଲେ-ଛଂଚାଣ ହାତରେ କପୋତକୁ ସମର୍ପି ଦେଲେ ନାହିଁ।

ଏହି ଘଟଣାଟିରେ ମୁଁ ମୋ ମନ ଭିତରକୁ ଯେ ଖାଲି ଚିହ୍ନିଗଲି ତା ନୁହେଁ, ଆଖିରେ ବି ଦେଖିଦେଲି।

ଗୋଟିଏ ଦିନ

ମୁଁ ଭାବିଥିଲି, ଯଦି କେବେ ଆତ୍ମକାହାଣୀ ଲେଖିବି ତେବେ ବିସ୍ତାରିତ ଭାବରେ ନୁହେଁ, ମାତ୍ର ଦଶ ପଂକ୍ତିରେ ଶେଷ କରିବି। ସେଇ ଦଶଟି ପଂକ୍ତି ମଧ୍ୟ ଲେଖି ରଖିଥିଲି। ସେଗୁଡ଼ିକ ବର୍ତ୍ତମାନ ବି ମୋ ସମ୍ମୁଖରେ ଅଛି। ସେତେଗୁଡ଼ିକ ସେତେବେଳେ ମୋ ପାଇଁ ଯେତିକି ସତ୍ୟ ଥିଲା, ଆଜିବି ସେତିକି ଅଛି। ସେଗୁଡ଼ିକ ହେଲା-

ମୋର କବିତା, କାହାଣୀ, ଉପନ୍ୟାସ ଇତ୍ୟାଦି ସମସ୍ତ ରଚନା ଏକ ଅବୈଧ ସନ୍ତାନ ଭଳି।

ମୋ ଦୁନିଆର ନିଷ୍ଠୁର ବାସ୍ତବତା ମୋ ସ୍ୱପ୍ନ ସହିତ ପ୍ରେମରେ ପଡ଼ିଲା ଏବଂ ସେଇ ସଂଯୋଗରୁ ଏହି ରଚନାର ଜନ୍ମ।

ମୁଁ ଜାଣେ, ଏହାର ଭାଗ୍ୟ ଏକ ଅବୈଧ ସନ୍ତାନର ଭାଗ୍ୟ ଭଳି। ଏହାକୁ ସାରା ଜୀବନ ସାହିତ୍ୟିକ ସମାଜର କୁଟିଳ ସମାଲୋଚନା ସହିବାକୁ ପଡ଼ିବ।

ମନର ସ୍ୱପ୍ନ କଣ ଥିଲା, କିଏ ଥିଲା, ସେ ସବୁ ଆଲୋଚନା ଭିତରକୁ ଯିବା ଦରକାର ନାହିଁ। କିଏ ସେଇ ଅସାଧାରଣ ବ୍ୟକ୍ତି ଯେ କେବଳ ମୋ ବ୍ୟକ୍ତିଗତ ଜୀବନ ନୁହେଁ, ସମଗ୍ର ମଣିଷ ଜାତିର କଥା କହୁଥିଲା, ତା'ରି ସହିତ ବାସ୍ତବତାର ପ୍ରେମ ହୋଇଗଲା। ଯେଉଁ ରଚନା ଗୁଡ଼ିକ ଜନ୍ମ ହେଲେ, ଅବୈଧ ସନ୍ତାନ ଭଳି ସେମାନେ କାଗଜ ଉପରେ ଘୂରି ବୁଲିଲେ।

ମୋର ଏବେବି ବିଶ୍ୱାସ ଯେ, ଏହି ଦଶଧାଡ଼ି ହିଁ ମୋର ସଂପୂର୍ଣ୍ଣ ଆତ୍ମକଥା।

ଏକ କବିତା

ମୁଁ ୧୯୬୩ରେ 'ଚୌକ୍ ନଂ ଛତିଶ' ଉପନ୍ୟାସଟି ଲେଖିଥିଲି। ୧୯୬୪ରେ ତାହା ଛପା ହେଲା। ସେତେବେଳେ ପ୍ରଚାର ହେଲା ଯେ ପଞ୍ଜାବ ସରକାର ଏହାକୁ ବ୍ୟାନ୍ କରିଦେବେ। କିନ୍ତୁ ପ୍ରକୃତରେ ସେପରି କିଛି ହେଲା ନାହିଁ। ବରଂ ୧୯୬୫ରେ ଏହା ହିନ୍ଦୀରେ ଓ ୧୯୬୬ରେ ଉର୍ଦ୍ଦୁରେ ଅନୁବାଦ ହୋଇ ଛପା ହେଲା।

ଏହି ଉପନ୍ୟାସକୁ ଚଳଚ୍ଚିତ୍ର କରିବା କଥା ଭାବୁଥିଲି। ସେତିକିବେଳେ ରେବତୀ ଶରଣ ଶର୍ମା କହିଲେ, 'ନା, ଏ ଉପନ୍ୟାସ ସମୟର ଏକ ଶତାବ୍ଦୀ ପୂର୍ବରୁ ଲେଖା ହୋଇଛି। ଭାରତବର୍ଷ ଏହାକୁ ବର୍ତ୍ତମାନ ବୁଝିପାରିବ ନାହିଁ।' ବାସୁ ଭଟ୍ଟାଚାର୍ଯ୍ୟ କହିଲେ, 'ଏହି ଉପନ୍ୟାସ ଉପରେ ଯେଉଁ ଚଳଚ୍ଚିତ୍ର ତିଆରି ହେବ ତାହା ଏ ଦେଶର ପ୍ରଥମ ଆଡଲ୍‌ଟ ଫିଲ୍ମ ହେବ।' ଏହି ଉପନ୍ୟାସକୁ ମୋର ବନ୍ଧୁ କୃଷ୍ଣା ୧୯୭୪ରେ ଇଂରାଜୀରେ ଅନୁବାଦ କଲେ। ସେହି ଅନୁବାଦ ପଢ଼ିଲାବେଳେ ଉପନ୍ୟାସର ଚରିତ୍ର 'ଅନେକା' ମୋ ମନକୁ ସଂପୂର୍ଣ୍ଣ ଭାବରେ ଆଚ୍ଛନ୍ନ କରିପକାଇଲା।

ଏହାର ନାୟକ 'କୁମାର' 'ଅଳକା'କୁ କହୁଛି ଯେ ଦେହର ଭୋକ ମେଣ୍ଟାଇବା ପାଇଁ ସେ ପ୍ରତିଦିନ କୋଡ଼ିଏ ଟଙ୍କା ଦେଇ ଜଣେ ସ୍ତ୍ରୀ ଲୋକ ପାଖକୁ କେତେଦିନ ହେବ ଯାଉଥିଲା। ସେ କଥା ଶୁଣି ଅଳକା କହୁଛି, 'ମୁଁ ଭାବୁଛି, କୋଡ଼ିଏ ଟଙ୍କା ଦେଇ ପ୍ରତିଦିନ ଯାହା ପାଖକୁ ଯାଉଥିଲ ମୁଁ ହେଲେ ସେଇ ସ୍ତ୍ରୀ ଲୋକ ହୋଇଥାଆନ୍ତି।' ଅନେକ ଦିନ ତଳେ ଏଇ ଉପନ୍ୟାସର ପ୍ରେରଣା ଯେଉଁଠାରୁ ଆସିଥିଲା ସେ କଥାଟି ମନେପଡ଼ିଗଲା। ଥରେ ଇମ୍‌ରୋଜ କହୁଥିଲେ, ଦେହର କ୍ଷୁଧାରେ ପୀଡ଼ିତ ହୋଇ ମୁଁ

ବଜାରର କୌଣସି ସ୍ତ୍ରୀ ଲୋକ ପାଖକୁ ଯିବାକୁ ଚାହୁଁଥିଲି। ସଙ୍ଗେ ସଙ୍ଗେ ମୋ ମୁହଁରୁ ବାହାରି ଆସିଲା, 'ତମେ ଏଭଳି ସ୍ତ୍ରୀ ଲୋକ ପାଖକୁ ଯିବାକୁ ଚାହୁଁଥିଲ। ମୋର ଇଚ୍ଛା ହେଉଛି, ମୁଁ ବି ସେଇ ସ୍ତ୍ରୀଲୋକ ହେଇଥାଆନ୍ତି।'

ବୁଝି ପାରିଲି, 'ଅଳକା' ଏଇ ଯେଉଁ କଥା କହିଲା, ତାହା କେବଳ ଅମୃତା ହିଁ କହିପାରିବ-ଆଉ କୌଣସି ସ୍ତ୍ରୀ ଲୋକ ନୁହେଁ। 'ଅଳକା' ଓରଫ ଅମୃତା ବ୍ୟତୀତ ଅସ୍ୱାଭାବିକ ଅବସ୍ଥାରେ ସ୍ୱାଭାବିକତା ଆଣିବା ବୋଧହୁଏ ଆଉ କାହାରି ପକ୍ଷରେ ସମ୍ଭବ ନୁହେଁ।

ପ୍ରତ୍ୟେକ ଲେଖକର ତା ସୃଷ୍ଟ ଚରିତ୍ର ସହିତ ଏକ ଗଭୀର ସଂଯୋଗ ଯେପରି ଥାଏ, ସେପରି ଏକ ଦୂରତ୍ୱ ମଧ୍ୟ ଥାଏ। 'ଅଳକା' ବିଷୟରେ ପଢୁ ପଢୁ ମୁଁ ତା' ସହିତ ସଂପୂର୍ଣ୍ଣ ଏକାତ୍ମ ହୋଇଗଲି। ସେଇ ରାତିରେ (ସେପ୍‌ଟେମ୍ବର ୭, ୧୯୭୪) ଅଳକାକୁ ସମ୍ବୋଧନ କରି 'ପହଚାନ' ବୋଲି ଏକ କବିତା ଲେଖିଲି।

ମୋ ପାଖରେ ଥିଲା ହଜାର ହଜାର ଚାବି
ପ୍ରତି ଚାବି ଖୋଲୁଥିଲା ଗୋଟିଏ
ଗୋଟିଏ ଦୁଆର
ଘର ଭିତରେ ବୈଠକଖାନା
ମୋଟା ପରଦା ଅନ୍ତରାଳରେ
ଶୟନ କକ୍ଷ ବି
ଆଉ ଥିଲା ଘରବାଲାଙ୍କ ଦୁଃଖ
ଯାହା କେବଳ ତାଙ୍କରି
ସେଇ ଦୁଃଖ ବି ମୋର ହୋଇଯାଉଥିଲା
ମୋର ଛାତିର ପୀଡ଼ା ଭଳି
ଦିନରେ ସେ ଜାଗିଉଠୁଥିଲା
ରାତିରେ ଓହ୍ଲାଇ ଆସୁଥିଲା
ସପନ ଭିତରେ,
କିନ୍ତୁ ମୋ ଆଗରେ
ରକ୍ଷାର ରେଖା ଭଳି
ଥିଲା ଏକ ଲକ୍ଷ୍ମଣ-ରେଖା
ଆଉ ଯେତେବେଳେ ଚାହୁଁଥିଲି

ଘରବାଲାଙ୍କ ଦୁଃଖ ଘରବାଲାଙ୍କୁ ଦେଇ
ଫେରିଯାଉଥିଲି ସେ ରେଖା ପାଖରୁ
ଆସିଲାବେଳେ
ଲୋକଙ୍କୁ ଅଶ୍ରୁ ଲୋକଙ୍କୁ ଦେଇ ଆସୁଥିଲି ।
ଦେଖ, ଯେତେ କାହାଣୀ ଆଉ ଯେତେ ଚରିତ୍ର
ସମସ୍ତଙ୍କ ଚାବି ଥିଲା ମୋ ପାଖରେ
ଆଉ, ଯାହାଙ୍କ ପଛରେ
ହଜାର ହଜାର ଘର
ଯାହା ମୋର ନୁହେଁ, କିନ୍ତୁ ମୋର ବି ଥିଲା
ହୁଏତ ସେ ଅଛି ଏବେବି କେଉଁଠି
କିନ୍ତୁ ଆଜି ଏକ ଚାବିରେ
ତୋ ଘର ଖୋଲି ଦେଖିଲି
ସେ ଲକ୍ଷ୍ମଣ-ରେଖା ମୋ ଆଗରେ ନାହିଁ
ଅଛି ପଛରେ
ଥାଉ ସାମନାରେ
ତୋ ଶୋଇବା ଘରେ ତୁ ନାହୁଁ
ଅଛି ମୁଁ ...

ମୋର ସୃଷ୍ଟ ଚରିତ୍ରକୁ ସମ୍ବୋଧିତ କରି ଲେଖିଥିବା ଏହା ମୋର ଏକମାତ୍ର କବିତା ।

ଏକ ଗମ୍ବୁଜ

ମୁଁ ଏବେ ମଧ୍ୟ ମୋ ପିତାଙ୍କ ପ୍ରଶସ୍ତ କପାଳ ପରିଷ୍କାର ଭାବରେ ଦେଖିପାରେ । ଚାଳିଶ ବର୍ଷ ଧରି ସେ ମୋର ଚଲାପଥକୁ ଅତି ତୀକ୍ଷ୍ଣ ଭାବରେ ନିରୀକ୍ଷଣ କରୁଛନ୍ତି ।

୧୯୩୬ ମସିହାର ପ୍ରାରମ୍ଭରେ ମୋର ପ୍ରଥମ ପୁସ୍ତକ ପ୍ରକାଶିତ ହୋଇଥିଲା । ଏଥିରେ ଖୁସି ହୋଇ କପୁରତାଲା ମହାରାଜ ତାଙ୍କ ଆଶୀର୍ବାଦ ସହ ମୋ ପାଖକୁ ଦୁଇଶହ ଟଙ୍କା ପଠାଇଥିଲେ । କିଛି ଦିନ ପରେ ନାଭାର ମହାରାଣୀ ମୋର ବହିକୁ ପ୍ରଶଂସା କରି ମୋ ପାଖକୁ ଏକ ଶାଢ଼ି ପାର୍ସଲ କରି ପଠାଇଥିଲେ । ସେ କିଛି ଦିନ

ମୋ ବାପାଙ୍କ ଶିଷ୍ୟ ଥିଲେ। ଏହି ଦୁଇଟିଯାକ ଜିନିଷ ଡାକରେ ଆସିଥିଲା। ଆଉଦିନେ ଯେତେବେଳେ ଡାକବାଲା ଆସି ଦୁଆରେ ଖଟ୍ ଖଟ୍ କଲା ମୋ ପିଲାମନ ଆଉ କିଛି ପାର୍ସଲ କି ମନିଅର୍ଡର ଆସିଥିବ ବୋଲି ଆଶାୟୀ ହୋଇ ପଡ଼ିଲା। ମୋ ମୁହଁରୁ ବାହାରି ପଡ଼ିଲା, 'ଆଜି ବି କ'ଣ କିଛି ଉପହାର ଆସିଛି'। ସେତେବେଳେ ମୋତେ ଚାହିଁ ମୋ ବାପାଙ୍କ କପାଳରେ ଯେଉଁ କୁଂଚିତ ରେଖା ଦେଖା ଦେଇଥିଲା, ଆଜି ବି ତାହା ମନେପଡ଼ିଲେ ଶରୀରରେ କମ୍ପନ ଜାତହୁଏ।

ସେତେବେଳେ ମୁଁ ବୁଝିପାରି ନଥିଲି ଯେ ବାପା ମୋ ଭିତରେ ଯେଉଁ ବ୍ୟକ୍ତିତ୍ୱ ଦେଖିବାକୁ ଚାହୁଁଥିଲେ, ସେଇ ଗୋଟିଏ ବାକ୍ୟ କହି ମୁଁ ତାହାଠାରୁ ଅନେକ ଛୋଟ ହୋଇଗଲି। କେବଳ ବୁଝିଲି ଯେ ଏମିତି କାମନା ବା ଆଶା କରିବା ଉଚିତ ନୁହେଁ। କିନ୍ତୁ ଏହା କାହିଁକି ଅନୁଚିତ ଏବଂ ଗୋଟିଏ ଲେଖକକୁ ଏହା କେତେ ଛୋଟ କରିଦିଏ, ସେକଥା ଅନେକ କାଳ ପରେ ଜାଣିଲି।

ଏବଂ ଯେତେବେଳେ ଜାଣିଲି ସେତେବେଳେ ମୋ ପିତାଙ୍କ ବଦଳରେ ମୋ ନିଜ ଦୃଷ୍ଟି ତାହା ନିରୀକ୍ଷଣ କଲା। ଏହି ଦୃଷ୍ଟି ମୋତେ ଏଭଳି ଭାବରେ ରକ୍ଷାକଲା ଯେ ମୋର ଅଚେତନ ମନରେ ବି କେବେ ଆଉ ସେଭଳି ଇଚ୍ଛା ଜାତ ହେଲା ନାହିଁ।

ଯେଉଁ ଦୃଷ୍ଟି, ଦୁନିଆରୁ କିଛି ପାଇବାର ଆକାଂକ୍ଷାରୁ ମୋତେ ସର୍ବଦା ମୁକ୍ତ କରିଛି, ତ' ପ୍ରତି ମୋର ଗଭୀର ଶ୍ରଦ୍ଧା ଜାତ ହେବା ସ୍ୱାଭାବିକ। ବାପାଙ୍କର ସେହି ଦୃଷ୍ଟି ସେଦିନ ମୋ ଉପରେ ନ ପଡ଼ିଥିଲେ ହୁଏତ ମୋ ମନରେ ଏହିଭଳି ଭାବନା କେତେବେଳେ ଜାତ ହୋଇଥାଆନ୍ତା ଏବଂ ମୁଁ ନିଜକୁ ନିଜେ ଅପମାନିତ କରି ପକାଇଥାଆନ୍ତି।

ଅନ୍ୟ ଏକ ରାତି

ଆଉ ଏକ ରାତିର କଥା। ଚାଳିଶ ବର୍ଷ ପୂର୍ବେ ମୋ ବିବାହ ରାତିରେ ମୁଁ ଛାତ ଉପରକୁ ଯାଇ ଖୁବ୍ କାନ୍ଦିଥିଲି। ସେତେବେଳେ କେବଳ ଗୋଟିଏ କଥା ଭାବୁଥିଲି- ମୁଁ କେମିତି ମରିପାରିବି। ବାପା ମୋ ମନକଥା ଜାଣିଥିଲେ-ସେଥିପାଇଁ ଖୋଜି ଖୋଜି ଛାତ ଉପରକୁ ଆସିଲେ। ମୁଁ ତାଙ୍କୁ ଗୋଟିଏ ମାତ୍ର ମିନତି କଲି-ମୁଁ ବିବାହ କରିବି ନାହିଁ।

ବରଯାତ୍ରୀ ଆସିଯାଇଥିଲେ। ରାତିର ଭୋଜି ବି ପ୍ରସ୍ତୁତ ହୋଇ ସାରିଥିଲା।

ବାପାଙ୍କ ପାଖକୁ ଗୋଟିଏ ଖବର ଆସିଲା ଯେ, ଯଦି ବନ୍ଧୁବାନ୍ଧବ କେହି ପଚାରିବେ ତେବେ ସେ କହିବେ ଯେ ଯୌତୁକରେ ସେ ନଗଦ ଏତେ ହଜାର ଟଙ୍କା ଦେଇଛନ୍ତି।

ଏହି ବିବାହରେ ମୋ ବାପା ଖୁବ୍ ସନ୍ତୁଷ୍ଟ ଥିଲେ। ମୁଁ ବି। କିନ୍ତୁ ଏହି ଖବରକୁ ବାପା ଗୋଟିଏ ସୂଚନା ବୋଲି ବିଚାରିଲେ। ତାଙ୍କ ପାଖରେ ଏତେ ଗୁଡ଼ାଏ ନଗଦ ଟଙ୍କା ନଥିବାରୁ ସେ ବ୍ୟତିବ୍ୟସ୍ତ ହୋଇ ପଡ଼ିଲେ। ମୋତେ ସେ ଏକଥା କହିଲେ। ସେହି କାରଣରୁ ମୁଁ ଭାବୁଥିଲି ଯଦି ସେଇ ରାତିରେ ମୁଁ କେମିତି ମରିଯାଇ ପାରନ୍ତି !

ଅତିଥି ଭାବରେ ଆମ ଘରକୁ ସେଦିନ ମୋ ମା'ଙ୍କର ଜଣେ ସଙ୍ଗିନୀ ଆସିଥିଲେ। କେତେ ସମୟ ପରେ ସେ ଆମର ଏଇ ବ୍ୟସ୍ତତା କାରଣ ବୁଝି ପାରିଲେ। ନିର୍ଜନ ସ୍ଥାନକୁ ଡାକି ନେଇ ସେ ତାଙ୍କ ହାତରୁ ସୁନା ଚୁଡ଼ିତକ କାଢ଼ି ମୋ ବାପାଙ୍କ ଆଗରେ ରଖିଦେଲେ। ବାପାଙ୍କ ଆଖି ସଜଳ ହୋଇଗଲା। କିନ୍ତୁ ଏସବୁ ଦେଖି ମୋତେ ମରଣଠାରୁ ମଧ୍ୟ ଅଧିକ କଷ୍ଟ ହେଉଥିଲା।

ପରେ ଜଣାଗଲା ଯେ ଏଇ ଖବରରେ କୌଣସି ସୂଚନା ଦିଆଯାଇ ନଥିଲା। ସେମାନେ ନଗଦ ଟଙ୍କା ମାଗୁ ନଥିଲେ। କେତେକ ବନ୍ଧୁବାନ୍ଧବଙ୍କୁ ଭୁଲାଇବା ପାଇଁ ଏମିତି କଥାଟିଏ ପ୍ରଚାର କରାଇଥିଲେ। ମା'ଙ୍କ ସଂଗିନୀ ପୁଣି ଚୁଡ଼ିଗୁଡ଼ିକ ପିନ୍ଧିନେଲେ। କିନ୍ତୁ ମନେହେଲା, ଚୁଡ଼ି କାଢ଼ି ଦେବାର ସେହି ମୁହୂର୍ତ୍ତଟି ଦୁନିଆର ସବୁ ଭଲପଣିଆର ପ୍ରତୀକ ଭାବରେ କେଉଁଠି ଠିଆହୋଇଯାଇଛି। ବିଶ୍ୱାସ ତୁଟି ଯିବାର ଦେଖିଛି; କିନ୍ତୁ ନିରାଶା ମନର ଗହୀରକୁ ଛୁଇଁ ପାରିନାହିଁ-ରାସ୍ତାରେ କେଉଁଠି ଅଟକି ଯାଇଛି। ଦୁନିଆର ଭଲପଣିଆ ଉପରେ ବିଶ୍ୱାସ ଅତୁଟ ରହିଛି।

ଶେଷ ପଂକ୍ତି

ଅନେକ ଦିନ ପୂର୍ବେ 'ଗ୍ରୀକ୍ ପ୍ୟାସନ' ପଢୁଥିଲାବେଳେ ମେଣ୍ଢା ଜଗାଳି ପିଲାଟିର ଚରିତ୍ର ମୋ ମନକୁ ସ୍ପର୍ଶ କରିଥିଲା। ଯିଶୁଖ୍ରୀଷ୍ଟ ନାଟକରେ ସେ ଯିଶୁଙ୍କ ପାର୍ଟ କରୁଥିଲା। ଏହି ଭୂମିକା କରିବା ପାଇଁ ସେ ସାଧନା କରୁ କରୁ ସେଇ ଚରିତ୍ରର ଅସ୍ତିତ୍ୱରେ ବିଲୀନ ହୋଇଯାଉଥିଲା। ସାରା ଗାଁର ବିରୋଧ ସତ୍ତ୍ୱେ, ତା' ଦୃଷ୍ଟିରେ ଯାହା ନ୍ୟାୟ, ସେଥିପାଇଁ ସେ ଲଢ଼ିଥିଲା ଏବଂ ଗାଁବାଲାମାନେ ସତକୁ ସତ ତା ଉପରକୁ ପଥର ଫୋପାଡ଼ି ଫୋପାଡ଼ି ତାକୁ ମାରିଦେଲେ। ସେହି ଗାଁର ଜଣେ ଲୋକ ପିଲାଟିର ଚରିତ୍ର ବୁଝିପାରିଥିଲା। ସେ ତାକୁ ସମାଧି ଦେବା ପାଇଁ ପାହାଡ଼ ଉପରକୁ

ନେଇଯାଇ କହିଲା, 'ଆଜି ଏହାର ନାମ ବରଫରେ ଲେଖା ହେଲା। ବରଫ ଯେତେବେଳେ ତରଳି ବହିଯିବ ସେତେବେଳେ ତା'ର ନାମ ନଦୀ ନାଳମାନଙ୍କର ପାଣି ଉପରେ ଲେଖାହୋଇଯିବ।

ଏଇ କଥାକୁ ଯଦି ନିଜପାଇଁ କହିବି ତେବେ ମୋତେ କହିବାକୁ ହେବ ଯେ ମୋ ଭିତରେ ଯାହାଥିଲା ସେସବୁ ଆଜି ବରଫ ତଳେ ଦବିଯାଇଛି। ବରଫ ତରଳିଗଲେ ନୂତନ ଯୁଗର ଯେଉଁ ଲେଖକ ଗଭୀର ବିଶ୍ୱାସରେ ନୂଆ କଲମରେ ଲେଖିବେ, ସେହିମାନେ ହେବେ ଏହି ନଦୀ-ନାଳ। ବରଫର ଚାପରେ ମୋ ଭିତରେ ଆଜି ଯାହା ନୀରବ ହୋଇଯାଇଛି ସେମାନଙ୍କ କଲମ ମୁନରେ ତାହା ପୁଣି ଜୀବନ୍ତ ହୋଇଉଠିବ।

ଯଥାର୍ଥରୁ ଯଥାର୍ଥ ଯାଏଁ

ଆତ୍ମକଥାକୁ ଏକ ଝକମକ ସତ୍ୟ ବୋଲି, ଆତ୍ମଶ୍ଳାଘାର ଏକ କଳାତ୍ମକ ମାଧ୍ୟମ ବୋଲି ଧରିନିଆଯାଏ। କିନ୍ତୁ ଏହା ଲେଖକର ନିଜର ଆବଶ୍ୟକତା-ଗୋଟିଏ ଯଥାର୍ଥରୁ ଆଉ ଏକ ଯଥାର୍ଥରେ ପହଂଚିବାର ପ୍ରକ୍ରିୟା।

କେତେଗୁଡ଼ିଏ କଥା ବିନା ଚେଷ୍ଟାରେ ଆଖିରେ ପଡ଼ିଯାଏ। ଆଉ କେତେଗୁଡିଏ ବିଷୟକୁ ପରିଶ୍ରମ କରି ଦେଖିବାକୁ ହୁଏ। ବିଚାରର ମାଟିକୁ ଛାଣି ତା' ଭିତରୁ ବାହାର କରିବାକୁ ହୁଏ। ଏସବୁ ଗୁଡ଼ିକ ଯଥାର୍ଥ ବାସ୍ତବ।

ସବୁ କଳା, ନିର୍ମାଣରୁ ପ୍ରତିନିର୍ମାଣର ଅନ୍ୟ ଏକ ନାମ। ଏହି ଯଥାର୍ଥର ପ୍ରତି-ନିର୍ମାଣ ବି ଯଥାର୍ଥ। ସତ୍ୟର ଗର୍ଭରେ ପଡ଼ି ପୁଣି ସେହି ଗର୍ଭରୁ ଜନ୍ମ ନେଉଥିବା ସତ୍ୟ। ଏହି ଯଥାର୍ଥର ପ୍ରତି-ନିର୍ମାଣ ଯଥାର୍ଥରୁ ଯଥାର୍ଥ ପର୍ଯ୍ୟନ୍ତ ପହଂଚିବାର ପ୍ରକ୍ରିୟା।

ଗଳ୍ପ-ଉପନ୍ୟାସର ପାଠକ, ଚରିତ୍ରମାନଙ୍କ ଚେହେରା କଳ୍ପନା କରେ, ସେମାନଙ୍କର ମନର ଭାବନାକୁ ନିଜେ ଉପଲବ୍ଧି କରିବାକୁ ଚେଷ୍ଟା କରେ। କିନ୍ତୁ ଆତ୍ମକାହାଣୀର ପାଠକ ତାହାର ସମସ୍ତ ଧ୍ୟାନ ଗୋଟିଏ ଜଣାଶୁଣା ଚେହେରା ଉପରେ କେନ୍ଦ୍ରୀଭୂତ କରିଥାଏ। ଏଥିରେ ଲେଖକ ଏବଂ ପାଠକ ପରସ୍ପରର ସମ୍ମୁଖୀନ ହୁଅନ୍ତି। ଏହି ଲେଖକ ସବୁ ସଙ୍କୋଚ ତ୍ୟାଗ କରି ପାଠକକୁ ତା ଘରର ଅନ୍ଦରମହଲକୁ ନିମନ୍ତ୍ରଣ କରେ। ସବୁ ସତ୍ୟକୁ ପ୍ରକାଶ କରିବା ପାଇଁ ଲେଖକ ଯେତେବେଳେ ସାହସ ସଂଚୟ କରିପାରେ, ସେତିକିବେଳେ କେବଳ ଏହା ସମ୍ଭବ ହୁଏ। କୌଣସି ପ୍ରକାରର ଅସତ୍ୟ

ଏଥିରେ ରହିଗଲେ, ତାହା ଅତିଥି ପ୍ରତି ଅପମାନ କେବଳ ନୁହେଁ; ଲେଖକର ନିଜ ପ୍ରତି ମଧ୍ୟ।

ଦୁଇ ପ୍ରକାରର ଲେଖକ ଥାଆନ୍ତି। କିଛି ପ୍ରକୃତରେ ଲେଖକ ଏବଂ ଅନ୍ୟମାନେ ଲେଖକ ବୋଲି ଦେଖାଇହୁଅନ୍ତି। ଯେଉଁମାନେ ପ୍ରକୃତ ଲେଖକ, ସେମାନଙ୍କୁ ଦେଖାଇ ହେବା ଦରକାର ପଡ଼େ ନାହିଁ। ସତ୍ୟକୁହିଁ କେବଳ ସେମାନେ ସ୍ୱୀକାର କରନ୍ତି।

କଳାର ନଦୀକୁ ଦୁଇଭାଗ କଲେ ଗୋଟିଏ ପଟର ଯଥାର୍ଥ ଯେପରି ଅନ୍ୟ ପଟର ମଧ୍ୟ ଯଥାର୍ଥ ହୋଇଯାଏ, ମୋର ଏଇ ଆତ୍ମକଥାରେ ରହିଛି ତାହାରି ଏକ ପ୍ରକ୍ରିୟା। ଏହା ରଚନାର ନିଜସ୍ୱ ପ୍ରକ୍ରିୟା।

ମୁଁ ଏହାକୁ 'ଯଥାର୍ଥରୁ ଯଥାର୍ଥ'ଯାଏଁ କହିବାକୁ ଚାହେଁ।

ସଂଗ୍ରାମ ଚାଲିଛି

ପ୍ରଧାନମନ୍ତ୍ରୀ ଇନ୍ଦିରା ଗାନ୍ଧୀଙ୍କ ଉପରେ ନିର୍ମିତ ହେଉଥିବା ଚଳଚ୍ଚିତ୍ର ପାଇଁ ମୁଁ ଯେଉଁ ଲେଖା ଲେଖୁଛି, ଉପରୋକ୍ତ ଶୀର୍ଷକଟି ତାହାରି। ଏହି ଫିଲ୍ମଟିକୁ ବାସୁ ଭଟ୍ଟାଚାର୍ଯ୍ୟ ତିଆରି କରୁଛନ୍ତି। ମୁଁ କେବଳ ଫିଲ୍ମଟିର ରଚନାତ୍ମକ କ୍ରିୟା ଲେଖୁଛି। ଇନ୍ଦିରାଜୀଙ୍କ ସୁଟିଂ ସମୟରେ ମଧ୍ୟ ମୁଁ ଉପସ୍ଥିତ ରହୁଛି। ସେତେବେଳେ ଦେଶର ଅବସ୍ଥା ବିଷୟରେ ତାଙ୍କ ସହିତ ଯାହା କଥାବାର୍ତ୍ତା ହେଉଛି ସେ ସବୁ ମୁଁ ଲେଖୁଛି। ଅତି ସାଧାରଣ କଥାବାର୍ତ୍ତା ସମୟରେ ମଧ୍ୟ ବେଳେବେଳେ ଇନ୍ଦିରାଜୀଙ୍କ ବ୍ୟକ୍ତିତ୍ୱ ଫୁଟି ଉଠୁଛି। ଫିଲ୍ମ ପାଇଁ ଆବଶ୍ୟକ ନଥିବା ଅନେକ କଥାବାର୍ତ୍ତା ମଧ୍ୟ ମୁଁ ଯେତେ ସମ୍ଭବ ହେଉଛି, ଲେଖି ରଖୁଛି। ଗୋଟିଏ ଉଦାହରଣ ଦେଉଛି-ଇନ୍ଦିରାଜୀଙ୍କ ରୁମ୍‌ର କାନ୍ଥରେ ନେହେରୁଜୀ ଓ ମୋତିଲାଲଜୀଙ୍କର କେତେକ ଫଟୋ ଅଛି। ସେଗୁଡ଼ିକର ସଟ୍ ନେଲାବେଳେ ବାସୁଦା ଇନ୍ଦିରାଜୀଙ୍କୁ କହିଲେ, "ଏଇ ଚିତ୍ରଗୁଡ଼ିକ ଉପରେ କିଛି ଧୂଳି ଜମିଯାଇଛି ବୋଲି ଯେପରି ହଠାତ୍ ଆପଣ ଦେଖିପାରି ନିଜ ପଣତକାନିରେ ତାକୁ ପୋଛି ପକାଉଛନ୍ତି- ଏପରି କରନ୍ତୁ।' ଇନ୍ଦିରାଜୀ ଯେ ସମୟର ଧୂଳି ପୋଛି ପକାଉଛନ୍ତି-ଏହି କଥାଟି ବାସୁଦା ତାଙ୍କ ସଟ୍‌ରେ ଦେଖାଇବାକୁ ଚାହୁଁଥିଲେ। କିନ୍ତୁ ଇନ୍ଦିରାଜୀ ଅତି ଦୃଢ଼ ସ୍ୱରରେ 'ନା' ବୋଲି କହିଲେ। ତା'ପରେ କହିଲେ, 'ଡଷ୍ଟର୍‌ରେ ପୋଛିବାକୁ କହିବ ତ ପୋଛିଦେବି, କିନ୍ତୁ ଶାଢ଼ି କାନିରେ ନୁହଁ। ଏ ଫଟୋ ସବୁ କେଉଁମାନଙ୍କର, ତାହା ଏଠାରେ ପ୍ରଶ୍ନ ନୁହେଁ। ଯେଉଁମାନଙ୍କ ପ୍ରତି ଶ୍ରଦ୍ଧା ଅଛି ସେମାନେ ସବୁବେଳେ ମନରେ

ଅଛନ୍ତି, ଫଟୋରେ ନୁହେଁ। ଶାଢ଼ି କାନିରେ ଯଦି ଧୂଳି ପୋଛିବି ତେବେ ମୋତେ ଶାଢ଼ି ବଦଳାଇବାକୁ ହେବ। ଧୂଳି ପ୍ରତି ମୋର କୌଣସି ଶ୍ରଦ୍ଧା ନାହିଁ।'

ପ୍ରକୃତରେ, ଯାହା ତାଙ୍କର ଚିନ୍ତାଧାରାର ଅନ୍ତର୍ଭୁକ୍ତ ନୁହେଁ ତାହା ସଟ୍ ଆସିବା ଅନୁଚିତ। ସେ ଡଷ୍ଟର୍‌ରେ ଫଟୋଗୁଡ଼ିକ ପୋଛିଲେ ଏବଂ ବାସୁଦା ସେଇ ସଟ୍ ନେଲେ। କିନ୍ତୁ ତାଙ୍କର ଏହି ଦୃଷ୍ଟିକୋଣଟି ତ ଫିଲ୍ମରେ ଦେଖାଯାଇ ପାରିବ ନାହିଁ। ଏହିଭଳି ଆଉ କେତେଗୁଡ଼ିଏ କଥା, ଯେଉଁଗୁଡ଼ିକ ଫିଲ୍ମରେ ଦେଖାଇବା ସମ୍ଭବ ହୋଇନାହିଁ, ଫିଲ୍ମ ତିଆରି ସମୟର ସେହିଭଳି କେତେକ କଥା ମୁଁ ଏଠାରେ କହିବି।

ଥରେ ସୁଟିଙ୍ଗ ସମୟରେ ମୁଁ ପଚାରିଲି, 'ଇନ୍ଦିରାଜୀ, ଆପଣ ତ ନାରୀ-ଏଇ କାରଣ ଯୋଗୁଁ କଣ ଆପଣଙ୍କ ଚଲାବାଟରେ କେହି ବାଧା ସୃଷ୍ଟି କରିଛି ?' ଉତ୍ତରରେ ସେ କହିଲେ, 'ଏହାର କିଛି ଆଡ୍‌ଭାନ୍‌ଟେଜ ଅଛି ଏବଂ କିଛି ଡିସ୍‌ଆଡ୍‌ଭାନ୍‌ଟେଜ୍ ବି। କିନ୍ତୁ ଏକଥା ଉପରେ ମୁଁ କେବେ କୌଣସି ଗୁରୁତ୍ୱ ଦେଇନାହିଁ। ପୁରୁଷ ଓ ନାରୀ ମଧ୍ୟରେ କଣ ପାର୍ଥକ୍ୟ ଅଛି ସେ ବିଷୟରେ ଚିନ୍ତା ନକରି ମୁଁ ନିଜକୁ ସବୁବେଳେ ମଣିଷ ବୋଲି ଭାବି ଆସିଛି। ପ୍ରଥମରୁ ଜାଣିଥିଲି, ମୋର ସବୁ କରିବାର ସାମର୍ଥ୍ୟ ଅଛି। ପୁରୁଷମାନଙ୍କ ଅପେକ୍ଷା ଅଧିକ ଭଲ ଭାବରେ ମୁଁ ଯେକୌଣସି ସମସ୍ୟା ସମାଧାନ କରିପାରିବି। କେବଳ ବହୁତ ଓଜନିଆ ଜିନିଷ ଉଠାଇବାକୁ ମୋ ଦେହରେ ବଳ ନାହିଁ-ବାକି ଆଉ ସବୁ କାମ କରିବାକୁ ମୁଁ ସକ୍ଷମ। ସେଥିପାଇଁ ପ୍ରଥମରୁ ମୁଁ ନିଜକୁ ଜଣେ ନାରୀ ଭାବରେ ବିଚାର କରିନାହିଁ। ଯେଉଁମାନେ ପ୍ରଥମରୁ ମୋତେ କେବଳ ଜଣେ ନାରୀ ବୋଲି ବିଚାରିଥିଲେ ଏବଂ ମୋର ଶକ୍ତି ବିଷୟରେ ଅବଗତ ନଥିଲେ ତାହା ସେମାନଙ୍କର ନିଜସ୍ୱ ବିଚାର। ଲୋକେ ଅନେକ କଥା କହୁଛନ୍ତି, ସବୁକଥା ତ ମୋ ପାଖରେ ପହଁଚିପାରୁ ନାହିଁ। ଯାହାବି ଶୁଣିବାକୁ ପାଏ ତା' ଉପରେ କୌଣସି ଗୁରୁତ୍ୱ ଦିଏ ନାହିଁ।

ମୋର ଦୃଷ୍ଟିକୋଣ ମଧ୍ୟ ଏହିଭଳି ଥିଲା। କିନ୍ତୁ ଇନ୍ଦିରାଜୀଙ୍କ ପାଇଁ ଯେଉଁଟା ମନର ସହଜ ଅବସ୍ଥା, ମୋ ଭଳି ସାଧାରଣ ମଣିଷ ପାଇଁ ସେହି ଅବସ୍ଥାରେ ପହଂଚିବାକୁ ଏକ ଦୁର୍ଗମ ପଥ ଅତିକ୍ରମ କରିବାକୁ ପଡ଼ିଥାଏ। ଆଜି ଅବଶ୍ୟ ତାହା ଆଉ ଏତେ କଠିନ ନୁହେଁ, ତଥାପି ମୋର ରାଜନୈତିକ ଜୀବନର ଘନଘଟାକୁ ବର୍ଣ୍ଣନା କରିବା ପାଇଁ ମୁଁ ଏହି ଶୀର୍ଷକଟି ବ୍ୟବହାର କରିଥିଲି। ତାହା ତୁଳନାରେ ଏହାର ଗୁରୁତ୍ୱ ଖୁବ୍ କମ୍ ହେଲେ ମଧ୍ୟ ମୁଁ ଆଜି ଏହି ଶୀର୍ଷକକୁ ମୋ ନିଜ ଜୀବନ ପାଇଁ ବ୍ୟବହାର କରୁଛି।

ବହୁତ ଦିନ ତଳର କଥା। ମୁଁ ସେତେବେଳେ ଦିଲ୍ଲୀ ରେଡିଓରେ ଚାକିରି

କରୁଥିଲି। ପଟେଲ ନଗରରେ ଆମେ ଯେଉଁ ଘରେ ରହୁଥାଉ ସେଠାରେ ବିଜୁଳିବତୀ ଲାଗି ନଥାଏ। ଜଣେ ପଡ଼ୋଶୀଙ୍କର ଗୋଟିଏ ବ୍ୟାଟେରୀ ଚାଳିତ ରେଡିଓ ଥାଏ। ମୋ ସ୍ୱର ଶୁଣିବା ପାଇଁ ମୋର ଛୋଟ ପିଲା ଦୁଇଟି ସନ୍ଧ୍ୟାବେଳେ ତାଙ୍କ ଘରକୁ ଚାଲିଯାଆନ୍ତି। ଦିନେ ରାତିରେ ମୁଁ ଘରକୁ ଫେରିବା ପରେ ମୋ ପୁଅ କହିଲା, 'ମାମା, ମୋର ଗୋଟେ କଥା ମାନିବ? ଭୋଲୁର ରେଡ଼ିଓରେ ତୁମେ ଏଣିକି ଆଉ କହିବ ନାହିଁ।'

ବୁଝିପାରିଲି ଯେ ଭୋଲୁ ସହିତ ମୋ ପୁଅର ଝଗଡ଼ା ହୋଇଯାଇଛି। ସେ ଯଦି ତାଙ୍କ ଘରକୁ ନଯିବ ତେବେ ମୋ ସ୍ୱର କାହିଁକି ସେଠାରେ ଶୁଣାଯିବ?

ସେତେବେଳେ ଚାରି ବର୍ଷର ପୁଅ ମୁହଁରୁ ଏକଥା ଶୁଣି ହସିଦେଇଥିଲି। କିନ୍ତୁ ଆଜି ସେକଥା ମନେପଡ଼ିଲେ ହସମାଡୁ ନାହିଁ। ଭାବୁଛି, ଯେଉଁମାନେ ଏହାକୁ ଦେଖିଲେ ପ୍ରତ୍ୟେକ ଅକ୍ଷର ଉପରକୁ ପଥର ଫୋପାଡ଼ିବେ ସେମାନଙ୍କ ହାତରେ ମୋର ଏ ବହି ପଡ଼ିବା ଉଚିତ ନୁହେଁ।

କେତେକ ବନ୍ଧୁ ମୋତେ ପରାମର୍ଶ ଦେଇଛନ୍ତି ଯେ ଏ ବହିକୁ ମୁଁ ପଞ୍ଜାବୀ ଭାଷା ବ୍ୟତୀତ ଅନ୍ୟ ସବୁ ଭାଷାରେ ଅନୁବାଦ କରିବାକୁ ଦେଇ କିଛି କ୍ଷତି ନାହିଁ। କିନ୍ତୁ ମୁଁ ଜାଣିଛି ଯେ ମୋ ଭାଷାର ଗମ୍ଭୀର ପାଠକମାନେ ଏକଥା ପସନ୍ଦ କରିବେ ନାହିଁ। ମୋର ଭାଷା ଓ ପାଠକମାନଙ୍କୁ ମୁଁ କେବେ ବି ଛୋଟ କରିଦେଇ ପାରିବି ନାହିଁ।

ଏଥିପାଇଁ ଯେତେ ମୂଲ୍ୟ ଦେବାକୁ ହେବ, ମୁଁ ଦେବାପାଇଁ ପ୍ରସ୍ତୁତ।

ଅଲେଖା କାଗଜ

ପଚିଶ ଓ ଛବିଶ ଅକ୍ଟୋବର ରାତି ଦୁଇଟା ବେଳେ ଫୋନ୍‌ରେ ଖବର ପାଇଲି ଯେ ସାହିର ଆଉ ନାହାନ୍ତି। ଆଜିର ରାତି, କୋଡ଼ିଏ ଦିନ ତଳର ଆଉ ଗୋଟିଏ ରାତି ସହ ମିଶି ଏକାକାର ହୋଇଗଲା। ବୁଲ୍‌ଗେରିଆରେ ଥିଲି। ସେଠାର ଡାକ୍ତର କହିଲେ ଯେ ମୋର ହାର୍ଟ ଖରାପ ଅଛି। ସେଦିନ ରାତିରେ ମୁଁ ଗୋଟିଏ କବିତା ଲେଖିଥିଲି। ଅଚାନକ ମୁଁ ମୋ ହାତକୁ ଚାହିଁଲି, ଏଇ ହାତରେ ମୋ ହୃଦୟର ଦରିଆରେ ନିଜ ହାଡ଼ ସବୁ ଭସାଇ ଦେଇଥିଲି। କିନ୍ତୁ ସେ ହାଡ଼ ଗୁଡ଼ିକ ବଦଳିଗଲା କିପରି? ଏଇ ଭ୍ରାନ୍ତି କଣ ମୃତ୍ୟୁର ନା ହାତର?

ଆଉ ଗୋଟିଏ କଥା ମନେପଡ଼ିଲା। ଦିଲ୍ଲୀରେ ପ୍ରଥମ ଏସିଆନ୍ ରାଇଟରସ କନଫରେନ୍ସ ହେଉଥାଏ। ପ୍ରତି କବି ଓ ଲେଖକଙ୍କୁ ସେମାନଙ୍କ ନାମ ଲେଖା ହୋଇଥିବା ବ୍ୟାଜ୍ ଦିଆଯାଇଥାଏ। ସମସ୍ତେ ନିଜ ନିଜ କୋଟ୍‌ରେ ତାହା ଲଗାଇ-ଥାଆନ୍ତି। କିନ୍ତୁ ସାହିର ନିଜ କୋଟ୍‌ରୁ ତାଙ୍କ ବ୍ୟାଜ୍‌ଟି କାଢ଼ି ଆଣି ମୋ କୋଟ୍‌ରେ ଲଗାଇଦେଲେ ଏବଂ ମୋ ନାମର ବ୍ୟାଜ୍‌ଟି ନେଇ ନିଜ କୋଟ୍‌ରେ ଲଗାଇଲେ। ଏତିକିବେଳେ ଜଣେ କାହାରି ଦୃଷ୍ଟି ପଡ଼ିଯିବାରୁ ଆମେ ଭୁଲକରି ବ୍ୟାଜ୍ ଲଗାଇଛୁ ବୋଲି କହିଦେଲେ। ସାହିର ହସିଦେଇ କହିଲେ ଯେ ବ୍ୟାଜ୍ ଦେଇଥିବା ବ୍ୟକ୍ତି ଭୁଲ୍ କରିଦେଇଛି। ଆମେ ଏ ଭୁଲ୍‌କୁ ସଂଶୋଧନ କଲୁନାହିଁ। ଅନେକ ବର୍ଷ ପରେ ଆଜି ଯେତେବେଳେ ସାହିରଙ୍କ ମୃତ୍ୟୁ ସମ୍ବାଦ ଶୁଣିଲି, ମନେହେଲା ସାହିରଙ୍କ କୋଟ୍‌ରେ ଲାଗିଥିବା ମୋ ନାମର ସେହି ବ୍ୟାଜ୍ ପଢ଼ି ମୃତ୍ୟୁ ବୋଧହୁଏ ଏଭଳି ଏକ ଭ୍ରାନ୍ତ ନିଷ୍ପତ୍ତି କରିଦେଲା।

ମୋର ଏବଂ ସାହିରଙ୍କ ବନ୍ଧୁତ୍ୱ ଭିତରେ ଥିଲା ନୀରବ ସୌନ୍ଦର୍ଯ୍ୟର ଏକ ସୁନ୍ଦର ସମ୍ପର୍କ। ତାଙ୍କ ଉଦ୍ଦେଶ୍ୟରେ ଯେଉଁ କବିତା ଲେଖିଥିଲି ତାହା ସାହିତ୍ୟ ଏକାଡେମୀ ପୁରସ୍କାର ଲାଭ କରିଥିଲା। ସେଦିନ ପ୍ରେସ ରିପୋର୍ଟରମାନେ ମୋର ଫଟୋ ଉଠାଇବାବେଳେ ମୋତେ କାଗଜରେ କିଛି ଲେଖିବାକୁ କହିଲେ। ଫଟୋ ଉଠାଇସାରି ଯେତେବେଳେ ସେମାନେ ଚାଲିଗଲେ, ଦେଖିଲି ଯେ କାଗଜରେ କେବଳ ମୁଁ ଲେଖିଛି ସାହିର...ସାହିର...ସାହିର। ଏହି ପାଗଳାମୀ କଟିଗଲା ପରେ ମୋର ଖିଆଲ ହେଲା ଯେ ସକାଳେ ଖବରକାଗଜରେ ଫଟୋ ସହିତ ଏହି ନାମ ଯେତେବେଳେ ଲୋକମାନେ ଦେଖିବେ ସେତେବେଳେ ମୋର ଅବସ୍ଥା କଣ ହେବ! କିନ୍ତୁ କିଛି ଅସୁବିଧା ହେଲାନାହିଁ। ଫଟୋ ବାହାରିଲା; କିନ୍ତୁ କାଗଜରେ କିଛି ଲେଖା ଦିଶୁ ନଥିଲା- ଅଲେଖା କାଗଜ।

କିନ୍ତୁ ପ୍ରକୃତରେ ତ ତାହା ଅଲେଖା କାଗଜ ନଥିଲା!

ଆଜି ସେଇ ଅଲେଖା କାଗଜର ଇଜ୍ଜତ ସେମିତି ରହିଛି। ଏହି ରସିଦି ଟିକଟରେ ମୋର ଭଇପାଇବାର ଚିତ୍ର ରହିଛି। ସାହିର ଏହାକୁ ପଢ଼ିଥିଲେ। କିନ୍ତୁ ପରେ ତାଙ୍କ ସହ ଦେଖା ହେଲାବେଳେ ସେ ବା ମୁଁ କେହି ରସିଦିଟିକଟ ବିଷୟରେ ଆଲୋଚନା କରିନାହୁଁ।

ଥରେ ଗୋଟିଏ ମୁସାଇରାରେ ଲୋକମାନେ ସାହିରଙ୍କଠାରୁ ଅଟୋଗ୍ରାଫ୍ ନେଉଥିଲେ। ଲୋକମାନେ ଚାଲିଗଲା ପରେ ମୁଁ ଏକୁଟିଆ ତାଙ୍କ ପାଖରେ ଥିଲି। ମୁଁ ହସି ହସି ଏକ ଅଲେଖା କାଗଜ ଭଳି ମୋ ହାତକୁ ମୁଁ ତାଙ୍କ ହାତକୁ ବଢ଼ାଇଦେଲି।

ମୋ ହାତରେ ସେ ତାଙ୍କ ନାଁ ଲେଖିଦେଇ କହିଲେ- ଏହି ଅଲେଖା ଚେକ୍‌ରେ ମୁଁ ଦସ୍ତଖତ କରିଦେଲି-ଯାହା ଚାହିଁବ ଏଥିରେ ଲେଖିଦେଇ ଯେତେବେଳେ ଇଚ୍ଛା ହେବ କ୍ୟାଶ୍ କରାଇନେବ। ଏହି କାଗଜ ତ ଥିଲା ମାଂସରେ ତିଆରି ହାତଟିଏ। କିନ୍ତୁ ଏହାର ଭାଗ୍ୟ ହୋଇଥିଲା ଅଲେଖା କାଗଜ ଭଳି। ସେଥିପାଇଁ ଏହା ଉପରେ କୌଣସି ଅକ୍ଷର ଲେଖାଯାଇପାରିନଥିଲା।

ମୋ ପାଖରେ ବି ଆଜି ଆଉ କିଛି ଅକ୍ଷର ନାହିଁ। ରସିଦିଟିକଟର ପୃଷ୍ଠାରେ ଯାହା ଅଛି ତାହା ଦିସ୍ତାଏ ଅଲେଖା କାଗଜ କେବଳ।

BLACK EAGLE BOOKS

www.blackeaglebooks.org
info@blackeaglebooks.org

Black Eagle Books, an independent publisher, was founded as a nonprofit organization in April, 2019. It is our mission to connect and engage the Indian diaspora and the world at large with the best of works of world literature published on a collaborative platform, with special emphasis on foregrounding Contemporary Classics and New Writing.

www.ingramcontent.com/pod-product-compliance
Lightning Source LLC
Chambersburg PA
CBHW060606080526
44585CB00013B/700
* 9 7 8 1 6 4 5 6 0 5 1 6 4 *